ΝΟΥΣ

NOYΣ

JOURNAL
OF GRECO-ROMAN
PHILOSOPHY

努斯：希腊罗马哲学研究

主编：崔延强　梁中和

第6辑

逻辑、同异与辩证法

上海人民出版社

主编 | 崔延强 | 西南大学
　　 | 梁中和 | 四川大学
策划 | 西南大学希腊研究中心、四川大学西方古典哲学研究所
出版 | 上海人民出版社

专辑预告

总　序

自陈康先生那代人算起，希腊罗马哲学研究在中国已近百年，五代有余。百年间，学人们守望着这个古老而幽深的本原，孜孜矻矻，弦歌不辍，尽管在特殊的岁月，辨识"是其所是"（to ti en einai）几近于一场艰难的日出。21世纪以来，我们欣喜地看到，一些年轻学者极为热诚地投身于这项事业，使原本属于"冷门绝学"的园地陡增前所未有的热度。较之以往，一代新人有着良好的语言基础和哲学素养，能熟练运用古典语言研读古典文本。基于希腊和拉丁文本的希腊罗马哲学研究渐成学界共识和学术规训。

但毋庸置疑，希腊罗马哲学研究发展到今天，相对于外国哲学的其他领域，还是略显单薄和孤寂。主要因为古典哲学文献的发现、辑录、考释和翻译是一件异常艰苦、令人望而却步的事，绝难适应现今短平快的评价体系，故愿为者寡。另外，用得放心、经得起检验、文字清通可读的研究性译本不易遇见，现代西语转译的文本顺手拈来，倒也方便。比如，今天伊壁鸠鲁的欲望治疗似乎成为热门话题，但通常接触到的伊壁鸠鲁"原文"多半转自二手英译本，加上汉译者也许从未研读过希腊文本，要害处准确与否就只能猜测了。因此，有关伊壁鸠鲁唯一流传下来的三封书信和《主要原理》(*Kuriai doxai*) 40 条，古代学者辑录的《梵蒂冈伊壁鸠鲁语录》(*Gnomologium Vantican Epicureum*) 81 条，罗马诗人卢克莱修的《物性论》，西塞罗、塞克斯都·恩披里柯、普鲁塔克、爱修斯等记载的伊壁鸠鲁文献，公元前 1 世纪伊壁鸠鲁主义者菲罗德穆的纸草残篇，公元 2 世纪奥伊诺安达（Oinoanda）的伊壁鸠鲁主义者第欧根尼的铭文等等的系统辑录和译注，对于伊壁鸠鲁哲学的研究无疑构成前提条件。离开这些古典文献的放心译本，我们何谈伊壁鸠鲁治疗术？所以，致力于一手文献本身的研究和翻译，为读者提供准确可靠、流畅通达的译本，不至于如读"火星文字"而让人望文兴叹，就显得格外迫切了。再者，希腊罗马哲学的研究领域也有失均衡：希腊有余，罗马不足；古典时期名哲多，晚期希腊流派少；灵魂治疗、城邦正义过热，自然元素、理性真理过冷。一些重要领域，如希腊罗马的宇宙论、物理学、逻辑学、语言哲学、知识论等似乎少有问津，犬儒派、伊壁鸠鲁派、斯多亚派、怀疑派、漫步学派、新柏拉图主义等晚期希腊的主要哲学流派门可罗雀，甚至有的话题尚未进入视野。同时我们看到，对 1980 年代以来国外同行最新研究成果的系统介绍也相对滞后。"跟着说"的时钟似乎总是徘徊于 19 与 20 世纪之交，尽管那个时代有着说不尽的值得关注的一代学人。

为此，我们热切期待希腊罗马哲学研究能有一个专门学术园地，集同行之智，博众家之长，首发经典文本译注、新近成果译介和原创性论文。我们深知，要暂时放下是不是 C 刊之虑，算不算成果之忧，实现"首发"这一目标，其困难非常之大，还要靠同行们齐心协力、共筑家园。尽管我们无法预知这个辑刊的"诗和远方"，但我们相信只要持之以恒地走下去，一期一主题，每期有新意，前景是不会暗淡的。我们愿意用心烛照这个依稀可辨的思想场域！

编者　崔延强　梁中和

2020 年中秋于巴山蜀水

目 录

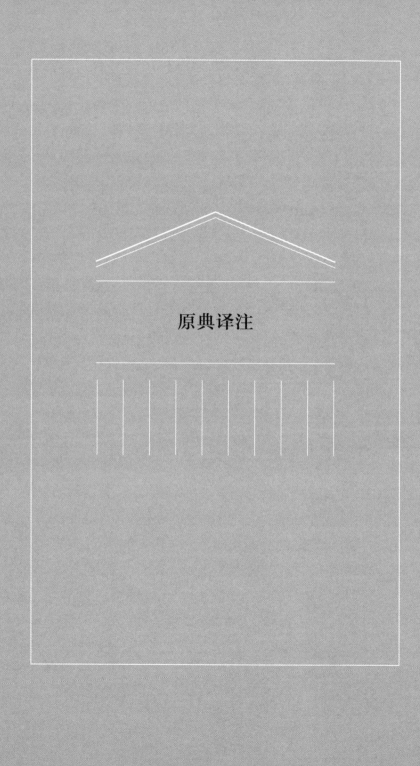

原典译注

证明及其反驳

塞克斯都·恩披里柯　崔延强[1] 编译

[编译者按] ————————————————————————————

塞克斯都·恩披里柯是古希腊怀疑论的集大成者。他在批判独断论命题的同时引述了大量史料，这些文本成为我们今天研究古希腊哲学绕不过去的一手文献，逻辑证明理论就是其中之一。该理论主要来自斯多亚派和辩证法派。这些段落是今天我们所能见到的希腊化时代有关证明理论的最为完整的文献。这里我们从《皮浪学说概要》第二卷和《反逻辑学家》第二卷选译了证明及其反驳部分，[2] 读者可

---

〔1〕 崔延强，西南大学哲学系教授。长期致力于希腊哲学，尤其希腊化哲学研究。翻译出版《亚里士多德全集》第五卷（中国人民大学出版社 1997 年版）和第九卷的《论诗》《亚历山大修辞术》《家政学》（中国人民大学出版社 1994 年版），以及塞克斯都·恩披里柯《皮浪学说概要》（商务印书馆 2019 年版；"汉译学术名著" 2022 年版）、《反逻辑学家》（商务印书馆 2023 年版），西塞罗《论学园派》（中国人民大学出版社 2022 年版）、《论诸神的本性》（中国人民大学出版社 2023 年版）。承担国家社科基金重点项目"希腊化哲学研究及典籍编译"（13AZX014）。本文系教育部哲学社会科学研究后期资助重大项目"希腊怀疑论经典《反逻辑学家》译注"（2022JHQ002）阶段性成果。

〔2〕 据 H. Mutschmann and J. Mau, *Sexti Empirici Opera*, vol. 1: *Pyrroneion hypotyposeon*/vol. 2: *Adversus Dogmaticos*（Teubner, Leipzig, 1958/1914），从希腊文译出；另参照 R. G. Bury, *Sextus Empiricus*, vol. 1: *Outlines of Pyrrhonism*/vol. 2: *Against The Logicians* Loeb Classical Library（Harvard University Press, London/Heinemann, 1933/1935）希腊 （转下页）

以对比研读。为方便阅读，编译者根据文本内容加上目录和序号。中括号内为 Bakker 标准页码。本文使用的主要文献通用缩写如下：

M=Sextus Epiricus，*Adversus Mathematicos*

PH=Sextus Epiricus，*Pyrroneioi Hypotiposeis*

DL=Diogenes Laertius

SVF=*Stoicorum Veterum Fragmenta*，ed. H. von Arnim

DK=*die Fragmente der Vorsokratiker*，ed. H. Diels/W. Kranz

一、《皮浪学说概要》关于证明及其反驳理论

（一）关于证明

［134］[1] 根据以下论述，显然证明不是为人们所一致同意的东西。因为如果我们对记号存疑，而证明又是某种记号，那我们对证明必然存疑。事实上我们会发现，在记号方面提出的有关论证同样可以适用于证明，因为证明也被认为是相对的和能够揭示结果的，从中可以推得几乎所有我们在反驳记号问题上所提到的结论。［135］如果对证明还应给予特别的讨论，那么在首先对什么是他们所说的证明进行简要解释之后，我会再简短地思考有关证明的论证。

（接上页）文本校阅；译注参考了几种英译本：R. Bett，*Sextus Empiricus：Against The Logicians*（Cambridge University Press，2005）；C. B. Inwood and L.Gerson，*Hellenistic Philosophy：Introductory Readings*（Hackett，1997）；P. P. Hallie（ed.），and S. G. Etheridge（trans.），*Sextus Empiricus：Selections from the Major Writings on Scepticism，Man，and God*（Hackett，1985）。

［1］参见 *M* 8. 299-300。

如他们所说，证明是一种由一致同意的前提，根据推理形式，揭示出非显明的结论的论证。[1] 通过以下说明，可以把他们所说的意思表达得更加清楚一些。论证是由前提和结论构成的系统（sustēma）。[136] 前提被说成是毫无异议地（sumphōnōs）用来建立结论的命题，而结论则是由前提所建立的命题。例如这一论证：“如果这是白天，则光明存在；这是白天；所以光明存在。”“所以光明存在”是结论，其余都是前提。[137][2] 至于论证，有些是有效的（sunaktikoi），有些是无效的（asunaktoi）。[3] 如果论证是有效的，仅当始于由论证的前提所构成的联结（sumpeplegmenon）和终于其结论的条件句是有效的[4]，比如前面提到的论证是有效的，因为在条件句“这是白天并且如果这是白天则光明存在，所以光明存在”当中，其结论“所以光明存在”是由前提的联结“这是白天并且如果这是白天则光明存在”推出的。凡不具备这个条件的论证就是无效的。

[138][5] 在有效论证中，一些是真的，一些不是真的。如果论证是真的，不但如前所述，仅当由前提的联结和结论所构成的条件句是有效的，而且仅当结论和条件句中作为前件的前提的联结为真。而前提的联结为真，仅当它所包含的所有部分为真，如“这是

---

〔1〕 参见 PH 2. 143, 170; M 8. 314, 385; DL 7. 45。“前提”一词本书一般用 lēmma 或 protasis，“结论”一般用 epiphora 或 sumperasma。

〔2〕 参见 M 8. 303-305。

〔3〕 sunaktikos 来自动词 sunagō, 指 “能推出结果的”“有结论的”“确定的”等，与 hugiēs 可以通用。本文中，我们把 sunaktikos 和 hugiēs 统一译为 “有效的”，把 asunaktoi 译为 “无效的”。

〔4〕 参见 PH 2. 113, 145, 249 和 DL 7. 77。

〔5〕 PH 2. 138-139, 可与 M 8. 418-421 比较。

白天并且如果这是白天则光明存在"。凡不具备这个条件的论证就不是真的。〔139〕"如果这是晚上，则黑暗存在；这是晚上；所以黑暗存在"这一论证是有效的，因为条件句"这是晚上并且如果这是晚上则黑暗存在，所以黑暗存在"是有效的，但在白天时论证就不是真的，因为前件的联结"这是晚上并且如果这是晚上则黑暗存在"为假，它包含了假的命题"这是晚上"，因为自身包含假的命题的联结为假。所以他们声称，一个为真的论证乃是由真的前提推出真的结论的论证。〔1〕

〔140〕〔2〕再者，在为真的论证中有些是可证明的（apodeiktikoi），有些是不证自明的（ouk apodeiktikoi）〔3〕。可证明的是那些由显明的前提推出非显明的结论的论证，不证自明的论证则不具备这一特点。比如这一论证："如果这是白天，则光明存在；这是白天；所以光明存在。"它是不证自明的，因为作为结论的命题"光明存在"是自明的（prodēlon）。然而，"如果有汗自表皮渗出，则能被思想的毛孔存在；有汗自表皮渗出；所以能被思想的毛孔存在"这一论证是可证明的，因为其结论"所以能被思想的毛孔存在"是非显明的。

〔141〕〔4〕在能推出某些非显明结论的论证中，有的仅仅跟着论证过程（ephodeutikōs monon），有的既跟着论证过程，又通过揭

---

〔1〕　参见 PH 2.187, 248；M 8.414；DL 7.79。

〔2〕　参见 M 8.305-306, 422-423。

〔3〕　ouk apodeiktikoi 一词，包含"不可证明的"和"不证自明的"两种意思。有关"不可证明式"或"不证自明式"，参见 PH 2.157-158, 198-203；M 8.223-227；DL 7.79-81；Galen, Inst Log 6.6。

〔4〕　这里 PH 2.141-142 可与 M 8.307-309 比较。

示的方式（ekkaluptikōs）引导我们由前提达致结论。[1]跟着论证过程，似乎是那些系于信念和记忆的论证，比如这个论证："如果神告诉你此人将富有，则此人将富有；这个神（假设我指的是宙斯）对你说过此人将富有；因此他将富有。"我们对这个结论的赞同，与其说是出于前提的必然性，不如说是出于相信神的话。[142]某些论证不仅跟着论证过程，而且通过揭示的方式引导我们由前提达致结论，如下述例子："如果有汗自表皮渗出，则能被思想的毛孔存在；因为第一；所以第二。"[2]汗的渗出是对毛孔存在的揭示，因为人们已经理解到液体不可能穿透一个严实无缝的物体。

[143][3]可见，证明应该是一种有效的、为真的、具有为前提的力量所揭示的非显明结论的论证。[4]由于这个原因，证明被说成是一种由一致同意的前提，根据逻辑推导，能揭示出非显明结论的论证。这就是他们习惯上用来阐释证明这一概念的方式。

（二）证明存在吗？

[144]证明是非真实存在的，这点通过对这一概念所包含的所有要素进行反驳，由他们自己所说的东西推得。比如，论证是由命

---

[1] ephodeutikōs，动词形式为 ephodeuō，意为"观察""查验""浏览""巡视"，这里的副词形式指"跟着某个论证，达致某个结论"（by tracing an argument, advancing to a conclusion，参见 *LS* 745）也就是循着论证的惯性，基于某种经验和信念，达致某个结论。这种论证并非借助揭示的方式，通过前提的力量发现非显明的结论。两种论证形式可以与"记忆性记号"和"指示性记号"比较。

[2] 该事例见 *PH* 2. 98, 140。斯多亚称"因为第一，所以第二"是"半论证形式"（logotropoi），参见 DL 7. 77。

[3] 参见 *M* 8. 314。

[4] 这里是斯多亚派有关证明的标准定义，涉及三个关键要素：有效的（sunaktikos）、为真的（alēthēs）和能揭示出（ekkaluptikon）非显明结论的。

题组合而成的，而组合之物是不可能真实存在的，除非其组成部分相互之间可以共存，这点在"床"及其他类似事例那里是显而易见的。[1]然而，论证的组成部分并非共存（ou sunuparchei）。因为当我们说第一前提时，第二前提和结论尚未存在；当我们说第二前提时，第一前提不复存在，而结论尚未存在；当我们说出结论时，所有的前提不复存在。因为论证的组成部分相互之间并非共存，所以论证似乎是非真实存在的。

[145][2]此外，有效论证是不可理解的。因为如果这点是通过条件句的融贯性或一致性（akolouthia）[3]来判断的，而条件句的融贯性存在着无法判定的分歧，或许是不可理解的，正如我们在有关记号的论述中所提到的，那么有效论证将是不可理解的。

[146][4]辩证法家声称，无效论证或是由于论证的"无关联性"，或是由于要素的"缺陷"，或是由于论证"以无效的形式提出"，或是由于前提的"多余性"。出于"无关联性"，仅当前提之间以及前提与结论之间不具备融贯性，如这一论证："如果这是白天，则光明存在；麦子在市场上销售；所以迪翁在走路。"[147]出于前提的"多余性"，仅当发现前提对于逻辑推论是多余的，例如："如果这是白天，则光明存在；这是白天并且迪翁在走路；所以光明存在。"出于论证"以无效的形式提出"，仅当论证的形式是推不出结论的。比如，他们声称一个有效推理或条件句是这

---

〔1〕 这一事例大概是说，"床"是组合物，仅当其每个组成部分是相互共存的。但命题的组成部分满足不了这个条件，所以不是真实存在的东西。

〔2〕 参见 *M* 8. 426-429。

〔3〕 akolouthia，指推导关系，是条件句逻辑有效性的保障，这里译成"融贯性"或"一致性"。

〔4〕 这里 *PH* 2. 146-150 可与 *M* 8. 429-434 比较。

种形式："如果这是白天，则光明存在；这是白天；所以光明存在。""如果这是白天，则光明存在；光明不存在；所以这不是白天。"无效论证是这样的："如果这是白天，则光明存在；光明存在；所以这是白天。"[148]因为条件句宣称，如果其前件"是"则后件"是"。同样，一旦前件被作为前提肯定[1]，则后件就会被推出。当后件被否定，前件也会被否定，因为如果前件"是"则后件"是"。但当后件被作为前提肯定，前件并非必然地被肯定，因为条件句并不保证前件由后件推出，只保证后件由前件推出。[149]因此，由条件句及其前件推出后件的论证被说成是合乎推理形式的（sullogistikos），由条件句及其后件的矛盾命题（antikeimenon）推出前件的矛盾命题的论证也是如此；但由条件句及其后件推导前件的论证则是无效的，如前面提到的例子，只要"光明存在"这句话是在夜晚灯光下说的，即便其前提为真也会推出假的结论。因为尽管条件句"如果这是白天，则光明存在"为真，小前提（proslēpsis）"光明存在"也为真，但结论"所以这是白天"为假。[150]一个论证因"缺陷"而无效，仅当论证中某个用于推出结论的要素被省掉。如他们认为，这个论证是有效的："财富或是善的，或是恶的，或是无差别的；但它既不是恶的，也不是无所差别的；所以它是善的。"下面的论证因"缺陷"而无效："财富或是善的，或是恶的；但它不是恶的；所以它是善的。"[151]总之，如果我指出，按他们的说法是不可能把无效论证同有效论证区分开来的，那么我就会表明有效论证是不可理解的，因此他们有关辩证法的无

---

[1] proslambanomenon，原指"把什么拿来作为什么"，这里把"作为前提"这重意思译出，因为其名词形式 proslēpsis 在亚里士多德三段论中是指"小前提"或"附加前提"。

穷无尽的论争就是多余的。我将按以下方式予以表明。

[152][1] 据说，因"无关联性"而无效的论证可以通过前提之间以及前提与结论之间缺少融贯性来认识。对于这种融贯性的认识应当以条件句的判断为先导，然而如前所述，条件句是不可判定的，所以因"无关联性"而无效的论证同样是无法辨识的。[153] 凡声称某个论证是因"无关联性"而无效的人，如果仅仅是表明自己的说法，他就会发现相反的说法与自己对立；如果他试图通过论证来证明自己的说法，他就会被告知，首先这个论证本身必须是有效的，然后才能证明被说成是"无关联性"的论证的前提是"无关联"的。然而我们不知道这个论证究竟是不是可证明的，因为我们不具备有关条件句的共同一致的标准，由之判定结论是否可以从论证的前提的联结中推出。因此，我们不可能把所谓的因"无关联性"而无效的论证同有效的论证区分开来。

[154][2] 对于声称一个论证因"以错误的形式提出"而无效的人，我们将做出同样的反驳。因为任何试图说明某种论证形式是无效的人，他不具备人人同意的有效论证，能够由之推出自己所说的结论。[155] 由此，我们也潜在地反驳了那些试图表明一些论证是因"缺陷"而无效的人。因为如果完整的和完备的论证是无法辨识的，那么有缺陷的论证则是非显明的。再者，凡是想通过论证来表明某个论证是有缺陷的人，因为他不具备有关条件句的共同一致的标准，能够由之判断他所提出的论证的融贯性，因此他不可能在经过判断之后（kekremenōs），正确地表明这个论证是有缺陷的。

---

〔1〕 这里 *PH* 2. 152-153 可与 *M* 8. 435-437 比较。
〔2〕 这里 *PH* 2. 154-155 参见 *M* 8. 444-446。

[156][1] 再者，被说成是因"多余"而无效的论证与可证明的论证之间也是无法区分的。因为就"多余"而言，会发现为斯多亚派所反复强调的"不证自明式"（anapodeiktoi）是无效的，如果它们被否弃，则整个辩证法都会被推翻。因为它们是这样的一种论证：他们声称，它们不需要为自己的确定性（sunstasia）提供证明，却能够证明其他论证是有效的（sunagein）。"不证自明式"是多余的，如果我们把它们提出来并就我们所说的进行推证，这点是显而易见的。

[157] 他们虚构了许多"不证自明式"，但主要提出了以下五种，所有其他形式似乎都可以归于它们。[2] 第一种是由条件句及其前件推出后件，例如："如果这是白天，则光明存在；这是白天；所以光明存在。"第二种是由条件句及其后件的矛盾命题推出前件的矛盾命题，例如："如果这是白天，则光明存在；光明不存在；所以这不是白天。"[158] 第三种是由合取句的否定式（ex apophatikou sumplokēs）及其一个合取肢推出其余合取肢的矛盾命题，例如："并非既是夜晚又是白天；这是白天；所以这不是夜晚。"第四种是由析取句（diezeugmenon）及其一个析取肢推出其余析取肢的矛盾命题，例如："或是白天或是夜晚；这是白天；所以这不是夜晚。"第五种是由析取句及其一个析取肢的矛盾命题推出其余析取肢，例如："或是白天或是夜晚；这不是夜晚；所以这

---

[1] 参见 *M* 8. 438。

[2] 这五种"不证自明式"即科律西波定理。斯多亚派其他代表提出了不同形式（参见 DL 7. 79; Galen, *Inst Log* 14. 3）。有关七种不证自明式的观点，参见 Cicero, *Top* 12. 53-14. 57。

是白天。"

[159]^[1] 这就是他们反复强调的"不证自明式"，但对我来说所有这些东西似乎是因"多余"而无效的。例如，我们从第一种形式开始，在条件句"如果这是白天，则光明存在"中，后件"光明存在"由前件"这是白天"推出，或是一致同意的，或是非显明的。如果是非显明的，我们就不会把条件句作为一致同意的前提予以承认；如果这个推论是显明的，即如果"这是白天"的确"是"，则"光明存在"必然"是"^[2]，那么一旦我们说"这是白天"就可以推出"光明存在"，因此"这是白天，所以光明存在"这个论证形式是充分的，而条件句"如果这是白天，则光明存在"就是多余的。

[160] 关于第二个"不证自明式"，我们以同样的方式进行反驳。当后件"不是"而前件"是"，这或是可能的，或是不可能的。如果是可能的，条件句就是无效的；如果是不可能的，那么在肯定"并非后件"的同时也就肯定了"并非前件"，条件句又是多余的了，因为所提出的论证形式成为："光明不存在，所以这不是白天。"[161] 同样的论证适用于第三个"不证自明式"。因为合取句的合取肢之间不能相互共存（sunuparksai allelois），这或是显明的，或是非显明的。如果是非显明的，我们将不会承认合取句的否定式；如果是显明的，那么在肯定一个合取肢的同时就否定了其余

---

〔1〕 这里 *PH* 2. 159-162 可与 *M* 8. 440-442 比较。

〔2〕 因为"如果这是白天"可能是真的，也可能是假的，所以这里针对系动词 estin 以及分词形式 ontos，直接译为"是"而非"是真的""是这样的"更符合逻辑意义。以下 *PH* 2. 160，162 中，均译为"是"。

的合取肢，合取句的否定式就是多余的，因为我们以这样的形式提出论证："这是白天，所以这不是夜晚。"

[162] 对于第四个和第五个"不证自明式"，我们以相似的方法予以讨论。在具有完全对立项的（meta machēs teleias）析取句中，一个析取肢为真而其他的析取肢为假（正是一个析取句所表明的）或是显明的，或是非显明。如果是非显明的，我们将不会承认析取句；如果是显明的，那么当其中的一个析取肢被肯定，显然其余的析取肢则"不是"；当其中的一个析取肢被否定，显然其余的析取肢则"是"。因此提出这种论证形式是充分的："这是白天，所以这不是夜晚"，或者"这不是白天，所以这是夜晚"，而析取句则是多余的。

[163] 对于直言推理（katēgorikos sullogismos）[1]这种主要为漫步派所使用的东西，我们可以用相似的方式予以讨论。例如在"公正是好的，好的是善的，所以公正是善的"这个论证当中，"好的是善的"或是一致同意的和显明的，或是非显明。如果是非显明的，这个论证的提出是不会被承认的，因此推理也就得不出任何结论；如果下述事实是显明的，即任何东西只要是好的自然就是善的，那么声称某种东西是好的同时也就意味着它是善的，因此提出下面论证形式就是充分的："公正是好的，所以公正是善的"，而另一个，即其中好的被说成是善的那个前提就是多余的。[164] 同样，在"苏格拉底是人，所有的人是动物，所以苏格拉底是动物"这个论证当中，如果任何东西只要是人就是动物这点不是直接显明

---

[1] 即直言三段论。这里 katēgorikos 指"陈述的""直言的""断定的"，其名词形式 katgēorēma 有"谓词""陈述""范畴"之意。

的，那么普遍的前提就不是一致同意的，这样的论证就算提出我们也不会承认。［165］如果某种东西是"人由他是动物"推论而来，那么"所有的人是动物"这一前提就是人人同意为真的，声称苏格拉底是人的同时，也包含他是动物，因此提出这种论证形式是充分的："苏格拉底是人，所以苏格拉底是动物"，而前提"所有的人是动物"则是多余的。［166］目前，为了不在这个方面耗费时间，对其他第一格的直言论证形式（protos katēgorikos logos）统统可以使用类似的方法进行反驳。

既然辩证法家用来作为推理基础的那些论证是多余的，那么就多余性而言，整个辩证法是可以被推翻的，因为我们不能把多余的因此也是无效论证与所谓的有效推理区分开来。［167］如果有人不满意"一个前提的论证"，他们的观点也不会比安提帕特[1]更值得相信，因为安提帕特并未否弃这种论证形式。[2]

因此，被辩证法家称为有效的论证是不可判定的。另外，出于前面提到的以及所有情况下论证都应当结束于真等原因，为真的论证是发现不了的。被说成是为真的结论或是显明的，或是非显明的。［168］它当然不是显明的，因为如果结论是自我显现的，且显明性不比其前提更小，那它就不需要通过前提来揭示自己；如果是非显明的，而非显明的东西，如前面讲到的那样，存在着无法判定的分歧，因此是不可理解的，那么被说成是为真的论证的结论就是不可理解的。如果是不可理解的，我们就不知道推出的结果究竟是

---

〔1〕 安提帕特（Antipater，约公元前200—前130年），斯多亚派领袖，反对科律西波正统观点。

〔2〕 参见 *M* 8. 443；Alexander, *in Top* 8. 16-18。

真的还是假的，因此也就无法知道论证究竟是真的还是假的，为真的论证就是发现不了的。

[169] 姑且不论这些，由显明的东西推论非显明的东西也是发现不了的。因为如果结论是由前提的联结（sumplokē）推出的，如果被推出的东西和后件都是相对的，即相对于前件的东西，而相对的东西，如前所述，是相互一起被理解的，那么，如果结论是非显明的则前提是非显明的，如果前提是显明的则结论是显明的，因为结论是与显明的前提一起被理解的，因此根本不存在由显明的东西推出非显明的东西。[170] 由于这个原因，结论不会被前提所揭示，因为结论或是非显明的和不可理解的，或是显明的，不需要任何东西来揭示。因此，如果证明被说成是由某种一致同意为真的前提，根据逻辑推论，有效揭示非显明结论的论证，而我们已经表明不存在有效的、为真的、由显明的东西推出非显明的东西的、能揭示结论的论证，那么显然证明就不是真实存在的。

[171]^[1] 通过下列反驳，我们也会发现证明是不存在的和不可想象的。凡声称证明存在的人，他提出的证明或是一般的或是特殊的。然而，正如我们将要表明的那样，提出一般的或特殊的证明都是不可能的，此外也无法想象任何其他可能，因此任何人都不能把证明确立为真实存在的东西。[172] 出于以下原因，一般的证明是不存在的。它或者具有，或者不具有某个前提和结论。如果不具有，它就不是证明；如果具有某个前提和结论，而所有被证明的东西（apodeiknumenon）和能证明的东西（apodeiknuon）都属于

---

[1] 这里 *PH* 2. 171-176 可与 *M* 8. 382-390 比较。

一系列特殊事物，那么证明就是特殊的，因此一般的证明是不存在的。

[173] 特殊的证明也是不存在的。因为他们将声称，或者证明是由前提和结论构成的系统，或者仅仅是由前提构成的系统。但两种情况都不是证明，如我要表明的那样，所以特殊的证明并不存在。[174] 由前提和结论构成的系统不是证明，首先因为这个系统包含了非显明的成分，也就是说包含了结论，因此它是非显明的，然而这是荒谬的，因为如果证明是非显明的，那就需要其他东西来证明自己，而不是去证明其他东西。[175] 其次，既然他们声称证明是相对的，即相对于结论的东西，相对之物，如他们所言，是相对于其他东西被思想的，而被证明的东西一定是有别于证明本身的，那么，如果被证明的东西是结论，证明就不能与结论一起被思想。再者[1]，结论对自己的证明或有所贡献（sumballetai），或无所贡献。如果有所贡献，它将自己揭示自己；如果无所贡献，而是多余的东西，那它就不是证明的一部分，我们将说这个证明是因多余而无效的。[176] 最后，仅仅由前提构成的系统也不是证明，因为有谁能说这样的一个表达形式"如果这是白天，则光明存在；这是白天"是一个论证，或是完整地形成了一个思想？因此，仅仅由前提构成的系统不是证明。所以，特殊的证明是不存在的。如果既不存在一般的证明也不存在特殊的证明，除此以外想象任何证明是不

---

〔1〕 这一段似乎是说，如果结论的内容包含在前提之中，即对证明无所贡献，结论就是多余而无效的；如果结论的内容超出了前提，即对证明做了贡献，则结论不是由前提揭示出来的，而是自己揭示自己，结论的可靠性也就得不到前提的保障，因此证明也是无效的。总之，无论结论是否超出前提，证明都是无效的。怀疑论对演绎或归纳推理的这种批判，为近代经验论所使用。

可能的，那么证明就是并非真实存在的。

[177]^[1] 从以下方面也可表明证明的非真实存在性。如果证明存在，它或是显明的并能揭示显明的东西，或是非显明的并能揭示非显明的东西，或是非显明的并能揭示显明的东西，或是显明的并能揭示非显明的东西。但没有任何一种揭示方式是能够想象的，所以证明是不可想象的。[178] 如果证明是显明的并能揭示显明的东西，那么被揭示的东西（ekkaluptomenon）就会既是显明的又是非显明的。显明的，是因为当下它被假设如此。非显明的，是因为它需要一个能揭示自己的东西（ekkalupsonton），它不能由自身清楚地作用于我们形成印象。如果证明是非显明的并能揭示非显明的东西，那证明本身就需要一个能揭示自己的东西，自己是无法揭示其他东西的，但这是有悖证明观念的。[179] 由于下述原因，不可能存在显明的东西的非显明的证明，也不可能存在非显明的东西的显明的证明。因为它们是相对的，而相对的东西相互之间总是被一起理解的，所谓被证明的东西一旦同显明的证明被一起理解，它就是显明的，因此论证就会自我反驳，证明就不会被发现自身是显明的，且能证明非显明的东西。如果既不存在显明的东西的显明的证明，也不存在非显明的东西的非显明的证明，也不存在显明的东西的非显明的证明，也不存在非显明的东西的显明的证明，而他们声称除此之外不会有其他可能，那我们必须要说证明是不存在的。

[180]^[2] 此外，我们还应谈谈以下问题：有关证明存在着种种

---

〔1〕 这里 *PH* 2. 177-179 可与 *M* 8. 391-395 比较。

〔2〕 这里 *PH* 2. 180-181 可与 *M* 8. 327-334 比较。

分歧。某些人说它是不存在的，如那些声称无物存在的人。[1] 某些人说它是存在的，如多数独断论者。而我们说它存在并非甚于（mē mallon）不存在。[181] 再者，证明必定涉及原理（dogma），既然他们对每一原理都莫衷一是，因此关于每一证明必然存在着分歧。因为，出于讨论需要，假设有关虚空存在的证明被普遍接受，那虚空存在也会被普遍接受。显然，那些对虚空存在争论不休的人，对虚空存在的证明也会争论不休。同样的论证适用于所有其他证明所涉及的原理。因此，所有的证明都存在着争论，都处于分歧状态。

[182] 因为证明自身的分歧性，所以它是非显明的（有分歧的东西，就其引发分歧而言，是非显明的[2]），并非自身就是显而易见的（prouptos），应当通过证明来确立。但证明由之得以确立的证明不是一致同意的和自明的（因为我们当下正在研究证明究竟是否存在），既然它是存在分歧的和非显明的，就需要另一个证明，另一个证明的证明，以至无穷。然而证明的无限系列是不可能的。因此，确立证明存在的证明是不可能的。[183] 然而它也不可能通过记号来揭示。因为记号是否存在也是有待研究的问题，记号需要证明以确证自己的存在性，因此我们发现自己陷入循环推论，证明需要记号，记号又需要证明。但这是荒谬的。出于以下原因，有关证明问题的分歧也是不可能判定的：因为判定就要使用标准，而标准是否存在乃是有待研究的问题，如前所说，因此标准需证明以表明标准是存在的，我们会再次陷入循环推论的疑难。[184] 如果既不

---

〔1〕 或许指高尔基亚（参见 *PH* 2.57），或经验派医生和德谟克里特（参见 *M* 8.327）。

〔2〕 参见 *PH* 2.116。怀疑论一个论证原则：如果事物存在分歧，则表明它本性上是非显明的

能通过证明，也不能通过记号和标准来表明证明是存在的，如果证明不是自明的，正如我们已确立的那样，那么证明是否存在就是不可理解的。因此，证明是非真实存在的。因为证明是与"能证明"这种活动一起（sun toi apodeiknunai）被思考的，如果它是不可理解的，那它就不能证明什么[1]，所以证明是不存在的。

[185][2] 在《概要》中，对证明的反驳谈得很充分了。那些试图建立相反观点的独断论者声称，这里提出的这些反对证明的论证或是可证明的，或是不可证明的。如果是不可证明的，它们就不能证明"证明是不存在的"；如果是可证明的，它们自身就会通过自我反驳的形式（ek peritropēs）达致证明的实在性（hupostasia）。[3] [186] 为此他们提出了这种论证形式："如果证明存在，则证明存在；如果证明不存在，则证明存在；证明或者存在，或者不存在；所以证明存在。"他们又在同等效力上提出这种论证形式："由矛盾命题推出的结果不仅是真的而且是必然的；这些东西——证明存在与证明不存在——是相互矛盾的，并且由它们每一个都可推出证明存在；所以，证明存在。"

[187] 针对这些东西我们可以这样予以反驳，比如，我们没有认为任何论证是可证明的，我们没有绝对地声称反对证明的这些论证是可证明的，而是说它们对我们显得似乎是可信的（pithanoi）。似乎可信的东西并非必然是可证明的。假如它们是可证明的（这点

---

〔1〕 参见 PH 2. 123。这句话的意思是说，如果证明是不可理解的，那它就是非真实存在的，就不可能实现证明活动。证明除了能够证明之外是不可想象的。

〔2〕 这里 PH 2. 185-186 可与 M 8. 465-467 比较。

〔3〕 "自我反驳的形式"（peritropēs）指语义的自我指涉，自我否定（参见 PH 1. 122）。这里是说，如果"证明不存在"的证明本身是可证明的，则证明是存在的。

我们并未做出确切的肯定），那它们当然就是真的。而真的证明是由真的东西推出真的东西，因此其结论是真的。它们的结论是"证明不存在"，因此出于自我反驳的形式[1]，"证明不存在"这句话本身也是真的。[188]正像泻药把自己与体内存在的液汁一起排出，这些论证能够将自己和其他被说成是可证明的论证一起消除（sumperigraphein）。[2]这并非是不相容的（apemphainon），因为"无物为真"这句话本身不仅否定了所有其他东西，也同时推翻了自己。

关于这一论证："如果证明存在，则证明存在；如果证明不存在，则证明存在；它或者存在，或者不存在；所以它存在"，能够用许多方法表明它是无效的，但目前通过下面的方法已经足够。[189]如果条件句"如果证明存在，则证明存在"是有效的，那么其后件的矛盾命题，即"证明不存在"必须与"证明存在"不相容或相排斥，因为后者是条件句的前件。[3]但按照他们的观点，一个由不相容的命题构成的条件句是不可能有效的。因为条件句宣称如果前件"是"则后件"是"，不相容的命题则宣称对立性或排斥性（tounantion），即如果当中任何一个"是"，其余的就不可能"是"。因此，如果条件句"如果证明存在，则证明存在"是有效的，那么条件句"如果证明不存在，则证明存在"就不可能是有效的。[190]再者，如果我们出于假设承认条件句"如果证明不存在，则证明存在"是有效的，那么"证明存在"与"证明不存在"能够共存，而如果它们能够共存，那就不会是不相容的。因此，在条件句"如果

---

[1] 参见 *PH* 1. 122, 2. 185。

[2] 有关怀疑论的自我消解、自我排除的论述，参见 *PH* 1. 14-15, 206；*M* 8. 480。

[3] 参见 *PH* 2. 111。

证明存在，则证明存在"当中，其后件的矛盾命题就不是与前件不相容的，那么这个条件句也就不是有效的，因为前一个条件句被假设为有效的。[191]如果"证明不存在"与"证明存在"并非是不相容的，那么析取句"或者证明存在或者证明不存在"将是无效的。因为有效析取句宣称，其中一个析取肢是有效的，则另外的一个或一些析取肢因为与之不相容而是假的。反之，如果析取句是有效的，就会发现条件句"如果证明不存在，则证明存在"是错误的（phaulon），因为它是由不相容的命题构成的。因此，在上面提到的那个论证中[1]，前提之间是不融贯的（asuphōna）和相互否定的（anairetika），所以论证是无效的。[192]再者，正如我们所论述的那样，独断论者不可能表明任何东西可以由相互矛盾的前提推论出来，因为他们不具备推论的标准。

谈论这个问题实属多余。因为，如果一方面为证明辩护的论证似乎是可信的（假设如此），而另一方面反对证明的论证似乎也是可信的，那么我们对证明必然保持存疑，说证明存在并非甚于不存在。

（三）关于演绎[2]

[193]因此，对他们喋喋不休的[3]演绎进行讨论或许也是多

---

[1] 指这一论证："如果证明存在，则证明存在；如果证明不存在，则证明存在；它或者存在，或者不存在；所以它存在。"在 *PH* 2. 189-191 中，塞克斯都列举了三种方式反驳这一论证。承认条件句第一个前提有效，则第二个前提无效；假设条件句第二个前提有效，则第一个前提无效；假设条件句第二个前提有效，则析取句无效。如果析取句有效，则条件句第二个前提无效。

[2] 本节讨论的是三段论或演绎推理（sullogismos），与归纳推理（epagōgē）相对。

[3] tōn thruloumenōn，其动词形式为 thruleō，指"发出噪声""吵闹""大谈特谈"等。塞克斯都经常使用该词描述独断论者对各种信念、原理、学说的鼓噪。

余的，因为一方面它们同证明的真实性一起被推翻（显然，只要证明是不存在的，有关证明的论证也就无立足之地），另一方面，在前面的论述中我们已潜在地对其做出反驳[1]，在讨论有关"多余性"问题时我们谈过某种方法，由之或可表明所有斯多亚派和漫步派的那些有关证明的论证实际上都是无效的。[194] 然而，对这个问题做点补充性的、特殊的讨论或许并无不当之处，主要因为独断论者在这个问题上自负甚高（mega phronousin）。表明它们的非真实性，要谈的方法很多，但在《概要》中使用下述方法已经足够。当下我要谈的是"不证自明式"，因为如果这些东西被排除，所有其余的论证就会被推翻，因为有关推理的（tou sunagein）证明都依赖于这些"不证自明式"。

[195][2] "所有的人都是动物"这个前提是通过归纳（epagōgikōs）由特殊的事例得以确定的。由苏格拉底是人，当然也是动物这一事例，同样也由柏拉图、迪翁及每个特殊的事例，他们认为确切地肯定所有的人是动物则是可能的。因此，如果其中一个特殊的事例明显地同其余的事例相冲突，普遍前提就是无效的。比如，大多数动物后足运动，只有鳄鱼前足运动，所以"所有的动物后足运动"这个前提就不是真的。[3] [196] 当他们说"所有的人是动物，苏格拉底是人，所以苏格拉底是动物"时，他们试图由普遍命题"所有的人是动物"推出特殊命题"苏格拉底是动物"，而这个特殊命题，正如我们所提到的，是根据归纳对普遍命题的确切肯定，因此他们

---

〔1〕 参见 *PH* 2. 159-166。

〔2〕 这里 *PH* 2. 195-197 可与 *PH* 2. 163-165 比较。

〔3〕 这是斯多亚派用的事例，参见 Apuleius, *Int* 185. 15-20; Alexander, *in APr* 43. 28-44. 2。

陷入循环论证，通过归纳由每个特殊事例确定普遍前提，通过演绎（sullogistikōs）由普遍前提得出特殊结论。[197]关于下述论证同样如此："苏格拉底是人，没有一个人是四足的，所以苏格拉底不是四足的。"它一方面试图通过归纳由特殊事例确切地肯定前提"没有一个人是四足的"，另一方面又想从"没有一个人是四足的"推出每个特殊事例，于是陷入循环论证的困境。

[198]对于漫步派所说的其他"不证自明式"可以按同样的方法予以考察，对于"如果这是白天，则光明存在"也是如此。如他们所说，"如果这是白天，则光明存在"是可以有效推出"光明存在"的，"光明存在"同"这是白天"一起确切肯定了"如果是白天，则光明存在"。因为上述条件句不会被认为是有效的，除非"光明存在"与"这是白天"在这之前已被观察到总是一起存在的（sunuparchon）。[199]因此，如果为了建立条件句"如果这是白天，则光明存在"就必须首先理解当白天存在则光明必然存在，而通过这个条件句又可以推出当白天存在则光明存在。也就是说，一方面，就前面讲到的"不证自明式"而言，白天存在与光明存在的共存性由条件句"如果这是白天，则光明存在"推出，另一方面，这个条件句反过来又要通过上述的共存性得到确切的肯定，那么这样一来，导致疑惑的循环论式就会推翻论证的真实性。

[200]下面的论证同样如此："如果这是白天，则光明存在；光明不存在；所以这不是白天。"基于我们从未看到过没有光明的白天这一事实，条件句"如果这是白天，则光明存在"被认为是有效的，让我们假设，如果什么时候白天出现而光明不现，这个条件

句就会被说成是无效的。就前面提到的"不证自明式"而言，"如果光明不存在，则不是白天"又是从"如果这是白天，则光明存在"推出的，因此双方为了自身的确切性（bebaiōsin）都需要另一方被确切地（babaiōs）理解，以至于通过循环论证的方式使自己成为可信的。[201] 再者，基于某些东西是不可能共存的，比方说，白天与夜晚，合取句的否定式"并非既是白天又是夜晚"和析取句"或者是白天或者是夜晚"或许被认为是有效的。但他们认为这些东西的不可共存性是被合取句的否定式和析取句所确切断定的，并声称："并非既是白天又是夜晚；这是夜晚；所以这不是白天。""或者是白天或者是夜晚；这是夜晚；所以这不是白天。""这不是夜晚；所以这是白天。"[202] 我们接着再来推论：如果为了析取句和合取句的否定式的确定性，我们需要在这之前已经理解这些句子所包含的命题是不可共存的，而他们却认为由析取句和合取句的否定式推出这些命题是不可共存的，因此这就导致循环论式，因为一方面，如果没有理解包含在这些句子中的命题的不可共存性，我们是不可能相信上述这些"复杂前提"（tropika）的[1]。另一方面，在提出这些基于"复杂前提"的推理之前，我们也不可能确切肯定包含于其中的命题的不可共存性。[203] 因此，由于论证的循环性，我们不具备信念赖以建立的出发点，就这个方面而言，我们将表明第三种、第四种、第五种"不证自明式"都不具有实在性。

目前，关于演绎已经谈得很充分了。

---

[1] 参见 *PH* 2.3。

（四）关于归纳

[204] 我认为，反驳归纳推理形式（ton peri epagōgēs tropon）是很容易的。因为他们试图用这个方法由特殊事例来建立普遍结论。[1] 他们这样做，或考察所有特殊事例，或考察部分特殊事例。如果考察部分，则归纳是不确切的（abebaios），因为归纳过程中遗漏的某些特殊事例有可能与普遍结论相反；如果考察全部，他们将在不可能的事情上白费力气，因为特殊事例是无限的和不可界定的。[2] 因此基于每一种情况，我认为，都会得出归纳是不牢靠的[3] 这一结论。

（五）关于定义

[205] 在有关定义的技艺（technologia）方面，独断论者也自视甚高，他们将之列入所谓哲学的逻辑学部分。现在就我们简短地谈谈定义问题。

独断论者认为定义有很多用处，但或许你会发现最主要的用处有两个，他们声称这两个可以涵盖定义所有必要的用处。[206] 按他们的解释，定义无论对于理解还是传授都是必要的。[4] 如果我们表明定义对于这两者都是无用的，我认为，我们就可以摧毁独断论者在这个方面所下的苦功（mataioponia）。

---

〔1〕 参见 *PH* 2. 195 和 Aristotle, *Topics* 105a13-16。

〔2〕 参见 *PH* 2. 210。这里用了两个同根形容词：apeirōn 和 aperioristōn。前者指无法定量，后者指无法定性。

〔3〕 这里使用了 saleuesthai，有"动摇""摇摆""不牢靠"等意，该词反映出归纳结论的不确定性。

〔4〕 参见 DL 7. 42。

［207］直接说来，一方面，如果一个人不认识定义对象或被定义者（to horiston），他是不可能去定义自己所不认识的东西的。另一方面，一个认识定义对象，并进而给出定义的人，不是通过定义去理解定义对象，而是把定义付诸事先已被理解的东西，因此定义对于事物的理解是不必要的。再者，如果我们试图绝对地定义一切事物，就会因陷入无穷而定义不了任何东西；如果我们承认某些事物甚至没有定义也是可理解的，就会表明定义对于理解是不必要的，因为如果离开了定义，我们也能理解一切犹如未被定义的东西是可理解的。［208］所以，我们要么［因陷入无穷而］[1]绝对定义不了任何东西，要么表明定义是不必要的。

基于下列原因，我们发现定义对于传授也是不必要的。就像一个初识某种东西的人，没有定义也可以认识它。同样，一个被传授某种东西的人，没有定义也可以被传授。

［209］再者，他们还基于定义对象来判定定义，声称那些包含了不属于定义对象的某些属性或所有属性的定义是错误的。因此，当有人声称人是理性的、不死的动物，或理性的、有死的、会文法的动物时，他们说这些定义是错误的（mochthēron），因为没有人是不死的，有些人是不会文法的。[2]［210］再者，定义或许是不可判定的，因为定义应当由之得以判定的特殊事例是无限的[3]，因

---

〔1〕 根据 H. Mutschmann and J. Mau, *Sexti Empirici Opera*, vol. 1: *Pyrroneion hypotyposeon libros tres continens*（Teubner, Leipzig, 1958）所补缀。

〔2〕 有关斯多亚派所理解的定义，参见 DL 7. 60 和 Alexander, *in Top* 42. 27-43. 8。

〔3〕 参见 *PH* 2. 204。

此他们不可能理解和传授那些定义由之得以判定的东西，即那些无论如何在此之前已被清楚认识和理解的东西。

这些定义把我们卷入如此含混不清的境况（asapheian），还要声称它们或对于理解，或对于传授，或一般说来，对于辨析（sapheneian）是有用的，这难道不是好笑的吗？［211］比如，我们讲一个笑话[1]，假如有人想问你是否碰到一个骑马牵狗的人，并以这样的方式发问：“哦，理性的、有死的、能思想和有知识的动物，你是否碰到一个宽指甲、有政治学知识的、会笑的动物，将其半边屁股放在一个会嘶鸣的动物之上，牵着一个四足的、会狂吠的动物？”在如此熟悉的事物上，因为定义而让人们处于失语状态（eis aphasian），这难道不是荒唐可笑的吗？

就上述讨论的这些东西来看，我们必须说定义是无用的，［212］无论定义被说成是“一种陈述，它借由简单的提示将我们引向基于词项的对象之概念”[2]——这点由我们刚刚谈到的来看是显而易见的（难道不是吗？），还是被说成是关于澄清“是其所是”的一个陈述[3]，还是被任意被说成什么。因为当他们试图建立定义是什么的时候陷入种种分歧，尽管这些分歧似乎可以推翻定义，但鉴于当下的写作计划我就略而不谈了。

关于定义，目前对我来说已经谈得很充分了。

---

〔1〕 这一笑话出自伊壁鸠鲁，参见 Anonymus, in Tht 22. 39-47。在 PH 1. 62 节重复引用。

〔2〕 对定义的这个解释再现于［Galen, ］Def Med 19. 348。这一解释似乎符合盖伦有关“概念性的定义”的观点，参见 Galen, Diff Puls 8. 708。

〔3〕 对定义的这一解释属于漫步派。ho to ti ēn einai 这一词组是典型的亚里士多德术语，这里翻译成“是其所是”。

（六）关于划分

[213] 既然独断论者声称，辩证法是有关演绎、归纳、定义和划分的知识，而我们在论述了标准、记号、证明之后又讨论了演绎、归纳和定义，因此我们认为，进一步简短地探讨一下划分问题并无不当之处。他们说划分（diairesis）存在四个方面的作用。或名称（onoma）被划分成"所表示的东西"（sēmainomena），或整体被划分成部分，或"属"被划分成"种"，或"种"被划分成个别事物。然而，或许我们很容易发现没有一个方面属于划分的知识。

（七）关于把名称划分成"所表示的东西"

[214] 他们直接而不无理由地表明，知识涉及本性上具有的东西（tōn phusei），而非习惯上具有的东西（tōn thesei）。因为知识被认为是某种确切的和不变的东西，而习惯上具有的东西则是易变的和不稳定的，通过发生在我们身上的习惯的复杂多样性而变化无常。既然名称在习惯意义上（thesei）而非本性意义上（ouphusei）表示事物[1]（因为否则所有的人，包括希腊人和蛮族人，都会理解所有被语词所表示的事物了。此外，这件事取决于我们自己：我们可以在任何时间，用任何愿意选取的其他名称来指示和表明"所表示的东西"），那如何能够存在把名称划分成"所表示的东西"的知识？或辩证法如何能够像某些人所说的那样，成为有关"能表示东西"（sēmainontōn）和"所表示的东西"（sēmainomenōn）的知识？[2]

---

〔1〕参见 *PH* 2. 256, 3. 267；*M* 11. 241；*M* 1. 37, 144-147。这是斯多亚派反对的观点。参见 Origen, *Contra Celsum* 1. 24。

〔2〕斯多亚派科律西波的观点，参见 DL 7. 62。sēmainontōn 和 sēmainomenōn 与索绪尔的现代语言学的"能指"和"所指"有接近之处。

（八）关于整体与部分

［215］关于整体与部分，我们在称作物理学的章节中进行讨论[1]，当下要说的是所谓把整体划分成部分。有人声称 10 可以被划分成 1、2、3 和 4，但实际上 10 是不能被划分成这些东西的。因为第一个部分即 1 这个数一旦被减掉，假设目前我们承认这点，10 则不复存在，存在的是 9 这个完全不同于 10 的数。［216］因此，其余部分的减少和划分不是由 10 而是由另外的数开始的，这些数随着每次的减少而发生变化。

因此，把整体划分成所谓的部分或许是不可能的。因为如果整体被划分成部分，那么在划分之前，部分就应该包含于整体之中，然而它们或许并非包含于其中。比如，我们再次以 10 为例建立论证。他们声称 9 当然是 10 的一部分，因为 10 可以划分成 1 和 9。8 也是一样，因为 10 可以划分成 8 和 2。7、6、5、4、3、2、1 同样如此。［217］如果所有这些数包含于 10 当中，而这些数相加之和为 55，那么 55 就会包含于 10 当中，但这是荒谬的。因此，所谓的这些部分并非包含于 10 当中，10 作为一个整体直至部分，也不能被划分成这些东西，因为这些东西在 10 当中是根本看不到的。

［218］在量度方面我们也会碰到同样的问题，如果有人想划分恰好 10 个单位的长度的话。因此，把整体划分成部分或许是不可能的。

（九）关于"属"和"种"

［219］还剩下有关"属"和"种"的论证，关于这个问题我

---

[1] 参见 *PH* 3. 98-101。

们将在其他地方详尽讨论[1]，当下我们简要地谈谈。一方面，如果他们声称"属"和"种"是概念（ennoēmata）[2]，那么我们就灵魂的中枢部分和表象所做的批驳就足以推翻它们[3]。[220]另一方面，如果他们承认这些东西独立的实体性（idia hupostasis），那他们如何回答下列问题？如果"属"存在，它或者同"种"一样多，或者存在一个共同的"属"，所有的"种"都被说成归属于它。如果"属"与其"种"的数目一样多，就不会存在一个可以被划分成若干"种"的共同的"属"；如果声称在所有的"种"当中存在一个"属"，那么每一个"种"或分有（metechei）"属"的全部，或分有"属"的一部分。[4]当然不会分有全部，因为一个真实存在物（en ti huparchon）不可能以同样的方式分别包含于不同的事物中，以至于可以被看到作为一个整体出现在每个被说成是存在的事物之中。如果分有一部分，那么首先，"属"的数目总体上就不会与它的"种"相契合（akolouthesei），正像他们所认为的那样，人就不是动物，而是动物的一部分，比如，人会是一个实体（ousia），但既无生命又无感知。[221]其次，所有的"种"就会被说成是或者分有它的"属"的同一部分，或者分别分有不同的部分。然而由于上述原因，分有同一部分是不可能的；如果分别分有不同的部分，那么"种"相互之间在"属"的意义上也就不是相似的（这点他们

---

〔1〕 在塞克斯都的其他著作中，没有发现他讨论过这个问题。

〔2〕 斯多亚派的观点，参见 DL 7. 60。

〔3〕 参见 *PH* 2. 70-71。

〔4〕 同样的论证形式出现在 *PH* 3. 158-162。这一论证形式由柏拉图在《巴门尼德》中提出（参见 plato, *Parmenides* 131AC）。以下的反驳很接近亚里士多德对柏拉图"分有"学说的批判。

是不会承认的），那么每个"属"也将是无限的，因为它被分割成无限的部分，不仅被划分成"种"，而且也被划分成特殊事物，在这些特殊事物中，"属"随同它的"种"都可以被观察到，因为迪翁不仅被说成是人，而且还被说成是动物。因此，如果这种结果是荒谬的，那么"种"就不会部分地（kata meros）分有作为一个整体存在的（enos ontos）"属"。

［222］如果每个"种"既不会分有整个的"属"，也不会分有"属"的一部分，那何以能说一个"属"存在于它的所有的"种"当中，以至被划分成这些"种"？或许没人能够这样说，除非是在制造某些想象物（eidōlopoiēsis）[1]，而这些东西，正如怀疑论者所反驳的那样，可以被其自身无法判定的分歧所推翻。

［223］[2]此外，还应谈谈以下问题。如果"属"或是"这"或是"那"，那么它的"种"或既是"这"又是"那"，或是"这"而不是"那"，或既不是"这"也不是"那"。例如，事物中一些是有形的一些是无形的，一些是真的一些是假的，一些是白的（或许如此）一些是黑的，一些是大的一些是小的，其他同样如此，那么出于论证考虑，"事物"（to ti），即某些人所说的最高的"属"（genikōtaton）[3]，它或是所有这些东西的"属"，或是一部分这些东西的"属"，或不是任何这些东西的"属"。［224］如果"事物"根本不是任何这些东西的"属"，那它本身就不是"属"，研究既已终

---

〔1〕 参见 *PH* 3. 155。

〔2〕 *PH* 2. 223-225 类似柏拉图后期"通种论"遇到的困境，即承不承认理念具有矛盾的属性。

〔3〕 参见 *PH* 2. 86。

结。如果声称"事物"是所有这些东西的"属"，那么除了这种说法是不可能的之外，它的每个"种"和它所存在其中的每个个别事物将不得不是所有的东西。如他们所说的，既然动物是有生命的能感知的实体，那它的每一个"种"就会被说成是实体、有生命的和能感知的，同样，如果"属"既是有形的又是无形的，既是假的又是真的，既是黑的（或许如此）又是白的，既是小的又是大的，等等，那么它的每个"种"和个别事物就会是所有这些东西，但这是根本看不到的，因此这个说法是假的。[225] 如果"事物"只是一部分这些东西的"属"，那么这些东西的"属"就不会是其余的东西的"属"，比如，如果"事物"是有形物的"属"，它就不是无形物的"属"，如果动物是理性的"属"，它就不是非理性的"属"，因此就不会存在无形的东西，也不会存在非理性的动物，其他情况同样如此。然而这是荒谬的。因此，"属"不可能既是"这"又是"那"，不可能是"这"而不是"那"，也不可能既不是"这"也不是"那"，如果这样，"属"就是根本不存在的。

如果有人声称潜能上"属"是一切事物，我们将回答：某种潜能上存在的东西必须是某种现实上存在的东西，比如，一个人不可能潜在地是一个语文家，除非他实际上就是一个语文家。如果潜能上"属"是一切事物，我们就要问现实上它是什么，因此同样的困惑依然存在。因为现实上它不可能是完全相反的东西。[226] 另外，"属"也不可能一些是现实上的，而另一些只是潜能上的，例如，有形的东西是现实上的，无形的东西是潜能上的。因为，只有现实上能够真实存在的东西才会潜能上存在，而现实上有形的东西是不可能变成现实上非有形的东西的，因此，比方说，如果某物现实上是有形的东西，它就不会是潜能上非有形的东西，反之亦然。因此，"属"不可能一些是现实上的，一些只是潜能上的。如果"属"根本不是现实上的，那它并非真实存在。因此，他们称之为可划分成"种"的"属"是不存在的。

[227] 再者，以下观点值得关注。如果亚历山大和帕里斯是同一个人，那么"亚历山大走路"为真而"帕里斯走路"为假则是不可能的。因此，如果对忒翁和迪翁来说两者同样都是人，而"人"这一普通名词一旦进入命题系统（eis suntaxin aksiōmatos），就会使命题在忒翁和迪翁两者那里或同时为真或同时为假，然而这是无法看到的。因为当迪翁坐着而忒翁正在走路时，"人在走路"这一命题如果指称他们当中之一是真的，则指称另一个就是假的。因此，"人"这一普通名词（prosēgoria）对两者既不是共同的，也不是相同的，如果有这种东西的话，则是他们每一个所特有的（idia hekaterou）。[1]

（十）关于共同属性

[228] 有关共同属性（tōn koinōn），要说的东西同样如此。如果视觉对于迪翁和忒翁是同一种属性，假设迪翁死了，忒翁活着并可以观看，那么他们或者声称已死的迪翁的视觉仍未毁灭，然而这

---

[1] "普通名词"或"称呼"（prosēgoria），是斯多亚派有关词项（logos）的术语。巴比伦的第欧根尼和科律西波把词项分成五个：名称、普通名词、动词、连接词和冠词。后来，安提帕特还增加了第六个，即"意味"（mesotēs）（参见 DL 7. 57-58）。"意味"大概相当于狄奥尼索斯·特拉克斯（Dionysius Thrax，约公元前100年）称为"分词"（metochē）的东西，因为它分有了（metechei）名词和动词的性质（参见威廉·涅尔、玛莎·涅尔：《逻辑学的发展》，商务印书馆1982年版，第185页）。

是自相矛盾的，或者声称两者相同的视觉都已毁灭或都未毁灭，但这是荒谬的。因此，忒翁的视觉并不同于迪翁的视觉，如果可能的话，视觉是每个人所专属的。如果呼吸对于迪翁和忒翁是同一种属性，那么呼吸在忒翁身上存在而在迪翁身上不存在是不可能的，因为不可能一个已经消亡，一个仍然存在，因此两者的呼吸不是同样的东西。

关于这个话题，目前简要谈论的这些已经足够。

（十一）关于诡辩[1]

［229］在有关诡辩问题上占用少量时间或许并无不当之处，因为那些吹嘘辩证法的人声称，对于诡辩的解释（dialusis）之于辩证法是必需的。[2]他们说，如果辩证法能够识别真假论证，而诡辩论既然是假的论证，那么辩证法就能判定那些以貌似的可信性来强暴真理的东西。因此，辩证法家以拯救摇摆不定的生活经验的姿态[3]，不遗余力地试图向我们传授有关诡辩的概念、分辨和解释（epilusis）。他们声称，诡辩是一种貌似可信的、具有欺骗性的论证，以诱导人们去接受或为假，或疑似为假，或是非显明的，或是无论如何不可接受的结论。［230］比如结论为假的诡辩是这样的："没人让你喝陈述（katēgorēma）；'喝苦艾酒'是一个陈述；所以没人让你喝苦艾酒。"结论疑似为假的诡辩如下："过去和现在都是

---

〔1〕 参见 Theodor Ebert, *Dialektiker und frühe Stoiker bei Sextus Empirucus: Untersuchungen zur Entstehung der Aussagenlogik*, Göttingen: Vandenoeck & Ruprecht, 1991。

〔2〕 这里指斯多亚派有关辩证法的观点。参见 Plutarch, *Stoic Rep* 1034F; Cicero, *Fin* 3. 21. 72。

〔3〕 这句话的原文是 "boēthountes saleuonti tōi biōi"，即 "试图帮助被动摇了的日常经验"。

不可能的事情并非是荒谬的；医生仅当作为一个医生杀人过去和现在都是不可能的；所以医生仅当作为一个医生杀人并非是荒谬的。"〔231〕结论为非显明的诡辩如下："并非我首先向你问某个问题并且星星的数目不是偶数；我首先向你问某个问题；所以星星的数目是偶数。"另外，结论无论如何是不可接受的诡辩，如所谓文法不通的论证："你看见的东西是存在的；你看上去是躁动不安的；所以'躁动不安的'是存在的。"〔1〕或："你观察到的东西是存在的；你观察到燃烧的场所；所以'燃烧的场所'是存在的。"〔2〕

〔232〕再者，他们试图对诡辩做出分析，声称对于第一种诡辩，在前提中所承认的是一回事，而在结论中推得的又是另一回事。因为前提承认：陈述是不被人喝的并且'喝苦艾酒'是一个陈述，但并非苦艾酒本身是一个陈述，因此人们应当推出"没人喝'喝苦艾酒'"这个为真的结论，而推出"没人喝苦艾酒"就是假的，因为由已被承认的前提是推不出这个结论的。〔3〕〔233〕关于第二种诡辩他们声称，它貌似引向假的结论，因而使非专门人士迟疑于对它做出确切的赞同，但实际上它的确结论为真，即"医生仅当作为一个医生杀人并非是荒谬的"。因为没有命题是荒谬的〔4〕，而"医生仅当作为一个医生杀人"是一个命题，因此这个命题并非

---

〔1〕 在第一个句子中，"你看见的东西"（ho blepeis）是一个主语从句，而第二个句子中，"躁动不安的"（phrenitikon）是一个形容词，作为不及物动词"看"（blepeis）的表语。因此第三句中，形容词"躁动不安的"是不能作主语用的。

〔2〕 这里的语法错误在于第三句"燃烧的场所"中"场所"一词使用了因格 topon，而应当使用主格 topos。因汉语无法表达主因格之别，只能按字面意思翻译。

〔3〕 这一诡辩的错误似乎在偷换概念。

〔4〕 即一切命题，只要是命题，都是有意义的。

是荒谬的。［234］他们声称，推出有关非显明结论的诡辩依赖于真值发生一系列变化的命题。[1] 如果根据假设，当没有问题被问及时，合取句的否定式为真，而合取句则为假，因为它自身中包含了一个为假的合取肢："我首先向你某个问题。"但在合取句的否定式提出之后，小前提"我首先向你问某个问题"成为真的，由于合取句的否定式在小前提之前提出，合取句的否定式即大前提（protasis）则变成假的，因为包含在合取句中原本为假的合取肢变成真的。因此，结论是永远不可能推出来的，因为合取句的否定式与小前提无法共存（sunuparchontos）。［235］至于最后一个，即不合文法的论证，有些人声称这些东西纯属荒谬推论，与语用习惯相悖。

这些就是某些辩证法家关于诡辩所说的东西，其他人还说了其他一些东西。这些说法或许可以娱乐一下一知半解者（eikaiteron）的耳目，却是多余的和煞费苦心的。这点基于以前所述或许能够看到。因为我们已经表明，就辩证法家所说的而言，真与假是不可理解的，为此我们通过大量的论证，尤其是通过推翻其推理效力的证据，也即证明和不证自明式来表明这一点。［236］对目前提出的话题，还有很多其他的东西特别要说，但出于《概要》的写作目的，我们现在只谈以下问题。

在辩证法似乎尤为擅长揭露的那些诡辩事例上，他们的解释是无用的。就解释的有用性来说，不是那些试图给出解释的辩证法家，而是那些在每种技艺中把握事物的关联性（parakolouthēsis）

---

〔1〕 ek tou genous tōn metapiptontōn，接近现代逻辑的"真值"（truth-value）。有关斯多亚派的真值问题，参见 DL 7. 76; Epictetus, *Diss* 1. 7. 13-21; Simplicius, *in Ph* 1299. 36-1300. 10。

的人。[1][237] 接下来，让我们试举一两个事例。假设向医生提出下面这个诡辩："在疾病减弱阶段须建议丰富多样的饮食；对于每种形态的疾病来说，病情减弱通常发生在前三天；所以，通常在前三天采取丰富多样性的饮食是必然的。"对于这个论证的解释，辩证法家是不可能说任何东西的，尽管他的解释或许是有用的。[238] 但医生可以解释这个诡辩，因为他知道"减弱"（parake）有两种意思：一是整个病情的"减弱"，一是每种局部病情从高峰到好转的持续性的"减弱"。他知道这种局部病情持续性的"减弱"通常发生在前三天，但我们并非基于这种意义的"减弱"，而是基于整个病情的"减弱"建议丰富多样性的饮食。因此，他会说这个论证的前提之间是不融贯的或不一致的，因为一种"减弱"，即作为整个病情的"减弱"被用作第一前提，另一种"减弱"，即局部病情的"减弱"被用作第二前提。

[239] 再者，对于某个因高度紧张而发烧的人，提出下面这个论证："相反之物对相反之物[2]；冷与这种高烧状态是相反的；所以冷是适应于这种高烧状态的疗法。"[240] 这里辩证法家将会无言以对，但医生因为知道什么是首要病因（proēgoumenōs prosechē pathē），什么是这种病因的症状（sumptōmata），所以会说这个论证不应诉诸症状（实际上，运用冷敷会使发烧加重），而应诉诸病因，而毛孔的阻塞不畅是其首要病因，因此需要的不是收缩而是放松疗法，而作为结果的高烧不是首要的，所以似乎适合于它的疗法

---

〔1〕 在 *PH* 2. 237-258 中，怀疑论再次强调生活经验的重要性，反对哲学家或辩证法家的思辨空谈。

〔2〕 ta enantia tōn enantiōn，是希波克拉底的治疗原则，参见 Hippocrates, *De Flatibus* 1。

也就不是首要的。

[241] 对于那些需要给出有用的解释的诡辩，辩证法家却无话可说，而是给我们提出这样的论证[1]："如果并非你有漂亮的角而且你有角，那么你有角；实际上你并非有漂亮的角而且你有角；所以你有角。"[242]"如果有物运动，那么它或在它所在的（en hoi esti）地方运动，或在它所不在的（en hoi ouk estin）地方运动；但它既不在它所在的地方运动（因为它在那里静止不动），也不在它所不在的地方运动（因为一个东西如何在一个它根本不在的地方发生活动？）；所以无物运动。"[2][243]"或存在者（to on）生成，或非存在者（to mē on）生成；但存在者不会生成（因为它已存在），非存在者也不会生成（因为生成者是被作用的，而非存在者是不会被作用的）；所以无物生成。"[3][244]"雪是结冰的水；而水是黑色的；所以雪是黑色的。"[4]

在收集了这些无稽之谈（huthlos）之后，他紧锁眉头，拿出辩证法，正襟危坐地试图借助三段论的证明为我们建立"有物生成""有物运动""雪是白的""我们没有角"——只要我们把事实同这些无稽之谈对立起来，通过基于显明之物的相反证据间的等效力量，或许足以粉碎他们对这些东西做出的确切肯定。的确，曾有一

---

〔1〕 关于"人有角"的诡辩由麦加拉派的欧布里德（Eubulides）发明（参见DL 2. 111），其一般形式为："如果你没有丢失任何东西，那么你有这种东西；你没有丢失，所以你有角。"塞克斯都所引的这一诡辩似乎并非典型的"人有角"诡辩，而是混淆了～（p∧q）与～ p∧q 之间的区别。

〔2〕 这一论证来自狄奥多罗（Diodorus），参见 *PH* 2. 245, 3. 71; *M* 10. 87-89; *M* 1. 311。

〔3〕 类似的论证归于爱利亚派的高尔基亚，参见 *M* 7. 71。

〔4〕 这一论证归于阿那克萨格拉，参见 *PH* 1. 33。

位哲学家[1]，当有人在他面前提出反对运动的论证时，他一句话不说便四处走动起来。况且，那些遵循生活经验的平常人，他们通过陆路和海洋远行，他们修造船只和房屋，他们养儿育女，根本就不会关心那些反对运动和生成的论证。[245]一个关于希罗费洛[2]医生的趣闻广为流传，他与狄奥多罗，一位把辩证法搞得庸俗不堪、在反对运动以及许多其他论题上到处卖弄诡辩论的人，处于同一个时代。一天，狄奥多罗的肩膀脱臼，到希罗费洛那里寻求治疗，希罗费洛诙谐地对他说："你的肩膀或在它所在的地方脱臼，或在它所不在的地方脱臼；而你的肩膀既不在它所在的地方，也不在它所不在的地方脱臼；所以它没有脱臼。"于是，这位诡辩论者便请求医生放下这个论证，用适合他的办法医治肩膀。[246]我认为，遵循共同的规训（tērēsis）和常识（prolēpsis），依靠经验（empeirōs）和不持有任何信念地（adoksastōs）生活，对那些为独断论所精心雕琢、远离生活功用的说教保持存疑（epechontas），这些已经足够。[3]因此，如果辩证法不能解释这些或许可以得到有用的解释的诡辩论，如果对诡辩论的这些解释即便我们承认是能够做出的但实际上却是无用的，那么在解释诡辩问题上辩证法则是无用的。

[247]由辩证法家所谈论的这些东西出发，我们可以简要地表明他们有关诡辩的这些推论技艺（technologoumena）乃是多余的。辩证法家声称，他们热衷于辩证法的技艺不但是为了知道什么由什

---

[1] 指犬儒派的第欧根尼或安提斯特尼斯。
[2] 希罗费洛（Herophilus，公元前 3 世纪），卡尔西顿（Chalcedon）人，著名医生。
[3] 这里再次强调怀疑论是一种遵循经验常识、反对独断信念的生活方式。参见 PH 1.23-24。

么推出，主要是为了知道如何通过"不证自明式"来判断真与假，为此他们声称辩证法是关于真与假以及既非真又非假的东西的知识。[1][248] 他们说一个真的论证是由真的前提推出真的结论的论证，一旦一个结论为假的论证被提出，我们就会立即知道这个论证是假的，而且不会赞同这样的论证。因为论证本身必然或是无效的，或是包含为假的前提。[249] 以下描述更清楚地表明这点：在一个论证中，为假的结论或由前提的联结推出或无法推出。但如果无法推出，论证本身就是无效的，因为他们声称一个论证是有效的仅当其结论由其前提的联结推出；如果可以推出，那么按照他们的推论技艺，前提的联结必然为假，因为他们声称假的结论由假的前提推出，而不会由真的前提推出。[250] 显然，基于前面我们的论述，他们所说的无效的或并非为真的论证是不可证明的。

如果一个结论为假的论证被提出，我们就会因为它包含了为假的结论而立刻知道，这个论证既不是真的，也不是有效的，我们就不会赞同这个论证，尽管我们或许并不知道它的错误究竟是什么。这点正像我们不认同魔术师的把戏是真的，知道他们在骗我们，尽管不知道他们是如何骗的；同样，我们不相信那些貌似可信（pithanos）但实际为假的论证，尽管不知道它们是如何不合逻辑的（paralogizontai）。

[251] 再者，既然他们声称诡辩不仅导致错误结论，还会导致另外一些荒谬的东西，因此我们应当在较为普遍意义上进行讨论。那么，一个被提出的论证，或把我们引向某种不可接受的

---

[1] 参见 *PH* 2.94。

（aprosdekton）结论，或引向某种我们应当接受的结论。如果是后者，我们将赞同这个结论而不会有任何荒谬之处；如果是引向某种不可接受的结论，那么非但我们不应因论证的貌似可信性而去鲁莽地赞同这个荒谬的结论，而且恰恰是他们，更应力避那些迫使他们赞同荒谬结论的论证，如果他们确如自己所承诺的那样，意在探寻真理而不是孩子般地说谎的话。[252]假设一条路通向悬崖，我们不会因为有一条通向悬崖的路而迫使自己走向悬崖，而会因为悬崖而避开这条路。同样，假如有一个论证把我们引向某种公认的荒谬结论，我们将不会因为论证而赞同荒谬，而会因为荒谬而力避论证。[253]因此，一旦向我们提出这样的论证，我们将对每个前提保持存疑，直至整个论证被提出，我们就会达致对我们来说似乎如此的结论（ta dokounta）。

例如，如果科律西波派的独断论者声称，当"连锁推理"（sōritēs）被提出时，为了避免陷入荒谬，在论证进程中就应停止来并保持存疑[1]，那么对于我们——作为怀疑论者——来说，更为恰当的做法在于一旦怀疑其论证的荒谬性，并不是在前提被提出时就匆忙做出什么断定，而是对每个前提保持存疑，直到整个论证被提出。[254]我们不持有任何观念地（adoxastōs）从生活规训（tēs biōtikēs tērēseōs）出发，因此可以避免这些具有欺骗性的论证，而独断论者却不能分辨诡辩与那些似乎被正确提出的论证，因为他们迫使自己专断地判定这些论证的形式（schēma）是有效的或是无效的，其前提是真的或不是真的。[255]我们前面已经表明，他们

---

〔1〕 参见 *M* 7. 415-421。"连锁推理"的一般形式参见 *PH* 3. 80。

既不能理解有效的论证，也不能判断某物为真，因为正如我们根据他们自己说的东西所表明的那样，他们不具备一致同意的标准和证明。因此，就上述这些东西而言，为辩证法家所喋喋不休的有关诡辩的论证技艺是多余的。

[256] 关于歧义（amphibolia）的分辨，我们的论述同样如此。如果歧义是表示两个或多个事物的语词[1]，如果语词在习惯意义上表示事物[2]，那么所有能得到有用的解释的歧义，即存在于某种经验事物中的歧义，可以被那些在各种技艺中受过训练的人解释清楚，因为他们具有一套自己创造的、根据"所表示的东西"使用名称的习惯性经验。[257] 但辩证法家却解释不了这些歧义。比如，有关这个论证中的歧义："在病情减弱期须建议丰富多样的饮食。"在日常生活中，我们甚至发现家奴也可以分辨语词的歧义，只要这种分辨对他们似乎是有用的。如果一位拥有多个同名家奴的主人传唤一名，比如说，叫作"曼诺"的家奴（假设这是所有家奴共同的名字），这个家奴就会问究竟是哪一个"曼诺"。假如一个主人拥有多种不同的酒，他对家奴说"给我倒一杯酒来喝"，家奴同样会问是哪一种酒。[258] 正是对每种事物有用的经验导致了对歧义的分辨。

所有这些歧义并非根植于日常生活经验，而是产生于独断论者的思想，因而对过一种无独断信念的生活或许毫无用处，对于这些东西，具有自己特殊态度的辩证法家迫于怀疑派的反驳，将不得不同样保持存疑，因为这些歧义或许是与非显明的、不可理解的和非真实存在的东西联系在一起的。[259] 这个问题我们后面将要讨

---

〔1〕 参见 DL 7. 44, 62。

〔2〕 参见 *PH* 2. 214。

论。[1]如果独断论者试图反驳我们，那他就会强化（kratunei）我们的论证，因为基于双方的攻讦和无法判定的纷争，他自己实际上肯定了对所研究的东西的存疑。

谈完有关歧义问题，我们结束《概要》的第二卷。

二、《反逻辑学家》关于证明及其反驳理论

（一）证明的概念

[300]当下我们之所以要探究证明，此前在研究标准和记号时业已表明。[2]为了使我们的考察有条不紊，为了使存疑和对独断论者的反驳更加稳健地往前迈进，我们必须弄清证明的概念。[301]普遍说来，证明（apodeixis）是一种论证或语句（logos）。因为它当然不是可感之物，而是心智的某种运动（kinēsis）和赞同（sugkatathesis），这些东西是理性的。简单说来，论证是由前提和结论构成的。[302]我们称之为"前提"（lēmmata）的东西，并不是某种我们所确切把握的论题（themata），而是因其显明性而为对话者（prosdialegomenos）所同意和承认的论题。结论（epiphora）则是由前提建立的东西。例如，这个完整的命题系统（sustēma）就是一个论证："如果这是白天，那么这是亮的；这是白天；所以这是亮的。"其前提是"如果这是白天，那么这是亮的"和"这是白天"，结论是"所以这是亮的"。[303]论证当中，有些是有效的，有些则不是有效的。有效的是那些一旦前提被承认为真，结论则似乎因

---

〔1〕 在塞克斯都其他著述中并未发现相关讨论。
〔2〕 这里所指不太明确，似乎指 *M* 8.142。

这种承认而随之推出（akolouthein）的论证，正像前面刚刚提到的例子。既然前提是由条件句"如果这是白天，那么这是亮的"（它承诺如果第一个句子为真，则第二个句子也将为真）［304］和"这是白天"，即条件句的前件（hēgoumenon）构成的，那么我说，如果条件句被承认为真，因而其后件（lēgon）由前件推出，并且如果第一个句子"这是白天"也被承认为真，那么第二个句子即"这是亮的"必然也会因为这种真实性而被推出，这就是结论。［305］凡具有这样一些特征的就是有效论证，并非如此的则是无效论证。有效论证中有些可达致某种显明的结论，有些则达致非显明的结论。达致显明的结论的，比如以这种形式提出的论证："如果这是白天，那么这是亮的；这是白天；所以这是亮的。"因为"这是亮的"和"这是白天"是同样显明的。再者，像这个例子："如果狄翁走路，那么狄翁运动；狄翁走路；所以狄翁运动。"因为"狄翁运动"，作为结论，是自明的东西（tōn autophōratōn）。［306］比如，这样一个论证可达致非显明的结论："如果有汗自表皮渗出，则肉体中存在着能被思想的毛孔[1]；然而第一；所以第二。"因为肉体中存在着能被思想的毛孔是非显明的东西。再如："那种一旦与肉体分离人将死亡的东西是灵魂；而血液一旦与肉体分离人将死亡；所以灵魂是血液。"因为灵魂的实在性系于血液并非是清楚可见的。［307］在那些可达致非显明结论的论证中，有些仅仅循着论证过程，[2]有些则既循着论证过程，又以揭示的方式引导我们自前提达致结论。［308］仅仅循着论证过程达致结论的，似乎是那些依赖信念和

---

[1] 即肉体中不可见的孔道。参见 PH 2. 90。
[2] 参见 M 8. 151-155；PH 2. 140-142。

记忆的论证。如这个论证："如果某个神对你说此人将富有，那么此人将富有；而这个神（假设我指宙斯）对你说此人将富有；所以此人将富有。"因为这里我们接受"此人将富有"这个结论，不是由所提出的论证的力量（dunameōs）建立的，而是出于对神的话的相信。［309］然而，如前面提到的"能被思想的毛孔"这样的论证，它既能循着论证过程，又能以揭示的方式引导我们由前提达致结论。因为前提"如果汗自表皮渗出，则肉体中存在着能被思想的毛孔"并且"汗自表皮渗出"告诉我们，由其自身的本性（ek tēs autōn phuseōs）可以建立"肉体中存在着能被思想的毛孔"，因为它基于这样一种推理路径（ephodon）："对于液体来说是不可能通过紧密而没有孔道的物体流出的；但汗液自肉体流出；所以肉体不会是紧密的，而是有孔道的。"

［310］既然如此，证明必须首先是一种论证，其次是有效的，第三是真的，第四是有非显明结论的，第五这个结论是通过前提的力量揭示出来的。［311］那么，当这是白天，像这样一个论证是有效的："如果这是夜晚，那么这是黑的；但这是夜晚；所以这是黑的。"因为假如其前提得到承认，就会推出结论是存在的，但它不是真的，因为在其自身中包含了一个假的前提"这是夜晚"。出于这个原因，它也就不是可证的（oude apodeiktikos）。［312］但像这样一个论证："如果这是白天，那么这是亮的；然而这是白天；所以这是亮的。"它除了是有效的而且还是真的，因为如果其前提得到承认，结论也会得到承认，真的前提指示出（deiknusin）某种真的东西。尽管如此，它仍然不是证明，因为它具有"这是亮的"这样一个显明的而不是非显明的结论。［313］同样，像这样

一个论证:"如果某个神对你说此人将富有,那么此人将富有;而这个神对你说此人将富有;所以此人将富有。"它具有一个非显明的结论"此人将富有",但它依然不是可证的(ouketi d'apodeiktikon)[1],因为它不是由前提的力量揭示出来的,而是碰巧接受(paradochēs tugchanein)了有关神的信念。[314]仅当所有这些条件凑齐(sundramontōn)——论证既是有效的又是真的且能呈现非显明之物——证明真实存在。因此他们这样来描述它:"证明是一种由一致同意的前提,根据推理(kata sunagōgēn)揭示非显明之结论的论证。"如这个论证:"如果运动存在,那么虚空存在;而运动存在;所以虚空存在。"因为虚空之为存在是非显明的,似乎可以根据推理,由真的前提"如果运动存在,那么虚空存在"和"运动存在"来揭示。

[315]这些就是有关研究对象的概念首先应当掌握的东西。接下来,我们必须指出它是由什么东西构成的。

(二)证明的构成

[316]正如我们前面多次讲到,[2]某些事物被相信是清楚明白的,某些则是非显明的。清楚明白的是那些通过表象(ek

---

[1] 这里采用 Bekker 校注意见译出。注意第 311-313 段例示了斯多亚派逻辑有关"不可证的"或不是证明的三种形式。第一种,尽管推理形式是有效的,但其前提"这是黑天"与"当这是白天"这一事实相悖,因而是不可证的。第二种,尽管推理形式是有效的,并且前提与事实一致,即是真的,却是不需证明的或不证自明的,因为"这是亮的"这一结论蕴含在前提"这是白天"之中,两者都是自明的,无须揭示,因此不是证明。第三种是其结论并非通过前提的力量揭示出来的,而是基于某种信念接受的,因此也不是证明(参见 *M* 8.223-224)。

[2] 指 *M* 8.141。下面第 316-320 段,参见 *M* 8.145-160 以及 *PH* 2.97-103。

phantasian）和感受（ek pathous），自觉或不自觉地（aboulētōs）为人们所把握的东西，比如，当下"这是白天"、"这是一个人"以及所有此类东西。非显明的则是那些并非如此的东西。[317] 在非显明的东西当中，如某些划分者所说，有的是本性上（pusei）非显明的，有的是在"与属同名"的意义上被称作非显明的。[1] 本性上非显明的是那些既非过去已被理解，也非现在正被理解，也非以后将被理解，而是永远不可知的东西，比如星星是偶数或奇数。[318] 因此，它们被说成是本性上非显明的，并非因为它们就其自身而言（hōs pros heauta）具有某种非显明的本性，如果这样，我们将谈论某种矛盾的东西（也就是说，我们既声称它们不可知，同时又承认它们具有某种本性），而是因为它们相对于我们的本性而言是非显明的。[2][319] 在"与属同名"的意义上被称为非显明的，则是那些在自己的本性上隐蔽晦涩（apokekruptai），但被宣称可以通过记号或证明来认识的东西。例如，存在着某些在无限虚空中运行的不可分割的元素。[320] 然而，如果事物中存在着这样的差异，那么我们说证明既不是自明的（因为它不是通过自身和必然感受被认识的），也不是本性上非显明的（因为对它的理解并非没有希望），而是属于其他种类的非显明之物，具有对我们

---

[1] ta homōnumōs legomena tōi gemei adēla, 指多个对象在外延上归于同一个"属"，都被称作"非显明的"，即在普遍意义上或本质上，它们都可归于非显明之物。值得注意的是，这里（*M* 8. 317-320）对非显明之物的划分与前面的划分不同（参见 *M* 8. 145-150）。此处"本性上非显明的"在前面相应的是"绝对或完全非显明的"；这里"在'与属同名'的意义上非显明的"则对应于前面的"本性上非显明的"。

[2] 注意这里对本性上非显明之物的解释，与本卷前面的解释不同，即并非事物本身具有非显明的本性，而是**"相对于我们的本性"**而言事物是非显明的，以避免"怀疑论如何知道事物本身是非显明的"这种悖论。

深藏不露（dedukuian）和晦涩不明（suneskiasmenēn）的本性，但似乎可以通过哲学的论证来理解。[321]但我们并非确凿无疑地（ou bebaiōs）述说这种东西，因为如果我们承认它的实在性，还要对它进行质疑（epizētein）则是可笑的，而是说，按照一般概念（kat'epinoian），它正是如此。因此，通过这样的概念和"前见"（prolēpsis），有关它的实在性的论证得以呈现出来（anakupsei）。[1][322]那么根据一般概念，证明是一种非显明之物，不能通过自身被认识，这点将以下述方式论述。

自明的和清楚的东西无论如何都是自明的和清楚的，是为所有人一致同意的，不容许有任何分歧；非显明之物则并非人人同意，本性上使人陷入分歧。[323]这是有理据的。因为所有论证是根据与所提供的对象之间的参照关系（anaphora）被判断为真的或假的。如果发现它与所提供的对象一致，则认为它是真的，如果不一致，则认为它是假的。例如，有人说"这是白天"，那么通过把所说的东西诉诸对象，并认识到对象的真实性能够使陈述得到证实，则我们称所说的东西为真。[324]因此，一旦有关论证所提供的对象是清楚的和自明的，那么当我们把所说的东西诉诸这个对象时，这样就很容易说论证是真的，如果它为对象所证实；或者说论证是

---

〔1〕 本段刻画了怀疑派的述说方式。凡涉及非显明之物，怀疑派并非确凿无疑地述说，而是就既有的思想观念中所呈现的东西进行描述，对其真实性并未做出判断（参见 DL 9. 102-106）。prolēpsis 一词，我们前面译成"常识"（参见 M 8. 157-158，443），这里基于语境译为"前见"，同"概念"（epinoia）基本是同义词，指事先形成的、未经理性判断的一般观念。也即通过前期既有的概念或观念，我们知道独断论者有关证明谈论什么，并可以述说他们的观点，但怀疑论每每强调自己的述说是"非独断"意义上的，即并非给予肯定或否定，其目的在于避免陷入"怀疑派是否能够研究非显明之物"这种语义陷阱（参见 PH 2. 1-11）。

假的，如果它为对象所否证。[1] 然而，一旦对象是非显明的，对我们是隐蔽的，那么论证与对象的参照关系（anapompē）就不再可能是确凿无疑的，因此心灵留下的只是似乎可信的东西，由或然性驱使予以赞同。但当这个人做出这种而那个人做出那种或然性的（eikazontos）或似是而非的（diapithaneuomenou）判断时，分歧便自然而生。因为错失目标的人不知道他已错失，而命中目标的人也不知道他已命中。[325] 这就是怀疑派何以把那些探究非显明之物的人极为精妙地（sphodra charientōs）比作在黑暗中向某个目标射箭的人。正像当中可能有人射中目标，有人没有射中，但谁射中谁没射中是不被知晓的，同样，真理几乎藏于黑暗深处，诸多论证向它进发，但其中哪个与之一致哪个不一致是不可能知道的，因为研究对象远离清楚经验（arthentos ek tēs enargeias）。[326] 克塞诺芬尼首次谈到这点：

> 关于神和我所说的一切，
>
> 无人见过，也将不会有人知道什么是清楚明白的东西。
>
> 即使十分碰巧地说出绝对完善之物，
>
> 无论如何他自己也不知道，因为意见铸就一切。[2]

[327] 因此，如果出于上述原因，自明的东西是人人同意的，而非显明的东西是有分歧的，那么有分歧的证明一定是非显明的。证

---

[1] 这里"被证实的"（epimarturoumenon）和"被否证的"（antimarturoumenon）似乎是伊壁鸠鲁派有关真假标准的两个术语。参见 *M* 7. 211-216。

[2] 又见 *M* 7. 49, 110; *PH* 2. 18。

明的确是有分歧的东西，这点不需要我们做出过多论证，只需要一个现成的简短提示，既然独断派哲学家和理性派（logikoi）医生肯定证明，而经验派（empeirikoi）医生，或许还有德谟克里特，否定证明（因为他在《准则》一书中对它进行了猛烈抨击），[328]怀疑派则对之保持存疑（en epochēi），使用"不比什么更"（mē mallon）这一表述。[1] 即使在肯定证明的人当中，也存在着诸多分歧，随着论述的进展，我们将给予解释。因此，证明是一种非显明的东西。

[329]再者，如果所有在前提中包含断定（dogma）[2]的证明直接就是一种断定，而所有断定是有分歧的，那么所有证明必然是有分歧的，是有待研究的东西。例如，伊壁鸠鲁断定（dokei）对于虚空存在他提出这样一个强有力的证明："如果运动存在，那么虚空存在；但运动存在；所以虚空存在。"[330]如果这个证明的前提被所有人承认，则必然得到由之推出的并且被所有人接受的结论。[331]但实际上有些人反对这个证明（我指由前提达致结论），不是因为结论无法由前提推出，而是因为前提本身是假的，不是人人同意的。[332]如果不考虑条件句的诸多判断，而直接表明有效条件句是那种并非始于真而终于假的句子，那么按伊壁鸠鲁，"如

---

[1] 显然，在塞克斯都看来，哲学独断论与医学理性派，医学经验派与德谟克里特具有思想的一致性。前者肯定逻辑证明的可靠性，后者则坚持感觉经验的真实性，否定逻辑理性的力量。怀疑派则坚持存疑，对逻辑证明和感觉经验不作肯定或否定。这里注意，怀疑派再次表明他们与经验派医生并非属于同一阵营，一如他们与德谟克里特和伊壁鸠鲁本质有别。

[2] 希腊文 dogma，指"自认为真的东西"，即"意见""观念""判定""断定""原理"等，源于动词形式 dokeō，其衍生名词 dogmatikos，有"持某种观点者""独断论者"等意。

果运动存在，那么虚空存在"将会为真，因为它始于真前件"运动存在"而终于真后件。但按漫步派，它将为假，因为它始于真前件"运动存在"而终于假后件"虚空存在"。[333] 再者，按狄奥多罗，[1] 由于它始于假前件"运动存在"而终于假后件"虚空存在"，因此它本身将会为真，但他指责小前提"运动存在"为假。[334] 而根据怀疑派，由于它终于非显明之物，因此将是非显明的，因为按他们的观点，"虚空存在"是某种不可知的东西。由以上所述，显然证明的前提是有分歧的，既然是有分歧的就是非显明的，因此由它们构成的证明无疑也是非显明的。

[335] 再者，证明是相对之物。因为它并非通过自身显现，而是相对所证明的东西（tōi apodeiknumenōi）被观察到的。相对之物究竟是否存在是有待研究的（ezētētai），有许多人声称它们并不存在。而有分歧的东西是非显明的，因此在这种意义上，证明也是非显明的。[336] 此外，证明或由声音（ek phōnēs）构成，如伊壁鸠鲁所说，或由无形的"意谓"（ex asōmatōn lektōn）构成，如斯多亚派所言。但它由哪种东西构成，有赖于诸多研究。因为"意谓"是否存在是有待研究的，有诸多关于它的论证；声音是否"表示"（sēmainousi）某物也是充满疑惑的（diēporētai）。如果证明由何种东西构成是有待研究的，而有待研究的东西是非显明的，所以证明无疑也是非显明的。

让我们把这些东西暂且放下，作为将来某种反对命题的基础，接下来，我们进一步探究证明是否存在。

---

[1] 有关 Diodorus 的条件句观点，参见 *PH* 2. 245。

（三）证明是否存在

［337］[1] 我们已经解释了证明是由什么构成的，随之我们将着手探讨那些试图颠覆（saleuontas）它的论证，探究其真实性是否可以由一般概念和"前见"推出。某些人，尤其是那些来自伊壁鸠鲁派的人，习惯于以相当粗鄙的手法反驳我们："你们要么能思想（noeite）证明是什么，要么不能思想；如果你们能思想并得到它的概念，则证明存在；如果不能思想，那你们如何研究根本不能思想的东西？"［331a］在说这句话时，他们恰恰自我反驳或自我指涉（peritrepontai）了，既然"前见"和概念必须先于（proēgeisthai）研究对象是人们所一致同意的。因为如果一个人没有任何有关研究对象的概念，他如何能进行研究？当命中目标时，他不会知道已经命中，当错失目标时，他也不会知道已经错失。［332a］因此我们承认这个观点，不至于说我们没有一切关于研究对象的概念，恰恰相反，我们宣称有许多有关它的概念和"前见"，由于不能判断它们并发现当中最具权威性的，因此我们回到（periistasthai）存疑和无倾向状态。[2]［333a］因为，如果我们只有一个关于研究对象的"前见"，通过紧紧跟随它，我们就会相信这个对象正如按照一个概念所呈现给我们的那样。但实际上，既然关于一个对象我们会有多个概念，它们是形形色色的和相互矛盾的，并因为它们自身的可信性，也因为拥护者的信誉，它们是同等可信的。但我们既不能相信所有，

---

〔1〕 第337段以下是对前面第321段提出的怀疑派的述说方式的深入讨论，即怀疑派在何种意义上述说或探究作为非显明之物的证明，我们从有关证明的概念或"前见"能否必然推出它的可理解性或真实存在性。可与 *PH* 2. 1-11 对照。

〔2〕 "存疑"（epochē）和"无倾向"或"观念的缺失"（arrepsia）基本为同义词，见 *PH* 1. 190 和 DL 9. 74。

因为它们是相矛盾的，也不能不相信所有，因为没有另外一个概念比它们更加可信，也不能相信一个而不相信另一个，因为它们之间是等效的（isotēta），因此我们必然回到（ēlthomen）存疑。[1]

　　[334a] 但正像前面所指出的那样，我们的确具有关于对象的"前见"。因此，如果"前见"就是理解（katalēpsis），那么当我们承认具有关于对象的"前见"时，或许就会承认这个对象的可理解性。但实际上，既然有关对象的"前见"和概念不是其真实性（huparxis），那么我们说，由于上述原因，我们可以思想（epinoein）它[2]，但绝非意味着可以理解（katalambanesthai）它。[335a] 因为如果"前见"是理解，那就该轮到我们去质问他们，伊壁鸠鲁究竟有没有关于"四元素"的"前见"和概念。如果没有，那他如何理解研究对象，探究那种他没有任何概念的东西？如果有，那他为何不理解"四元素"存在？[336a] 但我想，他们会反驳说，伊壁鸠鲁的确可以思想"四元素"，但他肯定不会理解它们，因为概念（epinoia）是心灵的一种纯粹简单的运动，通过诉诸这种运动，他反对"四元素"存在。因此我们也具有证明的概念，基于这个概念我们将检验（exetasomen）证明是否存在。尽管我们具有证明的概念，但我们不会承认它的可理解性。[3]

---

〔1〕 本段鲜明表达了怀疑派的观点，即怀疑派有诸多关于证明是什么的概念和既有观念，由于它们之间的对立和等效性，无法决断何者为真，最终不得不归于"存疑"和"无倾向"状态。

〔2〕 这里使用动词"思想"或"思考"（epinoein），即获得有关对象的概念（epinoia）。

〔3〕 334a-336a 怀疑派辨析了概念、"前见"或"前理解"（prolēpsis）与"理解"（katalēpsis）的不同。前者是一种单纯的"思"，即获得某种概念的心灵运动，后者是对这些概念是否"真实存在"做出的认可、断定、赞同。因此，怀疑派可以在概念或"前见"的意义上探究"非显明之物"，但这种探究并非意味着断定"非显明之物"，而在于通过既有的概念，建立对立命题以达致存疑之目的。

[337a] 然而，对这些人，我们将稍后予以回敬。[1] 那么，既然使我们的驳斥具有条理性是恰当的，我们就必须研究哪种证明是最该予以反驳的。但如果我们想反驳那些特殊的、基于某种技艺的证明，我们就会使反驳变得杂乱无章，因为存在着无限多这样的证明。[338] 但如果我们能否弃那种被认为包含所有特殊证明的普遍证明，那么显然，以这种方式我们就会否弃所有证明。因为正像如果动物不存在人就不存在，如果人不存在苏格拉底就不存在，特殊随普遍一起被否弃，因此，如果普遍证明不存在，所有特殊证明也将不复存在。[339] 但普遍并非完全随特殊一起被否弃，就像人并非完全随苏格拉底一起被否弃，然而如我所说，特殊则完全随普遍一起被否弃。因此，对于那些试图颠覆（saleuousi）证明的人来说，与其动摇（kinein）其他证明，不如动摇那种可由之推出其余证明的普遍证明，这是必然的。

[340] 既然证明是非显明的，正如我们所论述的[2]，它就应当已被证明，因为所有非显明之物，如果在未经证明的情况下被接受则是不可信的。因此证明之为某物，或被普遍证明确立，或被特殊证明确立。[341] 但它一定不会被特殊证明确立。因为，既然普遍证明尚未得到一致同意，也就不会有任何一种特殊证明存在于此。正像如果"动物存在"尚不清楚，"马存在"也就不为所知，同样，如果"普遍证明存在"没有取得共识，也就没有什么特殊证明是可信的。[342] 此外，我们还会陷入循环推论。为了使普遍证明确凿可靠，我们必须获得可信的特殊证明；为了使特殊证明得到承认，

─────────────────

〔1〕 对伊壁鸠鲁派的反驳似乎指本卷第 348 段及以下。
〔2〕 指本卷第 322 段及以下。

我们必须获得确凿可靠的普遍证明。我们不能先于后者得到前者，也不能先于前者得到后者。因此，普遍证明为特殊证明所证明是不可能的。[343]但证明之为某物，也不会为普遍证明所确立。因为它是有待研究的东西，既然是非显明的和有待研究的，它就不能确立自己，因为它本身需要某种东西来揭示（ekkaluptontōn）。那么，除非通过假设来把握，这点被说成是能够确立某些东西的。[1]但如果某些东西可以由假设一次性地把握，并且是可信的，那还需要什么东西来证明它们吗？既然我们能够立刻把握它们，并在没有证明的情况下，因为这个假设而认为它们是可信的。[344]此外，如果普遍证明能够确立普遍证明，同一个东西将同时既是完全显明的（periphanēs）又是非显明的。完全显明的，仅当它能证明；非显明的，仅当它被证明。它还会是同样可信的和不可信的。可信的，在于它能揭示某物；不可信的，在于它被某物揭示。但声称同一个东西既是显明的又是非显明的，既是可信的又是不可信的，则是极其悖谬的。所以宣称普遍证明能确立自身是荒唐的。

[345]再者，还有另外一种方式表明，证明和其他任何存在物是不可能为普遍证明所确立的。因为普遍证明或具有或不具有某个（tina）前提和某个结论。如果具有某个前提和某个结论，它就是特殊证明的一种（mia）；如果不具有前提和结论，而离开前提和结论证明是推不出任何结果的，那么普遍证明将推不出任何结果。既然推不出任何结果，也就推不出自己是存在的。[346]如果人们同意第一证明必须被证明，而它既不能为普遍证明所证明，也

---

〔1〕 指"假设"论式，即直接把有待研究的问题设定为当然的前提。参见 *PH* 1. 173。

不能为特殊证明所证明，那么显然，我们对有关证明的研究应当保持存疑，因为除此之外我们找不到任何其他途径。[347] 再者，如果第一证明是被证明的，它或者被有问题的（zētomenēs）[1]证明所证明，或者被没问题的证明所证明。但它不会被没问题的证明所证明，因为如果第一证明陷入分歧，则所有证明都是有问题的（zēteitai）；但它也不会被有问题的证明所证明，因为如果这个证明有问题，它就应当被另一个证明所确立，第三个被第四个，第四个被第五个，以至无穷。因此证明不可能是确凿无疑的。

[348] 拉戈尼亚人德谟特利俄斯[2]，伊壁鸠鲁派的名人，曾说这种反对论证是很容易被破解的（euapoluton）。他说，当我们建立一个特殊证明（比如，推出"不可分割的元素存在"或"虚空存在"这一结论），并表明它是确切可靠的，我们将立即（autothen）得到蕴含其中的可信的普遍证明。哪里有属于某种普遍的特殊，哪里就一定会找到特殊所归属的普遍，正如我们上面所提到的。[349] 然而，这点似乎是可信的，却是不可能的。因为首先，无人会允许这个拉戈尼亚人在普遍证明并未事先存在（prouuphēstōsēs）的情况下建立特殊证明。正像他自己所认为的，如果得到特殊证明就会立刻得到普遍证明，同样怀疑派也会坚持，为了特殊证明成为可信的，普遍证明必须首先得到证明。[350] 然而，即便他们允许他这样做（我是说，建立特殊证明以便使普遍证明成为确凿可靠的），

---

〔1〕 zētomenēs 是动词 zēteō（有"研究""究问""质疑""追问""有疑问"等意）的分词形式，根据语境可译为"有待于研究的""所研究的""有疑问的""有问题的""受质疑的"，等等。

〔2〕 德谟特利俄斯（Demetrius，约公元前 150—前 75 年），拉戈尼亚（Laconia）人，伊壁鸠鲁派的著名人物，曾为原子与虚空的存在做出逻辑论证。又见 PH 3. 137。

但某些来自同类学派的人[1]也不会消停（oux hēsuchasousin），无论他提供何种可信的证明，他们都会推翻它，他会遇到一大群不允许他设立这个证明的人。例如，如果他拿关于原子的证明，无数人将反唇相讥；如果他拿有关虚空的证明，大批人将群起攻之；如果他拿有关影像[2]的证明，情况同样如此。[351]即使怀疑论者与他的选择高度一致，因独断论者之间的矛盾，他也不可能使任何一种特殊证明得到确信。

另外，他声称自己将拥有的是何种确凿可靠的特殊证明？因为它或是在所有证明当中自身能让他满意的那种，或是其中任何一种，或是被证明的那种。但从所有证明当中拿一种自身能让他满意的，则是一厢情愿（authades），更像是抽签选定的（apoklērōsei）。[352]如果拿任何一种，他将肯定所有证明，一方面肯定伊壁鸠鲁派的，一方面肯定斯多亚派的，一方面肯定漫步派的，但这是荒谬的。如果拿一种被证明的，它就不是证明。因为如果它是被证明的，就是有待研究的；如果是有待研究的，它就不是可信的，而是需要有些东西来确证它。所以，获得任何一种作为可信的特殊证明是不可能的。[353]再者，那个拉戈尼亚人所说的证明的前提，或是有分歧的和不可信的，或是无分歧的和可信的。但如果它们是有分歧的和不可信的，那么无疑，由之构成的证明对建立任何东西来说将是不可信的；但说它们是无分歧的和可信的，这与其说是真理（alētheia），不如说是祈愿（euchē）。[354]因为如果所有存在物或是可感的或是可思的，则证明的前提也应当或是可感的或是可

---

〔1〕 指其他独断学派的哲学家。参见下边第351段。

〔2〕 参见 *M* 8.65。

思的。但不管是可感的还是可思的，它们都是有待研究的。因为可感对象或"真是"（hupokeitai）像它们显现的那样，或是空洞的感受（kēnopathemata）和心灵的臆造（anaplasmata），或它们当中某些除了"显得是"（tōi phainesthai）而且就"是"（esti），某些仅仅"显得是"（phainetai）但并非"真是"。[1] 人们可以看到那些知名人物，每种立场的领袖。[355] 德谟克里特试图推翻一切感觉的实在性，伊壁鸠鲁则声称所有可感之物是确凿可靠的，而斯多亚派的芝诺对它们做出划分[2]，因此如果前提是可感的，它们就是有分歧的东西。如果前提是可知的，则同样如此。因为对于这种东西，无论在生活中还是在哲学中，我们都会发现它们存在着若干纷争，人们各有所好[3]。[356] 再者，除以上所述，如果一切可思之物由感觉获得确切可靠的出发点和源泉，而通过感觉认识的东西是有分歧的，如我们所论述的那样，则可思之物也必然是有分歧的。因此，证明的前提无论来自哪一方都是不可信的和不可靠的。出于这个原因，证明不是可信的。

[357] 说得更普遍一些，前提是显现之物（phainomena）[4]，而显现之物是否真实存在是有待研究的，有待研究之物是不能直接作为前提的，而应当通过某物来确证。那么，通过什么我们能确立显

---

〔1〕 这里我们根据语境取 phainetai 和 hupokeitai 两个动词的本意，译成"显得是"和"真是"。又见 *M* 8. 368。

〔2〕 即斯多亚派把某些可感之物视为真的，把某些视为假的。参见 *M* 8. 10 及以下。

〔3〕 allois allōn areskomenōn，字面意思指"不同的东西适宜于不同的人"。

〔4〕 在本书中，塞克斯都使用的"显现之物"或"现象"（phainomena）与"显明之物"（dēla）、"自明之物"（prodēla）是同义词。但两者语义略有差别，前者源于中动态动词 phainomai，有"自我呈现"或"自我显现"之意；后者源于动词 dēloō，有主动"表明""显明"和使某物"可视""可知"等意。

现之物正像它所显现的那样真实存在？［358］当然，或通过非显明之物，或通过显现之物。但通过非显明之物是荒谬的。因为非显明之物远不能揭示任何东西，乃至相反，它自己需要某种东西来呈现。［359］通过显现之物则更加荒唐，因为它本身是有待研究的，没有任何有待研究的东西能确证自己。所以试图确立显现之物，以便以这种方式获得证明的可信性是不可能的。［360］但独断论者说，无论如何，显现之物必须得到肯定，因为首先，没有任何东西比它们更加可信，其次，那些推翻它们的论证自我反驳（peritrepetai）。因为对它们的否弃，或仅仅使用一种说辞，或使用显现之物，或使用非显现之物。但使用一种说辞是不可信的，因为提出与之相反的说辞也是很容易的。［361］但如果使用非显现之物，这更是不可信的，因为它试图通过非显现之物反驳显现之物。如果使用显现之物推翻显现之物，那么前者当然是可信的，那么这样一来，显现之物将立刻是可信。因此这个论证实际上是反对他们自己。[1]［362］但我们前面已经论述，显现之物究竟是可感的还是可思的，无论在哲学家中还是在生活中都充满大量的争议。那么当下针对所提出的分歧，这些是必须要说的：我们不是通过使用一种说法或非显明之物来推翻显明之物，而是通过对它们本身进行比较，如果发现可感之物与可感之物，可思之物与可思之物，以及可感之物与可思之物两者之间是互为一致的，我们或许会承认它们正是如其显现的那样。［363］但在比较中，我们发现其矛盾是不可判定的，据此，一些为另一些所排斥。既然由于这种矛盾，我们不能肯定它们所有，同时由于对

---

〔1〕"他们"指怀疑派。

立命题之间的等效性（isostheneian），我们也不能肯定它们某些，再者，由于无物比显现活动更加可信，我们也不能排斥它们所有，于是我们回到（katēntēsamen）存疑。[1][364]"但那种由显现之物获得其可信性的论证，在推翻显现之物的同时连自己也一起否弃。"[2]然而这个说法是把有待研究的问题设定为前提的那些人的借口。[3]因为不是论证由显现之物来确证（bebaioutai），而是显现之物由论证来加强（kratunetai）。[365]这是自然合理的。因为如果显现之物是有分歧的，有些人说它们真实存在，有些人说它们根本不存在，那么它们就应当由论证来确立（katastathēnai）。而拥有其证据的人不外是那些持不同观点的人（heterodoxoi）[4]，他们试图通过论证来证明显现之物为真，否则人们凭什么应当相信显现之物？[5][366]所以，不是显现之物比论证更可靠，而是论证比显现之物更可靠，因为它既让自己，也让显现之物得以令人信服。

当然，如果证明的前提是非显明的并且结论也是非显明的，

---

〔1〕 362、363 两段刻画了怀疑派由对立物之间的不可判定性或等效性走向存疑的思想历程，其核心词和基本观念同《皮浪学说概要》有关段落高度一致，参见 *PH* 1. 8-10, 1. 31。注意"存疑"（epochē）一词与动词的搭配。这里使用的是 katēntēsamen，有"回到""达致"之意，与本卷 332a 使用的 periistasthai 接近，后者也被用来刻画经过各种可能的探究过程，终归不得不"回到"存疑状态。

〔2〕 这段话引用的是独断论对怀疑派的反驳，即怀疑派基于显现之物所建立的推翻显现之物的论证无疑等于自己推翻自己。

〔3〕 本句是怀疑派对独断论的再反驳。"把有待研究的东西设定为前提"原文是 sunarpazontōn to zētoumenon，其中，动词 sunarpazō 原指"抓住""拿来"，这里指逻辑学上的"设定"或"视为当然"，相当于英文的 assume, take for granted。在本卷中，该词与 lambanō 互通。"把有待研究的东西设定为前提"被怀疑派归结为"假设"（ex hupotheseōs）论式，构成反驳独断论的五大论式之一。参见 *PH* 1. 168, 173; *M* 8. 369-378。

〔4〕 指怀疑派的论证对手们。

〔5〕 本句文本存在异议（参见 Teubner 本第 187 页脚注 7、8），这里我们采用 Bekker 校注意见译出。

再者，如果由非显明之物构成的东西是非显明的，那么证明就是非显明的，并且需要某种东西来建立其可信性——然而这并不是证明。

[367]但他们说，人们不必向所有东西要求证明，而应通过假设去设定某些东西，因为如果不承认某种东西本身是可信的，我们的论证将无法往前迈进。但我们将首先回答：对于独断的推证来说，往前迈进是无必然性的，因为它们是虚构的。[368]此外，它们将前往何处？既然显现之物仅仅表明它们"显得是"，不再能告诉我们它们实际"是"，那就让我们设定（tithesthō）[1]证明的前提"显得是"，结论也是这样。即便如此，所寻求的结论仍将无法推出，真理还是无从产生，因为我们依然停留在纯粹的说辞和自身的感受上。试图确立显现之物不仅"显得是"而且实际就"是"，乃是不满足于实用之必需而急于设定可能之物的那些人的表征。[2]

[369]一般说来，既然独断论者宣称，不仅证明而且几乎整个哲学都从假设出发（prokoptein），那么我们将试图尽可能地简要回答那些通过假设来设定某物的人。[370]如果那些他们声称通过假设所设定的东西，因为是通过假设所设定的就是可信的，那么与之

〔1〕 这里 tithesthō 一词原型动词为 tithenai，同 lambanein（*M* 8.367），sunarpazein（*M* 8.364），aiteisthai（*M* 8.371）等基本为同义词，可交替使用，通译为"设定"或"假定"。

〔2〕 本段涉及一个颇具经验论色彩的话题，即任何证明都不能由假设推出结论。因为假设基于可能之物，只能表明"显得是"，无法保证结论实际就"是"。由可能性无法推出必然性。而独断论的逻辑证明理论正是不满足于生活必需的实用之物而追求所谓确凿可靠的必然真理的企图。生活必需的实用之物就是现象，尽管它"显得是"，并不告诉我们是否真的"是"，但对我们的感受（pathos）是显明的（dēlos）或清楚明白的（enargēs）。现象或显现之物（phainomana）是生活的向导。我们形成的有关显现之物的经验，也即"常识"或"前见"足以指导行动。参见 *M* 8.157, 321, 337, 331a-333a, 443；*PH* 1.211, 2.246。

相对立的东西，一旦它们也是通过假设所设定的，也将显得是可信的。这样一来，我们将设定相互矛盾的东西。如果就后者而言，我指的是与之相对立的东西，假设对其可信性是无力的（asthenēs），那么就前者来说，假设也将是无力的。因此，我们还是没有假设任何东西。[371] 再者，某人所假设的那个东西或者为真，正如他所假设的那样，或者为假。如果为真，则那个假设它的人本身是不公正的（heauton adikei），因为当他有可能不去假定（aiteisthai）它，而是把它作为本身为真的东西来接受时，他却躲进充满怀疑的东西，也即假设之中，去假定本身为真的东西；如果所假设的东西为假，则使用假设的人本身不再是不公正的，而是对事物的本性是不公正的，因为他宣称自己直接以"非"（to mē on）为"是"（on），而且强迫人们把假的当成真的来接受。[372] 再者，如果有人坚持一切由假设之物[1]推出的东西都是确切可靠的，他就会把整个哲学研究搞乱。因为我们会立刻假设 3 即 4，通过推理我们将得出 6 即 8。那么"6 即 8"这个结论就会为真。[373] 如果他们要对我们说，这个结论是荒谬的（因为被假设的东西必须是确凿可靠的，以便由之推出的结论被一致认可），那么他们也会听到我们这边的说法，因为我们坚持无物可由自己设定，所有被设定的东西应当被准确地设定（met'akribeias tithesthai）。[374] 此外，如果被假设之物，就它被假设而言，是确凿的和可靠的，那就让独断哲学家不去假设那些由之推出非显明之物的东西而去假设非显明之物本身，也即不去假设证明的前提而去假设它的结论。然而，纵使他

---

[1] tois ex hupotheseōs lēphtheisin，字面意思是"通过假设所设定的东西"。这里及以下，为行文方便，我们将该短语简化为"假设之物"。

们成千上万次地假设这个东西，它也是不可信的，因为它是非显明的和有待研究的。显然，如果他们在未经证明的情况下去设定证明的前提，于其可信性终归是无济于事的，因为它们本身是有争议的东西。

[375] 他们习惯于打断我们，声称："是啊，以宙斯的名义，假设的力量（tou errōsthai）之所以是可信的，在于由假设之物推出的结论被发现为真。因为如果由之推出的那个东西是有效的，那么它所由之推出的东西也是真的和无可争议的。"[376] 但人们会问，我们何以能表明由假设之物推出的东西为真？是通过它自身，还是通过它所由之推出的前提？但通过它自身将是不可能的，因为它是非显明的；通过前提？也不可能以这种方式。因为这些东西是有争议的，它们必须首先被确证。[377] 那就让我们承认由假设之物推出的东西为真。即便如此，假设之物也不会因此而成为真的。因为如果按其说法，仅仅由真推出真，论证才得以进行，那么一旦由假设之物所推出的东西为真，则假设之物也将会为真。[378] 但实际上，他们说论证可以由假推出假，也可以由假推出真，[1] 因此，如果后件为真则前件也将为真就不是必然的，而是有可能尽管后件为真但前件为假。

那么，有关证明何以不应从假设出发，就像他们所说的，作为一种"路边顺手之劳"（hodou parergon）[2] 和附带之举，我们就谈这些了。[379] 接下来必须指出，它本身还会陷入更困难的（aporōteron）循环论式。因为我们既已确立证明是非显明的，而所

---

[1] 即有效条件句有三种形式，并非仅仅由真推出真这一种。参见 *M* 8. 113-114。
[2] 语出欧里彼得斯，参见 Eruipides, *Elektra* 509。

有非显明之物需要判定，需要判定的东西则需要标准来确定它是否有效。因为正像应被度量的东西没有尺度本性上是无法被度量的，所有被绳墨之物离开规矩是无法被绳墨的，被判断者离开标准也就是无法被检验的。[380]既然标准是否存在是有待研究的，有人说它不存在，有人说它存在，有人则保持存疑，我们将不得不反过来通过某种证明来证明标准存在。但为了使证明可信，又必须回过头来诉诸标准。那么，既然先于前者不会使后者可信，先于后者也不会使前者可靠，对于这两者，我们就不得不同意存疑。

[381]除以上所述，基于证明的概念来推翻证明也是可能的。即使它是可思的（epenoeito）也未必是真实的（hupērchen）。因为如我所说，[1]有许多可思之物并不分有（metachei）任何真实性。实际上，一旦证明的概念被发现是不可能的，无疑对其真实性的希冀也就会被切断。[382]既然有两种证明，一般的和特殊的，我们将当即发现一般证明是不可思的。因为我们无人知道一般证明，也无人曾经能由之确立任何东西。[383]此外，值得一问的是，这种证明是否有前提和结论。如果没有，它如何能被视为一种证明？既然离开其前提和结论，所有证明的概念都是无法形成的。但如果两者，也即前提和结论皆备，它就是一种特殊证明。[384]因为如果所有被证明者（apodeiknumenon）和所有证明者（apodeiknuon）都是涉及特殊部分的，则证明必然属于一种特殊证明。而当下我们的论证不是涉及特殊的而是一般的；所以一般证明是不可思的。[385]特殊证明也是不可思的。既然证明被独断论者说成是一种

---

[1] 参见 *M* 8.334。

基于推理（kat sunagōgēn）由某些显明之物揭示某个非显明之物的论证，[1] 那么或整个组合物（sustēma），也即被视为一种由前提和结论构成的东西是证明，或只有前提是证明，而结论是被证明的东西。但无论他们声称其中哪一种，证明的概念都会被颠覆。[386] 如果由前提和结论构成的东西是证明，则证明必然当即是非显明的，因为它自身包含非显明的东西。既然如此，它一定需要某个证明，但这是荒谬的。因此，由前提和结论构成的东西将不是证明，因为我们既不能把证明视为非显明的，也不能将之视为需要证明的。

[387] 再者，证明乃相对之物。因为它既非诉诸自己[2]，也非被孤立地（kata perigraphēn）思想，而是具有某个以之为证明的东西[3]。但如果结论包含于证明中，而所有相对之物都外在于那个相对于它而被说成是相对之物的东西，那么证明，既然结论包含于其中，它就不能被视为与任何东西相对。[388] 但如果我们假设另有一个外在的结论，证明将相对于它而被思想，那么这里将出现两个结论，第一个是包含于证明中的，第二个是外在的，相对于它证明得以被思想。但声称一个证明有两个结论是荒谬的。所以，由前提和结论组成的东西不是证明。[389] 那么剩下要说的，只有来自前提的那一部分是证明，但这是愚蠢的。因为它根本不是论证，而是有缺陷的和不可思的东西，没有一个有心灵的人会声称这样的东西："如果运动存在，则虚空存在；但运动存在"，就其自身而言，

---

[1] 参见 *M* 8. 314; *PH* 2. 135 以下。

[2] eis heauten neuei，字面意思指"自我首肯""自我认可""自我承诺"。

[3] 指结论。

是一种论证或蕴含任何思想。[390]因此，如果证明既不能被视为由前提和结论组成的东西，也不能被视为仅仅由前提构成的东西，则证明是不可思的。

[391]此外，那个能证明的证明，或是显明之物的显明的证明，或是非显明之物的非显明的证明，或是显明之物的非显明的证明，或是非显明之物的显明的证明；但这些它都不是，如我们将要确立的；所以证明不是任何东西。[392]证明不可能是显明之物的显明的证明，在于显明之物不需要证明，而是由自身被认识的。再者，证明也不会是非显明之物的非显明的证明，仅当如果它是非显明的，本身将需要某种东西来呈现它，而它不会呈现其他任何东西。[393]同样，它也不会是显明之物的非显明的证明，因为这会遭遇双重困难。被证明之物由于是显明的将不需要任何证明，而证明因为是非显明的将需要某种东西来确立它。因此，一个证明将永远不会成为显明之物的非显明的证明。[394]那么剩下要说的，它是非显明之物的显明的证明，这的确也是一个难题（tōn aporōn）。因为如果证明不是一种在独立和绝对意义上被思想的东西，而是一种相对之物，而相对之物，如我在关于记号的研究中所指出的那样，是相互一起被理解的，而一起被理解的东西并非彼此揭示且本身是显明的，[1]那么证明将不是非显明之物的显明的证明，既然非显明之物与证明一起被理解，因此，它通过自身作用于我们。[395]那么，如果证明既不是显明之物的显明的证明，也不是非显明之物

---

[1] 相对之物是"相互一起被理解的"（sugkatalambanetai allēlois），且"相互一起被理解的东西"不需要彼此揭示，而是同时由自身打动我们，这一观点是怀疑派建立反对命题的重要论证手段，在文本中多次出现。参见 M 8. 165, 168, 174 及以下。

的非显明的证明，也不是显明之物的非显明的证明，也不是非显明之物的显明的证明，此外没有任何可能，那么不得不说证明不是任何东西。

[396] 继以上所述，既然斯多亚派似乎极为精细地（exēkribōkenai）完成了证明的形式，[1] 那就让我们来简要地回答他们，以表明就其假设而言，似乎一切都是不可理解的，尤以证明为甚。[397] 正如人们从他们那里所听到的，理解是对"可理解的表象"的赞同。[2] 这里似乎有两种情况：一是非自愿的（akousion），一是自愿的（hekousion），并依赖于我们的判断。因为表象的生成（phantasiōthēnai）是不自觉的，不在于感受者（paschonti），而在于产生表象的东西（phantasiounti），他就是以这种方式感受的，比如，当白的东西打动他时感到白，或当把甜的东西提供给舌头时感到甜。但对这种运动的赞同却依赖于表象的接受者。[398] 因此，理解以"可理解的表象"，那个它所赞同的东西为先，"可理解的表象"则以表象，那个它作为其"种"的东西为先。因为如果表象不存在，则"可理解的表象"也就不存在，正像当"属"不存在，"种"也不存在；如果"可理解的表象"不存在，则对它的赞同也就不存在，如果对"可理解的表象"的赞同被否弃，则理解也会被否弃。[399] 因此，如果可以表明，按照斯多亚派的观点，证明的表象是不可能形成的，那么显然，任何证明的"可理解的表象"将不存在；既然这种东西不存在，那么对它的赞同，即理解，也就不会存在。

---

〔1〕 塞克斯都引述的证明和记号理论主要来自斯多亚派，为我们提供了已遗失的斯多亚逻辑学的基本观点。

〔2〕 katalēptikēs phantasias sugkatathesis，参见 *M* 7.227。

[400]证明的表象，就斯多亚派的观点而言，是不存在的，这点首先由他们之间关于表象是什么所普遍存在的分歧得以表明。因为直到他们同意说表象是一种心灵中枢的"印迹"（tupōsis），对这种"印迹"本身他们依然还是莫衷一是，克莱安特在严格意义上（kuriōs）把它理解成那种以凹凸方式被思想的东西，而科律西波则在更宽泛的意义上（katachrēstikōteron）把它理解成一种"变化"的代名词。[1][401]如果在他们当中对于"印迹"至今无法达成共识，那么对于表象以及依赖它的证明，则必然会因为直到目前意见不一而不得不存疑。[402]再者，假设我们承认表象是任何一种他们想要的，不管是一种严格意义上伴随凹与凸的"印迹"，还是一种"变化"，但它如何成为一种证明的表象是最大的疑惑。因为显然，表象的对象应当作用（poiein），而获得表象的心灵中枢应当被作用（paschein），以便前者施加印迹（tupōsēi），后者被施加印迹（tupōthēi），因为表象不可能以其他方式发生。[403]或许有人会承认心灵中枢能被作用，尽管这点是不应当承认的。但证明如何能作用？因为按他们的说法，它或是有形的或是无形的。[404]但它不是有形的，因为它是由无形的"意谓"（lekatōn）构成的；[2]如果它是无形的，而按其说法，无形的东西本性上既不能作用于某物，也不能被某物作用，那么证明，由于是无形的，将不能作用于任何东西。如果不作用于任何东西，也就不会对心灵中枢施加印迹；如果对它不施加印迹，证明就不会把自己的表象施加于

---

〔1〕斯多亚派关于表象是一种心灵中枢的"印迹"还是"变化"的争论，参见 *M* 7. 228, 372；*PH* 2. 70。

〔2〕参见 *M* 8. 262, 336。

它，［405］如若这样，"可理解的表象"也不会施加于它。如果在心灵中枢中没有证明的"可理解的表象"，也就不会有证明的理解。［406］所以，按斯多亚派的论证技艺，证明是不可理解的。

再者，我们不能说无形的东西不发生任何作用，不对我们产生表象，而可以说，我们正是由之获得表象的。因为，如果人们同意离开作用者（drōntos）和被作用者（paschontos），一切结果是不会产生的，那么证明的表象，作为一种结果（apotelesma），离开作用者和被作用者也是不可想象的。［407］然而，被作用者是心灵中枢，这点是为斯多亚派的哲学家们所承认的，但按其说法，施加印迹者和作用者究竟是何种东西是需要知道的。因为或是证明对心灵中枢施加印迹、形成它自己的表象，或是心灵中枢自我施加印迹、自我表现（phantasioi）。但证明是不可能对心灵中枢施加印迹的，因为它是无形的，按他们的观点，无形的东西既不作用于任何东西，也不为任何东西所作用。［408］如果心灵中枢自我施加印迹，那么施加印迹者与印迹或是同一种类的东西，或印迹是一类东西，而施加印迹者则是某种并非与之相似的东西。如果不相似，则实体（hupokeimenōn）是一回事，表象将是另一回事，这会再次使斯多亚派陷入万物不可理解的困境；[1] 如果印迹与施加印迹者是相

---

[1]　"实体"或"存在物"（hupokeimenōn）在这里指心灵中枢，即论证所假设的自我施加印迹者或自我产生表象者。这句话的意思是说，如果心灵中枢自己所施加的印迹或产生的表象与自己不属于同一种类，两者没有同一性或相似性，那它通过什么能够理解自己，也即理解施加印迹者或产生表象者？因此，所有事物是不可理解的。这里反映出一个古代认识论思想，即表象与表象对象或表象的产生者应具有同一性或相似性。如斯多亚派所说，表象来自表象对象，并与这个对象一致，才构成真表象或可理解的表象的条件。

似的，而心灵中枢自我施加印迹，那么它所接受的将不是证明的表象，而是它自己的，这又是荒谬的。

[409]但他们试图通过事例对其所坚持的东西以悦耳动听的言辞进行劝说（paramutheisthai）。因为他们称，正像老师和教官有时通过抓着孩子的手进行操控（hruthmizei），教他完成某些动作，有时则站得远点，通过做出某种有节律的运动，向孩子展示自己以供模仿，同样，有些表象对象，如白、黑以及一般物体，好像通过触动和接触心灵中枢在上面产生印迹。有些表象对象，如无形的"意谓"，则并［不］[1]具备这种本性，心灵中枢基于它们（ep'autois），但并非通过它们（hup'autōn）获得表象。[410]那些谈论这些东西的人尽管使用似乎可信的例子，但没有对所提问题进行推证（sunagousi）。因为老师和教官是有形的，根据这些东西是能够对孩子形成表象的。但证明是无形的，据之是否能以表象的形式（pantastikōs）对心灵中枢施加印迹是有待研究的。因此，开始有待研究的问题并未得到他们的证明。

[411]上述观点既已指出，那就让我们进而考察，根据其辩证法理论，他们对证明做出的承诺是否能得以保证。他们认为，有三种论证[2]是互为关联的：有效的（sunaktikon）[3]、真的

---

〔1〕 文本有分歧，从 Loeb 校勘意见。

〔2〕 这三种论证参见 PH 2. 137-143；M 8. 300-314。

〔3〕 "有效的"（sunaktikos）指一个论证的结论可由其前提的联结推出。该词和 hugiēs 是同义词，但两者的语义有细微差异，前者倾向于"可推出结果的""有结论的"等意，其反义词是 asunaktos；后者倾向于"正确的""合理的""健全的"等意，其反义词是 mochthēros。

（alēthēi）[1] 和可证的（apodeiktikon）[2]。[412] 其中，可证的总是真的和有效的，真的总是有效的但并非必然是可证的，有效的并非总是真的也并非总是可证的。[413] 当这是白天，像这个论证："如果这是晚上，那么这是黑的；但这是晚上；所以这是黑的"是可推出结论的（sunagei），因为它是以有效形式（en hugiei schēmati）表达的，但它不是真的，由于其第二个前提，即小前提"但这是晚上"是假的。[414] 然而，当这是白天，这样的论证："如果这是白天，那么这是亮的；但这是白天，所以这是亮的"既是有效的同时又是真的，因为它不仅以有效形式表达，而且由真的前提推出真的结论。

[415] 他们说，有效论证被判断为有效，仅当结论由其前提的联结推出。当这是白天，像这个论证："如果这是晚上，那么这是黑的；但这是晚上；所以这是黑的。"我们称之为有效的，尽管因它得出假的结论而并非为真。[416] 因为，当我们这样来联结前提："这是晚上，并且如果这是晚上那么这是黑的"，就构成一个条件句，它始于这样的联结而终于结论"这是黑的"。这个条件句为真

---

[1] "真的"（alēthēs）一词在斯多亚派逻辑中有三重含义。其一，真的命题，指作为一个证明的前提或结论的命题与事实相符，例如当白天，命题"这是白天"为真（参见 *M* 8. 412-414）。其二，真的推理形式，指条件句或假言三段论仅当以"有效形式"（en hugiei schēmati）表述。在这种意义上，"真的"与"有效的"（hugiēs 或 sunaktikos）互通互用。斯多亚派和辩证法家认为，一个条件句是有效的或真的，仅当它并非始于真而终于假（参见 *M* 8. 114, 268, 331, 416, 417）。其三，真的论证（logos），指在严格意义上一个论证为真，并非仅当其条件句为真（有效），也并非仅当其前提的联结为真（符合当下事实），而是仅当两者都为真，也即推理形式的"真"与事实的"真"必须同时具备（参见 *M* 8. 418-421）。

[2] "可证的"（apodeiktikos）指一个论证不仅其推理形式是有效的以及其前提的联结是真的，而且其结论是通过前提本身的力量揭示出来的。

（有效）[1]，因为它永远不会始于真而终于假。当这是白天，它将始于假的"这是晚上，并且如果这是晚上那么这是黑的"而终于假的"这是黑的"，因此它将为真（有效）。当这是晚上，它将始于真而终于真，出于这个原因，它也将为真（有效）。[417]因此，有效论证之为有效，仅当我们把前提联结起来，并形成一个始于前提的联结而终于结论的条件句之后，发现这个条件句本身为真（有效）。

[418]真的论证被判断为真，不仅在于始于前提的联结而终于结论的条件句为真（有效），还在于由前提构成的联结为真（hugies）[2]。因为如果前提中任何一个被发现为假，则论证必然为假。当这是晚上，像这个论证："如果这是白天，那么这是亮的；但这是白天；所以这是亮的"就是假的，因为它有一个假的前提"这是白天"。[419]然而，尽管由前提构成的联结为假，因它有一个假的前提"这是白天"，但始于前提的联结而终于结论的条件句将会为真（有效），因为它永远不会始于真而终于假。当这是晚上，它始于假的联结（而终于假的结论），而当这是白天，它始于真，同样它也终于真。[420]再者，这样一个论证为假（无效）："如果这是白天，那么这是亮的；但这是亮的；所以这是白天。"因为它能够让我们由真的前提推出假的结论。[421]当我们仔细考察，由前提构成的联结能够为真，例如这是白天，这个联结："这是亮的，并且如果这是白天那么这是亮的。"但始于前提的联结而终于结论的条件句可以为假，比如这个条件句："如果这是亮的，并且如果

---

〔1〕 此处的"真"指逻辑推理的有效性。为避免语义混淆，以下凡逻辑上的"真"皆以小括号标注"有效"。

〔2〕 这里 hugies 一词与 alēthēs 意思互通，指事实的"真"。

这是白天那么这是亮的［；所以这是白天］。[1]"因为当这是晚上，这个条件句能够始于真的联结而终于假的结论"这是白天"，并因此而为假（无效）。所以，一个论证为真，并非仅当前提的联结为真，也并非仅当条件句为真（有效），而是仅当两者都为真。

[422]可证的论证有别于真的论证，因为真的论证其所有部分，我指的是前提和结论，可以是清楚明白的，可证的则意在具备更多的条件，我是说，其结论作为非显明的东西必须为前提所揭示。[423]像这样一个论证："如果这是白天，那么这是亮的；但这是白天；所以这是亮的"，既然具有显明的前提和结论，因此它是真的但不是可证的。[2]而这个论证："如果她的乳房有奶，那么她已怀孕；而她的乳房的确有奶；所以她已怀孕"，除了是真的而且是可证的，因为它具有非显明的结论"所以她已怀孕"，并通过前提揭示这个东西。

[424]既然有三种论证：有效的、真的和可证的，如果某个论证是可证的，它首先是真的和有效的；如果某个论证是真的，它并非必然是可证的但一定是有效的；如果某个论证是有效的，它不一定是真的，正如它不一定是可证的。[425]既然有效之特征一定共同属于所有这些论证，[3]那么如果我们表明有效论证是不可能被斯多亚派找到的，我们就会表明真的和可证的论证也是不可能被找到的。[426]认识到不存在任何一个有效论证是很容易的，因为

---

〔1〕 Kochalsky 和 Heintz 所补缀。

〔2〕 即不需要证明，或不证自明。参见 *M* 8. 311-313, 223-224。

〔3〕 从外延上看，有效的≥真的≥可证的，所以有效的是真的和可证的的先决条件，共同属于所有论证。

如果他们称一个论证是有效的，仅当有一个始于其前提的联结而终于结论的条件句为真，那么这个为真的条件句就不得不首先得到判定，然后被认为依赖于它的有效论证才会被确切地把握。[427]但至今为止，有效条件句是不可判定的，因此，有效论证也是无法认识的。因为正像一种尺度没有确定性，有时这样变有时那样变，被量度之物就不会有确定性，同样，既然有效条件句类似于论证进行推导的尺度，如果前者是不可判定的，那就会推出后者也是不清楚的。[428]斯多亚派的《推理引论》[1]告诉我们，有效条件句是不可判定的，其中提出许多有关它的判断，充满分歧，至今无法确定。既然有效论证尚且如此，那么真的论证也一定如此，因此，对可证的论证也应当保持存疑（en epochēi）。

即使我们撇开这一反驳，进而考察"能推出结论的"（perainontōn）和"推不出结论的"（aperantōn）[2]逻辑技艺，也会发现可证的论证构成是不可能的。[429]有关能推出结论的论证有许多细致的研究，当下无须讨论，而就推不出结论的论证应当做出某些解释。[3]他们称，推不出结论的论证是以四种方式形成的：或基于"无关"，或基于"多余"，或基于"以无效形式表达"，或基于"缺失"。[430]基于"无关"（kata diartēsin），仅当前提相

---

〔1〕 eisagōgai，又见 *M* 8. 223。

〔2〕 "能推出结论的"（perainontōn）源于动词 perainō，后者指"有效地得出结论"，与 sunagō 是同义词。其形容词 perantikos 同 sunaktikos 和 hugiēs 一样，都是指"有效的"，经常混用。这里为了对应原文用词，我们把 sunaktikos 一般译为"有效的"，把 perantikos 译为"可推出结论的"，把 hugiēs 译为"有效的""正确的""合理的"。以下第 429-434 段可与 *PH* 2. 146-150 对照。但注意 *PH* 中相对应的段落使用的是 sunaktikos 及其反义词 asunaktos，并未出现 perantikos 及其反义词 aperantos。

〔3〕 这里 *M.* 429-434 可与 *PH* 2. 146-150 比较。

互之间以及前提与结论之间没有任何共通性和紧密性，像这个论证："如果这是白天，那么这是亮的；但麦子在市场上出售；所以这是亮的。"因为我们看到，就这一事例而言，"如果这是白天"与"麦子在市场上出售"毫不相干、并无瓜葛，两者任何一个与"所以这是亮的"也无关系，它们每个之间没有关联性。[1][431] 论证基于"多余"（kata parolkēn）成为推不出结论的，仅当某个外在的、多余的部分被纳入前提，比如这样一个论证："如果这是白天，那么这是亮的；但这是白天并且德性是有益的；所以这是亮的。"因为"德性是有益的"被多余地插入其他前提，即使将之省去，由其余前提"如果这是白天，那么这是亮的"并且"这是白天"推出结论"所以这是亮的"也是可能的。[432] 论证因为"以无效的形式表达"（en mochthērōi hērōtēsthai schēmati）[2] 成为推不出结论的，仅当它被视为以某种与有效形式相悖的形式来表达。比如，既然"如果第一，那么第二；第一；所以第二"这种形式是有效的，[433] 并且"如果第一，那么第二；并非第二；所以并非第一"这种形式也是有效的，那么我们说，以这种形式表达的论证："如果第一，那么第二；并非第一；所以并非第二"则是推不出结论的，这并非因为一个由真的前提达致真的结论的论证不可能以这种形式来表达（因为像这个例子，"如果3是4，则6是8；但3不是4；所以6不是8"就是可能的），而是因为一个无效论证被以

---

〔1〕这里说"如果这是白天"和"这是亮的"没有任何关系似乎有些牵强。*PH* 2. 146 中"无关联"的例子"如果这是白天，那么这是亮的；麦子在市场上销售；所以迪翁在走路"似乎更为恰当。

〔2〕这个短语同"以合理的或正确的形式表达"（en hugiei hērōtēsthai schēmati）相对。参见 *M* 8. 413。

这种形式安排是可能的，如这个论证："如果这是白天，那么这是亮的；但这不是白天；所以这不是亮的。"[434] 论证基于"缺失"成为推不出结论的，仅当某个有效的前提缺失，如："财富或是坏事或是好事；但财富不是坏事；所以财富是好事。"因为在析取句中（diezeugmenōi），缺失了"财富是无所谓的（adiaphoron）"。因此，有效的表述应当是这样的："财富或是好事或是坏事或是无所谓的；但财富既不是好事也不是坏事；所以财富是无所谓的。"

[435] 这些就是斯多亚派提出的逻辑技艺。但或许就它们而言，一个论证被判定为推不出结论的是不可能的，甚至像"如果这是白天，那么这是亮的；但麦子在市场上出售；所以这是亮的"这样一个基于"无关联"的论证。因为他们或只是通过一种纯粹的说辞声称前提是无关联的，它们相互之间以及与结论之间没有任何共通性，或通过某种技艺和可传授的方法来建立这个论断。[436] 但如果他们只是使用未经证明的说辞，那就很容易以一种说辞来反驳他们，即声称所有被说成是基于"无关联"而推不出结论的论证是可以推出结论的。如果他们出于纯粹的说辞即可相信，那么声称相反观点的人也是可信的，因为他们使用的说辞是等效的（isosthenē）。如果他们以某种方法来传授，我们将追问这会是一种怎样的方法。[437] 如果他们说，基于"无关联"推不出结论的论证，其表征（tekmērion）在于其结论并非总是由前提的联结推出[1]，并且始于前提的联结而终于结论的条件句不是有效的，那么我们将表明他们会再次陷入开始的困境（aporian）。因为如果我们

---

〔1〕 该词同 perainō 和 sunagō 属于同义词，可互通互用，都指"推出""达致"之意。

为了认识基于"无关联"推不出结论的论证，我们就必须具有已被判定的有效条件句，但直到目前，我们并没有使这种东西得到判定，当然我们也就无法辨识基于"无关联"推不出结论的论证。

[438] 还有第二种，即基于"多余"推不出结论的形式——仅当某种外在的东西被纳入前提，对建立结论实属多余。就这点而言，以第一不证自明式（en tōi prōtōi）[1]表达的论证将一定是基于"多余"推不出结论的，因为其中大前提（tropikon）[2]是多余的。通过对论证进行比较，我们可以认识这点。[439] 他们称"如果这是白天，那么这是亮的；但这是白天并且德性是有益的；所以这是亮的"这样一个论证是推不出结论的。在这个事例中，"德性是有益的"对于结论的建立纯属多余，因为即使省去，也能由剩下的两个前提完整无损地推出结论。[440] 但怀疑派会反驳说，如果一个论证是基于"多余"推不出结论的，当从中去掉某个前提，结论也会由剩下的前提推出，那么我们必须要说，以第一不证自明式表达的论证也是推不出结论的，如这个论证："如果这是白天，那么这是亮的；但这是白天；所以这是亮的。"因为在这个例子中，大前提"如果这是白天，那么这是亮的"对结论的建立实属多余，仅仅从"这是白天"即能推出"所以这是亮的"。[441]这个结论本身是自明的，并且也能为它与前者之间的推理关系（akouthias）所支持。因为他们[3]会说，由"这是白天"或能推

---

〔1〕 斯多亚派认为有五种不证自明式，参见 *M* 8. 224 以下。*M* 8. 438-443 可与 *PH* 2. 156 对照。

〔2〕 该词原指"转向的""转动的""转折的"。这是斯多亚派逻辑的专门术语，指推理（sullogismos），尤其是假言推理或条件句（sunēmmenon）的"大前提"。

〔3〕 这里"他们"指作为反驳方的怀疑派。

出（akolouthein）或推不出"这是亮的"。如能推出，则一旦"这是白天"被承认为真，就会立即得出"这是亮的"，因为后者必然随之而来，这即为结论。[442] 如果推不出，那么在条件句中也推不出，出于这个原因，条件句将会为假，因为其中后件由前件推不出来。因此，就上面提到的逻辑技艺而言，两种结果或具其一：以第一不证自明式表达的论证，或被发现因其中大前提多余而推不出结论，或被发现因其中大前提为假而完全为假。[443] 而声称只有一个前提的论证（monolēmmatous logous）并没有让科律西波满意（或许有人会驳斥这种反对观点）是极其愚蠢的。因为不必相信科律西波的话如同相信德尔斐神谕的指示，也不必诉诸 [……][1] 持反对意见的那些人的证据。因为安提帕特，斯多亚派中最出名的一位，声称只有一个前提的论证是能够建立的。

[444] 此外，一个论证还基于第三种方式，即由于以无效形式表达而被说成是推不出结论的。那么，他们或将再次声称一个论证只是因为满足于纯粹的说辞而以无效形式表达，或将拿出某个支持它的理据。如果只是满足于纯粹的说辞，我们也会提出一个相反的说辞，称它不是以无效形式表达的。[445] 如果引入论证，那它一定为真。然而，我们如何表明这个论证（我是指表明一个论证以无效形式表达的那个论证）为真？显然，通过以有效形式表达这种

---

[1] 此处原文有缺失，有学者补为 eis oikeian aporrēsin（aporēsin），即"为自己所反驳"或"陷入自身两难"，字面意思似乎不太明确。但本段整个意思还是清楚的：面对怀疑派关于"第一不证自明式"的大前提是多余的这个反驳，斯多亚派当中有人试图逃避诘难，把科律西波的话搬出来作为借口，认为这位斯多亚派的权威并不满足于"只有一个前提的论证"。怀疑派则回敬说，我们不必相信科律西波胜于相信另外一位代表人物安提帕特，因为后者认为"只有一个前提的论证"是能够建立的。

方式。因此，为了认识那个以无效形式表达的论证的确是以无效形式表达的，就不得不引入一个有效论证；而为了这个论证是有效的，它就不得不以有效形式来表达。既然一个有效论证先于它的形式是不可能被相信有效的，而一种形式先于判定它的论证也不可能被相信是一种有效形式，这就导致了循环论式这种最困难的东西（aporōtatos）。

［446］对于剩下的那种，也即因"缺失"推不出结论的论证，我们几乎已经回应。因为如果一个完善的（apērtismenos）的论证是发现不了的，正如我们以上所述，那么有缺失的论证也一定是不可认识的；而完善的论证的确是发现不了的，正像我们所建立的那样；因此，有缺失的论证将是不可认识的。

［447］如果按斯多亚派的说法，存在着四种形式，据此一个论证成为推不出结论的，并且我们已经表明，基于每种形式的推不出结论的论证都是不可认识的，那么我们将得出：推不出结论的论证是不可认识的。如果这是不可认识的，则可证的论证也将是发现不了的。

［448］再者，就所有真的论证来说，前提必须是被判定的（因为仅当这些前提得到承认，结论才被作为由之推出的东西接受），但正像我们所确立的那样，就证明而言，前提是不可判定的；所以证明将不可能是一个真的论证。［449］因为，如我们前面所指出的，他们宣称条件句是有效的，仅当始于真而终于真，或始于假而终于假，或始于假而终于真，只在一种形式中条件句为假[1]，

即仅当始于真而终于假。既然如此，就证明而言，条件句将被发现是不可判定的。[450]因为在所有情况下，它始于小前提（apo tēs proslēpseōs）而终于结论，正像这个论证所例示的："如果运动存在，那么虚空存在；但运动存在；所以虚空存在。"因为这里，条件句始于小前提"运动存在"而终于结论"虚空存在"。[451]而结论或是显明的并为我们所认识的东西，或是非显明的和不可知的东西。但如果结论是显明的和可知的，则论证就不再是可证的，因为它全部由显明之物构成——一方面是前提，另一方面是结论。但如果结论是非显明的，条件句则必然是不可判定的。[452]因为，一方面它所由之出发的东西是我们所认识的，因为它是显明的，另一方面它所达致的东西，因其非显明性是我们所不知道的。如果我们不知道这种东西究竟为真还是为假，我们也就不可能对条件句做出判定。如果它是不可判定的，则论证就是无效的。

[453]再者，证明是一种相对之物。而相对之物（ta pros ti）仅仅是被思想的（epinoeitai），并不是真实的（huparchei）。因此，证明只在概念中，不在现实中。处于某种状态下的（pōs echonta）相对之物只被保存于概念中，不具有实在性，这点由独断论者所达成的共识可以表明。[454]因为他们在描述"相对"时，异口同声地说："相对是相对于他者而被思想的东西。"如果它分有实在性，他们就不会那样解释，而宁肯这样："相对是相对于他者而真实存在的东西。"所以，"相对"本质上不属于某种"存在之物"（en tois ousi）。[455]另外，所有真实的东西如无影响是不可能经受任何改变或变更的。例如，白色不能成为黑色，除非已经变化和转变；黑色也不可能变为其他颜色，仍然是黑色；同样，甜的东西也不会

成为苦的，依然是未受影响的和不曾变更的。[456]因此，所有真实的东西离开某种影响是不会经受向他者的转变的。但相对之物可以在未受影响，或自身未发生任何变更的情况下发生改变。比如，当一根一尺长的木棍与另一根一尺长的比较，被说成是与之"相等"。但当它与一根两尺长的相比，就不再被称作与之"相等"，而是"不等"，尽管就其自身来说没有发生任何变化和改变。如果我们设想一个人从陶罐往外倒水，当另一个陶罐被置于其下，那么这个人就被说成是在"倒入"（egcheein），当下面并无陶罐，则被称作"倒出"（ekcheein），尽管这个人本身并未经受任何变化或改变。[457]因此，如果"没有影响则保持不变"是真实的东西的属性，而"相对"不具备这种属性，那么我们不得不说"相对"不是真实的。[458][1]此外，"相对"是与自身分离的（tou chōris），因为"上"和"下"是分离的。[459]但如果"相对"是真实的，不是一个纯粹的概念，则同一事物将是对立的（to hen ta'nantia）[2]。但声称同一事物是对立的乃是荒谬的。所以"相对"不是真实的，而仅仅是被思想的。因为再者，一个一尺长的物体，它与一个半尺长的相比被称作"较长的"，与一个两尺长的相比则被说成是"较短的"。但同一事物在同一时间既是"较长的"又是"较短的"，也就是对立的，则是不可能的事情。或许根据与这个或那个事物相比较，它可以被思想，但不可能"是"（einai）和"真是"

---

〔1〕 有关本卷第458段的位置存在着分歧。Bett译本根据Kochalsky校勘意见，将之放在第461段之后。参见Bett译本第179页及注释。

〔2〕 这里的观点及其表达方式似乎源自赫拉克利特。在《皮浪学说概要》中，塞克斯都提到赫拉克利特的类似表述：to ta'nantia peri to auto，即"同一事物的对立性"。参见 *PH* 1.210。

（huparchein）。所以，相对之物并非真实存在。

[460]无论如何，如果相对之物存在，就会存在一个与自己完全相同且与自己对立的东西（esti ti tauto enantion heautōi）；但这样的东西并不存在；这样，就一定不能说"相对"是真实的。再者，如果相对之物是真实的，将会存在一个与自身对立的东西；但存在一个与自身对立的东西是没有理据的（ouk eulogon）；因此，相对之物真实存在也是没有理据的。[461]因为"上"和"下"是对立的，同一事物相对于下面的东西为"上"，相对于上面的东西为"下"。如果有三种东西："上""下"和介于上下之间的"中"，那么"中"相对于在其之下的东西将为"上"，而相对于在其之上的东西将为"下"，同一事物将既是"上"又是"下"，但这是不可能的。所以"相对"不是真实的。因为如果"相对"是真实的，同一事物将既是"上"又是"下"。因此，即使有这样的东西，同一事物也是根据它与这种或那种东西的相对状况而被称作"上"和"下"的。所以，同一事物将与自身分离，这是极其荒谬的。

[462]如果相对之物是非真实的，那么作为相对之物的证明也一定会是非真实的；而相对之物已被表明是非真实的；所以，证明也将是非真实的。

[463]这些是针对"证明不存在"所谈论的内容。让我们考察一下反对论证。因为独断论哲学家认为，凡宣称"证明不存在"的论证被自己推翻，正是通过那些由之否定证明的论证肯定了证明。他们在批判怀疑派时说："凡声称证明不存在者，他们或使用一种纯粹的和未经证明的说辞声称证明不存在，或通过论证对此做出证明。[464]如果使用纯粹的说辞，将没有一个接受证明的人会

相信他，既然只是纯粹的说辞，而且一旦有人说证明存在，他将止于（epischethēsetai）这个相反的说辞；如果证明'证明不存在'（他们所说的东西），那么他们会立即同意'证明存在'。因为那个表明'证明不存在'的论证就是'证明存在'的证明。[465] 一般说来，反驳证明的论证或是证明或不是证明，如果不是证明，则是不可信的；如果是证明，则证明存在。"[466] 有人还这样提出："如果证明存在，则证明存在；如果证明不存在，则证明存在；或证明存在或证明不存在；所以证明存在。"实际上，这个论证的前提的说服力（paramuthia）是显而易见的。因为第一个条件句"如果证明存在，则证明存在"作为重复的复杂命题[1]是真的，其第二个肢命题由第一个推出，与之无别。而第二个条件句"如果证明不存在，则证明存在"也是有效的，因为"证明存在"由作为前件的（hēgoumenōi）"证明不存在"推出。[467] 那个证明"证明不存在"的论证本身，既然是可证的（apodeiktikos），它确证了"证明存在"。而析取句"或证明存在或证明不存在"，既然是由"证明存在"和"证明不存在"构成的矛盾析取句，就应当有一个为真的肢命题并因此而为真。因此，既然前提为真，则结论可由之推出。[468] 再者，以另外一种方式告诉我们结论可由前提推出也是可能的。如果析取句为真，仅当它有一个为真的肢命题，那么无论我们假设哪个为真，结论都会被推出。让我们首先假设肢命题"证明存在"为真。既然在第一个条件句中它是前件，那么在第一个条件句中后件将由之推出；而条件句的后件为"证明存在"，也就是结论

---

[1] 有关重复的复杂命题（diaphoroumenon），参见 M 8. 108-109。

（epiphora）。所以，如果承认在析取句中"证明存在"为真，则论证的结论就会被推出。[469]同样的说服方式也可用于另一个肢命题"证明不存在"，因为它作为前件引导（hēgeito）第二个条件句，可由之推得论证的结论。

[470]这就是独断论者的反驳，对此，怀疑论者的回应是简明扼要的。因为他们会说，如果独断论者不能回答他们自己所追问的问题，即反对证明的论证究竟是不是证明，那他们就得掂量一下自己是否有能力回答如此困难的问题。[471]如果他们指派怀疑论者做的事对他们来说是易如反掌的，那就让他们做一下易如反掌的事，并回答我们，他们说那个反对证明的论证究竟是不是一种证明。如果它不是一种证明，那就不可能由之表明证明存在。他们也不能说由于这个论证是证明，因此证明将会存在，既然他们已经同意它不是证明；[472]如果它是一种证明，那它当然具有为真的前提和结论，因为正是由于这些东西的真实性，证明才得以被想象；但它的结论是"证明不存在"；所以"证明不存在"为真，它的矛盾命题"证明存在"为假。因为，试图以这种方式证明反对证明的论证是可证的，他们与其说肯定证明，不如说否定证明。[473]然而，如果怀疑论者自己不得不回答，他们会以安全的方式（asphalōs）回答。因为他们会说，反对证明的论证仅仅是可信的（pithanon），[1]此时这个论证使他们觉得可信并引导他们给予赞同，但由于人类心灵的繁复多变，他们不知道以后是否还会如此。一旦这样回答，独断论者将无话可说。因为他或将表明那个

---

[1] 这里第473-478段可对照 *PH* 2. 187。

被用来反对证明的论证并非为真，或将确定他无法让怀疑论者相信。［474］如果表明第一点，他们与怀疑论者就没有矛盾，因为对那个论证[1]，后者并未确切地断定（bebaiousthai）为真，仅仅说它是可信的。［475］如果确定第二点，他便是鲁莽的，试图通过论证来颠覆他人的感受。因为正像无人能通过论证使一个快乐的人相信他不快乐，或使一个痛苦的人相信他不痛苦，因此也无人能使一个信服的人相信他不信服。［476］此外，如果怀疑论者以赞同的态度（meta sugkatatheseōs）确切断定（diischurizonto）证明不存在，或许他们会受到那些坚持证明存在者的攻讦；但实际上，他们只是就反对证明的论证做出一个纯粹的陈述，并非赞同它们，远不至于被那些建立相反论证的人损害，而是受益于他们。［477］因为，如果所提供的那些反对证明的论证依然是不可反驳的（anantirrētoi），如果被用来支持证明存在的那些论证也是强有力的（ischuroi），那就让我们既不诉诸前者，也不诉诸后者，而是同意存疑。［478］即使承认反对证明的论证是可证的，就证明存在而言，独断论者也不会因此而得到什么帮助，正如我们已表明的那样。因为它推出证明不存在，如果这个结论为真，则证明存在为假。［479］那好，他们会说，既然推出证明不存在的论证本身是可证的，那它将推翻自己。对此我们必须说，它未必推翻自己。因为许多东西是基于例外（kat'hupexairesin）来说的。就像我们称宙斯是诸神和人类之父，正是基于他自己这一例外来说的（因为他不是他自己的父亲），同样，当我们说证明不存在时，也是基于这一例外，即揭示"证明

---

[1] 指反对证明的论证。

不存在"的论证来说的，因为只有这个论证是证明。[480] 即使它推翻自己，"证明存在"也不会因此得到保证（kuroutai）。[1] 因为有许多东西对待自己如同对待他物。例如，就像在火燃尽质料之后也毁灭自己，又像泻药[2] 在祛除体内的液汁之后也排出自己，因此，反对证明的论证在否弃所有证明之后也能消解自己。[481] 再如，对于一个爬梯登高者，当他爬上去之后用脚蹬掉梯子不是不可能的，同样，对于怀疑论者，当他通过揭示"证明不存在"的论证之阶（epibathras）达到预设目标之后，否弃这个论证本身也不是不可能的。

目前对于逻辑学领域的方法，我们已提出许多诘难（aporēsantes），此后我们将进一步针对物理学家进行究问。

---

〔1〕 参见 *PH* 2. 188。
〔2〕 有关"泻药"（ta kathartika）的比喻，参见 *PH* 1. 206, 2. 188。

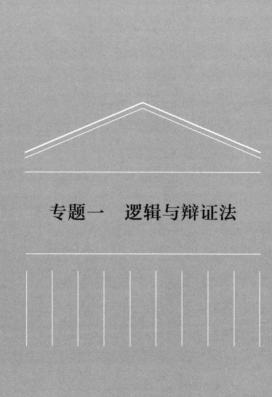

专题一　逻辑与辩证法

柏拉图式辩证法：道路与目标[*]

T. A. Szlezák[1]　陈俊强[2]　裴浩然[3]　译

一、作为活动的辩证法

在洞穴喻中，人的命运——苏格拉底告诉我们，一个人从他的

---

* 原文刊于 *Perspektiven der Philosophie. Neues Jahrbuch*，Band（31）2005，原标题为 *Platonische Dialektik: Der Weg und das Ziel*，这里根据 Stephen P. Farrelly 的英译本翻译而来，英译本收录于 Kevin Corrigan, John D. Turner（eds.），*Platonisms: Ancient, Modern, and Postmodern*，Brill，2007。【中译按】本文德语原文正文前面有一段导言，英译本中被删去，现根据德语原文补译如下：

借由"辩证法"能够认识理念世界，这是柏拉图认为哲学自身存在所欲求的目标——相似于神（ὁμοίωσις θεῷ）——的前提。辩证法的基本含义是清楚的，而同样明确的是，柏拉图决定将辩证法保留在口传的领地。在对话录中，关于对辩证法的特性、方法和种类的总体指明，对话的参与者仅仅提出过一次要求，并且立即就遭到了对话主导者的拒绝（《理想国》532d-533a）。无论如何，对话录中暗藏的种种线索，允许我们在足够谨慎的前提下，勾勒出辩证法的整体图景。本文尝试使用十个论点进行讨论，包括它的方法、附属学科、可行性，以及最终，它在"观看"（Ideenschau, θέα）中的自我超越。

[1] 托马斯·A. 斯勒扎克（T. A. Szlezák），图宾根大学哲学教授，"图宾根学派"主要代表人物之一。主要著作有《柏拉图与哲学的书写性》（*Platon und die Schriftlichkeit der Philosophie*）、《读柏拉图》（*Platon lesen*）等。

[2] 陈俊强，四川大学哲学系本科生。

[3] 裴浩然，四川大学哲学系硕士生。

专题一　逻辑与辩证法

089

束缚中解脱出来,爬出洞穴,进入上面世界的光亮之中,并最终看到太阳。他认识到在某种意义上,太阳是他一切所见之物的原因,然后他自愿返回他原先的地方——不是别人的,而恰恰是苏格拉底自己的命运:在试图将其他人从他们的束缚中解放出来时,他被这些"永久囚者"杀死了(《理想国》517a5-7)。

然而,在未来的理想城邦中,等待辩证法家的乃是一种截然不同的命运。他已经攀登到善是一切事物之本原这一知识,尽管如此,他仍然"爬下来"承担起统治的困难:在死后,哲人王会穿越到福祉之岛,而如果皮提亚(Pythia)准许的话,城邦会为其安排纪念碑和礼祭,就像对待**灵明**(daimones),亦即处于神与人之间的存在者那样。如果皮提亚不准许的话,城邦会像对待拥有幸福和具有神性的人那样做出安排(《理想国》540b6-c2)。因此,在其死后,辩证法家的命运就是被尊为英雄和国家崇拜的对象。

因此,在某种意义上,辩证法家是一个将人类领域置于身后的人。他被提升到一个超越人类存在的水平,使得他接近神:他将成为**灵明**。

我们在这里讨论的仅仅是对未来预见式的神秘化,仅仅是哲人王的乌托邦形象吗?在《智者》的开篇,一个相当"现实"而绝不"神秘"的场景中,数学家塞奥多洛(Theodoros)断言,对他来说,所有的哲学家都是"神性的"(216c1)。同样,在《斐德若》中,苏格拉底说他跟随一个辩证法家的足迹,就像他跟随一位神的足迹一样(266b6-7)。

在《理想国》中,苏格拉底为这种在我们现代人听起来刺耳的言说方式提供了一个辩解:哲学家所献身的对象是属神的,并且人总是变得像其所追慕的东西那样。因此，通过模仿神性，或者如其他地方所称的那样，通过相似于神（homoiōsis theōi,《泰阿泰德》176b1），哲学家可能成为神性的（《理想国》500b8-d2）。

《理想国》中，呈现为事实与真实进程的部分，也可以被表述为活动（task）。正如我们在《蒂迈欧》中读到的，我们应该令混乱运动的思想与宇宙的和谐旋转相一致，以恢复我们原初的本性。借此，认识者变得与被认识者一样，并且我们能够企及神为人类可能的最好生活所规定的目标（《蒂迈欧》90b1-d7，特别是b1其后，参考《理想国》611b10-612a6）。在这里，我们与柏拉图对人的动态描绘相遇：人必须首先塑造他自己（heauton plattein,《理想国》500d6，比较540b1，592b3；《斐德若》252d7），并且通过他渴望结合的东西来定义他自己（homilia，611e2，比较500c6，9）。在这里，针对柏拉图的读者们，我们察觉到了一个强有力的呼吁：我们应该寻求精神性事物，因为以如此方式，我们将会重新发现我们古老的、真实的本性。因为没有人想要丧失其真实本质，我们都在努力追求理知的、永恒的和"属神"的知识，为此，辩证法最终是必要的。亚里士多德《形而上学》的第一句话别无他义：Pantes anthrōpoi tou eidenai oregontai phusei——"所有人本性上都欲求知道"。

二、一个人如何成为辩证法家？辩证法的口传性质

既然如此，我们应该成为辩证法家，因为根据我们的真实本性，我们实际上已然是了。

那么我们**如何**成为辩证法家呢？对于当今的柏拉图主义者而言，没有什么比这一答案更加显而易见：通过阅读对话录。因为柏拉图的辩证法就包含在对话之中——人们会这样认为——保留于书写中的辩证法可以被传达给那些乐于接受的读者，让真正的哲学识见（philosophical insight）第一次觉醒。

就我个人而言，我并不反对这样的观点。在很长时间里，我一直向大家推荐阅读柏拉图，并且自己也满怀热情地这么做。然而，有一个人对这两点都有异议，尽管他几乎没有被严肃对待：根据他的看法，柏拉图的辩证法并不能在对话录中被找到，而且在原则上，文本并不适合于提供原初的、真正的哲学知识。

这个人——这个捣乱者——就是我们所知的柏拉图本人。让我回顾他关于这一点的三个说法：

（1）在《理想国》第六卷中，格劳孔（Glaucon）请求苏格拉底描述辩证法能力的模式（tropos［方式］），它所划分的"类别"（eide［附属主题］），以及它的路径（hodoi［道路］）。这种划分应该类似于前面所给出的对预备性数学研究的划分（532d6-e1）。很少有解释者清楚这意味着什么：数学研究只是从外部被标画，对它们方法的刻画非常笼统，对具体学科的叙述则相当粗略（《理想国》522c-531d）——苏格拉底没有在任何一种意义上进入数学本身。这就是格劳孔想要的一幅**如此**简要的、外在的关于辩证法的草图。因此，他的请求显然是谦卑的。然而即便是以这种方式，苏格拉底还是果断拒绝了他的请求："亲爱的格劳孔，我说过，你将不再有能力跟随——对此，就我这一方面而言，是不会缺少热情的。"（533a1-2）

如果我没有遗漏什么的话，格劳孔的要求在柏拉图的著作中是唯一一段读者可能会希望——即便是片刻须臾——对辩证法与众不同的特征（topos）有可靠的解释，以及对其"类别"和"路径"有完整的概述，并由此可能获得辩证法的提问方式、附属主题和方法的地方。在其他对话录中，没有任何一段能引起如此的期待——当然，除却《智者》和《政治家》。这两篇放在一起给人的印象是，它们属于某个三联剧的第一和第二部分，而第三部分应该被冠以《哲学家》这一题目。遗憾的是，《哲学家》这篇对话并不存在——柏拉图可能只是在虚构的戏剧语境而非在现实中筹划了它——并且在另外两篇对话中，没有任何段落暗示了提供辩证法完整描述的希望。[1] 出于这一原因，在《理想国》第七卷，这一毫无疑问经过精心计算的空略之处就更加引人注意，也更加使人印象深刻：读者开始享有对话者亦即格劳孔的期待，而对这种期待的明确拒绝，使得在《理想国》中，甚至在柏拉图写下的整个作品集中，辩证法作为最高的"数学"（mathēma）这一具体的表述所留下的空略之处更加值得注意。

（2）在《斐德若》中，苏格拉底说辩证法家表现得像聪明的农夫一样，严肃地避免在阿多尼斯花园（Gardens of Adonis）中撒播他的种子——这些对他很重要的种子，并且他期望从中获益的种子——植物于八天内生长茂盛，但没有果实。以同样的方式，辩

---

[1] 对辩证法家提出的四种要求（《智者》253d5-e2），似乎给人们一种全面列举的印象。然而，它们都与"根据种类进行划分"（kata genē diaireisthai, 253d1）有关，而"根据种类进行划分"并不构成辩证法的全部。除此之外，尽管这段对话以其模糊而闻名，但绝不是要对之前简单勾勒过的四种任务许诺一份详细解释；它更应当是这部曾被简单地提及（254b3-4），但并未写下的对话录——《哲学家》的主题。关于对《智者》这一段落的解释，请比较 M. Kranz, „Das Wissen des Philosophen", Dissertation, Tübingen, 1986, S. 61f。

证法家只是游戏地种植他的"阿多尼斯花园",亦即他的书写作品,而把严肃的一面留给辩证法技艺的实践,与严肃的农艺这一类比相对应(《斐德若》276b1-e7)。倘若如同经常发生的那样,只是把注意力集中于"游戏—严肃"这一对峙上,人们就会忽略这一类比的意义。这样做会导向这样一种观点,即辩证法家只是以一种游戏的或玩闹的方式在其作品中陈述他所需要说的一切。相比之下,非哲学的作家做着完全相同之事,但非常严肃。如果这一段只关注"严肃"和"游戏"之间的对比,那么与农夫的类比将是无关紧要的,甚至是突兀的,因为这两个农夫——聪明的这个和愚蠢的那个——实际上根本没有对他们的种子做相同的事情。然而,在谬误的解读中,哲学家与非哲学家似乎在做相同的事情:他们发表一切,只是不以相同的方式。[1]因此,"游戏"和"严肃"之间的对立并不充分。不过事实上,另外一种对立是通过阿多尼斯花园引入的。古代读者立刻理解了这种对立,因为他熟悉阿多尼斯花园的惯例。这一对立就是小部分种子进入阿多尼斯花园,而更大一部分种子则被播种到田地里。对于聪明的农夫而言,在阿多尼斯花园里撒播他所有的种子这一选择,即使只是玩游戏,也根本不存在。如果他这么做,那么到了夏天,他将一无所获,而他的家庭将不得不忍饥受饿。理所当然地(*eo ipso*),他将不会是一个理性的农夫(noun ekōn georgos)。只要我们不想与那一无所获的农夫做类

---

[1] 关于该点,请参考这篇文章:„Gilt Platons Schriftkritik auch für die eigenen Dialoge? Zu einer neuen Deutung von *Phaidros* 278b8-e4", in *Zeitschrift für Philosophische Forschung*,(53)1999, S. 259-267.(这篇文章是 Wilfried Kuhn 和我讨论书写批判的意义的部分成果,现在这些讨论已经用法语完整发表在 *Revue de philosophie ancienne*,[17/2]1999,p. 3-62。)

比，我们就需要认识到，对辩证法家和农夫来说，柏拉图排除了相信他的"种子"——也就是他辩证思维、分析和证明之整体——来写作的选择。这种子的一部分，事实上，更大的一部分，只有通过适当的方法——口头的辩证法技艺（dialektikē technē），亦即"对话的技巧"——"种植"在合适的对话者的灵魂中，才能富有成效。

（3）我希望引起注意的第三个文本，是《书简七》中的"哲学离题话"的结论。有理性的人不会把那真正严肃之事与他最严肃的问题（taontos spoudaia, ta spoudaiotata, 344c2/6）置于书写中（344c1-d2，参考343a1-4）。再一次关注理性，与理性的农夫一样。因此，其他的行动方式是可以设想的；当然也可以写下有问题的内容并且传播。但是，辩证法家理性地、自由地拒绝这种选择。

在前面提到的三个段落中，为什么要引入这些限制？在第一个文本中，我们已经看到了部分答案：苏格拉底对格劳孔说"你将无法跟上"。这一段中，个别化的内容——为了适应于特定的个体——在《书简七》中得到了普遍表达：柏拉图的"严肃"的对象带来了巨大的困难。最糟糕的是，仅仅理智（Intelligence）是不够的：除了理智之外，原文还要求了一种与目前正在做的事情的特定"亲缘关系"（344a2-b1），这包括如下观点：根据《理想国》的统治所必要的德性系列（485a-487a），未来的辩证法家也已然在道德上净化自己。哲学的对象与人的认知官能都是以如此方式创造出来的，即哲学识见是非强迫的。想要妨碍认识的人，对诡辩的阻碍抱有兴趣的人，在非哲学家眼中永远都是胜券在握的（343c5-

344c1）。通过书写——众所周知，书写并不能保护自己（《斐德若》275e）——在面对不恰当的批评时，辩证法家的无助感只会增加。书写下来的东西不能充分传授真理（《斐德若》276c8-9）。出于这一原因——暂且忽略书写对象的本性要求它们受到敬畏（《书简七》344d7-9）——苏格拉底提出了他的呼吁：这种传播形式不应该被选择用于最为重要的主题。

现在，我们看起来被阻挡真正进入柏拉图的辩证法。我们必须找到另外一种进入的方式，而非通过书本的直接教学。

三、在柏拉图时代，一个人如何成为辩证法家？哲学的"共同生活"（suzēn）

因此，让我们简单展开询问：根据这些对话录，一个人如何成为——或已然成了——一个辩证法家？这些对话录提供了一幅双重图景：

（1）在苏格拉底在世时，决定性的因素只能是与苏格拉底的交流。在《会饮》《泰阿泰德》和《巴门尼德》等对话录的框架性讨论中，角色有着彻底的决心，要听到关于苏格拉底真实对话的转述，这就充分显明了上述观点。苏格拉底表明他乐意向格劳孔描述他的辩证法概念（《理想国》533a2）。尽管如此，辩证法的"更长的道路"并非仅仅是呈现单一的一篇对话录就可以通达的那种事情。对话录本身也一次又一次地指出了这一点（《理想国》435c9-d3，504b1-d1，506d8-e3；《斐德若》246a4-6，参考274a2；《蒂迈欧》48c5，参考28c3-5）。在《泰阿泰德》中，苏格拉底也提及与他长久交流的可能性。然而，这对于任何人而言都不是通往辩证法的必然道路，因为只有"神"与苏格拉底的灵明或精神声音决定了其成功甚至实现（《泰阿泰德》150d4，8，151a2-5）。在此，我们与柏拉图式信念相遇——"苏格拉底"以一种伪传记（quasi-biographical）的方式被表达出来——辩证法哲学的成功既不单独地掌握在学生手中，也不单独地掌握在老师手中。它甚至不能通过老师和学生的共同努力得到保证，相反，确切而言，它以一种决定性的方式取决于**"神"（the "divine"）**。

（2）当然，在理想城邦中，没有人会向他的灵明吁求。相反，统治者将相当故意地让不值得或不适合的人远离"最确切"的教育，换言之，远离辩证法的教育（《理想国》503d7-9）。苏格拉底将之理解为对当时"nun peri to dialegesthai kakon gignomenon"这一耸人听闻之事的必要修正，即任何人——甚至那些与之毫无关系的人——都被允许从事辩证法（539d5-d6）。筛除掉未成熟的年轻人是两种谨慎措施之一（eulabeia，539b1），另一种是从更为成熟的候选者中开展严格挑选。辩证法要求人们具备道德素质，并稳健持重（539d4-5）。这些防范措施有两个目的：它们帮助候选者，使他们免于损害其品质，从而将辩证法扭曲为"反逻辑的"和诡辩的；它们提高了哲学实践的社会声望（539c8-d1）。这些防范措施的一个隐含结果就是，在理想状况下，辩证法的核心领域在文本上将无从呈现。因为柏拉图知道，正如他在《斐德若》（275e1）中所言，书本可以到达最不可靠（unlikeliest）的地方。如果不合适的人得到了这样一本书，就会有陷入旧事态的风险。

我们不能把柏拉图关于苏格拉底的论述及理想城邦中的条件直接套用到学园（the Academy）的教学活动中。尽管如此，设若这好像已然证明两者之间没有任何关联，这么做也同样是谬误的。就我而言，这是一个既更加现实又更加稳健的假设，即柏拉图在一个既没有苏格拉底及其绝对可靠的灵明在场，又没有立即建立理想城邦的情况下，诚心尽力地在他的学园中尽可能多地实现最优条件。在这种假设下，我们大致可以得出在学园中辩证法学习的如下图景：

（1）辩证法家"选择合适［学习］的灵魂"（labōn pschent prosēkousan，《斐德若》276e6）来给予教导。[1]辩证法并非一门写下自己的名字就可以参与的课程。从那些感兴趣的人中展开的选择，以及对被选定的人进行惯例的测试——在《理想国》中多次谈及的拣选（eklogē）或选择，以及审察（basanizein）或提出测试——并没有依靠理想城邦条件的实存。人们可以在不依赖灵明的情况下排除不合适之人。根据《书简七》，对僭主狄奥尼索斯二世（Dionysios II）进行的考验（peira）或测试就是柏拉图方法的一部分（340b4-341a7）。考验作为一种保持对哲学事务的关注的交流过程，无疑是辩证法的一部分。

（2）对于有志于此的人，他们的道德品质也属于选择的标准。内心的混乱无序会使哲学思考变得不可能。与意向事物的"亲缘关系"必须存在。仅仅拥有理智并不够。理解了这一点的人，就不会

---

[1]【中译按】希腊文和德文版都没有"学习"一词，该词为英译者所加。

再对文本内容的秘传（esoteric）处理感到惊愕：一本书的作者毕竟永远无法知道未来读者的道德状态。

（3）从事辩证法是和友伴一起的过程，需要大量时间——在理想城邦中，需要一生的时间。《书简七》讨论了诸多关乎哲学事务的共同努力及共同生活（suzēn；共同的哲学生活，341c7）。从记载上来看，毕达哥拉斯派的宗教团体（Pythagorean fraternities）相比于苏格拉底周围的圈子更具有典范性。柏拉图珍视"tous en Taranti xenous te kai etairous"，即在阿尔基塔（Archytas）身边的塔伦特姆（Tarentum）的客人与同伴（《书简七》，339e2-3 及 d2）。

（4）作为一种在志同道合的朋友之间交流和理解的过程，辩证法并不需要书籍。尽管柏拉图很明显计划了《哲学家》这篇对话录，但它并没有被写下来，格劳孔所要求的辩证法的大致轮廓也没有在文本中存在。尽管如此，狄奥尼索斯二世一定通过口传交流获得了某些非常接近的东西，因为据说考验意味着，我们必须向有志于此的人展示实践的完整自身，包括它的困难与费力之处（340b7-c1）。[1] 在这次讨论之后，狄奥尼索斯书写了一本关于他从柏拉图那里学习到的东西的书，而柏拉图向我们确认他并没有关于这一话题的任何书写作品（suggramma），并且永远也不会有（341b3-5，c4-5）。

---

[1]《论善》这篇讲演在非直接传统中得到了充分证实，它可能就像"考验"一样，给出了柏拉图本原学说的一种总结性的概览（无论如何，它采用了公开演说这一简短的形式）。阿里斯托克赛诺（Aristoxenos）似乎讲述了一个简短的版本（Harm. Elem. II, p. 30 Meibom = Test Plat. 7 Gaiser），而辛普里丘则自在地谈论了斯彪希波、色诺克拉底、亚里士多德、赫拉克莱德和赫斯塔奥的不同版本（in Arist. Phys. 151.8-10 and 453.28-30 Diels = Test. Plat. 8 and 23 B. Gaiser）。这些版本肯定不仅仅是一份大纲（尤其是亚里士多德的版本，根据第欧根尼·拉尔修 [5.22] 的说法，它有整整三卷本）；它们肯定和柏拉图在学园中那些并未公开发表的"交谈"（sunousiai）有关。

面对柏拉图的宣称，我们应该做什么？现在，我们领会到辩证法是一个在长期的交谈（sunousia［对话或相处］）中进行哲学交流的过程。这一过程与那些**可以**被固定在文本中的具体内容相关。然而，这些永远**不应该**被一个有理性的作者书写下来，因为文本之固定（textual fixation）永远不能**提供**如此识见。［这一旦］为那些无法理解或蓄意误解的人所滥用，将是厝火积薪。就辩证法的内容而言，它是可以被书写的，但是就其本质而言，它无法被书写，因为辩证法的本性就是活的思想，是灵魂中的进程（比较《书简七》344c7-8）。就其自身而言，它不能被置于无生命的书写符号中。这对柏拉图来说是决定性的观点。直到最后一刻，他都坚持拒绝为他视为最严肃的东西（peri hōn egō spoudazō）提供一段书写文字。

四、对话录中散布的暗示

柏拉图的拒绝是否结束了我们解蔽柏拉图辩证法的所有努力？所幸并非如此。即使书写无法提供哲学上决定性的材料，它仍旧有能力处理一些事情。它可以保存一些信息，而这些信息可以提醒那些已然通过另一种方式获取了事物之知识的人们——正如我们在《斐德若》中阅读到的（hypomnēmata，276d3；eidotōn hypomnēsis，278a1）。

那么就让我们假设，尽管柏拉图对书写提供知识的能力抱有怀疑，对话录所包含的文段仍可能会"提醒"我们他的辩证法概念。即便如此，依旧存在一个小小的困难（一个真正苏格拉底式的 smikron ti）：我们中没有任何一个——我们这些现代学者——可以声称自己是真正的柏拉图式辩证法的"知道者"（一个 eidos）。没有人可以声称只需要唤起他对此在先的知识。因此，即使在选取所要研究的文段时也会存在不确定性。我们只能猜测有些文段的目的在于给那些已经知道的人提示（hypomnēmata）。像辩证法学问（dialektikē epistemē）或**辩证能力**（hē tou dialegesthai dunamis）等关键词的使用无法成为确定的指南，一方面，因为柏拉图可以在不使用特定术语的情况下言说重要的事物，另一方面，因为在每种情况下相关文段的确定仍成问题。另外，《斐德若》中对辩证法的解释对于理解柏拉图的概念如此重要，它肇始于苏格拉底关于爱欲颂词的断言，其中包含辩证法家（eidos to alēthes）如何可以游戏地**误导**听众的例子。这也属于谈话的哲学艺术（22c10-d6）。

另一种截然不同的困难存在于，如前所述，我们怀疑是柏拉图辩证法概念的提示的文段，没有一段包含着如格劳孔所要求的那样，对辩证法整体的总结概括。因此，将不同对话录中所提供的诸局部面向组织为一个整体，仍然是诠释者的任务。

悬搁这些阻碍和困难不论，问题仍然存在：既然柏拉图拒绝对辩证法之整体做出权威性的描绘，那我们可以知道关于柏拉图的辩证法的什么？在如下的十个要点中，我希望提出其最为重要的方面。

（1）柏拉图式辩证法取代了已经存在的更为古老的论辩技巧。柏拉图将之称为 antilogikē（反驳）和 eristikē tekhnē（诡辩术），即矛盾和争论的技巧。这种技巧是为德性和理智品质成问题的人所拥有的——柏拉图在《欧蒂德谟》中以一种详细又诙谐的方式对此给出了描述。他们在所有方面都与哲学家完全相反。[1]

反驳（Antilogic）为争强好胜的年轻人所欣然接受，反过来这又给他们带来了理智迷乱和德性颠覆的影响。在《智者》(259c-d)，并且尤其是在《斐勒布》(15e-16a)中，人们可以找到对年轻诡辩的思想者的好辩狂热的有趣讽刺。与此同时，柏拉图不仅强调这与他自己的辩证法之间的对立，而且也意识到这两者的连续性。在《理想国》第七卷，我们被提醒不要在理想状况下重蹈苏格拉底同时代人在处理逻各斯（logoi）和辩证法（to dialegesthai）时的覆辙（537e-539d）。这使得反驳与辩证法听上去几乎有着相同的本质，而人们只需要采取防范措施以避免可能的误用（supra on eulabeia，539b1）。《巴门尼德》这篇对话录甚至更多地强调了这一连续性：有缺陷的辩证法的典型代表，毫无疑问是智者，更确切而言是爱利亚的芝诺（Zeno of Elea）。他的老朋友巴门尼德向小苏格拉底保证他辩证法的实践方法与芝诺的方法是一样的。唯一的对比是从感官知觉的事物朝向理念的转移，而这是苏格拉底向芝诺提出的尖锐的批评（129a1-130a2），被巴门尼德不成问题地接受了（135d7-e4），

---

[1] 在 „Sokrates' Spott über Geheimhaltung. Zum Bild des ‚philosophos‘ in Platons *Euthydemos*“, *Antike und Abendland*, (26) 1980, S. 75-89 这篇文章中，我已经展示了《欧蒂德谟》中爱欲思想家与《斐德若》中哲学家的形象在所有细节上都完全一致，就像底片和照片一样。(关于这一点，请参见 „Platon und die Schriftlichkeit der Philosophie“, 1985, S. 49-65) 钱斯（Thomas H. Chance）则在他关于《欧蒂德谟》的书中将这一镜像关系当作了核心思想: *Plato's* Euthydemus: *Analysis of What Is and Is Not Philosophy*, Berkeley: University of California Press, 1992.

因为毫无疑问，这已然构成了他的实践的一部分（比较130a3-7，135b5-c3）。因此，我们拥有的是相同的方法，却是不同的存在论取向（ontological orientation），并由此是不同的辩证法对象。因为尽管显而易见，一个可感事物既是一（one）又是多（many），并同时具有一切相对立的谓词，而哲学的关键性问题涉及理念之统一性和多样性的关系（《巴门尼德》129b1-d6；类似地，《斐勒布》14c1-15c3）。把芝诺的提问方式移植到可知事物的领域，这给旧式辩证法带来了质的飞跃。历史中的苏格拉底与这种取向转变没有关系；这仅仅归功于柏拉图本人。亚里士多德十分清楚芝诺是旧式辩证法的创造者，他说在苏格拉底的时代，dialektikē ischus（辩证法能力）尚未得到充分的发展（《形而上学》M4，1078b25f）。另外，在《形而上学》I卷关于柏拉图的那一章中，亚里士多德简单地说"oi gar proteroi dialektikēs ou meteichon"，即"那些更早的人并没有参与辩证法"（《形而上学》A6，987b32f）。

（2）柏拉图对他的新学问所采用的术语是 hē dialektikē methodos（辩证方法，例如在《理想国》533c7），也就是"辩证思维的方法"或"谈论的方法"，抑或是 hē dialektikē tekhnē（辩证技艺，《斐德若》276e5f），即"辩证法的技艺"或"谈论的技艺"，而这将会被教给未来理想的城邦的统治者（《理想国》534e3）。在此类复合词组中，"技艺"一词可以被省略：hē dialektikē（辩证法，没有附缀）指的是提出问题的尝试，比如在苏格拉底概括和评价有关数学（mathēmata）的论证的结语中。我们也经常碰到这样的中性表达：hē tou dialegesthai dunamis，即"对话的能力"或"说话的能力"（《理想国》511b7，532d8，537d5；《斐勒布》

57e7；《巴门尼德》135c2）。如果有人追问这一"能力"的认识论主张，那么进一步的表达 hē dialektikē epistēmē（辩证法知识，《智者》253d2-3）和 hē tou dialegesthai epistēmē（对话的知识）则提供了答案。柏拉图关乎对话的"能力"，他的"方法"或"技艺"要求被视为知识（epistēmē）、特定的知识或科学。柏拉图如此强调这一点，以至于直到那时一直只被用于数学上的 epistēmē（知识）这一表达，从其原有的语境中被抽离，取而代之的是更为低级的表达 dianoia 和 tekhnē（《理想国》533d4-6）。只有关于诸理念的知识才能在灵魂中产生"知识"，只有辩证法方法才能导向对诸理念的认知，导向诸原则，导向本原（archē）。《智者》提供了一个证明，尽管它是简洁的。证明知识是必要的，其旨在看到诸种类（genē）或最高的辩证法诸概念的结合。在这里，爱利亚异乡人（Eleatic Stranger）做了一个有关语法学科的类比：正如这门学科发现了语言的元素（stoicheia，最后的、不能再分割的部分），并研究它们的结合法则，辩证法亦以同样的方式处理一切实在的元素（stoicheiai）。作为唯一值得"知识"这一名称的学科，辩证法达到了最高程度的精确性（akribeia；比较《理想国》504e2-3）、清晰性与根据性（saphēneia，511e3，533e4）。

（3）辩证法是一种全面的方法。在论及辩证法的所有文本中，这一要点是最为持续不断并被反复强调的。无论是智者抑或是任何其他种类，正如我们在《智者》中所读到的，都不能声称其逃脱了"划分"（diairesis）这一方法，即根据属和种来确定诸概念（235c4-6）。这一全面的方法的目标就是定义。因此，只有当**所有**理念的定义被找到，这种方法才是一贯的（《巴门尼德》135a2-3）。

没有探察一切——aneu tēs dia pantōn diexodou——就不可能获得真理和赢获识见（《巴门尼德》135a2-3，d1）。在《泰阿泰德》中，哲学思想的特质是"从整体上研究每一是着的东西在每一方面的每一本性（或构成）"（pasan pantē phusin ereunomenē ton ontōn ekastou holou，174a1）。同样，正如《斐勒布》所清晰要求的那样，以数目来分类和确定一切 eide（理念）的方法，也应该对"一"与"多"行之有效（《斐勒布》17d6-7）。苏格拉底在《斐德若》中说，关于每一事物的本质（peri hotououn phuseōs），它的统一性和它的各部分的数目的问题必须被首先提出，〔在这里，〕苏格拉底别无他意；继而人们必须追问它的各部分的能力与特征（270c10-d7）。缺少这一过程，将没有什么可以被说成是根据方法的（tekhnē，271b7-c1）。如果没有这一方法而行进，就类似盲人走路（270d9-e1）。

因此，柏拉图式辩证法要求成为一门整全的科学，它能理解一切事物，并能研究一切事物（后续将有更多阐发）的要素（stoicheia）。在《形而上学》第一卷中，亚里士多德反对说，这样一门科学可能开始于无，因为那获得一门科学的人或许预先知道其他的东西，但是他不可能已经知道这门科学的对象。在这一情况下，该对象将是"一切"：出于这一原因，不可能存在预先的知识。然而，这将使学习变得不可能。无论学习是借助证明、定义，抑或是演绎而展开，在每一情况下，它都是利用了现有的知识要素（《形而上学》A9，992b18-33）。柏拉图将会如何回答这一反驳，从亚里士多德在下一段落中立即加以拒斥的回忆（anamnēsis）学说就可见一斑。

目前为止，我仅仅把辩证法径直地要掌握一切这一意图当作一个事实引出来。如果我们听一下为何苏格拉底是一个划分与综合（diaireseis kai sunagōgai）的喜爱者（erastēs），就可以更好地理解［辩证法的］这一要求：为了能够言说和思考（hina oios te hō legein te kai phronein，《斐德若》266b3-5）。因而他追问思考和言说的可能性的条件，并在划分法的基本操作中寻找它们。以同样的方式，巴门尼德宣称对理念的设定及对每一理念进行定义的努力，乃是能够将我们的思维导向任何事物的能力的条件（《巴门尼德》135b5-c2）。正如《智者》所说的那样，逻各斯通过各种各样的理念的交织向我们现身。因为辩证法瞄准的是思维的基本条件，在此，没有任何可以思考之物——没有任何可知对象（noēton）——能够逃脱它。

（4）既然我们已然看到柏拉图式辩证法是具有了新的本体论取向的芝诺讨论技艺的改进版本，在这种新的形式中，它欲求成为一门关乎一切的整全的、基础的科学，那么我们或许可以同格劳孔一起（《理想国》532d8）追问关于这门学问的独特类别、方式。虽然我们无法绝对地确定格劳孔所问的意涵，但我怀疑对于方式、种类和方法，他指的是类似于典型特征或者诸特征的组合，为辩证法思维所有形式所独有的那种东西。首先，人们或许可以指向提问和回答的过程。辩证法家在确定善的理念时，承受住了所有诘难（elenchoi）而没有绊倒（《理想国》534b8-c5），他必须接受教育，而通过这种教育，他将有能力在最高的程度上适当地提出问题并回答（erōtan te kai apokrinesthai epistēmonestata，534d9）。阿德曼托斯（Adeimantos）声称，很多人感觉被苏格拉底这一辩证法家模范背叛了，因为他们认为他一步一步引导他们得出了一个他们并不想要的结论（《理想国》487b2-c4）。然而，他们的这一感觉，是来自他们对提问和回答的无知（di'apeirian tou erōtan kai apokrinesthai），亦即来自他们辩证法教育的缺失。与凭借提问和回答的划分思维密切相关的，是辩证法的第二个并且同样基本的特点：它总是和对立的立场有关。当阿德曼托斯，这个无疑没有接受过辩证法训练的人说"我们也必须讨论对立的论点"（dei gar dielthein hēmas kai tous enantious logous，《理想国》362e2）时，它听起来相对无关紧要，也不符合程序。然而，这一要求与引入《理想国》第二卷到第十卷的核心问题的绪论很接近。考虑到它所处的位置，这一段落毫无疑问必须被认为是在筹划上有所意图的。然而，这听起来更加专业，当老巴门尼德提醒刚刚证明自己是有前途的年轻哲学家的苏格拉底，不仅要推论某物存在的假设的结果，而且要推论相反假设的结果，即某物并不存在（《巴门尼德》135e8-136a2）。巴门尼德的建议将我们导向辩证法论证的第三个典型性特征，即从诸假设出发，从之推论出结果，而不是首先确定它们的真实性。例如，如果人们正在处理芝诺所争论的"'**多**'存**在**"，那么辩证法探究就会导向两个条件式：ei polla esti，即如果"**多**"存在（the many is）；以及 ei mē esti polla，即如果"**多**"不**存在**（the many is not）。只有结合隐含地被给予的相反概念"一"（hen），才能推论出诸结果：继而就必须问，我们从关于"多"与其自身、与"一"的关系的两个假设中的任何一个能够得出何种结论？类似地，关于"一"，我们也必须提出相同的问题，不仅关涉它与自身的关系，也关涉它与"多"的关系（《巴门尼德》136a4-b1）。因此，对于每一假设都有四种问题，这些问题加在一起，就构成了关于简单前提的辩证讨论的八组出发点。只有首先仔细探究这八个问题（通常也被称为假设）的每一个，才有可能对这些问题的真实性采取立场。然而，仅仅一次就把这八个问题的每一个都探究仔细是不可能的。相反，真实性问题只能在仔细探究这八个问题中的每一个及其相关的问题，把每一个辩证法概念都重复地置于与其他每一概念的关系中之后提出（136b1-c5）。当小苏格拉底谈及"难以处理的工作"（amēchanos pragmateia），即一项巨大的任务时，他已然准确领会了巴门尼德向他描述的东西。尽管如此，现今的学者或许不会从"amēchanos"（难处理的，不可行的）一词推断出这一任务的目标将是无法实现的。这当然并非其意味所在。

（5）谁可以仅从"一"本身及"多"的存在与不存在中推论和呈现出诸结果呢？倘若如此，那么辩证法将不会是一门需要长期的教育过程才能获得的技艺了。即使是《巴门尼德》中的小苏格拉底也无法完成这样的任务。巴门尼德本人不得不接手［这一任务］。他知道人们必须提出哪些问题。他研究关于"一"的部分与整体，开端、中间与结尾，时间与地点，相似与不相似，相等与不相等，同与异，运动与静止（《巴门尼德》137c1-141e）。巴门尼德既没有论述他是如何获取这些概念的，也没有论述为何他使用了这些特定概念而不是其他的概念。他没有证成提问顺序的合理性。辩证法家具有这一概念工具箱；这些对话并没有表明更多的东西。在《智者》中，我们同样与这些概念的其中几个相遇。在那里，它们被描述为几个最大的或最高的种（254c3-4，d4）。爱利亚异乡人将这五个最高的种（megista genē）置于彼此相互的联系中：存在、静止、运动、异、同。他同样既没有论述他从何处获取的这些概念，也没有说明为何他选取了这五个特定概念。尽管如此，他确实说——与巴门尼德相反——他已经做出了一个挑选（proelomenoi tōn megistōn legomenōn［sc. eidōn］atta，254c3-4）。因此，人们或许会猜测，如果被问到，爱利亚异乡人可能会谈论一些关乎他的选择的原因，以及关于最高的种的起源或方法论规定（methodological determination）之类的话题。在最高的辩证法概念、最高的种出现的对话中，似乎没有任何一处在追求完整性。同样，这一系列概念是否可能是完整的问题也没有被提出。历史上，在柏拉图最高的辩证法概念（暂且不论芝诺的提问方式）的背后，乃是毕达哥拉斯那认为是"原始"（archai）的十组二分的对立（dichotomous pairs）序列（systoichiē）或"一起排列"，正如亚里士多德在《形而上学》第一卷对它们的描述（《形而上学》A5，986a22-26）。这一被毕达哥拉斯主义者当作完善数字的 10 似乎指向了这一事实，即二分对子的数目与其列表的统一乃是有意为之，即便是以一种无法使我们信服的方式。从柏拉图和亚里士多德的观点来看，结果似乎相当不一致：在一——多、有限—无限等基本对立旁边，出现了诸如左—右、男—女和正—斜等其他对立，而它们只能被用于特定类型的对象。对于我们而言，亚里士多德本人做出的和其他人关于亚里士多德的著述更为丰富。根据亚历山大（Alexander）的说法（《亚里士多德〈形而上学〉评注》250. 27-20），亚里士多德在《论善》（Peri tagathou）第二卷中提出了一对最高的对立者，因此，这是在他对柏拉图式本原学说的阐述的语境中被提出来的。他自己在《形而上学》中谈及他的文本《对立者选辑》（Eklogē tōn enantion，1004a2）里，同样讲到了对立者的区分（Diairesis tōn enantiōn, 1054a30），其中，他提出所有对立者都可以归纳（anagōgē, 1005a1）为"一——多"（hen-plēthos）这一作为本原的对立者。对他而言，这是对立者逻辑的一个阶段。在柏拉图的辩证法中，相同的对立者以"一——不定的二"（hen-aoristos duas，作为多［Manyness］的本原）为名，这毫无疑问带有本体论意义。尽管如此，甚至对于亚里士多德而言，对诸如同—异（tauton-heteron）、相似—不相似（homoion-anomoion）、相等—不相等（ison-anison）等概念的处理，也归属于基础性的哲学科学，他将其作为存在的存在（beings qua beings, on hēi on）进行探讨（《形而上学》Γ 2，1004a31-1005a18），因为基础性的辩证法概念乃是存在之为存在（tōi onti hēi on idia）或它们是从作为存在出发的（ta hyparkhonta auto hēi on', 1004b15 和 1005a14）。亚里士多德在《形而上学》Γ 2 所引用的此类概念的列表，相较于在柏拉图那里发现的都要更为完整。

（6）借由对立者的归纳（anagogē ton enantion），把诸对立者归纳到第一对立者——这毫无疑问是柏拉图式的方案，而不仅仅是亚里士多德式的发展——我们或许已然从试图把握辩证法的方式或一般特征，转移到了试图把握路径（hodoi）的问题，抑或是最高学问的理念上。值得尝试的是从这一假设着手，即格劳孔关于方式、类别和路径的问题对于柏拉图而言有着确切的三重意涵。然而就我所知，因为这一术语并未再出现，并且因为苏格拉底使得这一问题悬而未决，今天对于我们而言，并非总是可以很容易地说明某一特定的辩证法特质应该如何被纳入整体：作为基本的典型性特征，作为特殊方法，或作为一个可界定的研究领域。在一篇重要文章中，盖瑟尔（Konrad Gaiser）列举了六种辩证法的方法：（a）辩驳（elenxis），（b）划分（diairesis）与结合（synagogē），（c）分析（analysis）与综合（synthesis），（d）执两用中（mesotēs），（e）假设（hypothesis），（f）模仿（mimēsis）。[1] 我把上述假设的方法解释为辩证法的一个方式，尽管我清楚许多人更乐意把排序仅仅作为一个方法。模仿，盖瑟尔将其理解为"对本真的范式（authoritative paradigm）与其不同摹本（copies）之间的关系的研究"，它也可以被理解为一个独特的研究领域。类似地，人们可以把执两用中用盖瑟尔的话解释为"在更多与更少、太多与太少的偏离之间来确定规范性的和可信性的折中"，可以将之理解为一个独特的研究领域。盖瑟尔所提及的三种主要方法在这个意义上已然得到最好的领会。我们同样在那里发现了辩驳（elenxis）或问诘（elenchus），其在《智者》中被赞誉成最伟大的和最决定性的净化（purification，230d7）。辩证法的宗教—道德相关性在任何地方都没有比在这一辩驳的方法中更为清晰地显现出来。划分（diairesis）与结合（synagogē）无疑只是构成了众多方法中的一个，即使在《斐德若》（265d-266c）中，对他们的呈现也给读者造成了这样的印象，即其包含着辩证法家的全部活动。通过阅读《智者》253d-e 中对辩证法家的四项任务的描述，人们或许会得出相同的结论，但是随后对最高的属（genera）——它并不存在于"kata

---

[1] Konrad Gaiser, „Platonische Dialektik—Damals und Heute", in *Antikes Denken—Moderne Schule*, H. W. Schmidt und P. Wülfing（Hgs.）, *Gymnasium Beiheft*,（9）1987, S. 77-107。该文亦见于 Konrad Gaiser, *Gesammelte Schriften*, T. A. Szlezák und K.-H. Stanzel（Hgs.）, Academia Verlag, 2004, S. 177-203。

gené diaireisthai"——的结合（koinonia, combinability）的探究（《智者》254c 及其后），应该会阻止我们犯这个错误。划分法可以导向对最高的属的标示。因此，这对"概括"（generalizing）提问的方法是决定性的，即寻求普遍的方法，亚里士多德将之归于学园，而对于其意义，克雷默（H.-J. Krämer）业已反复研究；并且，这对互为补充的"析出"（elementarizing）提问方法的关联也是决定性的，其旨在寻求发现基本要素或元素，它的方法是对整体与其部分的分析与综合。[1] 问诘法、划分与结合法、分析与综合法这三种方法都享有一个特点，即适用于一切事物，但只能阐明那些事物的一个面向。

（7）如果 eidé 这一语词在格劳孔的问题中意为"种类"，而相比之下，种类意味着与路径、"道路"或"方法"不同的东西，那么它的意思或许是辩证法研究的分支学问（sub-disciplines）或者诸领域，而反过来，它们又指向现实中不同对象的诸领域。对话录提供了一些使得这一解释更为具体的证据。首先，我们必须记住，从事在理想城邦中为哲人王准备的哲学教育的辩证法有两个明显不同的阶段。只有人们在 50 岁时步入的第二阶段才是专注于善的理念的沉思阶段（《理想国》537d3-7，540a4-b2）。倘若我们并不希望将这种两个阶段的划分说成是纯粹专断的，那么我们必

---

[1] H.-J. Krämer, „Prinzipienlehre und Dialektik bei Platon" (1966), in J. Wippem (hg.), *Das Problem der ungeschriebenen Lehre Platons*, Darmstadt, 1972 (Wiss.Buchges.), S. 294-448. 关于这两种提问模式彼此之间的关系，见 S. 406-432。亚里士多德在《形而上学》中证明了柏拉图的"善"与"一"之间的等同，从这里开始，克雷默试图探索柏拉图对"善"的定义究竟是怎样的。（克雷默这本广博而深入的著作已被翻译成意大利语，并作为单行本出版：*Dialettica e difinizione del Bene in Platone*, Milano, 1989。）

须承认，理念学说和本原学说是辩证法的整全知识的两个密切关联又能够互相区别的分支学问。这在认识论上是合理的，尤其是如果认知的方式同这划分界线所描述的对象的类型相称，并且如果诸理念是 ousiai，而善的理念是 epekeina tēs ousias dunamei kai presbeia（509b9）。然而《理想国》也提出了一类被称为数学的诸对象。对它们的科学处理并非辩证法所适宜的，不过在内行之中，有哲学思维的人应该得到一种概观（sunopsis），一种对数学各学问与其自身以及它们同存在之本性的亲缘关系的"总览"（《理想国》537c1-3，比较531c9-d4；《法义》967e2）。[1] 因此，结构上的相似性不仅把数学与其他［学问］联系起来，而且与"真实的本质"（tou ontos phusis）的整体联系起来。对这一点的探究当然不是一门特殊学问的任务，而应该是辩证法的任务。因为正如这部分文本清晰表明的那样，在"总览"的能力中，［人们的］辩证的天性资质才将其自身显现出来："o men gar sunoptikos dialektikos，o de mē ou."（537c7）当我们在《斐德若》和《理想国》中探究苏格拉底是如何确定那条更长的辩证法道路的——这条道路在对话录本身中无法被穿过——我们或许也有些出乎意料地偶然发现了另外一个辩证法的分支学问。在《理想国》第四卷中，关于"更长的道路"（makrotera hodos）的内容，则在于对灵魂统一性和多样性的确切探究。在第六卷中，它们在于确定什么是（ti esti'）善的理念（435d3，504b1-d3）。显而易见，这里并无抵牾。而关于柏拉图是

---

〔1〕 关于这个话题，请比较 Gaiser, „Platons Zusammenschau der mathematischen Wissenschaften", in *Antike und Abendland*,（32）1986, S. 89-124（该文亦见于 Konrad Gaiser, *Gesammelte Schriften*, supra n. 5, S. 137-176）。

否改变了他的想法这一推测性的历史假设，这些段落也并没有提供佐证。[1] 相反，两者的主旨都是辩证法的对象：善的理念是可知世界的最高点，而灵魂则是其最低边缘。因为正如《法义》（898d9-e2）所清楚论证的那样，即使是灵魂也是可知的东西。根据《斐德若》，掌握灵魂的真正形式，将是一个"属神的和漫长的叙述"（theias kai makras diēgeseōs, 246a4-5）的任务，并因此是一个辩证的探究。[2] 这就必定包括了"宇宙的本性"（《斐德若》270c1-2），而《蒂迈欧》中的灵魂理论则提供了先行的尝试。

在（a）灵魂、（b）数学与［诸学问］自身及其与诸存在之本性的亲缘关系的"总览"、（c）理念学说、（d）本原学说等主题性领域中，我们已然为辩证法家们确定了四个研究领域。在对话录中，这四个研究领域要么根本没有被提及，要么并没有被充分提出，而对于它们中的两者——灵魂和本原——柏拉图同样只说了这么多。不过这并非全部。此外，他还表达了一系列与每一特定语境严格相关联的非常确切的问题，但柏拉图也立即说明，这些问题此时此刻无法被探究。这些问题的其中几个可以不假思索地被归入这四个主题性领域，而其他问题的归属则仍保持着开放（可能是出于它们关涉多重领域）。在《蒂迈欧》中，德穆革（Demiurge）的本性则悬而未决，因为它并非对每一个人而言都是可交流的

---

〔1〕 关于该点，见 T. A. Szlezák, „Die Idee des Guten in Platons Politeia", *Beobachtungen zu den mittleren Büchern*, Academia Verlag, 2003, S. 72f。

〔2〕 我曾试图在 „„Menschliche' und ‚göttliche' Darlegung. Zum ‚theologischen' Aspekt des Redens und Schreibens bei Platon" 这篇论文中表明，不同于解释者们的普遍看法，通过分析柏拉图对"神圣的"哲学的理解，这条"更长的路"并不因为被称为"神圣的"而对人类的探究而言无法企及。该文收录于 *Geschichte—Tradition—Reflexion*, *Festschrift Martin Hengel*, H. Cancik, et al.（Hgs.）, Tübingen, 1996, Bd. 1, S. 251-263。

（28c3-5）。同样，万物的本原以及本原的数量也保持着开放，原因同样是在这种对话录（或者更准确而言，是长篇大论）中进行交谈的困难（48c2-6）。第三点，我们听到［只有］神和那些为神所喜爱的人才知道那更高的本原（archas［原理］），而比元素三角形（elementary triangles）更高的本原则是身体的本原（53d6-7）。换言之，还存在那更高的本原，并且它们对人类而言是可知的，但它们还未被发展出来。哲学家（philosophos）究竟是什么，这一问题在《智者》(253c-e)中简短地出现过，但是对哲学家的行止及其本质更为确切的探究和清晰解释的迫切必要性被推迟到更后来的讨论中，而这一讨论却从未发生过（254b3-3，"peri men toutou kai tacha episkepsometha saphesteron"）。最高的本原不仅以关于"什么是"（ti estin）善的问题的形式被延宕，而且以关于"精确自身"（auto to akribes）的问题的形式被延宕（《政治家》284d1-2）。关于存在于世界上的恶的本原的唯一被陈述的事情是它必定在其他地方而非在神那里被找到。尽管数字（arithmos）在一些论及辩证法的文本中发挥着突出的作用（比如《智者》254e3；《泰阿泰德》185d1；《斐勒布》16d8，18c5，19a1；《斐德若》270d6，273e1），理念之数目并没有被主题化。范畴学说的残篇以不同方式出现于这些对话录中（比如《智者》255c12-13；《大希庇阿斯》301b8；《欧悌弗戎》11a7-8）。只有在间接流传的记载中所找到的更为完整的信息才表明这些确确实实是残篇，而不是整全的学说。[1] 最后，在

---

[1] Test. Plat. 31 Gaiser（= Simpl., In Arist. Phys. 247.30ff. Diels），Test. Plat. 32 §263 Gaiser（= Sextus Emp., Adv. Math. X, 263）.

《卡尔米德》中，据说要断定对于万物而言它们的能力是否可以被作用于其自身，乃是伟人的任务（169a1-5）。不再需要长篇大论就已然显示出这个问题对于灵魂和理念学说以及最高的种的逻辑都具有同等的重要性。

（8）柏拉图是否确信辩证法的方案可以被进行到底？人类是否能够企及辩证法最高的认知目标？在20世纪后期的后形而上学精神中，这一点经常被否定。[1]然而，我们应当谨慎，不要不加批判地将我们在一个长达2300年的形而上学时代结束时的放弃态度解释成它的开端。在对话录的诸多暗示中，作者相信辩证法的目标是可以触及的，我只提及几个：

首先，让我们看看这一事实，即苏格拉底绝没有拒斥格劳孔的假设，认为辩证法最终将会导向路途休息的地方和旅程的终点（telos tēs poreias，532e3）。格劳孔确实有出错的地方，但不是在这里。如果洞穴喻的作者相信它的目标无法触及，那么洞穴喻将成为误导性的，甚至毫无意义的譬喻。在这一譬喻中，囚者经过努力完全看到了太阳。他并未像另一有所抵触的解释所认为的那样，遇到

---

[1] 拉斐尔·费勃（Rafael Ferber）尝试证明柏拉图认为实现这一目标是不可能的，但他失败了（见 Die Unwissenheit des Philosophen oder Warum hat Platon die „ungeschriebene Lehre nicht geschrieben?" Academia Verlag, 1991.【中译按】该书已有中译本。见费勃：《哲人的无知》，程炜译，华夏出版社2010年版）。他解释未成文学说的口传特性的方法是，宣称本原学说停留在了仅仅是观念，即doxa的层面，并认为如果未成文学说真正达到了"科学"（epistēmē）的地位，那么作者就完完全全可以把它写下来。这些论证建立在对书写批判背后基本思想的彻底误解之上。此外，费勃的反驳不仅对其他的文本解释错误，还在方法上犯了错，而且对于文本来源的关注也不够充分。更严重的是，他还有一些语言学上的误解。请比较我在这篇文章中的评论："Gnomon"，（69）1997，S. 404-411（现在也可以在 „Die Idee des Guten in Platons Politeia"［见上文第114页注释1］中找到，S. 133-146，我做了一些小的补充）。

了一个永远不会散开的完全阴云覆蔽的天空，后者甚至永远不会让人们有机会看到在云层之上还存有一个太阳。此外，《理想国》的苏格拉底，在诸多地方使我们知道，他相信获得了关于善的知识的真正的辩证法家已然存在。他们不只是在未来的某个理想城邦中才会被发现（比如，519d；类似地，《斐德若》266b5-c1）。柏拉图的理想邦绝非这样一种乌托邦，即城邦的统治依赖于对善的知识，但这种知识是不可企及的，从而城邦本身也是无法实现的。恰恰相反，柏拉图强调这种城邦是实实在在可能的（499d，502c，521a，540d），但是它并不能轻易被缔造，因为政治权力——无处不被行使——与对善的充分知识的相一致——这只有极少数辩证法家才能拥有（但是他们已经拥有了它）——这种一致是不可能的（用一个误导人的现代语词，我们现在称之为"乌托邦"）。倘若巴门尼德确信辩证法永远无法触及它的目标，我们就不得不把巴门尼德让小苏格拉底去实践辩证法的劝告，以及他准备引导苏格拉底自身通过最初的诸阶段的意愿，当成对苏格拉底和读者的一种玩世不恭的嘲弄。按照《斐勒布》的说法，如果作为神，他们知道这一礼物是毫无用处的，而神将辩证法作为礼物给予了人（16c5），那么我们又该如何评价神呢？那这将是荒谬不经的。

我们或许能够肯定的是，柏拉图相信辩证法能够实现它的目标，而哲学家能够充分（hikanos，《理想国》519d2，比较518c9-10）认识到善的理念，同样，我们也无法忽略这一目标的实现总是缺乏保证的。根据《泰阿泰德》，只有那些"神所准允的人"（hoisper an ho theos pareike，150d4）才能与苏格拉底一起进步。根据《斐勒布》16b5-7，苏格拉底他自己在辩证法的道路上陷入了孤独和困窘。知识的火花唯有在与认知官能进行长久的实践之后才能迸射出来（《书简七》，34e1-344c1）[1]。我们无法预知它会在何时并且在与谁一起时点燃。一个"属神"的进程无法完全置于人们的掌控之中。

（9）辩证法总是通过"道路""前进""引导"等比喻来刻画，因为它本质上就是一个活生生的进程。被解缚的洞穴居住者向上进入光亮的道路是一条攀升之路（anabasis）、一条向上之路（anodos）和朝上的进程（《理想国》517b4-5，519d1；比较《会饮》211c2，epanienat）。以知识为目标的辩证的朝夕不倦，将是 makrotera odos 或 periodos，也就是"更长的路"或"曲径"。苏格拉底径自将其称之为辩证法的旅程（dialektikē poreia，532b4）。在确定善的理念的进程中，哲学家就像是"在一场战争中一样""历尽所有的反驳"（elenchoi），"进行所有这些论证时都屹立不倒"（hōsper en makhēdia panton elegchōn diexion... en pasi toutois aptōti tō logō diaporeueetai，534c1-3）。一般而言，穿过所有各种各样的问题是辩证法家需要做的事情，他们对这些问题进行全面的反思和盘查（dia pantōn diexodos te kai planē，《巴门尼德》136e1-2）或贯穿所有这些东西，顺着每一样来回游走（hē dia pantōn auton diagogē，anō kai katō metabainousa eph'hekaston，《书简七》343e1-2）。除却穿过或被引导通过之外，两个段落都强

---

[1]【中译按】此处德文版和英译所标注的原文，斯特方码均为 34e1-344c1。然而《书简七》的起始斯特方码已经是 324a，整部《书简》的起始斯特方码是 309a，因此不可能有从"34e1"开始的引用。这里斯勒扎克可能漏写了数字，而英译者也没有发现这个错误。我们猜测这里指引读者参考的部分，应该是 343e1-344c1。原文讨论的正是一种能够在灵魂中生育出知识的活动（diagōgē）。

调了误入迷途或"上上下下"的运动显然是徒劳无功的。前进有一个"目的"（telos），有一个终点和一个目标，辩证法家在到达目标之前并不会放弃（《理想国》532a7-b2；《书简七》340c6）。

在历经一切，在"通过全面的反思"（dia pantōn diexodos）之后，随之会发生什么？自然而然，是异象，是景象（thea）。在洞穴喻的结尾，苏格拉底把穿行本身和目标的最终异象这两个面向联结起来，描述成"**向上攀升，向上观看**"（tēn anō anabasin kai thean ton anō，517b4）。在思想过程的终点，知识最终浮现出来，它就如光被跃动的火花所点燃那样闪耀（《书简七》341c7-d1，比较 344b7，exaiphnes 341c7，及《会饮》210e4）。这种照亮的倏然性——除了分级入门、沉默誓言以及幸福体验外——无疑是柏拉图在爱欲对话录《会饮》和《斐德若》以及其他作品中着重使用神话隐喻的主要原因之一。[1]

不过异象是辩证法的一部分吗？它是辩证法的目标，但因为这种质性的飞跃（即由识见的倏然顿悟组成，而非周期漫长的"穿过一切"），也因为强制性顿悟的不可能性，人们可能想要把这种异象视为辩证法的超越性目标。辩证法则将是对可知世界中的诸关系和尺度的话语性理解，而这需要对可知实体真正的理智把握。柏拉图认为这是一种理智直观，一种直接的"观照"（idein，katidein，

---

[1] Symp. 210a1ff.；Phdr. 249cff；Gorg. 497c；Men. 76e；Rep. 490b. 比较这些文章中的相关讨论：T. A. Szlezak, „Platon und die Schriftlichkeit der Philosophie", 1985；进一步可以参考 C. Riedweg, „Mysterienmetaphorik bei Platon, Philon, und Klemens von Alexandrien", 1986；Christine Schefer, „Platon und Apollon. Vom Logos zurück zum Mythos", 1996；S. Lavecchia, „Philosophie und Initiationserlebnis in Platons *Politeia*", *Perspektiven der Philosophie*,（27）2001, S. 51-75.

theasasthai）。为了触及这一目标，辩证法必须超越自身，必须在质上转变自身，变得智性（noēsis）。异象是倏然间随之而来的，换言之，它并不能用时间衡量，因此是在时间之外的，它给予认识者一种幸福的感觉。无论是质性的飞跃抑或是幸福的感觉都不能被归因于话语（discursivity）和思索（diexodos）。

（10）最终，辩证法的神学面向随着这种在异象中出现的幸福感而呈现出来。幸福（Eudaimonia）乃是诸神与属神存在者的特权。如果幸福在人们身上被找到，那么它必须归功于神。诸神是纯洁的；出于这一原因，将我们导向神的辩证法要求辩证法家的道德净化成为第一先决条件（这是 19 世纪和 20 世纪的哲学家所难以理解的想法）。诸神自身将他们的神性归功于他们与理念的永恒的关系（pros hoisper theos on theios estin，《斐德若》249c6）。因此，诸理念是真正神圣的存在：纯洁，不变，由一种排除不义和邪恶的秩序与和谐所支配。有觉知的人类存在必须指引自身转向这一领域，并且必须努力成为与之同一的（《理想国》500c-9，比较 611e，613a-b）。人变得与神相似这一进程，已然决定了在世的人类的命运，同样也决定了他不死的灵魂在他死后时间的命运。只有通过正义与哲学才可能变得与神相似，这就决定了对人类而言什么应该成为唯一且最为重要的事情。在关于辩证法的诸文本中，这就有助于解释［柏拉图］那几乎强制性的担保，即我们正在应对那些伟大的事物，并且是最伟大的事物，与之相比，其他所有的一切都无关紧要，甚至是荒谬不经的。让我简短地引用《斐德若》274a2-3："makra hē periodos, ... megalōn gar heneka periiteōn."

成为与不变的理念世界相似的过程，难道不是丧失了那动人的、属人的东西，丧失了那人类存在所特有的东西吗？现在，真正的人乃是他的灵魂，以及灵魂中的思维部分。在这个意义上，属人的东西，被理解为此世的、受造的部分，在这一概念中确实是被否定的。它被否定了，取而代之的是"更高"或"真正"的人性。然而，［这并不是说］它是无生命的，因为理念世界本身是充满生气的；呼吸（psuchē［灵魂］）、运动（kinēsis）、生命（zōe）和努斯（nous）在《智者》中都被归入理念世界（248e6-249a2）。理念自思（thinks itself）。[1] 对柏拉图而言，有机会参与这种更高的生活，就证成了拒斥一切可能阻碍这种生活形式的东西的正当性。

　　辩证法是认识到最高本原和善的理念的**唯一**途径（《理想国》533c7）。只有这种知识才能为其他所有的认识形式提供清晰性；它赋予它们以价值和用途（505a，506a）。我们可以参与这种构成了诸神生活的生活，可以将其理解为来自诸神的恩赐，这种知识以普罗米修斯那般的形象，将我们从丧失的人性中拯救出来（theōn eis anthropous dosis... dia tinos Promētheōs'，《斐勒布》16c5-6）。人类存在中所有积极的东西都源自它（比较《斐勒布》16c2-3）。因此，苏格拉底声称他跟随那些他认为是辩证法家的人，就像跟随神的足迹那般，这并非半喜剧式的夸张。辩证法家至少是神的代言人，在某种程度上，这是因为他有能力传递神的恩赐。当我们参与辩证法时，我们不仅仅以喜悦诸神的方式言说和行动（《斐德若》273e 及

---

［1］　关于该点，参考 W. Schwabe, „Der Geistcharakter des ‚überhimmlischen Raumes'. Zur Korrektur der herrschenden Auffassung von *Phaidros* 247C-E", 收录于 *Platonisches Philosophieren. Zehn Vorträge zu Ehren von Hans Joachim Krämer*, T. A. Szlezák（hg.）, Hildesheim, 2001（Spudasmata 82）, S. 181-331。

其后），而这就可以决定一个人的命运。柏拉图甚至给出了一个更加大胆的承诺：在对神的模仿中，朝向属神的对象——理念——思考的哲学家，是唯一能够不断进入这些完善的秘仪（Mysteries）的人，他能够达到真正的整全的完善：teleous aei teletas teloumenos, teleos ontos monos gignetai（《斐德若》249c7-8）。不过幸福是同完善联系在一起的：只要就这一程度而言它是人类所能触及的，那辩证法家就拥有它。

亚里士多德的理性主义[*]

Michael Frede[1] 杨怡静[2] 译

众所周知，亚里士多德不仅认为我们所有的知识起源于感知（《后分析篇》I.I8），他也在自己的哲学工作的特定领域内给相关事实赋予了足够的重要性。尤其在他的生物学写作中，有时候甚至是以令人惊讶的方式。从其理论和实践活动来看，或许，将亚里士多德视为"经验论者"并不令人感到惊讶。

同样众所周知的是，亚里士多德认为所有的知识，要么是统辖特定领域的关于原理的知识，要么是通过原理被推导出的知识。然而，这两句陈述如何被逻辑地连在一起并不显而易见。可能会有人认为亚里士多德的立场是：尽管所有推演性真理都只能从原理推论出而被获知，但某门科学的原理本身却由于其能够被观察到的某种推论所证明而获得作为已知真理的认识论地位。如果确是如此，那

---

[*] 本文选自 *Rationality in Greek Thought*, Michael Frede and Gisda Striker（eds.）, Oxford University Press，2002, pp. 29-58。

[1] 迈克尔·弗雷德（Michael Frede, 1940—2007），著名古代哲学学者。1966 年获哥廷根大学博士学位。先后任教于哥廷根大学、加州大学伯克利分校、普林斯顿大学、牛津大学。曾为哥廷根科学院成员，英国国家学术院院士，美国人文与科学院院士。

[2] 杨怡静，奥斯陆大学哲学系博士生。

么的确可以毫无困难地将亚里士多德称为"经验论者"。

但这显然不是亚里士多德的知识论立场。亚里士多德很清楚地表明过，他认为我们拥有关于第一原理的直接知识。因此，他不可能会认为我们对它们的了解取决于对从它而来的推论的确认，或取决于经验观察。我们所拥有的关于第一原理的知识不是后验的（a posterioiri）。它们作为已知真理自存的根据在于它们被理性直接把握为真理。此外，既然他认为无论我们所把握的什么知识都是从第一原理推演而来的，即先验（a priori）的，那么很显然，严格来说，他认为所有知识都是被理性把握的知识。而后天所得的知识仅仅是一种被贬低的"知识"。也就是说，亚里士多德是极端理性主义的范例。所有严格意义上已知的真理都是理性的真理，被理性把握为真，无论是直接把握还是通过推演的方式。

以上立场会让人产生很多困惑。譬如说，既然亚里士多德已经提出所有知识都为理性所把握，那他何以坚持说知识的起源和基础在感知？尤其令人费解的是，亚里士多德的表述有时会体现出"我们能够为第一原理辩护"的态度，就好像我们能够通过推论来获知这些第一原理一样。确实，如果我们能够通过归纳（induction, epagoge）获知这些第一原理，那么归纳确实有可能奠基于感知的基础上。

在接下来的论述中，我最首要关心的不是解决这些困惑，而是去考察在亚里士多德的理性主义背后到底是一种怎样的理性观念。有可能的话，借助对这一理性观念的澄清，我们在面对上述困惑时能够有一个更好的角度和立场。毕竟这些困惑是从亚里士多德的理性主义里生出的。

有理由相信亚里士多德对经验主义的熟悉，尤其是在古希腊医学方面。在古希腊医学领域，知识或技术都源于经验，即来自仔细的观察。古希腊医学领域知识的增长有赖于经验而非纯粹的思索。在这种医学观念的影响下，类似的倾向也出现在修辞学领域，即认为修辞学知识或修辞技术都仰赖于经验。亚里士多德对此类经验主义的熟知可由《形而上学》A1 981a4-5 的文本佐证。不过，尽管亚里士多德在此处强调了经验在知识中的地位，他也同时提出知识不仅仅是经验而已。实际上，在该文本所处的章节中，亚里士多德的论证的重心在于证明知识的获取必须超出经验且借助理性对相关原理的洞察。这样看来，该章节至少向我们展示了亚里士多德在理性主义立场上对特定经验主义的接受。在亚里士多德的著作中，与该文段内容最具有平行关系意义的是《后分析篇》B19：在这里，亚里士多德解释了我们如何在经验的基础上获知第一原理。因此，我的研究将主要关注这两个文本。对这两个文本更明晰的理解可以使我们更清楚地看到亚里士多德在他的理性主义中给"观察"和"经验"保留了怎样的位置。此外，《后分析篇》的文段尤其显得重要，因为它清楚明白地给出了对理性这一概念的表述。

在《形而上学》A1 中，亚里士多德指出，经验，尤其人类经验，是如此丰富，以至于它几乎相当于真知识或技艺（因此它们很容易被搞混）。但无论如何，它们不是一回事。对于人类而言，经验只是真知识的引线（981a1-3）。于是，亚里士多德解释了我们基于经验所得的信念是如何无法成为真知识的。我在这里使用"真知识"这个词，是因为在这个章节里，亚里士多德尚且会使用"知识"（eidenai）这个词来指涉经验知识（981a29）。也就是说，只有在讨论"真知识"的时候，经验才会显得不足。对此，亚里士多德解释说，至少有两个方面的考虑：（1）真知识，不同于经验知识，必须是真正普遍的（981a5-12）。（2）经验知识仅仅是关乎一些事实的知识；真知识则涉及对"所知之物"的把握：它关乎某物何以是其自身的原因，而不仅仅在于某物是怎样的（981a24-30）。

当我们把注意力转向第一点时，会很明显看到这两个方面之间的联系。但在讨论的开始，我希望先简单讨论一下第二点：严格来说，获知意味着拥有某种洞察，意味着理解"某物为何如此"，而非仅仅"某物如此"。很容易理解为什么亚里士多德会认为对知识的主张必须有适当的理由来支持，以使我们认为"某物就是如此"：如果我们声称知道某物，我们会声称自己是在某个特定和特殊的立场并发表我们的看法。但亚里士多德要求的不仅是能够为观念辩护的能力，他还要求我们对于"某物为何如此"所给出的理由，就是刚好能够解释"为什么某物就是如此"的那个恰当理由（即他经常说的"原因"）。很显然，他提出这一要求是因为他和柏拉图一样认为，知识意味着理解。知道"某物如此"即意味着知道"某物为何如此"，以及"如何解释它是如此"。更甚的是，他对理解和解释有着严格的要求。我们通常所给出的解释，包括一些科学解释都不足以满足亚里士多德的要求。他认为在解释和被解释物之间应该有一种必然联系，以至于当解释给出时，被解释之物没有成为其他样态的可能。解释不一定总是正确的，但如果它正确，它就不应该有任何模糊性或存疑之处。在这些严格要求下，那些所谓的通过经验而来的获知就不可能成其为某物的"解释"。同样，当某些特定话语被用来解释某物以至于在这种解释的基础上某物不可能成为其他样态的时候，这种解释就不可能仅仅是经验性的。因此，是对理解和解释的这一特定要求使亚里士多德认为知识在严格的意义上不可能只是经验性的。

不过，在亚里士多德说纯粹经验无论有多丰富都不足以构成知识时，严格来说，他给出的首要理由是纯粹经验不具有普遍性，而普遍性是真知识的特征（981a5ff）。要想了解亚里士多德此处究竟在说什么，比较好的参考是他在医学方面所给出的例证。

如果卡里阿斯发了高烧并且由某种特殊的治疗而痊愈，我们就有了这项经验。当苏格拉底或其他人遭受同样的高烧时，我们通常就知道该怎么办了。亚里士多德说，这就是一种经验（981a7-9）。或许这甚至超出了亚里士多德明确解释过的"经验"。不过，在这之前，至少我们可以确定地声称，这一经验让我们知道那些遭受此类病痛的人应该得到怎样的治疗。甚至，当经验足够丰富时，我们可以明确地指出遭受此类病痛的某些特定人群刚好适用此类治疗（因为亚里士多德在981a11-12评论说，可能存在这样的情况，即特定疗法对有的病人失效）。可能最终我们会发现（这同样是经验），只有特定体质的人群会对疗法表现出积极的反应，于是我们将经验概括成"此疗法只针对特定体质的人群有效"。以上所述，在亚里士多德看来，都不足以构成知识，因为我们不会得到具有普遍性且保真的真理。要想获得相关的知识，我们必须要把握能够区分出针对该特殊疗法受用／不受用患者的关键特征。比如说，前者可能有着胆汁质体质（981a11-12）。只有抓住了这种特征，我们才能建构出比经验更具有普遍性的知识。也只有这样，我们才能说明为什么有的患者能从该疗法中受益。因为在特定的病痛和特定的疗法之间，应该存在一种必然的关系用以解释疗法的成功。

在进一步讨论之前，我们可以先简单看一看《尼各马可伦理学》里的一个段落（EN6.7. 1141b16）。在那里，亚里士多德提出了与上述相似的观点，并且又是一个与医学相关的案例：我们都知道鸟禽类肉对身体尤其虚弱的身体有好处，这是对经验的总结。但我们无法通过经验获知使该经验奏效的普遍特征。唯有通过洞察才能使我们发现是肉质的清淡使其有如此的好处。也就是说，所有清淡的肉类都对身体有好处，鸟禽肉只是刚好是清淡肉类中的一种。它是鸟禽肉，在某种意义上与它对身体的益处是无关的，就像上段例子中提到过的，特定的体质在一定意义上与特定疗法能否奏效也是无关的。

所以，真知识超出经验的地方就在于真知识意味着对普遍特征的把握。对该特征以及它如何与领域内其他特征相关联的把握不仅让我们能够形成针对某特定情况的真判断，还能让我们理解和解释它何以如此。因此，对经验的把握无法保障对知识的把握。所以，正如《形而上学》A1所言，感知和记忆足以用来保障经验，却不足以用来保障知识。对知识的保障需要感知和记忆之外的其他能力，也就是亚里士多德所言的理性。

现在，在我们更进一步考察理性如何通过让我们把握关键特征来使我们拥有知识之前，值得注意的是，在《形而上学》A1中，它（理性）不是被需要的。人们可以仅仅凭借经验抵达比预想的要远得多的程度。实际上，在这一章里，亚里士多德描述了人们如何无须理性，仅凭经验就能很好地完成各种实践活动。在980a27中，亚里士多德解释了动物拥有感觉能力的同时如果也有记忆，那么它们虽然没有理性，但至少能够对此有所觉察。他还解释了在特定的条件下，动物可以学习。在其他地方，亚里士多德也解释了何以大量地拥有明智能力（phronesis）的动物能够感觉和记忆，以此获得特定的经验。尽管与人类的丰富经验相比，动物所拥有的经验显得微不足道（980b26-27）。人类经验是如此丰富且有效，以至于经验可能会被错认为知识和技艺（techne，981a1-2）。实际上，在实践意义上，经验与真知看起来并不真正区分（981a12）。在一些事情上，拥有实际经验的人比那些虽然拥有相应知识却没有经验的人更有优势（981a13ff）。

讨论至此，读者可能会有这样的印象，即虽然理性区别开了人类和动物，但理性只在特定的高阶功能层面发挥作用，即在我们把握普遍特征及事物之间的必然联系的时候。而这据亚里士多德来看，似乎是一种我们在日常生活中即使没有也无碍效率的能力。我们所缺乏的只是某种理解。对此，亚里士多德似乎认为，在日常生活里，我们只依赖经验而不需要理性。也就是说，在这个地方，他似乎不会承认我们日常生活中的思考或推理需要理性能力的参与。但他也不可能会承认那些在实践中仅仅依靠经验就做得很好的人完全不需要用到"思维"和"推理"能力。因此，亚里士多德看起来并不像我们一样，将理性首要地与日常生活联系起来，他更强调理性的某种特定功能。或许他假定这种高阶功能层面的理性转化着日常生活中的思考和判断，但他很显然不认为日常生活中的思考与判断需要仰赖这种理性。

现在我们到了关键点。或许可以用如下方式澄清。很显然，亚里士多德不想否认人类甚至动物能够在经验的基础上学着分辨事物。在此基础上，他假定人类在经验的基础上可以分辨出遭受某种特定病痛的人群，以及适用于某种特定疗效的人群。他也假定拥有着合适经验的人们，受益于其过往经验，当遇见其他人遭受他们所熟悉的病痛时，会建议这种病痛应得到相应的特定治疗。

到目前为止，亚里士多德都认为以上思辨没达到思维和推理的层次。因为要判定某种思维活动为"思维"和"推理"，它必须是概念层面的工作，即使是最少/最简单的概念。此处的关键不仅仅是说思维活动是概念上的活动，而是一个更强的理由，即概念的运用应奠基于对相应对象特征的把握以及对它们之间关系的把握。但很显然，在感知和经验基础上对事物的区分不需要假定概念的使用。即使在这过程中用到了某些概念，它们也并不必然反映被区分的对象的特质及它们之间的关系。在亚里士多德看来，拥有"人类"这一概念，使我们能够区分人类和其他物种，这并不足以使我们思维。后者必须奠基于对人类的本质、关键特征及其关系网的把握。

如此的观点有着多种多样的难点。但其中有一个至关重要的细节是我们不能忽视的。使一个概念成为对一组对象的关键特征进行把握的"合适概念"，不在于对这组对象共性的观察。对"人类的本质"的把握，在亚里士多德看来，远远超过对"人类共性"的把握；因为前者是对人类及其行为进行解释时的核心概念。更一般地说，使一个概念成为合适概念的条件是，它与其他概念之间合适的联系使得它们能够形成一个完整的概念网。当某个对象进入这个概念关系网时，我们可以用既有的概念去解释和理解对象，因为彼此对应的特征之间有着恰到好处的关联。因此，回到第一个例子，我们可能能够很好地分辨那些有着特定肤色的人，我们也能在经验的基础上判断哪些人适用于特定的疗法，但这其中最突出的特征不是拥有特定的肤色。它不是与其他特征相关的关键特征，因为对它的掌握不能向我们解释为什么某些特定的人适用于此类疗法。我们所拥有的，严格来说，只是一种观点或信念，而非对某种胆汁质结构的概念把握，以至于我们能够掌握与其相对应的疗法，并且能够论证为什么遭受此病痛的人能够适用于此疗法。

那么，亚里士多德语境下的理性，就是指一种高度特定化的能力，亦即一种把握特定特征及其所属概念网的能力，而不是我们日常生活中常用的思考和辩护能力。亚里士多德声称他的前辈们要么倾向于忽视理性或者说智性（nous），要么就是没能成功地将其识别为一种独立的能力。很显然，亚里士多德不认为他的前辈（除了柏拉图）会忽视一种日常意义上的思维与理性能力。他们所忽视的，在亚里士多德看来，是他所发现的关于理性的特别的一面，即一种把握普遍的能力。这就是为什么他们没能将智性视为一种独立的能力。在《论灵魂》III 427a19，亚里士多德告诉我们："有人认为理智地把握事物（noein）和有明智的洞察（phronein）都归功于某种感知，有的前人认为能感知和有感觉是同一的。"他指向恩培多克勒和荷马（427a23-26），并随即在427b6-8里指出，能感觉（being sensible）和感知（perceiving）不是同一的，因为感知在所有动物中都能找到，而只有有的动物有sense。他也不承认智性把握和感知同一。

在这个段落，亚里士多德看起来是在批评早期哲学家们的如下观念：他们将智性把握或者说洞察力同化为能感觉（phronein），或者说他们至少没能成功地区分二者。然后他们将能感觉以及有洞察力简化为某种形式的感知。我们对此的理解可以借助《形而上学》A1。的确，有的动物有经验，sense 或 phronesis，但它们并非真正拥有感知（perception）。否则的话，所有动物都应该拥有它。它还假定了一定程度上的记忆。不过，无论如何，尽管经验能够解释为什么某人可以拥有某种感觉，为什么某人能够看起来敏感（sensible）或甚至有理智地行事，我们也不应该将拥有明智（phronesis）与拥有智性（nous）混同。无论如何，亚里士多德批评他的前人没能成功地将人类独有的认知能力即 nous 与其他能力区别开来。这是一种把握普遍特征及通过观察它们之间的联系来获得洞察的能力。即使他的前辈们用到了"nous"这个词，他也认为他们仅仅在谈一种动物也具有的 phronesis。

实际上，我们会发现，在亚里士多德文本的另一处，即《论灵魂》I2 404b5，他在"phronesis"的意义上使用了"nous"这个词。该用法的文本语境即 404a26-b6（以及随后在 405a9 处），亚里士多德在讨论那些将理智（intellect）视为某种灵魂的哲学家们。也就是说，理智即灵魂是一种使动物能够赖以生存的，拥有运动和感知能力的东西。在这里，亚里士多德指向德谟克里特（在《论呼吸》472a7-8 中也是），并且进一步地指向荷马。他解释说，德谟克里特认为"真的"就是"看起来是真的"，即我们所感知到的对象（404a27-29）；并且他认为这就意味着德谟克里特不承认理智是一种独立的认知能力（404a30-31）。在讨论作为感知的 nous 把握或洞察时，德谟克里特将理智与灵魂等同，即那个使我们可以感知和运动的东西。而阿那克萨格拉有些不同（404a27，b1）。一方面，在这里，亚里士多德提出阿那克萨格拉认为 nous 意味着理性，或者说世界的理性秩序。但另一方面，阿那克萨格拉似乎认为 nous 就是灵魂，正如亚里士多德在 404b3（以及 405a9）所说的那样，是属于所有动物的。在《形而上学》D5 1009b10 处，亚里士多德表达了类似的立场。此处，他说，德谟克里特、恩培多克勒，甚至巴门尼德（或许还有阿那克萨格拉和荷马）都认为感知意味着拥有 phronesis，后者与 nous 在本质上不同。

因此，在我看来，这意味着亚里士多德想要规定人类的独特属性，即所谓的 nous 或理性，它在首要意义上就不是一种泛泛而谈的思考或理解事物的能力，而是一种高度分化的，使我们能够拥有真知识、把握普遍性以及普遍性之间的联系的能力。而这一点，是他的前人们都未曾把握到的。

我们在阅读《后分析篇》B19 时，会发现更多关于这个能力的讨论。在亚里士多德哲学中，我们会发现这个文本与《形而上学》A1 之间有着相呼应的关系。在《形而上学》A1 中，亚里士多德讨论到理性能力的独特之处，即人类不仅能够像动物一样拥有经验，而且可以凭此拥有知识。《后分析篇》中的文段在诸多细节层面证实了这一观点。

正如《形而上学》A1 中所讲的那样，亚里士多德关心的是人类这种能够把握普遍特征并且获知普遍真理的能力。在 B19 部分，他向我们展示了我们如何把握某门科学的基本特征，以使我们能够凭此直接掌握关于这些特征的真理。比如说，当我们做几何时，我们想要把握什么是一条线或一个点。但对此的把握意味着我们观察到某物成其为线或点，都直接与其他特征相关。这些洞察意味着公理。不过，亚里士多德通过解释我们如何把握某个领域的普遍特征来解释我们如何把握基本特征，在这个意义上，这也就是对最基本或最抽象的特征的把握。

那么，我们如何能够把握那些普遍特征？在这个地方，我们很容易得出这样的假定，即亚里士多德看起来像是认为心灵拥有某种能够直观普遍的神秘能力。正是这种假定使得一些哲学家拒绝亚里士多德的知识观以及他的理性主义，因为它们似乎都建立在一种虚构的心灵能力之上。但我们回到 B19 会发现，尽管亚里士多德在此处的表述显得很晦涩难懂，但这看起来并不像是将理性构筑于某种神秘能力之上，而是于某种我们都拥有的能力之上——尽管就理论层面而言，对此的理解显得模糊不清。

总的来说，拥有理性意味着发展出一种能力——能够对现实的特征进行普遍把握，并对此拥有正确的见解。此外，无论是在拥有正确的见解且把握普遍特征的意义上，还是在把握这些特征之间的关系上，理性能力层面都没有什么神秘可言。

因此，我们这种理性能力并不神秘。一旦我们意识到鸟禽肉与健康之间并无必然的推论关系，只是鸟禽肉刚好是清淡的肉，清淡的肉有益身体健康，也就是说，是清淡的肉与身体健康之间存在推论关系，因为清淡的肉易于消化，而易于消化意味着有益于身体，继而我们理解到鸟禽肉对身体有好处。也就是说，拥有理性能力，意味着我们能够把握到某些经验事实中的普遍性即真理，而当人们处于某种复杂状况中，譬如说发烧的时候，就会知道应该采取怎样的应对措施。对此的把握可能需要大量的经验、反思以及理性思考，并且积累大量的、合适的概念，且把握这些概念之间的关系，如此我们才能够把握最突出的特征。当然，没有什么可以保证说我们在对相关特征的把握上绝不会犯错，但这看起来也没有什么神秘的——虽然我们拥有的这类洞察能力的确是容易犯错的。

因此，最关键且可能有争议的，其实不是心灵对普遍特征的把握能力，而是所谓的理性是什么，或拥有理性意味着什么。拥有理性被假定为已经拥有对事物的正确理解，即对它们的关键特征以及这些特征之间的关系、由这些特征所描绘的事物的理解。也就是说，拥有理性意味着拥有关于世界的真实知识。一旦我们保证这一点，我们就也能保证说，在这种知识的基础上，我们可以把握普遍特征。譬如，只要我们对人类生理学了解得足够多，就不难注意到鸟禽肉为什么尤其对病人有好处。但真正困难的是拥有足够多的关于生理学的知识，尤其从亚里士多德对"什么意味着真正了解某物"的高要求来说。

现在，"理性"或者"拥有理性"这个概念的真正困难之处，就不在于它假定我们拥有对事物或其特征拥有的某些理解，因为理性的特别之处似乎就在于它需要使用概念；也不在于它假定拥有理性意味着能够把握概念之间或其特征之间的关系，因为看起来，能够使用概念，意味着我们对于某个概念在具体语境下与其他概念之间的关系，即它如何被约束或被定义是有意识的。

在亚里士多德传统里，人们倾向于认为拥有对于某物的正确概念意味着将所有相关事物都具有的普遍特征独立出来。但这其实并不意味着"拥有正确的概念"。这样的理解对于亚里士多德《形而上学》A1 和《后分析篇》也并不公正。当我们继续往下读的时候，这一点会变得更加清晰。

在《后分析篇》B19，亚里士多德提了这样一个问题："我们究竟在怎样的状态（disposition）下对第一原理有所了解？"值得注意的是，这个问题不同于"我们究竟在怎样的状态下获知第一原理"。因为亚里士多德更在意的是我们对第一原理已然有所了解和把握的状态。在这个章节，围绕该状态，有好几个问题被提了出来。其中一个他首先提出并试图回答的问题是，我们究竟是生来就拥有这种状态（即对推演所需的前提的把握），还是说需要时间来学习和掌握？亚里士多德对此回答说，这是一种需要时间来学习和把握的状态，并且是通过特定的方式来把握。

现在，之于我的讨论诉求而言关键的是：围绕"理性"，我已经讨论很多了。但在我提到的文段里，尤其《形而上学》A1中，并没有出现"理性"这个概念。只有在《后分析篇》B19中，才出现关键概念"logos"（100a2）。这个概念被用来解释灵魂的状态，即一种特定的、我们能够凭此获知第一原理的灵魂状态，并且他将这种状态解释为可被习得的。从此处出发，我们可以得出令人惊异的推断（相比较我们对理性的直觉性理解而言），即亚里士多德认为我们并非生来就有理性，而是通过学习来掌握它。并且，在亚里士多德看来，拥有理性就意味着了解第一原理。

当然，如果我们从直觉上来说难以接受这一说法，即亚里士多德认为理性并非某种我们生来就有之物而是习得之物，那么，有其他说法可以减轻这种直觉上带来的困难。譬如我们可以说，亚里士多德承认我们生来就有理性的能力。在理性潜能的意义上，我们甚至可以说，《后分析篇》B19里，他也承认我们生来就有理性。但这样的话，我们就必须坚持说亚里士多德在B19对于怎样的能力使我们拥有理性这一点有着非常专门的界定。在他看来（99b32），首先我们要拥有在感知层面进行区分的能力，然后是对所感之经验的记忆能力，并且以特定方式来整理记忆。他的观点很显然不在于说我们同时需要感知能力、记忆能力和理性潜能，而是说，理性能力从对感知区分性和记忆中发展出来。既然人类能够感知、拥有记忆，继而发展出强有力的经验，他们继而就能够形成相对正确的概念，并且凭此掌握理性。因此，似乎是这样的，即如果我们想谈论理性潜能，关键不在于它是否内在于我们自身，是否是诸如感知和记忆这类特殊能力之外的能力，而在于潜在地拥有理性意味着人们能够通过感知和记忆来发展出概念以至于一般化的普遍概念这一特殊且强大的方式。它不仅意味着概念的产生，而且是正确概念的产生，这部分地因为感知本身就已经有对对象的区分能力了（99b35）。并且，正是感知的这种区分能力孕育了理性的潜能。

至于说理性是一种我们确实了解第一原理的状态，这一说法乍一看的确显得有些过于强烈。亚里士多德的意思可能是这样的：既然理性是我们通过学习获得的，那么它或多或少是我们完全获得的东西。因此，我们可能会想要区别两种状态，即完全拥有理性以至于完全够格被称为"有理性"的状态，以及一种无条件地被称为"有理性"的状态。或许我们还可以像后来的斯多亚主义者所做的那样，区分"理性"和"完美理性"。但这不应该掩盖这样一个事实，即亚里士多德在这里承诺，完全和无条件的理性就是知道事物的第一原理。

在 B19，亚里士多德不仅说我们要通过学习来获得理性以及进入获知第一原理的状态，他还解释说，这种状态的产生来自感知和经验。对于我们而言，这个说法有两个方面值得注意。一方面，亚里士多德认为理性状态是通过对相关概念的把握获得的，而这些概念都来自感知和经验。然而在阐释中有争议的是，在细节层面他对我们如何获得这些概念的讨论。很明显，在 100a12-b3 处，亚里士多德并不认为概念是单个地被把握的。无论我们如何理解和阐释具有争议的隐喻，看起来都是如此，即亚里士多德认为我们起步于对不同特征的试探性把握。这种试探性把握是不稳定的，甚至可能随时会失败，但我们是从这里出发，直到获得对一些特征的坚定把握，以至于最终对所有相关联概念的稳定把握，因为这些概念之间是相互联系的。这也是为什么亚里士多德会认为拥有正确的概念也就是了解第一原理。我们并非直接获得整个的概念群，而是通过对相关概念之间的关系进行不断调整，直到某些基本特征之间的关系变得显而易见。再一次地，我们可以很明显地看到，当亚里士多德解释我们如何把握普遍时，他并不诉诸某种心灵的直观对象的特征或形式的神秘能力，而认为其是一个复杂的过程，在这过程中，我们对事物的理解不断地被调整，直到这些理解能够融贯地相互连接起来，形成某种系统性的结构，使得我们最终能够凭此明确，我们究竟通过经验得到了怎样的信念。

另一个方面在于，对理性的把握基本上可以说是一种自然进程。对理性的追求是我们的本性，而非我们之中有的人决定有条不紊地通过特定的规则、正确的概念来获得理性。从感知到记忆再到经验和初级概念的过程往往是自然发生的，对此我们无须特意付出什么。在亚里士多德看来，我们身上拥有一种强有力的机制，这种机制确保了我们终将获得对事物的理解，尽管可能是不充分的、初级的、含混的。否则的话，他不会在《解释篇》的开头说，尽管不同语言针对相同的事物使用不同的语词，但对人们而言，这些语词和相应事物对灵魂的影响是相通的。于是，既然我们说对理性的获知是一个以感知为基础的自然过程，那么我们的感知和知识（无论是对于第一原理的知识还是其他知识）之间的关系就是一种天然的、因果式的关系，而非一种认识论式的关系。我们对第一原理的知识不是认识论的，而是以感知为基础的、循着因果链产生的。这就是为什么亚里士多德可以在作为极端理性主义者的同时，也坚称感知之于知识具有重要的基础性地位。

现在，很显然，事情变得复杂了。当我们说我们抵达第一原理的过程是自然的，这意味着我们需要明确，对于亚里士多德来说，尤其在这个语境下，所谓的"天然／自然"意味着什么。如果我们始终记得亚里士多德同样认为我们天然地拥有德性，这一点就会显得尤其清楚。无论如何，亚里士多德同样坚持认为我们需要付出大量的努力来变得有德性，并且，相似的是，他也认为我们需要付出大量的努力来获知一般意义上的第一原理（继而变得明智），或获知某些特定领域里的第一原理。对此，所需要的是大量的观察以及特定的反思。但这点不应该掩盖这一事实，即洞察并不从这些观察和反思中衍生出其认识论地位。洞察不是因为它从观察或考虑中得到支撑而成为洞察，而是说，一个人最终能够恰当地从合适的视角来看待所观察对象的特征之间的关系。

因此，我想尝试指出，这就是对于亚里士多德而言的理性生发之处。通过对对象特征以及这些特征之间的特定关系的把握，我们也会变得可以推断这些特征之间的更进一步的关系，并且以此扩大我们的知识和理解。亚里士多德的三段论就展示了我们如何从两个特征之间的某种特定关系来推断出同时与二者都有关联的第三种特征，并且此类推演很显然非常不同于日常生活中的思考或推理。

现在，很显然，并且对于亚里士多德也很显然的是，一个人可以在不知道第一原理或对此毫无把握的前提下进行三段论式的推理。实际上，一个人也可以在对世界的真正特征毫无了解的情况下进行此类推理。但这不是关键所在。关键在于，亚里士多德似乎对于何谓理性有着非常特殊的构想，这一构想完全不同于我们在日常生活中所理解的思考或推理，而后者在《形而上学》A1中似乎会被亚里士多德解释为一种强有力的记忆概念。

总的来说，亚里士多德是一名理性主义者。但为了恰当地理解这一表述，我们必须意识到他对理性所做出的特殊界定。对于他来说，理性是一种我们需要时间来获得的状态。对此的获得首先来自感知和经验。也就是说，在亚里士多德语境下，理性主义在很大程度上考虑到经验观察。这一考虑很容易让我们以为亚里士多德是一名经验主义者。但对于亚里士多德来说，准确而言，知识是在因果链的意义上与感知和经验相关，而非在认识论意义上。从这点来说，至少在我看来，他并没有很明显地区别于柏拉图或斯多亚派，尽管在其他方面，他们对理性的构想有很大的不同之处，譬如柏拉图认为理性是天生的而非获得性的。这也是为什么亚里士多德在《后分析篇》B19花了大量力气来解释理性并非天生，而是通过某种自然进程获得的。这一看法在后来则被斯多亚派更进一步地接受和阐释了。

普罗提诺的逻各斯[*]

Lloyd P. Gerson[1]　成凤祥[2] 译

　　本文将从普罗提诺对"柏拉图式"哲学化的基本理解开始。对于普罗提诺而言，柏拉图主义者认为，要完整或令人满意地解决从"古代"遗留下来的一系列哲学问题，需要解释项（explanans），其根本上包括"太一""理智""灵魂"的等级顺序原则。因此，更准确地说，任何涉及现实中"低于""灵魂"或个体灵魂的问题都需要引用全部的三原则；任何关于理智或理智活动的问题只需要前两个。第一条统摄一切的原则是，"太一"独一无二且不言自明。因而它不是一个可以解释的待解释项（explanadum）。

　　根据普罗提诺的说法，自然（φύσις）是"一个灵魂，一个拥有更强大生命的先辈灵魂的后代"。[3] 这个先辈灵魂是宇宙的灵魂，

---

*　　本文选自 *Neoplatonism and the Philosophy of Nature*，James Wilberding and Christoph Horn（eds.），Oxford University Press，2015。

[1]　劳埃德·P. 格森（Lloyd P. Gerson），多伦多大学哲学教授，主要研究领域有古代哲学、形而上学、认识论、政治哲学等。著有《从柏拉图到柏拉图主义》（*From Plato to Platonism*）、《古代认识论》（*Ancient Epistemology*）等。

[2]　成凤祥，清华大学逻辑学专业硕士生。

[3]　参见 3.8.4.15-16。

是我们个体灵魂的"姐妹"。[1]因此，作为柏拉图主义者，我们必须引用灵魂、理智和太一的原则，以解决希腊哲学家从一开始就提出的关于自然的哲学问题。[2]对它们的引证方式微妙而复杂，因为这些原则本身就是一套因果性的层级，第一个原则具有普遍的因果范围，而第二个和第三个原则的因果范围则更加有限。粗略地说，普罗提诺表示这种综合因果层次结构的一种方式是：一个较低层次的原则是更高层次的 λόγος。

本文将对普罗提诺《九章集》(*Enneads*)中的"y 是 x 的逻各斯"(y is the logos of x)进行解释。我将主要关注"x"和"y"具有本体论指称对象的段落，同时也将对在语义或认识论上使用"x"和"y"的段落进行一些说明。在第一章中，我将给出总体的概览阐释。在第二章中，我将首先从能最清楚说明我论点的文本开始，然后再转向争议较大的文本。

一

我认为"y 是 x 的逻各斯"的意思是："x 实在上是 y"或"y 实在上是 x"。我使用的"实在上"(virtually)一词是个专业术语，

---

[1] 参见 4.3.6.14。我认为，指出大自然是我们的侄女或者至少是我们的亲戚，并不完全是强词夺理。明白了这一点，我们就不应该认为普罗提诺对感性现实的矛盾心理是一种错乱。这也有助于理解他对同情（ συμπάθεια ）的解释。我们与之没有亲缘关系的是物质，而不是自然。

[2] 亚里士多德在《形而上学》12.7.1072b14-15 中提出天堂和自然取决于第一原则时，表达了柏拉图的立场，即自然不是自我解释的，尽管自然是一种特定科学（关于事物本身具有运动和静止原理的科学）中的原则。普罗提诺同意亚里士多德的观点，即自然并非无条件是自我解释的。而他不同意的是亚里士多德关于终极解释项（explanans）的本质的解释。

我将通过举例来说明其一般含义：（1）"白色"光实在上是光谱的所有颜色；（2）函数实在上是其所有"值"，即它的定义域和值域；（3）一个实体实在上是它所有的认知（相对于非认知）表象；（4）一个有效的演绎论证的结论实在上在该论证的前提中；（5）一个自身同一的柏拉图形式实在上是它的所有参与实例。所有这些例子都旨在传达实在（virtuality）是一个本体论概念的思想，例（3）也不例外。认知表象是指，一个实体在认知者看来是什么样子；认知者通常会基于这种表象获得对该实体的真实信念。因此，非认知表象会产生错误的信念。实体实在上是外观本身，而不是对外观的认知。[1]如果 x 实在上是 y，那么相反，y 也可以"还原"（reduce）为 x。当然，这并不意味着 y 就是 x。从柏拉图的观点来看，即使是一个爱利亚派的人，也不能从这个意义上说"万物皆一"。

"x 实在上是 y"中"实在上"的含义不能理解为等同于"潜在地"（potentially）。我认为几乎不可能有人将"实在上"误认为"潜在地"，其中"潜在地"暗含被动"潜能"（potency）之意，但倘若将之理解为主动潜能则颇待商榷。[2]当普罗提诺提到太一是δύναμις τῶν πάντων（我把它译为"实在上的万物"）时，他并不

---

〔1〕 如果有人坚持认为没有必要给实体和对实体的认知之间强加一个本体论范畴，那么我会回答说，这种观点削弱了存在实体的可能性，至少在这些实体是三维实体的情况下如此。因此，每一个实体都必须与它的表象不同，而且关于该表象的每一种认知也必须与表象不同。

〔2〕 例如，参见 Edgar Früchtel 在 *Weltentwurf und Logos*（Frankfurt: Vittorio Klostermann, 1970），21, n. 47 中相当经典的评论：„Die zu wahrende Integrität des Einem bedingt daher die Aussage, dass das Eine als Prinzip der Vielen die Dinge in sich als ungeschiedene trägt. Erst auf der zweiten Stufe werden diese Dinge durch die rationale Formkraft, den Logos, geschieden und damit verwirklicht. Im Einen sind sie sozusagen noch Potenz, obgleich dieses höchste Verwirklichung in seiner Art ist."

是说太一有主动的"潜能"，因为太一没有任何"潜能"。[1]虽然普罗提诺用"δύναμις"这个词来同时表示被动和主动潜能，但是"实在上"才具有更优先的含义。因此，正是由于 x 实在上是 y 这一事实，x 的实例或事例可以说具有在 y 的实例或事例中产生某物的积极潜能，即 x 实在上是什么。

如果我们将太一的实在和通常的实在作为普罗提诺的本体论概念与中世纪经院哲学家的主张（上帝是万物的实在 [virtualiter et eminenter]）进行比较，理解可能会更加明晰。因为太一是至简的，所以它不可能超越（eminenter）万物。理智才是一切事物的超越或范式。相比之下，基督教的上帝是两者兼而有之的，经院哲学家普遍认同这不会有损上帝的纯粹性（simplicity）。普罗提诺形而上学体系中的许多复杂性可以追溯到太一、理智，以及灵魂之间的"分工"。正如在后文中将出现的那样，实在性和超越性（eminence）不能完全分开。因此，理智和灵魂实在上是其他的东西，即使至少前者完全是万物；而太一"在某种程度上"完全是万物。

如果本质秩序（ordo essendi）是"x 实在上是 y"，那么认知秩序（ordo cognoscendi）通常是从 y 到 x。具体地说，从 y 对 x 的认知是从结果到原因的溯因推理，其中，原因是一个范式。x 和 y 之间的逻辑关系原则上是一对多。因此，认知始终是一个统一的过程，所有现实的第一原则与认知终点的同一性和唯一性就是其结果。正如第一原则作为原则置身事外——我是指，它与作为某事某

---

[1] 参见 III 8. 10, 1; IV 8. 6, 11; V 1. 7, 12; V 4. 1, 23-6; V 4. 2, 38; VI 9. 5, 36; VI 7. 32, 31. Armstrong 通常将"δύναμις"解释为"生产的力量"（productive power），但我没看出来"力量"（power）一词如何排除了所有的"潜能"（potency）。

物的原则不同——所以认知的终点位于任何真正的认知对象之外。"在某种意义上"（οἷον, in a way），太一实在上是万物，并且可知。每一个 x 实在上都是"在某种意义上"的 y，但当然不是在同样的意义上（太一是万物的那种意义）。最后一点很容易从由"太一实在上是万物"到"太一实在上是 y"的直接推论中看出。但是，由于太一与 x（即一个可理知的范式）不同，太一实在上是 y 的方式与 x 实在上是 y 的方式并不相同。两个实在性，即太一的实在性和每个（实在上是每个 y 的）x 的实在性，可以由太一运动中 y 的工具性（或 y 的有序序列）来解释。因此，在最简单的情况下，太一和"理智"实在上就是灵魂。理智实在上是灵魂，是因为尽管它可理知的内容或 οὐσία 与理智不同，但这些内容简言之就存在于灵魂中；而太一实在上是灵魂，因为它的同一性存在于灵魂中，而不是以同一性存在于理智或太一中的方式存在；同一性是通过理智的中介而存在于灵魂中的。[1]顺带一提，也正是由于太一及其工具这两个实在性，"在可能的范围内"，条件（qualification）被添加到任何参与实在上是它的 x 的 y 之中。[2]显然，仅仅是 y 参与 x 并不需要条件；事实上，y 是由于太一而存在的，这意味着它对 x 的参与是"在它可能的范围内"，也就是说，在这种存在的可能范围内。因此，太一的因果关系显然先于理智的因果关系，并且它是理智运用因果关系的条件。

如果 y 是 x 的 λόγος，z 是 y 的 λόγος，那么这是否意味着 z 是 x 的 λόγος？不，实在性不是像"大于"这样的可传递关系。实在

---

[1] 我没有忘记"一"不是太一的 οὐσία 的名字。这里仅用"一"代表"太一"的独特性。
[2] 参见 6.4.11.6-8；6.5.3.14-16；6.5.11.28-30；6.9.7.5-6。

性关系是一个一对多的关系。如果其中一个实在上是其他事物，那么这是由于它自己的同一性。这些事物有同一性，不仅仅是因为实在上是 λόγος，最终还是因为太一。除非多可以有同一性，而不仅仅是作为一个整体的 λόγοι，否则从一衍生出多的经典柏拉图问题甚至还未被解决。

如果 x 实在上是 y，那么 x 和 y 是"相同的"（'ομοιον），而不是"同一的"（ταὐτὸν）。因为它们是相同的，所以这个相同的存在，以及由此而来的同一性，与 x 或 y 的存在是不同的，或不同一的。特别是，回到我们最简单的情况，如果理智的 οὐσία 存在于灵魂里，那么 οὐσία 的存在与理智的存在是不同一的。如果它是同一的，那么理智就不会有别于第一原则的复杂性。因为 οὐσία 存在于理智中，它与理智本身的存在并不相同，没有理智出现而 οὐσία 出现是可能的，尽管后者通过灵魂的工具性才得以存在。

二

现在，我将用分段的方式来说明上述命题，这将从明晰走向晦涩。

I. 5.1.6.45-6（cf. 5.1.3.8-10；5.1.7.42；6.4.11.16）：

Οἶον καὶ ἡ ψυχὴ λόγος νοῦ καὶ ἐνέργειά τις, ὥσπερ αὐτὸς ἐκείνου.

例如，灵魂是理智的一个 λόγος，是一种［理智的］活动，正如［理智是一种 λόγος，是一种太一的活动］。

根据我对 λόγος 的定义，理智毋庸置疑是太一的一个 λόγος。[1]这是因为太一实在上是万物，而理智是太一的第一个产物。这一段给了我们一个关键信息：λόγος 是一种活动。[2]具体地说，它实在上是它的"外部活动"（5.1.3-8-9；参见 5.4.2.27-30；6.2.22.26-8）。因为 λόγος 是一种活动，所以它自身的实在性以及超越性得到了保障。这种本体论的动态性揭示了我对函数及其定义域和值域的类比的局限性。它还表明，y 是 x 的 λόγος 只能证明 x 具有外部活动。[3]我认为"外部活动"至少相当于"一个真正不同于 x 的 x 的实现"，其中真正的区别可能是次要的，也可能是主要的。

我不同意 6.7.17.41-2 中的话：Εἰ δ' ἦν ἐκεῖνος [the One] εἶδος, ὁ νοῦς ἦν ἂν λόγος（"如果 [太一] 是形式，那么理智就是 λόγος"），这与上述内容相悖。因为在其外部活动的意义上，理智是太一的 λόγος。这两个文本所暗示的是，"x 实在上是 y"并不一定意味着 x 是以 y 为事例的一种形式。[4]然而，实在性和超越性的不可分割性在本文中是显而易见的。

---

〔1〕 关于此异议，参见 John Rist, *Plotinus: The Road to Reality*, Cambridge: Cambridge University Press, 1967, pp. 84-85, 也参见 Agnès Pigler, «De la possibilité ou non d'un *logos* hénologique», in *Logos et langage chez Plotin et avant Plotin*, Michel Fattal (éd.), Paris: L'Harmattan, 2003, p. 189-209。这微妙地捍卫了 Rist 的立场。参见 5.3.16.16ff，其中在论证一个完全简单的首要原则的必要性时，他认为，这一原则必须得到解释的部分问题是：为什么 λόγος 来自超越 λόγος 的东西。参见 3.3.5.16-17（*infra* n. 24 中引用）和 6.8.14.28，解释了太一作为 πατήρ λόγου。

〔2〕 我认为这里的 καί 应该被理解为"补充"（epexegetic），但即使不是，λόγος 和 ἐνέργειά 的联系也在其他地方得到了充分的发展。比如，参见 5.1.3.8-9。

〔3〕 参见 5.1.6.44-5；5.4.2.27-30；6.2.22.26-8。

〔4〕 参见 3.2.2.36-7：Ὁ μὲν γὰρ νοητὸς μόνον λόγος, καὶ οὐκ ἂν γένοιτο ἄλλος μόνον λόγος·（"因为可理知的 [世界] 只有 λόγος，不可能还有另一个世界只有 λόγος"）。

上面这段话把 λόγος 和活动（ἐνέργειά）联系在了一起：应
当是 λόγος "来自"（ἐκ τῆς οὐσίας）活动，而不是活动 "的"（τῆς
οὐσίας）λόγος。[1] 具体来说，λόγος 似乎是 "外部" 活动中的可
理知内容（Intelligible content）。可理知的内容总是与形式（εἶδος
或 μορφη）相关联，与物质相反。[2] 理智在认知上永远与和物质
不可调和的可理知内容相同一，这也是太一实在上所是。可理知的
内容逐渐被物质破坏或遮蔽，便在感性世界中被我们发现。与这些
内容相关的认知模式本身，就是在理智中发现的主要认知模式的形
象。尽管如此，还是要认识到在差异中的感性相同，以及相同事物
的潜在必要同一性，或者换言之，我们的感官所遇到的 λόγος，都
是对太一的暗示。[3] 没有太一的因果关系，认知行为和可认知事
物的存在都是不可能的。

II. 5.1.5.13-14：

Ὁ οὖν ἐκεῖ λεγόμενος ἀριθμὸς καὶ ἡ δνὰς λόγοι καὶ νοῦς.

那么，所谓的数和二元世界（即可理知的世界）是 λόγοι 和
理智。

---

〔1〕 参见 4.8.6.8-12；5.1.6.30-48；5.3.7.23-4；5.4.2.27-33；6.7.18.5-6；6.7.21.4-6；6.7.40.21-4。

〔2〕 参见 1.6.2.14-17；1.6.3.17；3.2.12.1；3.8.2.25；4.7.2.24；5.9.6.17-18。也参见 Venanz
Schubert, *Pronoia und Logos*, München/Salzburg：Verlag Anton Pustet, 1968, S. 54：„...
innerhalb der Abstiegsbewegung stellt er［λόγος］in der Tat zunächst den Inhalt dar, der
beim Formakt übermittelt wird."

〔3〕 参见 6.8.15.33-6：Ῥίζα γάρ λόγου παρ᾽ αὑτῆς καί εἰς τουτο λήγει τά πάντα, ὥσπερ φυτού
μεγίστου κατά λόγον ζῶντος ἀρχή καί βάσις, μένουσα γάρ αὑτή εφ᾽ εαυτῆς, διδοίσα δὲ
κατά λόγον τῷ φυτῷ, ὂν ξλαβεν, εἶναι（因为太一是 λόγος 自己的根，所有的东西都会在
这里结束；这就像是最大的树根据 λόγος 发展的原则和基础。它独自存在，根据它接
收的 λόγος 赋予树它的存在）。

这里的"数"（number）当然是指被归类，而不是指数数或测量，即"实质性"的数，而不是"数量性"的。[1]我们可以假设普罗提诺在这里试图追随柏拉图，特别是在宇宙中定位数的方面，假定亚里士多德所谓柏拉图用形式（Form）区分的数不是整数，而是理想的比率，或者更准确地说，是构成世间万物元素的比率的本构公式。[2]进而，要理解一个形式，就不是去理解一个比率的无穷数组，甚至不是一个比率的无穷数组，而是要明白比率离散的理想比率。正如柏拉图在《斐勒布》65A 中所说，"对称"（συμμετρία），与真和美一起，是我们"获得"（catch）善的形式，其中，"获得"显然是认知成就的隐喻。[3]仅仅关注对称性，对它的理解或认识不过是对善的一种表现的认知，其中，"表现"（manifestation）指的是实在性的反面。例如，对称性，即美德，包含于构成灵魂感性元素的组合中，除非为其提供明确性或统一性，否则它是不可知的（也就是说，作为一个明确的 οὐσία，认知是可能的）。顾名思义，第一原则的名称"善"或太一就表明了其作用。如果我们不设定这样一个第一原则，就不可能知道在无限多的比率中哪一个是理想的；在这种情况下，将不会有理想的那个。

因此，理智所包含的可理知结构，在实在上是在感性世界里而又参与其中的准可理知结构。

---

[1] 参见亚里士多德《物理学》4.11.219b5-6 中的区分，以及 6.4.16 和 6.6.9 中普罗提诺对实质数和数量数的平行区分。

[2] 参见《蒂迈欧》53B5：通过被赋予"形状和数"，德穆革将可理解性放入了先于存在的伪元素混沌中。"形状"是五个规则固体的连续量，"数"是比率或公式等离散量，用于创建现实元素和由之构成的事物。

[3] 参见《斐多》66A3；《泰阿泰德》199E4 等。

III. 23.17.1-7:

Πότερα δέ οἱ λόγοι οὗτοι οἱ ἐν ψυχῇ νοήματα; Ἀλλά πῶς
κατὰ τάνοήματα ποιήσει; Ὁ γάρ λόγος ἐν ὕλῃ ποιεῖ, καί τὸ ποιοῦν
φυσικῶς οὐ νόησις οὐδέ ὅρασις, ἀλλά δύναμις τρεπτική τῆς ὕλης,
οὐκ εἰδυῖα ἀλλά δρῶσα μόνον, οἷον τύπον καί σχῆμα ἐν ὕδατι [ὥσπερ
κύκλος], ἄλλου ἐνδόντος εἰς τοῦτο τῆς φυτικῆς δυνάμεως καί
γεννητικῆς λεγομένης τὸ ποιεῖν.

这些是灵魂思想中的 λόγοι 吗？但是，它将如何使事物与思想
一致呢？λόγος 在物质中产生，而这种自然的产生既不是思维也不
是视觉，而是物质中的一种修正力量。它不主动而只是起作用，就
像水中的倒影或反射，存在着与赋予它这种力量的所谓生长和生成
的力量不同的东西。

正如后文所说，灵魂从理智中接受 λόγοι，并将其传递给宇宙
的灵魂和这个灵魂的"兄弟姐妹"（见下文段 VII）。只有前者才能
创造自然；后者指个体灵魂的继承。所有的灵魂都影响着可理知的
原则，这些原则实在上就被灵魂所包含。[1]思想确实是可理知现
实的形象或表现，但它们不是 λόγοι。与思想不同，λόγοι 在物质上
是有生产力的，类似于德穆革（Demiurge）或理智。[2]因此，他
们的生产力是对范式 ἐνέργειά（活力）的模仿。[3]尽管普罗提诺

---

[1] 参见 Michel Fattal, *Logos et image chez Plotin*, Paris：L'Harmattan, 1998, p. 23-27。

[2] 普罗提诺在这里得出了与上一章（16.19ff）中的假设性主张及其不可接受的结论相反
的结论，即灵魂的 λόγοι 是认知的行为。

[3] 参见 5.9.6.10-13：Καί αἱ τῶν σπερμάτων δὲ δυνάμεις εἰκόνα φέρουσι τοῦ λεγομένου [ὁ νοῦς]·
ἐν γὰρ τῷ ὅλῳ ἀδιάκριτα πάντα, καί οἱ λόγοι ὥσπερ ἐν ἑνί κέντρῳ·（种子的力量实现了刚才
所说的 [理智是所有事物在一起，也是不在一起] 的形象；因为 [力量，或 λόγοι（参
见 15-16 ）] 的所有部分在整体中是没有区别的，而 λόγοι 就像位于一个中心 ）。

在别处称之为具象思维 τύποι（模型），但 τύποι 是与具象思维明显不同的 λόγοι。在理智方面，当然没有 νοητά（理知）的 τύποι。这两类 τύποι 之间的主要区别就是后者的主体也可以自觉地意识到思想内容的存在。[1] 因此，自然是灵魂的非思维表达，通过宇宙的灵魂而形成。自然各部分的范式当然永远存在于理智之中。因此，宇宙的灵魂没有选择生成，比如说，能思考的熊或玫瑰丛。我们，也就是被肉身化的人类，知道这些明显必要的限制，却也仅仅是经验上的。在这方面，重要的是要强调，我们无法直接知晓对于普罗提诺来说一定有必要的限制，它也是可理知现实架构的一部分。因此，确定这些原则丝毫不会削弱它们的必要性。也就是说，存在这种基于现实的范式—意象结构的本体论的限制，而认识论上的限制是被独立确定的。

IV. 4.3.5.8-10：

Οὕτω τοίνυν καὶ ψυχαὶ ʼεφεξῆς καθʼ ἕκαστον νοῦν ἐξηρτημέναι, λόγοι νῶν οὖσαι καὶ ἐξειλιγμέναι μᾶλλον ἢ ʼεκεῖνοι.

灵魂也是如此，它们以某种特定的理智为归依，并且是比它们更为开放的理智的 λόγοι。

正如灵魂是理智的一个 λόγος，所以某些特殊的灵魂是特殊的理智的 λόγος。[2] 显然，这些都是有理智的灵魂。撇开特殊的形

---

〔1〕 关于作为 τύποι 的肉身（embodied）思想，参见 5.3.2.12；5.3.12.19 等。关于理智中没有 τύποι 的问题，参见 5.5.2.2。

〔2〕 参见 4.3.5.8-10：Οὕτω τοίνυν καὶ ψυχαὶ ἐφεξῆς καθʼ ἕκαστον νοῦν ἐξηρτημέναι, λόγοι νῶν οὖσαι καὶ ἐξειλιγμέναι μᾶλλον ἢ ἐκεῖνοι（灵魂也是如此，它们按顺序依赖于一个特定的理智，是理智的 λόγος）。

式这一棘手问题不谈，这些灵魂"在性格上"（ἐν τοῖς ἤθεσι）、在"他们的推理行为的作为"中（ἐν τοῖς τῆς διανοίας ἔργοις）都是不同的，这甚至归因于他们过去生活的结果（4.3.8.7-9）。我们以什么样的方式来假定一个特殊灵魂的特质构成了一个特殊理智的λόγος？"一般来说，虽然理智是所有形式，但每种理智都是每种形式"，这一说法或许可以为这个问题提供一些线索[1]。例如，如果苏格拉底的特殊理智与所有形式的永恒认识是同一的，那么苏格拉底特殊灵魂的特质（除了那些严格由肉身产生的特性外）肯定构成了苏格拉底理智的一个λόγος。[2] 我倾向于尽量减少不是因肉身化而产生的特殊性，从而使脱离肉体的理智作为一种理智内核，除了在数量上之外，它与其他任何理智都无法区分。[3] 然而，普罗提诺至少认为，由于肉身化而产生的特性本身就是非肉身理智差异的表现。[4] 我认为他在这一点上并不完全清楚。

---

[1] 5.9.8.3-4：Καὶ ὅλος μὲν ὁ νοῦς τὰ πάντα εἴδη, ἕκαστον δὲ εἶδος νοῦς ἕκαστος. 这句话被Armstrong 这样翻译："而理智作为一个整体就是所有的形式，而每一个单独的形式就是一个单独的理智。"在我看来，这种翻译是不正确的，它使普罗提诺说了一些既荒唐又与他把个人的形式限制在个人的理智上的观点有直接冲突的东西。

[2] 参见 Dmitri Nikulin 对这一问题的有趣讨论：《Unity and Individuation of the Soul in Plotinus》，in *Studi sull'anima in Plotino*, a cura di Riccardo Chiaradonna, Napoli, 2005, p. 275-304。

[3] 参见 4.3.5.6-8：Ἐπεὶ κἀκεῖ οἱ νόες οὐκ ἀπολοῦνται, ὅτι μή εἰσι σωματικῶς μεμερισμένοι, εἰς ἕν, ἀλλὰ μένει ἕκαστον ἐν ἑτερότητι ἔχον τὸ αὐτὸ ὅ ἐστιν εἶναι（因为在可理知的世界里，理智并不是因为肉身分离而溶解成一个整体，而是每个都是特定的整体，是具有差异性和自我同一性的存在）。正如一些人所假设的那样，这段话是柏拉图《智者》中μέγιστα γένη 的差异的幻象，重点不是所有的理智都有相同的理智本质——这当然是正确的——而是它们每一个都是不同的存在。

[4] 参见 5.7.2.18ff：不同个体的人（包括同卵双胞胎）可能有不同的λόγοι，这似乎使得这些人有着永恒的隐秘智慧之间的差异。

V. 4.4.13.3-5（cf. 3.8.2.20-23）：

Ἴνδαλμα γὰρ φρονήσεως ἡ φύσις καὶ ψυχῆς ἔσχατον ὂν ἔσχατον
καὶ τὸν ἐν αὑτῇ ἐλλαμπόμενον λόγον ἔχει.

因为大自然是理智的化身，既然它是灵魂的极限，那么λόγος
的极限也闪耀于其中。

自然（作为宇宙灵魂的最底层）是灵魂的一个λόγος，其意思
是，根据我的解释，灵魂实在上是自然。[1] 自然也被认为是灵魂和
理智本质的产物，这意味着理智和灵魂以不同的方式实在上都是自
然（参见3.2.16.13-17）。由于太一实在上是万物，因此，在分析自
然时也必须考虑到太一的因果关系。灵魂是理智的工具，灵魂和理
智又都是太一的工具。[2] Λόγος的性质或者λόγος已经产生了"非
随机运动"（κίνησις τις οὐκ εἰκῇ，3.2.16.20）。大自然本身是不运动
的（3.8.2.12-18）。自然产生的运动是身体的，与属于理智和肉身
灵魂更高部分的"理智的运动"（κίνησις νοῦ）不同（参见5.2.2.9-
11）。各种各样的非随机化的身体运动是灵魂—理智—太一的表达，

---

〔1〕 关于自然是宇宙灵魂最后和最低的部分，参见4.4.13.3-5。我想的是 A. H. Armstrong
在 *The Architecture of the Intelligible Universe in the Philosophy of Plotinus*，Cambridge：
Cambridge University Press，1940，p. 86 中的论述：自然实在上是第四个本质，几乎没
有或根本没有解释力，因此可能被搁置一旁。

〔2〕 参见6.7.42.21-24：Ἀνηρτημένης δέ ψυχῆς εἰς νοῦν καὶ νοῦ εἰς τἀγαθόν，οὕτω πάντα
εἰς ἐκεῖνον διά μέσων，τῶν μέν πλησίον，τῶν δέ τοῖς πλησίον γειτονούντων，ἐσχάτην δ
ἀπόστασιν τῶν αἰσθητῶν ἐχόντων εἰς ψυχήν（既然灵魂依赖于理智，而理智依赖于善，
那么所有事物都通过介质依赖于太一，其中一些是近邻，一些是近邻的近邻，而距离
最远的感官依赖于灵魂）；以及4.3.12.30-32：Νοῦς δέ πᾶς ἀεΐ ἄνω καῖ οὐ μή ποτε ἔξω
τῶν αὑτοῦ γένοιτο，ἀλλ᾽ ἱδρυμένος πᾶς ἄνω πέμπει εἰς τά τῇδε διά ψυχῆς（但理智作为一
个整体是完全在上层的，永远不可能在它自己的存在之外，而是完全位于上层，它通
过灵魂传递到这里的事物）。参见3.2.2.15-18：λόγος从理智出发，通过灵魂潜移默化
地发展到物质。

类似于立体几何形状是平面几何图形的表达，而平面几何图形又是代数公式的"投影"（projection），代数公式又是数字原理的表达。然而，这种类比是有缺陷的，因为它不考虑灵魂中有意识的欲望的属性。比如说，动物的消化系统或植物的向性（tropism）都是对唯一真正的欲望对象——善——的无意识表达。[1]

工具性的因果关系是 λόγος—等级的一个关键特征。[2] 柏拉图运用工具性因果关系解释了感性世界是如何获得可理知性的：美的事物是通过美而美的，大的东西是通过大而大的，小的东西是通过小而小的。[3] 由于形式本身并不是有效的原因，因此必须有某些工具性因素。准确地展现工具性的精细结构，包括宇宙的灵魂、德穆革，以及最后，善或太一的理念，当然都是柏拉图主义者的主要论证战场。至少正如普罗提诺所理解的那样：忽视工具性因果层次——就像亚里士多德说柏拉图只使用形式和物质的因果关系一样，就是忽略了柏拉图形而上学最独特的地方。[4]

VI. 4.3.9.48-51:

Καὶ τοσαύτη ἐστὶν ἡ σκιά, ἥσος ὁ λόγος ὁ παρ' αυτῆς. Ὁ δὲ

---

[1] 参见 3.2.3.33-7; 3.3.2.5-6，以及普罗提诺与亚里士多德《形而上学》12.7.1072b13-14 和 10.1075a18-22 的相关性。

[2] 也许值得指出的是，努麦尼乌斯（Numenius，普罗提诺被控剽窃了他）明确给出了一个工具性如何运行的等级。参见 Des Places 及其笔记，p. 110, n. 3。但是需要注意，虽然对于普罗提诺来说，第一原则无限活跃，但对于努麦尼乌斯来说，工具性是由善或太一是 ἀργός 和 ἀνενέργτον 这一事实推动的（见 12 Des Places）。

[3] 见《斐多》100D-E，我把 "τῷ καλῷ" "μεγέθει" 和 "σμικρότητι" 作为工具的与格。参见 6.6.14.28-30：普罗提诺在解释数字的因果关系时引用了这一段。

[4] 见亚里士多德《形而上学》1.6.988a7-17，亚里士多德本人在解释自然现象和超自然现象时，当然也大量使用了工具性因果关系。

λόγοςτοιοῦτος ἦν, ὡς μέγεθος τοσοῦτον ἐργάσασθαι, ὅσον τό εἶδος αὐτοῦέβούλετο μέγεθος ἐργάσασθαι.

影子和来自［灵魂］的 λόγος 一样大。而这些的 λόγος 的量值（magnitude）与它想要达到的程度一样大。

这篇文章的上下文清楚地表明"影子"和 λόγος 是与灵魂的低层（即自然）联系的实体。（参见 3.8.4.10；4.3.10.38-41；4.4.20.245）。所产生的量值大概是个别实体的量值，而不是一般的量值。

VII. 3.8.2.30-35（cf. 2.4.5.18；3.3.6.4-8；3.4.1.7）：

Ὁ μὲν οὖν λόγος ὁ κατὰ τὴν μορφήν τὴν ὁρωμένην ἔσχατος ἤδη καὶ νεκρὸς καὶ οὐκέτι ποιεῖν δύναται ἄλλον, ὁ δέ ζωήν ἔχων ότοῦ ποιήσαντος τὴν μορφήν ἀδελφός ὢν καὶ αὐτός τὴν αὐτὴν δύναμιν ἔχων ποιεῖ ἐν τῷ γενομένῳ.

那么，在可见形状中的 λόγος 是最后一个，因此它是死的，不再能够产生另一个。而有生命的 λόγος 是产生形状的 λόγος 的兄弟，它产生的是它所拥有的相同的力量。

把段 VI 和段 VII 放在一起，除了自然的 λόγος，我们还有自然产生的可见形状的 λόγος 和它的兄弟（姐妹，参见 4.3.6.14），即产生可见形状的 λόγος，它也是宇宙灵魂的兄弟。显然，似乎"兄弟灵魂"指的是有生命的个体灵魂。兄弟姐妹灵魂实在上就是本质灵魂。[1]

---

[1] 所以我如此理解 4.9.5.5-7 的这段文字：Δύναται［soul］γάρ εις πάντα άμα καϊ έκάστου οὐκ άποτέτμηται πάντη · τό αὐτό Ούν έν πολλοίς（因为灵魂实在上是同时存在于一切事物中的，它并没有与任一事物完全隔绝；因此，它在所有方面都是同一的）。参见 16-17：实在性被评注为 οξιον ένεργειφ άμα πάντα。关于本质灵魂与宇宙灵魂或世界灵魂的区别，参见 4.9.4.15-20；4.9.1.10-13；4.3.2.50-59。

这个 λόγος 和自然本身显然是共同的原因；前者说明了灵魂，后者说明了身体的形状或形式。"同一的力量"必须明确具体的同一性。[1] 因此，我们面临着"可见的形状"和灵魂类型之间联系的难题。显而易见，我们不能说可见的形状来自原初传送来的力量，也不能说这种力量来自可见的形状。我们很想把这种立场归为一种功能主义，从而在逻辑上把心理功能与任何特定类型的身体割裂开来。当然，我们越是认真对待普罗提诺对转生学说的承诺，就越容易做到这一点。[2]

在 6.7 中有这样一种思路：与人同一的 λόγος 不是 λόγος，后者是有生命的灵魂—身体复合体中的灵魂（6.7.5.1-2）。它"依靠自身在身体中成形，根据肉身形成了人的另一个形象"（ἐν σώματι δὲ μορφώσασα κατ᾽ αὐτὴν καὶ ἄλλο εἴδωλον ἀνθρώπου ὅσον ἐδέχετο τὸ σῶμα ποιήσασα, 6.7.5.13-15）。[3] 在后文中我们了解到，例如，动物的角在可理解的世界里，因为它们为这个活生生的生命体的充分性和完整性服务（6.7.10.1-4）。在这一永恒的可理知自然中，与复杂性的特殊类型有关的那些不足被它们弥补了。

如果上帝想制造一匹马，那么这匹马就必须"已经"永恒地存在（6.7.8）。我认为，这种"想要制造"要根据"太一""理智"

---

〔1〕参见 6.7.5.5-6：Οὕτω γὰρ καὶ οἱ ἐν τοῖς σπέρμασι λόγοι·οὔτε γὰρ ἄνευ ψυχῆς οὔτε ψυχαι ἁπλῶς（因为这就是 λόγος 在种子中的方式；因为它们既不是没有灵魂，也不是灵魂）。我认为，σπέρματα 或种子是传递其力量的确切载体。另见 4.4.39.7；4.9.3.17；5.3.8.4，7。这些 σπέρματα 是由个人传给个人的。

〔2〕关于普罗提诺对灵魂迁移的承诺，参见 3.2.13.15；3.4.2.2-4；4.3.8；4.7.4.8-14。关于被认定为 λόγος 的人的灵魂进入动物的身体，参见 6.7.6.21 及以下。

〔3〕见此说法：可见的形状是 λόγος 的"形象"（εἰκών）和"模仿"（μίμημα），即灵魂（6.3.15.24-37）。

和"灵魂"中想要的层次来分析。归根结底，正是因为"太一"的"想要"，宇宙的灵魂才想要为马或牛提供合适的肉身。单纯的理智不能解释为什么一个看起来是这样的动物会存在；理智只能解释明确可理知的东西。仅仅是灵魂不能解释为什么动物会看起来这样，因为它的样子是由它永恒的本性的要求决定的。因此，灵魂成为理智的必要工具，而理智又是"太一"的必要工具。

这一思路表明，正确的科学问题是去寻求动物的解剖学和生理学的从属功能，对它所具有的那种灵魂的整体生命运作的作用。这样的问题可以反复提出（例如，为什么这种有机功能位于这种类型的身体中），直到我们对物质了如指掌。

文本中的另一条思路可能被认为与此相矛盾。因为在6.3.8.20中，普罗提诺认为，可感物体是质和质料（qualities and matter）的"集合体"（σνμφόρησις）。[1]我们可以回顾一下，上述关于感性物体性质的主张是在批判亚里士多德的本质主义的背景下提出的，普罗提诺将这一立场解释为，在所有因素中，是感性物质的本质为它们提供了同一性。除非人们选择亚里士多德本人所拒绝的东西，即个体本质，否则这是一个众所周知的难以维持的立场。人的本质不可能与苏格拉底的本质同一，如果这意味着两者相同的话。因此，对普罗提诺来说，这一事实证明他有理由采取柏拉图式的立场，即苏格拉底的本质与苏格拉底是分开的（6.3.15.27-31）。构成可见的苏格拉底特定的质和质料（在特定的时间和地点）的"集合体"实际上是不断变化的。似乎普罗提诺在这里说的应该是，苏格拉底的

---

[1] 参见6.3.10.15-16；6.3.15.24-27，其中主张了6.3.8.20中辩证地表达的观点。在2.7.3.11-12中，明确指出身体是物质加上λόγος，后者是由身体的所有品质组成的形式。

灵魂——它本身就是真正的苏格拉底的形象——实际上是所有的聚合体的连续，这些聚合体共同构成了苏格拉底的化身生活。事实上，如果转世是可能的，那么苏格拉底的灵魂实际上就是该灵魂栖息的所有集合体，包括其他个体——无论是属于苏格拉底的物种还是属于其他物种——的集合体。

VIII. 3.4.9-13：

Καὶ λόγος ὁ μὲν ποιητικός, ὁ δὲ συνάπτων τὰ κρείττωτοῖς γενομένοις, κἀκεῖνα πρόνοια ἢ ἄνωθεν, ἡ δὲ ἀπὸ τῆς ἄνω, ὁ ἕτερος λόγος συνημμένος ἐκείνῳ, καὶ γίνεται ἐξ ἀμφοῖν πᾶν πλέγμα και πρόνοια ἡ πᾶσα.

有一个 λόγος 是生产性的，那些更大的事物就是在上的天意，另一个 λόγος 是从在上的天意中衍生出来的，它与在上的天意联系在一起，整个事物的纽带和天意的总和从两者中产生。

这段困难的上下文的背景是努力在天意的普遍范围内说明人类的道德责任，特别是那些做错事的人的道德责任。我们这段上下文对解决这个问题的一般贡献是很清楚的。有两种天意在下面的人类身上运作。如果只有其中一种运作，就不可能有道德责任的可能性；有了第二种，道德责任就有了可能（参见 3.3.4.1-5）。对文本的不谨慎解读会使"生产性的 λόγος"对应于"在上的天意"，因此，"连接性的 λόγος"对应于"在上的天意"。然而，在上面审议的段落和其他地方，普罗提诺把宇宙灵魂的活动描述为生产性的（参见 4.3.11.8-12）。如果是这样的话，那么因为这种活动或性质如果单独在人类身上运作，显然会消除道德责任，所以"连接性的

λόγος"就必须旨在解决所提出的问题。[1]

于是出现了两个问题：（1）什么是连接性的λόγος?（2）什么是两种类型的天意？第二个问题更容易回答。在这篇论述的后面，普罗提诺说，来自可理知现实的东西是天意，这包括存在于本质理智中的东西，以及所有来自理智而到本质灵魂和生物中的东西。[2]据推测，后者包括"兄弟姐妹"，即宇宙的灵魂和其低层——自然和个体生命的灵魂（参见3.2.16.12-17）。因此，似乎"在上的天意"泛指灵魂和一切生物的天意。

如果这是对的，那么在这里，连接性的λόγος与自然和人类个体的灵魂相联系。正如3.3.4的其余部分所解释的，这可能意味着道德责任的可能性是，人类拥有大自然赋予的特定物理或生物属性，因此可以直接接触理智，从而拥有道德责任归属所需的条件。换句话说，让我们有各种各样的可以思考的身体条件是天意。连接性的λόγος代表了天意的这一特殊安排。

IX. 3.8.3.1-3（cf.6；3.8.1.22-4）：

Πῶς οὖν ποιῶν καὶ οὕτω ποιῶν θεωρίας τινὸς ἂν ἐφάπτοιτο; Ἤ, εἰμένων ποιεῖ καὶ ἐν αὑτῷ μένων καί ἐστι λόγος, εἴ η ἂν αὐτὸς θεωρία.

---

〔1〕 参见 Chiara Russi, «Providenza, logos connettivo e logos produttivo. Le tre funzioni dell' anima in Enn. III 3〔48〕, 4.6-13», in *Studi sull' anima in Plotino*, a cura di Riccardo Chiaradonna, Napoli, 2005, p. 61-78, 对这一点进行了清晰而有说服力的证明。

〔2〕 参见 3.3.5.16-20: Τά μέν γάρ ἐν κόσμῳ νοητῇ πάντα λόγος καῖ ὑπέρ λόγοννούς γάρ καῖ ψυχή καθαρά· τό δέ ἐντευθεν ήδη ὅσον μέν ἔρχεται ἐκεῖθεν, πρόνοι α, καῖ ὅσον ἐν ψυχη καθαρςι καῖ οσον ἐντευθεν εἰς τά ζάρας（因为在可理知世界里，一切都是智慧和纯洁的灵魂，所以他们要么是λόγος，要么超越了λόγος。因此，来自〔智慧〕的东西是天意，其中既有纯洁灵魂中的东西，也有来自〔灵魂〕进入生命的东西）。

那么，当［自然］产生，并以这种方式产生时，它如何能够获得某种静观呢？如果它存在，它就生产；如果它在自身中存在并且是λόγος，那么它就是静观。[1]

　　既然自然是λόγος，它是静观，亦被静观。作为λόγος，自然是理智的形象，而理智本身就是范式的静观和静观的对象（3.8.8）。因此，自然本身就是静观的形象和静观的对象。作为其静观的结果，它导向了可理知性的死胡同，即印在物质上的形状。

　　Λόγος、活动和静观之间的联系在6.8.15中逐渐清晰，普罗提诺把太一称为"λόγος之根"（ρίζα λόγος, 33），并指出，最重要的是，太一是"被爱的、爱的和自爱的"（Καὶ ἐράσμειον καὶ ἔρως ὁ αὐτὸς καὶ αὑτοῦ, 1）。因此，静观的范式活动是太一的第二位活动。太一的主要活动是自爱。作为自然静观的结果，自然的自我生产是这自爱的一种形象。太一的一切生产都以物质结束。理智和灵魂的工具性，最后还有自然——灵魂的低层部分，共同将可理知性推升至物质。

三

　　实在性是一个本体论的概念或范畴。太一实在上是万物，这意味着万物的存在源于太一。在术语λόγος的语义（与本体论相反）意义上，给出某物（比如说，一种动物或一种美德）的λόγος，广义上是给出一种物体如何从太一衍生而来的表现形式（借助理智和

————————
[1] 参见3.8.3.18-19：Εστι δέ θεωρία καῒ θεώρημα, λόγος γάρ（它［自然］既是静观，亦被静观。因为它是λόγος）。

灵魂的工具性，包括自然）。最关键的是，某物存在 λόγος 的可能性取决于该事物的可理知性。普罗提诺从柏拉图和亚里士多德的理论中得出：可理知事物的基本结构是统一体的复杂表达。因此，形如 A=B 的方程式的可理知性取决于存在这样的 C：其中，A 和 B 是表达式，但不是任意的，而是共同扩展的或相互关联的。可理知性是指对 C 与 A 和 B 的关系的认知，而不仅仅是对 C 或 A 或 B 的认知。普罗提诺与亚里士多德的不同之处至少在于，他认为认知在范式上是前一种结构，而不是后一种结构。因此这就很明显了：为什么至简的太一，作为对万物的终极解释，其本身必须是不可理知或超理知的。我猜测普罗提诺声称曾经历过的神秘体验是所有可理知事物的还原统一（reductive unity）。

普罗提诺的形而上学对他的自然哲学的主要意义，是一个柏拉图和亚里士多德都有的主张：自然的可理知性是有条件的。如亚里士多德所说，如果理解就是知道原因，那么自然自身的异质解释性（the intrinsic heteroexplicability）就需要有限的可理知性。我认为这是相当明显的。而普罗提诺对此的补充是对工具性和层次性因果结构的系统分析。因此，自然中没有任何事物的 λόγος 可以被充分解释，因为自然本身就是一系列通向太一 λόγοι 中的最后一个。

决定论与非决定论[*]

R. J. Hankinson[1] 张鹏举[2] 译

[参考文献体例说明] ————————————————————

为方便读者检索，正文和注释中出现的主要古代文献（包括相关原文辑录）一律采用缩写。主要缩写说明如下：

Alex. *Fat.*	Alexander of Aphrodisias, *De Fato*（亚历山大［阿弗洛迪西亚］:《论命运》）
Cic. *Fat.*	Cicero, *De Fato*（西塞罗:《论命运》）
DL	Diogenes Laertius, *Vitae Philosophorum*（第欧根尼·拉尔修:《名哲言行录》）
Div.	Cicero, *De Divinatione*（西塞罗:《论预言》）
EN	Aristoteles, *Ethica Nicomachea*（亚里士多德:《尼各马可伦理学》
Int.	Aristoteles, *De Interpretatione*（亚里士

———————

[*] 本文译自 R. J. Hankinson, "Determinism and indeterminism," in K. Algar, J. Barnes, J. Mansfeld & M. Schofield（eds.）, *The Cambridge History of Hellenistic Philosophy*, Cambridge, 1999, pp. 513-541。

[1] R. J. 汉金森（R. J. Hankinson），得克萨斯大学奥斯汀分校哲学教授，古代哲学学者。主要研究兴趣有古代哲学与医学，科学哲学。
[2] 张鹏举，西南大学哲学系博士生，主要研究希腊化时代哲学。

多德:《解释篇》)

Lucr.   Lucretius, *De Rerum Natura*（卢克莱修：
      《物性论》）

Marc. Aurel. Marcus Aurelius, *Meditationes*（马
      可·奥勒留:《沉思录》）

ND   Cicero, *De Natura Deorum*（西塞罗:
      《论诸神的本性》）

Nemes.   Nemesius, *De Natura Hominis*（尼梅修
      斯:《人性论》）

PE   Eusebius, *Praeparatio Evangelica*（优
      西比乌斯:《福音初阶》）

PH   Sextus Empiricus, *Pyrrhonei Hypotyposes*
      （塞克斯都·恩披里柯:《皮浪学说
      概要》）

Plu. *Fat.*   Pseudo-Plutarchus, *De Fato*（普鲁塔克
      ［伪］:《论命运》）

Sent.Vat.   Epicurus, *Sententiae Vaticanae*（伊壁
      鸠鲁:《梵蒂冈语录》）

Stoic. Rep.   Plutarchus, *De Stoicorum Repugnantiis*
      （普鲁塔克:《斯多亚的抗辩》）

SVF   J. von Arnim（ed.）, *Stoicorum Veterum*
      Fragmenta, 3 vols., Leipzig 1903-1905;
      vol. 4, indexes by M. Adler, Leipzig 1924
      （冯·阿尼姆编:《早期斯多亚派残篇》）

Top.   Cicero, *Topica*（西塞罗:《论题》）

一、问题的产生

普遍因果关系的观念在晚期希腊罗马时代深入人心，割裂这种关系会导致混乱。世界显而易见的联系和规律如何在偶然因素干扰其结构的情况下得以保持？尽管如此，视因果关系为普遍原则的主张和任何决定论之间仍有明显的差别，伊壁鸠鲁派正利用了这种差别。认为所有事件都是由原因引起是一回事，而相信所有事件的本质和序列都是永恒的、严格固定的又是另一回事。后者是任何一种决定论的核心信念——它正因为看起来让人难以置信，并且据认为将（对人类自由、责任概念）造成不可接受的后果，所以饱受争议。

然而，该问题在希腊世界中并非起源于形而上学。公元前5世纪末的智者运动对医学论证的新形式特别感兴趣，尤其是辩护论证。高尔吉亚（Gorgias）笔下的海伦（Helen）就是一个恰当的例子：他认为，特洛伊的海伦在私通问题上是无辜的，她之所以这么做，要么是由于身体的强迫，要么是受到爱的支配，要么是受到某位神明的作弄，要么是在争论中被说服。在这些可能因素的影响下，她都不能对自己的行为负责，因为在所有这些情况中，她都受到某种外力的驱使；而且，这一因素的清单涵盖了所有情况；因此，她不必对自己的所作所为负责。高尔吉亚的修辞训练不是严肃的哲学，却引出了种种严肃的哲学观点。如果我们的行为确实受到自己无法控制的因素的制约，我们怎样理所当然地对自己的行为负责呢？的确，社会才是罪魁祸首：高尔吉亚是强决定论的开创者。

亚里士多德以特有的眼光洞察到这一问题。他在《尼各马可伦理学》第三卷的开篇写道：

> 德性既然是关于感受和行为的，所以对于那些自愿的行为就赞扬和责备，对那些非自愿的就宽恕，有时甚至怜悯。所以在研究德性问题的时候要对两类行为加以区别……非自愿行为的产生，有时是由于强制，有时是由于无知。（*EN* III. 1.1109^{b}30-1110^{a}1）[1]

并且，他很清楚，任何通过归咎于当事人无法控制的因素来淡化责任的尝试都伴随危险：

> 快乐和美好的事情是强制的（强制性是外在存在），那么一切行为就都变成强制的了。因为所有人都为此而做所有的事情……而且只以原因在外面为理由是可笑的，而应说我们太容易被俘虏，把美好的事情归于自己，把丑恶的事情归于快乐。看来强制就是始点在外面的东西，被强迫者对此无能为力。（*EN* III. 1.1110^{b}9-17）

亚里士多德认为，仅在行为归因于我们自身的情况下，我们才对自己的行为负责（他在字里行间流露出明显的强硬意味）：如果事情

---

[1]【中译按】本文涉及《尼各马可伦理学》的引文，其中文翻译都出自亚里士多德：《尼各马可伦理学》，苗力田译，苗力田主编：《亚里士多德全集》，中国人民大学出版社1990年版。

是我们自己做的，那么就要对此负责。根本上，我们由于自己的品质而受到赞扬或责备；我们自己通过权衡或考虑做了事，就要对自己的行为负起道德责任。我们进行选择——我们选择做或不做某些事情取决于我们自己，它们都是我们欲念、信念和考虑的结果。我们意欲达成某一目标，并为此斟酌和选择实现的手段；这种行为合乎我们的选择，因此是自愿的："所以德性'取决于我们'（*eph' hēmin*）。"（*EN* III. 5.1113^{b}3-6）海伦可能被争论说服了——但正是她被说服了：佩内洛普（Penelope）却没有屈服。或者她可能被强烈的情感和欲望裹挟着——但她本不应该如此，否则她就更不道德了。亚里士多德可能会遭受高尔吉亚替代方案的彻底批判——前者仍然可以拒斥那种结论：海伦的行为不能归咎于她自己。

亚里士多德的观点源于道德生活的明显事实，即我们确实要求人们，包括我们自己，对自己的行为负责；否则，我们就不能理所当然地赞扬或责备他们。但是，如果赞美和责备是理所当然的，那么有些事情就必须由我们自己决定（*eph' hēmin*）。他并没有对这一观点的论证困难视而不见。我们对自己的行为负责，是因为它们源于我们的选择，合乎我们的偏好；进而是因为它们是我们品质的表现。正是因为意志薄弱，我才吃了另一种丹麦甜点，而你却能自律，没有这样做。但正如亚里士多德清楚地看到的那样，仅当我们进一步对自己的品质本身负责时，我们才能真正对由此产生的行为承担一切责任。他发现了一种可能的反对意见：

> 人们所追求的都是些显得是善的东西，对这些表象他们无力主宰。每个人是什么样的人，对于他目的也显得是这个样

子。如若每个人对自己的品质负责，因此在某种意义上也要对自己的表象负责。如若不然人人都可以对自己的恶行不负责了。（*EN* III. 5.1114^{a}31-1114^{b}4）

也许德性只关乎自然的本性或适当的教养——但所有这些看起来无论如何都不是这个当事人所能决定的。此问题是由责任的传递性造成的。假设某个人 I 的行为 A 合理地依赖于他的品质 C ——然而，如果我们可以将 C 的责任追溯到一组因素 F，其中 F 不由 I 控制，那么 F 而不是 I 真正对 A 负责。这种说法有一定的合理性，它重新为海伦的行为做了辩护。

亚里士多德（以及许多其他学者）对人类责任的阐释，其核心都在于"选择"这一概念。我们是自由的，因此是负有责任的，只要我们可以选择自己的行为。如果可以证明这种选择是一种妄念，那么人类的自由也会同样被揭露出是虚幻的。对此，有一种方法是证明决定论。如果整个宇宙进程早被不可更改地规划好，其展开只是不可避免的命运的结果，那么人类真正的能动性似乎就荡然无存了。而且，我们都是宇宙终极因果力量的傀儡，我们的自主性仅仅是幻觉。

我们从命运的不可变更推知人类自由的不可能，这一观点已被决定论者和非决定论者采纳，尽管他们的旨归不同。人类受到束缚是无法想象的，这通常是非决定论的论证基础，而此论证是通过对其蕴含的命题的"否定后件推理"（*modus tollens*）展开的，它是伊壁鸠鲁派所追求的策略。相反，普遍因果关系的论证在理性上让人无法辩驳，这有时会将人们推往另一个方向：高尔吉亚只是众多人中的第一个。其他人中最著名的算是休谟，他试图将某种意义上的人类自由概念与决定论调和在一起。这也正是克律西波（Chrysippus）的做法。不过首先，该争论的另一个来源值得概述。

二、逻辑和偶然性

在另一处有名的段落（*Int.* 9）中，亚里士多德讨论了关于未来的简单命题是否一定为真的问题。[1] 假设今天晴朗；当然，昨天说今天会晴朗是真的——"明天会晴朗"此命题在昨天为真。不仅如此：一万年以前这也是真的，其实自古以来就是如此。但是，如果（让我们说）明天会有一场海战（用亚里士多德的著名例子）对于现在为真，那么将有一场这样的战斗对于现在就是不可避免的吗？同样，最偶然的命题也是如此：

> 所以无论是肯定命题还是否定命题，它们必定或者真实，或者虚假。如果是这样，那么就不会有什么东西是偶然的或碰巧发生的……一切事物都是出自必然而非偶然。（*Int.* 9.18ᵃ6-8）

并且，

> 这些和另外一些不可能的结论就要发生，如果我们假定，

---

〔1〕 这至少是对他这种讨论的通常解释；安斯库姆（Anscombe）提出了异议，他认为争论的不是关于未来的真理，而是关于未来的必然性，参见 G. E. M. Anscombe, "Aristotle and the sea battle," *Mind*, 1956（65）; repr. in *The Collected Philosophical Papers of G. E. M. Anscombe*, vol. I; *From Parmenides to Wittgenstein*, Oxford, 1981, pp. 44-55.

在所有相互矛盾的两个命题中——全称或单称的肯定命题与否定命题——其一必然是真实的，另一必然是虚假的。所发生的事情就不可能是偶然的，一切事物的生成都是出自必然。（*Int.* 9.18^{b}26-31）

然而，亚里士多德紧接着拒绝承认这一点，因为它显然与我们的经验不一致，即人类的思虑是事件的根源。（*Int.* 9.19^{a}7）

亚里士多德的论证一部分是基于论点

　　（T1）过去是必然的。

做过的事情不可能没做过。假如我们将"必然的"换成"固定的、不可改变的"，那么（T1）的意思就更明显了。与过去的事件不同，未来事件与之有一种基本的区别：它会受到现在所作所为的影响并发生改变。但是，如果这是正确的，那么就像亚里士多德显然主张的那样，我们似乎有理由认为，关于未来和过去的两种命题，它们的地位是不同的，并且这不仅仅是出于认识论的理由（就是说，不仅仅是因为在事物的本质方面，我们对未来了解得比过去少）。过去是确定的，因此关于过去的命题必然为真。未来不是确定的，所以关于未来的表述，如果它们为真，充其量只是偶然的。[1]

---

[1] 这一点并不如它所表达的那样确切——任何一个非决定论者都不必认为关于未来的所有命题都是不确定的："百年后我会死"（从因果关系上讲）似乎与其他任何命题一样是必然的。对亚里士多德来说，存在某些关于自然事件的真理，该真理是由这类事件本身的结构所决定的——这些事件可被赋予未来时态，但适用于它们的也不止这些。不过，从这个角度来看，关于我的死亡，还有很多事情目前尚未确定。例如，什么时候死亡、在什么地点死亡、以何种方式死亡，等等。

这个论证很诱人——它引诱了伊壁鸠鲁。但它的代价是放弃了二价的语义原则，至少在其最一般的形式上是这样。对于二价原则，还有一点要讲，其中明显的是，它似乎是由否定逻辑保证的。当然，如果一个命题有意义，那么它一定为真或者为假吗？无论如何，就"今天晴朗"这一命题而言，难道我们不仅仅是在处理同一命题的不同时态和指示的版本吗？即使今天晴朗，昨天准确预测出天气的预报员仍然没有说出真理，这样认为似乎最多是武断的。但如果他确实说出了真理，那么天气在昨天就已经向今天变得晴朗了——至少对亚里士多德来说，这会带来多重谬误。这一系列论证也许让人感到困惑——但它们的种种混乱并非微不足道（需要卡尔内亚德的论证才能揭露）。

根据（T1）和进一步的（也是亚里士多德的）论点

（T2）不可能性不会从可能性中产生。

狄奥多罗·克洛诺斯（Diodorus Cronus）试图通过他著名的"大师论证"完全消除偶然性。[1]无论其精确的形式如何呈现，它无疑对后世的哲学家产生了巨大的影响，并且此观点从逻辑学到形而上学的引申似乎被广泛认为是合法的。

三、希腊化时代的回应

伊壁鸠鲁派反驳说，二价原则对未来的偶然事件无效：它们在

---

[1] 参见 K. Algar, J. Barnes, J. Mansfeld & M. Schofield（eds.）, *The Cambridge History of Hellenistic Philosophy*, Cambridge, 1999, pp. 88-92。

实现之前既不为真也不为假，因此更（*a fortiori*）不一定为真或者不可能（Cic. *Fat.* 21）。此外，西塞罗说，原子偏斜被明确地引入，为拒绝二价原则提供了自然哲学的、非决定论的基础，也顺理成章地维护了人类的自由：

> 伊壁鸠鲁之所以引入这一［原子偏斜］理论，[1]是因为他担心，如果原子总是通过重量的自然和必然力量运行，那么我们无论如何也没有自由，因为心灵的运动受制于原子的运动。（Cic. *Fat.* 23）[2]

但是，伊壁鸠鲁派试图通过偶然性拯救自由是有代价的。他们必须拒绝二价原则；他们被迫引入最小的原子偏斜而放弃他们简洁的自然哲学路线。另一方面，克律西波和斯多亚派接受二价原则，因为他们看不到一个命题怎么可能不为真或者不为假——因此他们自认为被迫接受了一种决定论。由此，伊壁鸠鲁派和斯多亚派都认可以下论点：

> （T3）如果真理是永远的（或永恒的），那么如果命题 P 在任何时候都为真，那么 P 就永远为真。

> （T4）如果 P 永远为真，那么 P（在确定的意义上）是必然的。

---

[1] 关于"原子偏斜"，参见 K. Algar, J. Barnes, J. Mansfeld & M. Schofield（eds.）, *The Cambridge History of Hellenistic Philosophy*, Cambridge, 1999, pp. 501-502。

[2] 【中译按】请注意，方括号中的内容是译者的补充。本文所涉及西塞罗《论命运》的引文都摘自西塞罗：《论命运》，张鹏举译，西塞罗：《论诸神的本性（附：〈论命运〉）》，张鹏举、崔延强译，中国人民大学出版社 2023 年版。

斯多亚派承认真理的永恒性，[1]因此承认所有真理的确定性；伊壁鸠鲁派不承认所有真理的确定性，因此拒绝承认它们的永恒性和二价性。但拒绝二价原则是一件棘手的事情。毕竟，即使恺撒（Caesar）可能逃脱阴谋者的谋杀，无论在三月望日之前什么时候说他不会被谋杀其实都是假的。如果几个世纪前的提瑞西亚（Teiresias）或以利亚（Elijah）说，"恺撒将在三月望日被谋杀"，他们说的是实话。人们甚至不需要像（T1）这样强硬的论点来作保证：仅有过去的真理就可以了。另一方面，斯多亚派有段时间难于解释如何在（某种意义上的）非必然的情况下确定真理。

学园怀疑派卡尔内亚德的伟大成就之一就是发现这种困难不是我们必须承受的。我们可以区分[2]因果决定论（CD：任何事件都是前因的必然产物）、逻辑决定论（LD：如果一事件一定会发生，那么它会发生就是真的），以及认识决定论（ED：如果知道一事件一定会发生，那么该事件就不会不发生）。[3]斯多亚派的立论基础

---

[1] 请注意，我并非暗示对于斯多亚派而言，基本语义评价的恰当单元是一个以当代古典逻辑方式解释的永恒命题，参见 K. Algar, J. Barnes, J. Mansfeld & M. Schofield（eds.），*The Cambridge History of Hellenistic Philosophy*, Cambridge, 1999, pp. 95-96。相反，斯多亚派与其他古代语义学家一样，认为非指示的命题是真理的基本载体，因此诸如"它很好"这类的"命题"可能会改变其真值。但这与讨论的重点无关，因为这里的重点是，一个指示"命题"（"它在时空 S 上［永远］是好的"）是否如其所是地总为真，如果它是真的话——斯多亚派的回答是肯定的；并且在此意义上该命题是永恒的。

[2] 参见 A. A. Long & D. N. Sedley（eds.），*The Hellenistic Philosophers*, vol. I: *Translations of the Principal Sources with Philosophical Commentary*, Cambridge, 1987, p. 466。

[3] 索拉布吉（Sorabji）讨论了这些不同的决定论（尽管他没有为它们冠以相同名称）及其相互关系，参见 R. Sorabji, *Necessity, Cause, and Blame: Perspectives on Aristotle's Theory*, Ithaca, N. Y. and London, 1980, chs. 1-3；另参见 R. Sorabji, "Causation, laws, and necessity," in M. Schofield, M. F. Burnyeat & J. Barnes（eds.），*Doubt and Dogmatism. Studies in Hellenistic Epistemology*, Oxford, 1980, pp. 250-282。

是，如果一个未来命题现在为真，那么现在世界上一定存在造成它为真的原因：它不可避免地发生，这必定是真的。但正如卡尔内亚德所指明的，这是一个错误。逻辑决定论（LD）不是因果决定论（CD）充分条件。对于任何未来的偶然命题，无论是它还是它的反面都是正确的。但是，现在世界上的任何事情都不能保证未来命题一定是真的；相反，它的真将通过事件的下面这种情况来实现：

> 导致"加图将来到元老院"这一形式的命题为真的原因是偶然，它们并非内在于事物的本性和宇宙的秩序。但无论如何，"他将到来"若为真，它就和"他已来到"一样不可变更。（Cic. *Fat*. 28）

如果现在我真的会死在海上，那么我现在所做的任何事情都不会改变这个事实。但这是否意味着我注定要死在海上？不，因为只有当我现在事实上没有做任何事来阻止它，并且事实上以最终导致自己死在海上的方式行事时，我才会死在海上。如果我阻止自己溺水身亡，那么我会死在海上这件事就绝不会是真的。将逻辑决定论（LD）同化为因果决定论（CD）断然是一种错误；因果决定论（CD）是逻辑决定论（LD）的充分条件，但反之却非亦然，正如斯多亚派和伊壁鸠鲁派所相信的那样。至于认识决定论（ED），卡尔内亚德认为它是因果决定论（CD）的充分条件，因此也是逻辑决定论（LD）的充分条件；由此，如果因果决定论（CD）是假的，那么认识决定论（ED）也一定为假：

> 卡尔内亚德曾说，就算阿波罗也不能奢谈未来事件，除非这些事情的原因是由自然联结起来，以至于必然要发生。到底基于什么考量，神明说那个担任三次执政官的马塞勒斯（Marcellus）将死在海上？这件事的确永远为真，但并不具有实效原因。（Cic. *Fat.* 32-33）

我认为，这是一个错误：人们可能知道某些未来事件会发生，但在他们知道这种情况的时候，这些事件不必由因果关系所决定，这在逻辑上是可能的。也许人们可以简单地看到摆在自己面前的时间地图，情况会像这样接续发生；也许后来的事件实际上引起（或者部分引起）了我目前对它的了解，即使它还没有发生，也没有为因果关系所确定。神学家才认为，上帝可能知道我们将如何选择，因此我们注定要么遭到诅咒，要么获得救赎，但这并不意味着我们的选择是不自由的，即使是那种非相容论意义上的自由。

但是，纵使这种可能性在逻辑上是开放的，它也是奇特的假设，因为从经验出发，我们没有任何理由假设它为真。此外，显然，如果认识决定论（ED）成立，那么在其控制范围内的未来事件在某种意义上就已经确定，既然它们已经确定，那么现在无论怎样阻止它们的发生也无济于事。这也许并不意味着它们被因果关系所决定；但这确实意味着它们是被决定的，单凭这一事实就足以摧毁任何强有力的自由概念。这就是卡尔内亚德的论证，西塞罗如此阐释：

（1）如果所有事情由前因发生，那么所有事情都在一个紧密结合、自然关联的网络中发生；（2）若是这样，所有事情必然发生；（3）由此，则不存在我们所能掌控的事情；（4）可是，有些事情我们确有自主能力；（5）若所有事情由命运发生，则所有事情都是前因的结果；（6）因此，并非所有事情皆由命运而发生。（Cic. *Fat.* 31）

斯多亚派接受（5）和（1），他们拒绝（2），但正如我们所看到的，卡尔内亚德确实是正确的，因为他发现斯多亚派至少在某种足够强的意义上质疑人类动机人不仅仅是其行为的辅助性原因这一观点，因此（3）将随之推得，并且其中的"我们所能掌控"至少是在相当强的意义上来讲的。（4）仅是一个彻头彻尾的断言：没有任何论据可以支持它。也许，像约翰逊博士一样，卡尔内亚德依赖"所有经验都可以支持它"的观点；也许他只是让斯多亚派承认这一点。无论如何，（4）加上其他前提显然会推出（6）。

在此，我们应该根据西塞罗的《论命运》转向卡尔内亚德另一个论点。为了反驳上述（1）—（6）的论证，伊壁鸠鲁派认为有必要引入"原子偏斜"，即原子运动中突然的、不可预测的、无起因的"量子移动"，以便除了其他事情之外，解释人类的自由。[1]卡尔内亚德指出，原子偏斜对于伊壁鸠鲁派的要求是多余的：

> 卡尔内亚德则更为睿智，他指出伊壁鸠鲁派就算没有想象出原子的偏斜运动，也可以为自己的理由辩护。既然他们主张

---

[1]　"量子"在此不仅是一种隐喻；有证据表明，原子偏斜涉及相较它先前运动轨迹的最小可能的偏离。

可能存在某种心灵的自主运动，那么宁可为这个说法辩护，也不要轻易引入原子偏斜，尤其因为他们无法为之找到一个理由。只要坚持这个观点，他们就可轻松应对克律西波的攻讦，因为即使他们承认不存在没有原因的运动，但也不至于承认每件事情的发生都由其"前因"所致，他们可以辩解：我们的意志并不存在外部的和前在的原因。(Cic. *Fat.* 23)

卡尔内亚德接着论述，当我们说某人的行为是无缘由的，这只是指没有外在原因：他们的意志仍然引起他们的行为。但他们的意志本身不是由某种原因引起的。因此，伊壁鸠鲁派可以避开无因事件（至少，如果意志不算事件的话），以及由此带来的一切问题，并且仍可拒绝普遍决定论，从而维护自由。卡尔内亚德认为，伊壁鸠鲁主义者会承认以下真理：

（7）没有事件无因发生。

也由此免于"遭致自然哲学家的嘲笑"(Cic. *Fat.* 25)，[1]而且仍可主张行动是事件，是由某种原因引起的，这是因为：

（8）行动是由意志引起的。

但意志本身不是由某种原因引起的，至少不是由外在于我们的什么

---

〔1〕 参见 K. Algar, J. Barnes, J. Mansfeld & M. Schofield (eds.), *The Cambridge History of Hellenistic Philosophy*, Cambridge, 1999, p. 502。

东西造成的。这种论点要求意志本身或者导致它们的原因不是事件（因为事件必须具有先在的原因，该原因是独立于它的）；"纯粹的意志行为"及其类似的东西，在某种意义上被认为是自因的，是由其内在本性造成的，（根据伊壁鸠鲁的说法）就像原子的坠落是因为它们自身的重量一样。

这个学说存在晦涩之处——这不能让休谟派信服——关乎原因和结果之间的必然区分。人类意志是一种自我启动的机制，另外，克律西波指出一明显的事实，即外部影响至少是我们拥有意志行为的必要条件，若将这种概念和事实调和起来则会出现困难。[1] 以下论点是自明的：如果自主就意味着对某人自身行为的掌控，那么自主主体的意志就必须足以引起这些行为。但这便与承认外部因素是行动的必要条件的事实相冲突（除非荒谬地假设，意志行为本身也是外部因素存在的必要条件）。然而，鉴于前一章所探讨的因果关系概念，[2] 这不一定就像它看上去的那样是一种困难；当外物撞击时，它会开启运动的过程——但保持这种运动的正是意志本身。这点将在后文阐释。

四、伊壁鸠鲁的立场

我们所进行的大量逻辑论证旨在表明二价原则蕴含决定论。即

---

〔1〕 参见 K. Algar, J. Barnes, J. Mansfeld & M. Schofield (eds.), *The Cambridge History of Hellenistic Philosophy*, Cambridge, 1999, pp. 531-534, 577-580。

〔2〕【中译按】参见 R. J. Hankinson, "Explanation and causation," in K. Algar, J. Barnes, J. Mansfeld & M. Schofield (eds.), *The Cambridge History of Hellenistic Philosophy*, Cambridge, 1999, pp. 479-532。

使该论证不成立，反决定论者仍然任重道远。每一事件都有其原因，此原则的效力相当强大——此原则被进一步解释，由此得出每一事件都有一个特定的原因，[1]那么推出决定论及其所包含的一切似乎在所难免。因果关系将与必然性等同起来。[2]当然，我们有理由相信亚里士多德并不认为原因总是必然的：如果 A 只是在大多数情况下与 B 有因果关系，那么说 A 引起 B 并没有什么不妥，尽管它们的关系不是必然的：因为要说 A 必然引起 B，那么则要求 A 型事件必然伴随 B 型事件。但情况即便如此，这仍然留下了一个问题，即事件（被视为单一事例，而不是某种统称，或者解释某种情形时的描述）是否只被先在的情况所决定——对此的证据却更加模棱两可。

因此，如果你认为普遍因果关系蕴含决定论，而决定论与人类自由不相容；但你也认为日常经验无可争议地证明了人类自由的存在，那么你一定会否认普遍因果关系。这正是伊壁鸠鲁及其追随者的思路。根据上文所引的西塞罗《论命运》第 23 节，卡尔内亚德明确表示，伊壁鸠鲁派仅通过引入不可预测的原子偏斜解决不了任何问题——随机性不是人类自由的形式；此观点将在随后的讨论中反复出现。如果我摆脱了必然性的束缚，代价是行为变得随机了，那么也很难从中看出什么自由概念。我们当然不会由此认为自己是自由的，因为我们就像是失修的大炮，不受控制地随意射击。事实

---

[1] 即论点（T1），参见 K. Algar, J. Barnes, J. Mansfeld & M. Schofield（eds.），*The Cambridge History of Hellenistic Philosophy*, Cambridge, 1999, p. 481.

[2] 一些现代学者试图否认两者之间的联系，同样也有一些现代评论家，尤其是索拉布吉，希望将这种否定的观点归于古代学者。

上，一种有影响力的人类自由概念——它为斯多亚派、早期基督徒和盖伦（Galen）以不同方式所认可——恰恰表明人类自由意味着自我掌控，因此行为具有规律性。此外，即使意志可能被认为具有因果效力，它在某种程度上独立于原子运动整体，或者至少不能简单地归为原子运动的整体，那么也不清楚为什么必须要求原子本身能够偏斜：因为所需要的只是那些出于意志的行为可以让原子偏离正常的轨迹而已，正如卡尔内亚德所指明的那样。

然而，伊壁鸠鲁可能并不认为原子偏斜构成了人类的自由。最近，大卫·塞德利（David Sedley）认为，[1]原子偏斜的功能仅是允许意志行为的存在，而每一次偏斜本质上都是无因的。这是反对伊壁鸠鲁主义人士的不合理推断。相反，原子的偏斜能力允许意志具有一定程度的因果效力，因为意志其实在此可以影响原子事件的机械过程。[2]若谈及（至少在意志发生作用的情况下）原子偏斜，就等于是说它们的运动不由其本身的力量、动能、形状和速度完全决定，不由其固有的、本质的性质决定。当然，这并不是说所有的偏斜都是由意志引起的——只是说有一种可能，原子会迫于意志行为而发生一系列选择性的偏向；那么，意志便可具备各种因果可能

---

[1] 参见 D. N. Sedley, "Epicurus' Refutation of Determinism," in AA. VV. (eds.), ΣΥΖΗΤΗΣΙΣ-*Studi sull'epicureismo greco e romano offerti a Marcello Gigante*, 2 vols, Naples, 1983, pp. 11-51; D. N. Sedley, "Epicurean Anti-Reductionism," in J. Barnes & M. Mignucci (eds.), *Matter and Metaphysics: Fourth Symposium Hellenisticum*, Naples, pp. 295-327; 与之相关的概述，可参见 A. A. Long & D. N. Sedley (eds.), *The Hellenistic Philosophers*, vol. I: *Translations of the Principal Sources with Philosophical Commentary*, Cambridge, 1987, pp. 107-112; 对此的批评，可参见 S. Laursen, "Epicurus *On nature* XXXV (Long-Sedley 20, B, C and J)," *CErc* 18, pp. 7-18. 【中译按】请注意，该书以下简写为 *Nat.*。

[2] 参见 A. A. Long & D. N. Sedley (eds.), *The Hellenistic Philosophers*, vol. I: *Translations of the Principal Sources with Philosophical Commentary*, Cambridge, 1987, pp. 110-112.

性，至少在一定范围内被允许按照自身的需要塑造事件。

这种解释至少可以避免将自由简单地归为随机性。但这极具争议；[1] 而且，我们既不清楚伊壁鸠鲁是否真的如此主张，也不清楚他如此主张之后又将如何论证。塞德利的意见是根据莎草纸上《论自然》（*On Nature*）的残篇提出的，伊壁鸠鲁在文中讨论了如何正确对待那些挥霍自然天赋的人：

> 他们的原子的本性对其某些行为、行为程度和特征没有任何影响，但是他们［在本性上的］发展对某些事物负有全部或大部分责任。正是由于这种本性，他们的一些原子无序地运动，但原子［不必承担责任］。因此，当一种发展以不同的方式——不是像从不同距离观察那样的方式——与原子本身产生某种分别时，他便获得了由其自身产生的责任。然后他立即将这种责任传递给基本物质［即原子］。（*Nat.* XXXV，［34］21-22 Arr.²）

这段话晦涩难懂，关于它的解读也引发了争论。[2] 但伊壁鸠鲁似乎确实区分了原子运动的普通的、自下而上的因果关系与个人的特定属性必须被认为发生作用的方式：他认为，这不仅是一种程度上的差别或者视角的不同（这大概指的就是从远处观看的观点）。相反（如果这种说法是正确的），他似乎设想出高于微观层面出现的一种

---

〔1〕艾弗森（Everson）对此的批评，参见 K. Algar, J. Barnes, J. Mansfeld & M. Schofield（eds.），*The Cambridge History of Hellenistic Philosophy*, Cambridge, 1999, pp. 553-557。

〔2〕另一处晦涩的段落参见下文关于 *Nat.* XXXV，［34］26 Arr.² 的注解。

新层面的因果力量，其活动在某种程度上是自主的，甚至可以反馈到微观层面的运行中。

然而，众所周知，如果伊壁鸠鲁确实采纳了这样两个层面的因果关系的观点，他并未试图对此进行说明；此外，对这段话的解读也可能不涉及在宏观层面上出现新的因果力量。伊壁鸠鲁可能只是否认：从个人是由原子根据自身运行规律构成的这一事实展开推论，声称原子本身而非个人需对行为负责。那么，这段话就不是为了论证物理主义（或还原论），而是为了指明物理主义者的决定论。[1]

即便如此，按照这种观点，伊壁鸠鲁的思想应该如何发展也不甚清楚，也没有切实的迹象（考虑到文献来源支离破碎，就应该谨慎发表评论）表明伊壁鸠鲁确实发展了自己的思想。也许他觉得寥寥数语就足以确证这种思想可能性，并且相比他归于德谟克里特（Democritus）及其追随者的那种关于思想和行动的完全决定论，此种思想更为可取，因为他认为这些人的观点在理性上是绝对不可接受的。在一个保存相对完好的残篇（*Nat.* XXV, [34] 26-30 Arr.²）中，伊壁鸠鲁指责他的德谟克里特主义对手没有看到决定论论点自我反驳的本质：他们"在辩论这个问题时假设他们的对手本身在胡说八道"。如果对手声称这种言论本身是必要的，那么他将被迫让步。

再者，伊壁鸠鲁如此抱怨的确切性质难以确定——他似乎并不认为让步本身就是坏事，只是在某种意义上，这一事实会让决定论者的立场变得空洞。问题的关键似乎是，即使是决定论者也有赖于

---

[1] 参见 K. Algar, J. Barnes, J. Mansfeld & M. Schofield (eds.), *The Cambridge History of Hellenistic Philosophy*, Cambridge, 1999, pp. 529-531。

自身论证的说服力——也就是说，他们应该指出其对手必须更正观点的理由。但是，某人仅凭理性行事，如果他能够行动的话，亦即如果他是自由的话（用伊壁鸠鲁的话来说，如果我们自身有一些"辅助因素或冲动"的话：*Nat.* XXV，[34] 29 Arr.²）——决定论者的观点涉及具体事例时至少是呆板的。这样的论证并不令人信服（任何一个坚定的决定论者都不会觉得它太过困难而无法反驳）——但它是微妙的。[1]

然而，还有一个不那么微妙但仍然重要的一般批评方案需要研究。它被精炼地概括在伊壁鸠鲁语录集当中：

> 那些说所有事件都是必然的人没有理由批评那些说并非所有事件都是必然的人，因为根据他的说法，这也是必然的。（*Sent. Vat.* 40）

所以有人说（从那以后不断被人提起）普遍决定论让赞美和责备、奖励和惩罚失去了道德评价的意义。我们在后文将回到斯多亚派对此的回应。

卢克莱修（Lucretius）让我们毫不怀疑，正是考虑到独立意志的真实存在明显是不可否认的，伊壁鸠鲁派才按照他们自己的做法行事；

> 此外，如果所有运动总是相互联系的，而新的运动以固定

---

[1] 参见 K. Algar, J. Barnes, J. Mansfeld & M. Schofield（eds.），*The Cambridge History of Hellenistic Philosophy*, Cambridge, 1999, pp. 529-531。

的次序从旧的运动中产生，而原子不会通过它们的偏斜而开启某种运动，违反命运的律令，造成原因不会永恒地接续产生，那么全世界动物的自由意志将从何处寻得呢？我问，那摆脱命运的意志从何处而来，我们因它而行为，每个人由此而为快乐所引导，就像我们的运动在时间和空间不定的情况下发生偏斜，而无论心灵将我们带向何方？因为毫无疑问，正是意志为我们开启了这一切，由于意志运动经由四肢延伸开去……这与我们被别人的强力所推动前进时的情况不一样……因为很明显，虽然整个身体的各部分都在移动，但这有悖于我们的意愿，而意志则会通过四肢让自己往回撤……所以根本上，你也必须承认……除了冲击力和重量之外，还有另一个运动的原因，这种力量（即意志）是从我们自身生发出来的，因为我们看到没有什么可以无中生有……心灵本身不应该对其所有行为都具有内在的必然性，并且会被克服，并且像它被迫遭受影响或者施加影响一样——这是由原子在不固定的地点或时间下的略微偏斜造成的。（Lucr. II. 251-293）

卢克莱修引入意志是为了避免因果行为的完全不可变更性的影响，以解释运动的中断、不规律的行为等现象。动物的行为有一个明显事实，即它们对刺激的反应与无生命物体的反应不同。假设以约翰逊式的方式踢石头，即使你没有驳倒伯克利，你无论如何也可能以某种能预见的不适为代价推动它飞出一定的距离——它所依循的轨迹是确定的，因为这原则上根据众所周知的物理定律便可以预测出来。另一方面，假如踢豹子，其结果就不太确定，无论是在豹子的运动轨迹方面，还是你自己随之引起的不适方面。正如亚里士多德所说，动物显然具有石头所没有的内在运动原则。

不过，指出这一事实是一回事，在其基础上反驳决定论则是另一回事，况且还远不清楚这是否还需借助任何类似于原子偏斜的东西。卢克莱修可能认为，因为动物"在不固定的地点或时间"，即在不依循单纯的机械定律的情况下发生偏斜，所以原子也必须如此。但这是一种十足的谬误，而且原子论者自己对事物产生可能性的一贯主张本应该告诫他们不必如此认为。简言之，卢克莱修在这段引文中所说的一切似乎都不涉及原子转向，或者实际上只是为了反对一般意义上的决定论，不涉及有关事物本质的决定论。[1]

五、斯多亚派对"大师论证"的回应：命运与必然

斯多亚派也受惑于狄奥多罗的论证，尽管他们希望拒绝这一结论（所有真理都是永恒的和必然的），但显然他们不确定如何才能做到。克莱安塞（Cleanthes），这位芝诺的直接继承者，似乎拒绝（T1）；[2] 此外，他的后继者克律西波否认（T2）（*Div.* I. 14）。[3]

---

〔1〕【中译按】此处原文是 "the crassest determinisms"，译为"彻底的决定论"含义不明，因为从上面引文看，卢克莱修似乎没有在形而上学的层面讨论决定和自由问题，所以将其译为"有关事物本质的决定论"。

〔2〕参见 K. Algar, J. Barnes, J. Mansfeld & M. Schofield（eds.），*The Cambridge History of Hellenistic Philosophy*，Cambridge, 1999, p. 516。

〔3〕克律西波采取了这种相当绝望的策略，这也留不住我们：他为此做出的辩护展现了斯多亚派语义学的一种特点，参见 R. Sorabji, "Causation, Laws, and Necessity," in M. Schofield, M. F. Burnyeat & J. Barnes（eds.），*Doubt and Dogmatism. Studies in Hellenistic Epistemology*，Oxford, 1980, p. 263。

无论如何，他们都觉得该结论令人深感不安——而且其中一定有问题。

这可能让人费解。毕竟，斯多亚派支持普遍因果关系的主张。大量文本证明，他们相信无所不包的、不可逃避的命运，他们以不同的方式将命运与宙斯的意志、宙斯本身和世界的"逻各斯"等同起来。此外，一些文本还表明克律西波相信命运的必然性：

> 克律西波曾说，必然和命运之间没有差别，称命运是永恒的、持续的、有序的运动。（*SVF* II 916；请比较 II 926）

命运被描述为原因的链条（或锁链）（*SVF* II 915, 917, 920 等），它以一种不可避免的决定性的方式展开；正如索拉布吉所写："斯多亚派用一系列词语来表示必然性，他们也用这些词语表示这种无所不包的命运。"[1] 最后，据说克律西波撰写了《论命运》（*On Fate*）的第一卷，旨在表明"一切都被必然性和命运所裹挟"（*PE* VI. 8. 1）。他们又如何论证索拉布吉所说的他们"从必要性中撤出来"的观点？

首先，请注意，克律西波说事物受到命运必然性的引导，而没说它们本身是必然的。这并不像看上去的那样无关紧要。在这里，我们需要略加考察斯多亚派是如何处理必然性和可能性的模态概念的，对此的合理解释在狄奥多罗讨论的相关问题那里正是哲学争论

---

[1] 参见 R. Sorabji, "Causation, Laws, and Necessity," in M. Schofield, M. F. Burnyeat & J. Barnes（eds.）, *Doubt and Dogmatism. Studies in Hellenistic Epistemology*, Oxford, 1980, pp. 261-262。请比较 *SVF* II 202, 528, 913-914, 917-918, 923-924 等。

的主题。狄奥多罗认为，必然性关乎永恒的真理问题；[1]斯多亚派的观点显然更为具体：

> 一个命题是可能的，当它被承认是真的，且没有外部因素阻碍它为真……必要的是指，它是真的，不被承认为假的，或者如果承认为假的，那么外部因素也会阻止它为假。（DL VII. 75）

在此提到的关于这些定义的解释在学界尚存争议（第欧根尼·拉尔修［Diogene Laertius］给出的例子不是很有启发性）。[2]"承认"这一概念的意思很含糊；并且在每个定义中的第二个条件，即所谓的"外部因素"指什么也是一个有争议的问题。

尽管如此，最合理的解释是，斯多亚派似乎打算把那些作为事实而被证明为真的事情视为必然的，而且其真理在此是无懈可击的（这与克律西波对［T1］的认可非常吻合，这也是"大师论证"的第一个前提）。后一句话可能会误导我们——对斯多亚派来说，总会存在一个因果关系的解释，来说明事情为什么会如此——没有简单地被证明为真的东西。试图根据"阻碍"的"时间"来解释的办法很有吸引力。我们通常认为是偶然的那种陈述，只有在当时确实

---

〔1〕 这有点不确定，但确实可以如此：他实际上给出的定义是"如果是真的，就不会是假的"（波爱修斯［Boethius］：《论解释》［De Interpretatione］）。但他显然力图通过"大师论证"证明永恒的真理。

〔2〕 参见 M. Frede, *Die stoische Logik*, Göttingen, 1974, S. 107-117; S. Bobzien, *Die stoische Modallogik*, Würzburg, 1986; M. Mignucci, «Sur la logique modale des stoïciens», in J. Brunschwig（éd.）, *Les Stoïciens et leur logique*. Paris, 1976, p. 317-346; K. Algar, J. Barnes, J. Mansfeld & M. Schofield（eds.）, *The Cambridge History of Hellenistic Philosophy*, Cambridge, 1999, pp. 118-120。

存在某种因果要素阻碍其成立的实际情况下，对斯多亚派来说才是必然的。

如果这种说法是正确的，那么斯多亚派可以避开一个明显的异议：如果你们关于必然性的定义成立，那么任何事实上被证明为真的东西都一定是必然的，这并非出于逻辑上的理由，而是因为，既然命运的展开具有铁一般的必然性，"现在"世界中存在这样的理由（以其因果过程的总体联系的形式），说明事情为什么会如此。毕竟，决定论应该与时间问题没有什么关系。但是，斯多亚派会回答说，请考虑一下什么是原因，或者至少考虑一下什么是完美原因。[1] 如果 A 是 B 的完美原因，那么 A 实际上造成了 B。由此，未来事件没有完美原因（重要的是，原因的完美特性不仅是戴维森［Davidson］式的因果必然性和充足性）。

这产生了两种不同的模态类型。第一种可以被称为"物种可能性"。在这种情况下，一些谓词 P 可能适用于自然种类 K 的个体，K 的子集 K′ 可以完成 P 的子集 P′，而其他事物则不能如此。因此，墨伽拉的菲洛（Philo of Megara）显然认为，海底的一块木头可以燃烧，只是因为木头天然具有易燃的特性。但其次，还有一种所谓的实际可能性，由于这种可能性，在目前的情况下，海里的木头现在不会燃烧。由此，斯多亚派将非实际物种可能性仅归在未来事件的案例中；但他们确实承认其中一些的可能性。斯多亚派仅在关于未来的案例中才接受菲洛的解释；否则，他们模态定义中的实际"阻碍"条件就会发生作用。

---

〔1〕关于"完美原因"，参见 K. Algar, J. Barnes, J. Mansfeld & M. Schofield（eds.），*The Cambridge History of Hellenistic Philosophy*, Cambridge, 1999, pp. 488-490。

如果这是对的，那么斯多亚派唯一适用的可能性类型是认识论的［而非形而上学的］这一说法就是错的。[1]请考虑亚里士多德举的例子：一件新斗篷会因日常穿戴而变旧，或者会被划破。在斯多亚派看来，由于物种的非永恒性（*sub specie aeternitatis*），只有它会变旧这件事会发生在它身上——命运的展开将确保这一点。然而，现在世界上没有什么东西可以阻碍其中任何一种结果的出现，因为目前没有任何关于事情的充分状态的原因表明这件斗篷会（或不会）被划破。因此，克律西波坚持认为命运是一连串不可动摇的前因系列是有道理的。

六、克律西波的命运观：弱决定论

西塞罗记载：

> 有两类古代哲学家的观点：一类在于有些人相信万物由命运发生，这种命运施加必然的力量，德谟克里特、赫拉克利特、恩培多克勒和亚里士多德持这种观点；另一类在于某些人认为存在自主的心灵运动，完全不受命运支配。克律西波，在我看来，似乎像一个民间仲裁官，想做骑墙派，尽管他其实更倾向于那些想让心灵摆脱运动必然性的人的观点……他却陷入这样的困境，乃至在违背自己意愿的情况下肯定了命运的必然性。（Cic. *Fat.* 39）

---

[1]【中译按】本句表示，斯多亚派所谓的"物种可能性"不仅仅是一种观点，还确实在事物发生和发展过程中起着实际作用。因此，译者做了这样的补充。

西塞罗将克律西波摆在这样两难的困境之中：一方面，克律西波不愿意放弃上述命题（4）；[1]另一方面，他仍希望肯定普遍的因果决定论。为了游走在这两种立场之间，他试图将"赞同"（*sunkatathesis*）从命运的掌控中解放出来。这是因为：

> 对于那些主张一切由命运发生的前辈哲学家来说，"赞同"是必然性势必产生的结果。此外，那些不同意他们的人则把"赞同"从命运中解放出来，认为如果让"赞同"屈从于命运，那么"赞同"就不可能脱离必然性了。他们是像下面这样论证的：如果（9）一切由命运发生，则一切由前因发生；（10）如果欲念是有原因的，那么随欲念而来的东西也是有原因的；因此，（11）"赞同"是有原因的。但（12）如果欲念的原因不在我们自身之中，那么欲念本身也不能为我们所掌控；（13）若是这样，那些由欲念引发的东西也不在我们自身之中。由此，（14）"赞同"和行动都不能为我们所掌控。由之推出结论：（15）在赞赏或斥责、荣誉或惩戒方面就没有正义。（Cic. *Fat.* 40）

我们在其他地方也看到了这种论证的大部分内容。它（对于反决定论者来说）有多重否定后件推理的方式：一旦否认（15），你就得承诺否认之前的原因（9）。相反，一个强决定论者会由于坚持（9）的真理而必然推出（15），得出平常的道德评价无效的结论。克律西波试图避免任何一个结论，他通过区分前因和内因来质疑以上论

---

[1] 参见 K. Algar, J. Barnes, J. Mansfeld & M. Schofield（eds.）, *The Cambridge History of Hellenistic Philosophy*, Cambridge, 1999, p. 520。

证的合法性，正如我们在上一章中看到的那样。[1]

克律西波并不否认我们的欲念是有前因的，因此（既然原因具有传递性）我们对这些欲念的赞同也有前因："赞同除非受到表象的刺激，否则不可能发生。"（Cic. *Fat.* 42）但是，前因本身并不是决定性的。它们只与其他因素，即它们作用的内部状态和诸多条件一起决定，并且这些原因在形式上不具有传递性。所以，我们的赞同的确是有原因的，但不是被决定的。克律西波在某种意义上认可（11），同样在某种意义上也认可（12），但他认为，二者在起作用的原因的概念上表现得模棱两可。无论什么"原因"让（11）为真，（12）的前因都不会随之而来；因此，上述论证不成立。

但这立马会让人感到费解：毕竟别处证实，克律西波确实将命运与前因等同起来（*Top.* 59；请比较 Plu. *Fat.* 574d）。然而，普鲁塔克（*Stoic. Rep.* 1056^b-1056^c）抱怨道，如果克律西波确实将命运归为前因，而没有将其归为正确行动和思想的完美原因，那么他的观点会陷入自相矛盾，因为前因被认为比完美原因的影响力更弱，但没有什么比宙斯的意志更强大（克律西波想将它与命运等同起来）。此外，命运一定是不可战胜的、不可避免的和不可摆脱的。

索拉布吉区分了克律西波论证可能采取的三种方式。[2]根据第一种方式（他倾向于此种方式），克律西波试图避免赞同的必然性。但正如索拉布吉所承认的那样，很难看出此论证如何借用普遍性代

[1] 参见 K. Algar, J. Barnes, J. Mansfeld & M. Schofield (eds.), *The Cambridge History of Hellenistic Philosophy*, Cambridge, 1999, pp. 490-494。

[2] 参见 R. Sorabji, "Causation, Laws, and Necessity," in M. Schofield, M. F. Burnyeat & J. Barnes (eds.), *Doubt and Dogmatism. Studies in Hellenistic Epistemology*, Oxford, 1980。

替必然性。第二种观点让克律西波提出关于道德责任而非必然性的观点——如果我们的行为部分源于我们内在的东西，那么我们就要对这些行为负责。[1]但是，我们也很难看出这一论证如何展开，因为我们注意到，亚里士多德已然明白，即使表明我们的性情等内在的东西对我们的行为负责，仍然不会由此确立任何真正的责任。最后，克律西波可能想要否认的不是必然性本身，而是命运的必然性。[2]这与西塞罗的描述非常吻合，也符合命运是一系列外部原因的观点。

如果这是对的，那么必然性的控制力就不会减弱，而命运本身也不会是这种必然性唯一的生成者和决定者。即便如此，也很难看出斯多亚派如何看待命运和命运的责任本身，如果命运是前因的系列，并且也具有决定性的话——因为前因本身并不具有决定性。仅当它们与事物中所包含的潜在因素在时间和因果序列中结合时，事件的决定性才会产生。但是，在另一种意义上，命运具有决定性：鉴于世界上维系的自然潜在性的结构，加上关于此种潜在性在物理和空间关系上的各种偶然的（宽泛意义上的偶然：此概念在此没有发生改变）事实，那么它们相互作用的全部历史将由拉普拉斯的顶尖科学家记录下来[3]——它们彼此的影响恰好是前因的作用。因此，回顾过去，我们可以说，在这种时空结构下，命运必然决定每一事件的结果。

----

〔1〕 参见 P. L. Donini, "Fato e volontà umana in Crisippo", *AAT* 109, 1974-1975, p. 187-230。

〔2〕 参见 R. Sorabji, "Causation, Laws, and Necessity," in M. Schofield, M. F. Burnyeat & J. Barnes（eds.）, *Doubt and Dogmatism. Studies in Hellenistic Epistemology*, Oxford, 1980, p. 274。他将这种解释归于弗雷德（Frede）。

〔3〕 【中译按】这里指"拉普拉斯变换"在随机（偶然）系统中的应用。

我们仍可给出一个非常清晰而连贯的理由，称事情可能以相反的情况发生：如果根据（原因的）不可能性（*per* [causal] *impossibile*），这种时空结构有所不同，那么事情可能，而且确实会出现不同的情况。如果是你而不是我收到扎拜奥内（zabaione）的再次邀请，那么布丁就会一直留在盘子里。这些可能出现的相反事实背后的真相根源才是现实世界的真实情况，而这些情况在各个重要方面都非常类似（上周你收到了扎拜奥内的再次邀请，但你婉拒了）。因此，可能性不会滑入必然性；它也不会仅仅在形式上成为认识论的。

因此，普鲁塔克对克律西波自相矛盾的指责也落空了。简单地说，命运，作为前因的集合，并不是万能的；但是真实世界的明显情况是，事情因此这样发生，事情不可能在这种原因系列中以另一种情况发生。宙斯的意志确实是不可动摇的。

七、命运与责任："命运交织"和"取决于我们"

人们还会问，责任的概念从何而来。我们可以允许克律西波区分内因和外因，我们甚至可以承认，在某种形而上学的意义上，内在因素才是维持这种因果系统运行的原因。但是，即使这表明在某种意义上，我们做的事情"取决于我们"，是因为我们个人欲望和信仰的结构等在因果关系上决定我们如何对刺激做出个体反应（如扎拜奥内的事例），这样就足以证明赞赏和责备归属于人了吗？尽管我的贪食显然要为我在甜点面前的失控（akrasia）负责（在同样的情况下，你的自控力也会引起你的克制），但我就得为自己的这种性情的表现负责吗？

这当然是亚里士多德遇到的难题：仅当我对自己品性（*hexeis*）的养成负责时，我才能对这种品性的不当反应负责。亚里士多德认为，伊壁鸠鲁似乎在这里也呼应了他的观点，[1]我们性格的养成有一个阶段，在性情固化成品性之前，它们还有很多改变的可能，我们能够影响它们的走向。在亚里士多德的解释中，通过行善，让其内化为我们的一部分，我们会变得善良（*EN* II. 2.1104^{a}11-4.1105^{b}18）。这个过程是以这种方法进行的：我们确实可以自由选择正路或者邪路。所以，虽然坏人现在真的不能不干坏事，但三十年前，他在还年轻时本可以不这么做。可以说，在我们性格的养成过程中，当它还取决于我们时，还存在发生变化的可能。

这并不容易理解；当我"自由地"选择作恶而不是行善时，为什么要假设我的选择在某种程度上不受约束，让我后来养成恶的生活方式？要明确区分出一类层次和二类层次的欲念，在这里是行不通的。（因为我出于二类层次的欲念进行选择，从而养成恶的性情，这本身不也是现有品性特征或外部压力的结果吗？）此外，亚里士多德强调了教养对于培养良好品性的重要性——但这在定义上肯定超出个人品性养成的控制范围了。

在这里只说一点就够了，主体的欲念、信念等在引起他的行为

---

[1] "从一开始，我们总有像种子一样的东西在较深或较浅的程度上指引自己走向这里，走向那里，既走向这里又向那里，指引我们行动、思考并养成性格。因此，我们希望养成的那些性格——这种或那种特质——起初完全取决于我们；并且那些必然的事物从我们的周围，经由我们的通道发生在我们身上，因此它们在某一阶段取决于我们，有赖于我们自己坚持的信念。"（*Nat.* XXXV，［34］26 Arr.^{2}）伊壁鸠鲁在此的解释难以确定，但其品性养成观的总体基调是不容置疑的。

方面起到了至关重要的作用，仅凭这一事实并不能证明他的所作所为在任何严格意义上都取决于他自己。这确实表明，他的行为是他自己造成的——是他自己做了这样的行为，从某种意义上说，那些被主要力量强迫产生的种种"行为"就不是此人自己做的。休谟的回应会转移伊壁鸠鲁的指责，即任何支持这种决定论的人都无法理解"强迫"这一概念（尽管我们仍可以捍卫那种更为微妙的观点，即强迫和自愿行为之间没有道德上的区别）。[1]但更麻烦的问题仍然存在——如果所有事情的发生都必然被命运决定，即使个人的实际性情也是决定那些后果的因果关系的一部分，那么怎样解释责任归属的问题才是合理的？斯多亚派认为，我们对自己的行为负责，因为我们的本性决定我们如何选择——也就是说，我们的本性（并且出于相关的评价的目的）对我们做出的决定负有一定的因果责任，因此我们的决定"取决于我们"。[2]但是，对此的反驳也很明显：

> 如果他们将冲动归咎于我们，理由是冲动是我们的天性，那么我们凭什么不能说失火是火造成的，因为火有燃烧的特性？（Nemes. 106. 7-9）

斯多亚派可能认为，引导个人从表象到行为的内在因果过程越复

---

〔1〕 值得指出的是，他的回应也可以为"强迫"这一概念留下余地，使其比单一的"主要力量"的含义更丰富、更有趣——在这种意义上，一种行为（例如，将钱交给武装劫匪）是被迫的，仅当主体的欲念与他所处的某种情形没有直接关系：在此情形下，他的行为自由（即他们的欲念涉及的一系列选择）被其他行为选择所左右（在这一事例中，劫匪提供了"要钱还是要命"的选项）。这些观点得益于我与我妻子珍妮弗·格林的多次讨论。

〔2〕 参见 Alex. *Fat.* 181.3-182.20, 205.24-206.2。

杂，那么行为的原因就越能归于该个体。但是，很难看出仅加深该过程的复杂程度，如何才能得到所需的结果，至少也要让责任像因果关系那样具有传递性。[1]

强决定论是一种选择——但正如索拉布吉所强调的，这在古代阐释得并不多。[2] 有一个关于芝诺的著名故事：

> 他曾经鞭打一个偷盗的奴隶，当后者说"我注定要偷盗"时，他回答说"还要注定被鞭打"。（DL VIII. 23）

但是，索拉布吉指出，虽然这故事与强决定论的立场相容，但绝不意味着这里一定就是强决定论的：这显然是为了说明斯多亚派的"命运交织"（*confatalia*）的学说。

对斯多亚派决定论的一般反对意见就是所谓的"懒惰辩"（*argos logos*）；如果一切自始就是被注定的，那么我对世界的任何干预有什么意义呢？西塞罗写道：

> 这一辩论如下："如果你能康复是命定的，那么无论你去不去就医都将康复；同样，如果你康复不了是命定的，那么你

---

[1] 当然，有人可能会否认，在恰当的意义上，责任完全是具有传递性的——据此，复杂的系统会展现一种"靠自己的生活"，在该系统中我们可以进行道德评价——但陈述这一立场是一回事，而为之辩护则是另一回事。

[2] 参见 R. Sorabji, "Causation, Laws, and Necessity," in M. Schofield, M. F. Burnyeat & J. Barnes（eds.）, *Doubt and Dogmatism. Studies in Hellenistic Epistemology*, Oxford, 1980, pp. 280-282. 盖伦是例外，参见 R. J. Hankinson, "Galen's Philosophical Eclecticism," in W. Haase（ed.）, *ANRW* II 36.5, Berlin/New York, 1992, pp. 3505-3522. 该文更详细地讨论了因果关系、决定和责任问题。

去不去就医都不会康复；而你康复与否都是命定的；所以，就不就医都没有意义。"（Cic. *Fat.* 28-29）

懒惰辩将决定论与所谓的伊斯兰宿命论混为一谈，就是无论你做什么，都会有特定的命运等着你。相比之下，真正的决定论者一定反对这种观点——他们会（斯多亚派也确实）说，无论我们做什么都是被预先决定的，哪怕是我们对懒惰辩的反应。以下是克律西波的回应：

> 一些事情是简单的，而另一些事情是复杂的，"苏格拉底将于那一天死去"是简单的，无论他做什么还是不做什么，死期都是确定的。但假若"拉伊俄斯（Laio）将有一个儿子俄狄浦斯（Oedipus）"是命定的，却不能加上"无论拉伊俄斯是否与妇人一起生活"，因为事情是复杂的和命运交织的（confatale）——他（克律西波）赋予这一名称，是因为他认为，拉伊俄斯将与他的妻子一起生活，并与之生下俄狄浦斯……所有此类谬论都能以这种方式进行回击。"无论你去不去就医都将康复"是谬论，因为就医和康复一起都是注定的。（Cic. *Fat.* 30）

克律西波在别处举了另一个切题的例子：即使赫格萨库（Hegesarchus）注定不出一拳就能赢得比赛，但以命中注定为由，指望他与一个未登记在册的卫兵战斗仍然是荒谬的（*SVF* II 998）。一般来说，"命运交织"的学说是指，如果某个事件 E 是命中注定的，那么 E 的所有必要条件也是注定的。因此，我吃扎拜奥内的甜点是因为我贪吃——我不仅注定要吃它，而且注定是贪吃的。我贪吃就解释了我为什么会吃它。至少在某种意义上我不能不吃它，但我的行为并不会仅仅因此失去意义。执拗的狂徒仍可尝试在彻底被决定着的宇宙中完善他们的论证，并且通过努力仍会成功（当然，他们也是被决定要如此努力的）。但是，他们是否这样做是被那些远不受他们自己控制的原因决定的。

八、预言和命运

正如我们在上文看到的，[1]宇宙在性质上是否是决定论的，这与未来是否可知的问题在逻辑上是不同的。但是，如果某人像古人常做的那样，假设仅当关于未来的确定原因在当前可知的情况下，未来才是可知的，那么对未来能够进行大规模精准的预测，这便取决于未来是被决定的事实。斯多亚派（帕奈提乌［Panaetius］是个例外）大体上相信预言；他们发现这种信念与他们的决定论相容，这让他们感到欣慰。事实上，有人指责他们对二者之间关系的观点是循环论证：

> 克律西波为我们如此说明，用另一个有待证明的东西来证明这一个。因为他想用预言来论证所有事物都遵循命运发生，而他想指明预言是成立的时候，也只能假设所有事物都依循命

[1] 参见 K. Algar, J. Barnes, J. Mansfeld & M. Schofield（eds.）, *The Cambridge History of Hellenistic Philosophy*, Cambridge, 1999, p. 519。

运发生。（*PE* IV.3.2）

然而，循环论证也不是坏事；我们的文本混淆了"解释"和"支持"两种不同的作用。预言成立的（推测性的）经验事实支持决定论的假说（其实，也许依据他们错误的观点，前者必然包含后者）；相反，决定论假说解释了预言，或者至少是相关解释的一部分。

当然，宇宙是被决定的这一事实并不能保证它的未来进程就一定是人类可怜理智的专有对象。也许这对于人类来讲太过复杂了。在这种情况下，要是有一位仁慈的神明，肯定会有所帮助，因为他对这些复杂的事实一清二楚——神明存在的信念是斯多亚派神学的特征所在。因此，如果我们能够知道未来，那对我们将是有好处的；诸神（或神明）有能力告诉我们宇宙是什么样子；并且他们关心我们；因此他们会告诉我们（请比较 *Div.* I. 101-102；*ND* II.161-168）。诚然，此论证的每一个环节都很脆弱——古代批评斯多亚派的学者正是利用了这种弱点（请比较卡尔内亚德的批评，可参见 *ND* I. 4；Gell. XIV. 1-36）。[1] 尽管如此，斯多亚派至少有一套神学和形而上学可以相互印证的融贯学说。

关于预言的争论的来龙去脉超出了本章的讨论范围。[2] 但此争

---

[1] 关于斯多亚派和一般的预言观，参见 R. J. Hankinson, "Stoicism, Science, and Divination," in *Method*, *Medicine and Metaphysics*, *Studies in the Philosophy of Ancient Science*, *Apeiron* suppl., Edmonton, 1988（21），pp. 123-160 和 A. A. Long, "Astrology: Arguments Pro and Contra," in Barnes *et al.*, *Science and Speculation*: *Studies in Hellenistic Theory and Practice*, Cambridge, 1982, pp. 165-192.

[2] 论证和反驳预言的种种观点可参见西塞罗的《论预言》。塞克斯都·恩披里柯《反学问家》（*Adversus mathematicos*）的第五卷汇集了相关论证，其中有许多可能源于卡尔内亚德的反驳。

论的一个特点很重要。斯多亚派给预言的定义是"对偶发事件的预测"（*Div.* II.13-15, 26）：但在斯多亚派的宇宙图景中，没有偶然的余地。事实上，斯多亚派顽固地否认确有真正的偶然性，这是漫步派攻击斯多亚派决定论的核心。[1]西塞罗确实试图指出，斯多亚派在这一问题上犯了形式上自相矛盾的错误。如果未来是偶然的结果，那么就无法预测，因为要是我们能知道某事件将要发生，那么就现在而言它就不可能不会发生；因此，它不可能是偶然事件。此外，西塞罗认为，获知这类事件的唯一基础一定是因果关系——该事件以类似规律的方式随已知的初始条件而产生。而在这种情况下，获知这类事件也不可能是偶然的。但斯多亚派在此问题上就没有什么困难，因为他们在认识论上明确地将偶然定义为"人类理解起来很模糊的原因"。[2]将一个事件描述为偶然事件，就是说我们无法根据已知的因果规律和初始条件预测它。当然，这与某些超乎寻常的理智可以预测因果的想法也没有冲突；因此，这类事件会以其他方式为我们所预测（例如，牛肝上的裂纹）。

这里争论的是预测迹象的性质。关于迹象的理论及其结果已在本卷的其他地方充分讨论过。[3]但简要地说，此争论是这样的。在某类迹象中，即在所谓的指示性迹象中，迹象事件具有这样的特征：它与它所指示的东西之间不只具有物理意义上的联系。迹象是

---

〔1〕 主要参阅 Alex. *Fat.*；我没有阐释漫步派自己的观点，因为我不确定本文是否能涵盖所有展开的内容。无论如何，这些观点很有吸引力，参见 R. W. Sharples, *Alexander of Aphrodisias*：On Fate，*Text*，*Translation*，*Commentary*，London，1987。

〔2〕 参见 Alex. *Fat.* 172.12, 173.13, 174.1; *SVF* II 965-971。

〔3〕 参见 K. Algar, J. Barnes, J. Mansfeld & M. Schofield（eds.），*The Cambridge History of Hellenistic Philosophy*，Cambridge，1999，pp. 286-294, 611-613。

一种标志，表明它与它所指示的东西之间存在确定的因果关系（还需要满足进一步的条件——但这些条件不必与我们有关）。相比之下，纪念性迹象只是用来提醒人们想起它所表示的东西：重要的是，二者之间并不一定具有任何因果联系。

众所周知，克律西波试图避免将预言的"定理"视为斯多亚派的条件句这种令人不快的做法，上述区分正是其背后的理路。如果

（T5）无论谁在天狼星升起时出生，都不会死在海上。

就是这样一个定理，而法比乌斯（Fabius）正好在那时候出生，那么

（16）如果法比乌斯在天狼星升起时出生，那么法比乌斯就不会死在海上。

这像是一个合理的条件句，是简单地将（T5）换入实例。但是，根据斯多亚派对真条件句的解释，[1] 若（16）要合理，则在前因和后果之间必须有相关性（与其如此，不如说是因果相关性）——后果为真，是由于前因为真。但是（16）似乎并不满足这个条件，因为法比乌斯在那时出生似乎并非他避开海难的原因。因此，克律西波重新将此命题表述为否定合取句。

（16*）法比乌斯在天狼星升起时出生与他死在海上，这两

---

〔1〕 参见 K. Algar, J. Barnes, J. Mansfeld & M. Schofield（eds.）, *The Cambridge History of Hellenistic Philosophy*, Cambridge, 1999, pp. 106-108。

种情况不能共存。

西塞罗记载了这样的做法，并嘲笑说，为什么医生和几何学家不能对他们的定理也做同样的事情：

> 若以这种方法，从必然结果的条件句转换为否定的合取句能不成功吗？（Cic. *Fat.* 16）

但他忽略了一点，这种重新表述并不承诺两个分命题之间存在任何必然的联系（或者更准确地说，如果它们之间存在必然联系，也是衍生出来的，而不是直接的）。这并不意味着它们之间不存在因果关系（比如，它们可能是某种更远原因的附带结果），尽管由于前文简要说明过的理由，它们之间似乎不一定存在这种关系。因此，尽管西塞罗对此报以戏谑之语，但克律西波在重新表述命题时表达了一种严肃的观点。

九、弱决定论

任何一个斯多亚派都不希望援引他的决定论来为人开脱罪责；事实上，他们严格的道德观非常重视个人在自我完善和道德精进方面的作为。但人们仍然怀疑，尽管克律西波试图在强决定论和伊壁鸠鲁派的原子偏斜说之间探寻一条中间道路，但决定论者的思想体系仍然有所欠缺，涉及惩罚和奖励的正当性——对他们来说，事情"取决于我们"的说法，其论证力还不够强大，无法由此论证道德评价的可行性。有一点可以肯定，决定论者可以解释这些事情发生的原因，也许他甚至可以从事情的有益结果出发解释其原因（例如，发展出一套关于这些事情的精进理论）。[1] 出于杀一儆百的需要（*pour encourager les autres*），犯罪仍会受到惩罚；威慑在决定论的宇宙中起作用，其实它起到的效果也最好。此外，决定论者不会固执己见，不试着改造罪犯，或者不维护社会的治安。但"放弃"的概念看上去很糟糕——古人并不情愿舍弃它。最后，让我们考察一下与此相关的文本，并结束本文的讨论。

斯多亚派进行了大量论证，旨在捍卫他们的主张：道德判断与他们的决定论是相容的。首先，他们认为，既然这种判断出于自然秩序的必然性，那么它们本身必须是自然的——赞美和责备是我们本性的一部分。人是理性的、会死的——也是审慎的：

> 他们（斯多亚派）认为，一切自然构成的东西都是遵循命运的，"自然的"与"遵循命运的"是一回事。他们继续说："因此，动物有感觉和冲动，这是遵循命运的。有些动物只是活动的，而另一些动物会进行理性的行动。有些人会做错事，而另一些人会做正确的事。因为这些对他们来说是自然的。但是，只要错误和正确的行为仍然存在，其本性和品质不被消除，就会有表扬和责备、惩罚和奖励。因为这就是他们所服从的序列和秩序。"（Alex. *Fat.* 205.24-206.2；请比较207.5-21）

---

[1]【中译按】斯多亚派认为，人们可以通过自我修为渐臻至善，即达致圣人的状态。故而此处译为"精进"。

正确和错误的行为与别的事情一样被记入事物的因果序列；因此，它们的后果亦复如是。芝诺的奴隶无权抱怨。这就直接引起一些问题。亚历山大（Alexander）本人中肯地提问，正确与错误的概念如何包含在斯多亚派的理论体系当中。他断言，正是因为那些引起道德评价的行为取决于我们，而不是外部力量的强迫，我们称它们是正确的或错误的才有意义。但是，这种观点在斯多亚派那里不成立，因为无论他们说什么，所有行动都是被迫的（Alex. *Fat.* 206.2-207.3）。

亚历山大有效地驳斥了斯多亚派，不仅要他们说明如何解释这一体系，还要他们说明如何在其中维护道德价值。他允许斯多亚派将这一体系的起源解释为自然的历史——但给出一个自然历史的解释恰恰是将它们说成不具实际内容而只有外观：这是强决定论，而不是弱决定论。

我认为，斯多亚派不能不在他们道德观念的内容上做出一些改变。进一步的问题是，这种改变会在多大程度上破坏原有的内容，以及这是否需要清空其中所有可识别出的道德评价内容。下文大致概括了斯多亚派在此问题上所需要的论证（他们是否真的这样做了则是一回事）。他们吸纳了亚里士多德的自然属性层次结构的观念；像亚里士多德一样，他们以目的论的方式解释这一结构（亚里士多德和斯多亚派的目的论之间的分歧在此无关紧要）。不同的动物会做各自的事情：它们独有的行为或最擅长的行为就是它们适合或确定的属性。他们这样做是出于自己的天性；因此，他们这样做是正确的。人有批评的天性，因此人做出批评的行为就是正确的。

但是，要发现这一论证的薄弱之处在哪里也不容易。首要的是，斯多亚派在此关于正确的概念可能被批评为含糊不清。也许

"正确"仅意味着"合适"或"恰当";从这个意义上说,用餐刀切肉食显然是正确的,而用它切生肉则是错误的。而且,在某种程度上,你可能会指责那些滥用工具的人。但是,你指责这把刀是荒谬的,因为它仅仅是一种工具而已;然而,人类如何仅因其自身结构的复杂性而在道德上扮演更丰富的角色,这在斯多亚派的体系中是难以理解的。

不过,斯多亚派还可以为自己的观点做进一步辩护。从天意来看,世界不仅是属性的层次结构,还是好的属性的层次结构。若是这样,我们当然可以认为世界逐渐接近至善是一件美事。因此,除了他们的属性学说之外,还有一种进一步的说法,解释为什么用餐刀切肉食或者人们进行批评的行为都算好事:这是仁慈的、天意的事物秩序中的一部分;神明让事物按照它可能被造就的样子变得美好(与强加在神明身上的物质限制不矛盾:*Diss.* I. 1.7-12;遵循柏拉图的观点:*Tim.* 29^e-30^b, 75^a-75^c)。[1] 但众所周知,斯多亚派认为所有发生的事情都是好的(例如参见 Marc. Aurel. IV. 10,23,26,并比较 II.3;请比较克律西波对臭虫的态度);[2] 因此,我们的赞美和责备不仅仅是一个事实——我们这样做还是件好事;在所有可能世界中,赞美和责备是因果关系所影响的最好结果的一部分。但是,若是这样,斯多亚派怎么能区分出行善和作歹呢?既然世界

〔1〕 这种对创造可能性的限制是由物质的坚固性所造成的,柏拉图、斯多亚派和盖伦都持有这种关于天意创造的观点。他们由此可以避开那些众所周知的难题,这些难题与"我们的东西是可能世界中最好的"这一观点有关。参见 R. J. Hankinson, "Galen and the Best of All Possible Worlds," *CQ* 39, pp. 206-227。

〔2〕 参见 K. Algar, J. Barnes, J. Mansfeld & M. Schofield(eds.), *The Cambridge History of Hellenistic Philosophy*, Cambridge, 1999, pp. 467, 504。

是尽善尽美的（在这个特定的阶段），它还朝着至善不断精进，而且其中发生的每一事件都是精进的一部分，还对这种精进有所助益，那么每一事件都一定是好的。

我相信，斯多亚派在某种意义上做过这种辩护。但是，他们没有因此裹足不前，而是发展出了一种关于个人行为和事件的相对正确和错误的特殊概念，此概念依赖于指示当下的和永恒的价值判断之间的区别。让我们考虑一下那些错误的行为，无论是通常意义上的，还是斯多亚派所认为的（因为众所周知，斯多亚派不认同通常意义上的道德：*PH* III. 200-201，205-206 等），例如谋杀。谋杀是一个事件，因此可以用来举例。假设 X 在时空区域 S 处杀死 Y。我们既可将此行为视作（a）谋杀这种行为本身（*tout court*），亦可视作（b）谋杀的一系列情况。在其他条件相同的情况下，谋杀是错误的；因此，就（a）其性质本身而言（*sub specie*），我们对此表示谴责；不过，从（b）来看，这也是一个有助于世界完善的事件，所以我们对此表示欢迎，但不是因为这种行为是错误的（它仍然应受谴责），而仅是因为它是有益的。我们甚至可以再增加一点新的内容：这种行为是错误的说法为真，其根源正在于这样一个事实，即当世界达致完满状态时，不会存在（a）类型的行为，我们也因此能够按照自己的方式做出（b）这种评价。

因此，斯多亚派可以在这种特殊概念的意义上对行为做出真正的评价。不过，评价某行为是一回事，而评价事主负有责任是另一回事。我认为，斯多亚派的反对者可以在此做文章。作为一个斯多亚派，我可以认为你是一个极其无聊的人；我也可以希望你不是这样的人；我可以期待有那么一天这个世界只存在有趣的人。但是，让你承担超出你自身本性所应该承担的责任，似乎是不公平的。

十、命运和道德精进

最后，我会讨论斯多亚派的道德精进观如何与他们的决定论相联系。在上文，我将斯多亚派的决定论与宿命论区分开来。宿命论认为，无论你做什么，你都命中注定要如此。但是，斯多亚派有时似乎发生了错位，至少坚持类似于有限宿命论的立场。最为著名的例子是，他们将人类命运比作拴在马车后面的狗——狗可以情愿跟着走，也可以勉强地走：但无论哪种方式，最终结果都是一样的（*Ref. I. 21*）。这似乎表明，与到目前为止的论证相反，斯多亚派认为人类具有某种休谟所谓的自发性的自由。人们无法选择事情会怎样，但可以在某种强烈的意义上选择是否喜欢它。因此，人类的选择在某种意义上是真实的——但这种选择与世界本身的运行没有因果关系。

但是，如果以前发生的事情哪怕有一丝一毫是对的，也不可能是完全正确的。狗和马车的例子不会让人特别高兴，正因为它确实带有宿命论的色彩：无论如何，它可以按因果关系结构的非宿命论观点加以解释。我认为，其关键在于我们对待自己的精进行为的态度。斯多亚派认为，我们在真正成为圣人时才不会犯任何错误，每一次精进行为的表达都应受到一个心理底线的限制，即对"神明意愿"的掌控力的"存心"（*huphexairesis*）。[1] 我想做某事，仅当它

---

[1]【中译按】斯多亚派认为，人的行为应当遵循"神明意愿"，即世界的逻各斯或自然的规律。因此，我们在具体行动时，应当怀有自己的行为是否符合自然的权衡和考虑，所以将"*huphexairesis*"译为"存心"。

实际会发生（并且根据定义，它是命运展开的一部分）的时候。斯多亚派的目的是，让自己的冲动和欲念尽可能与事情发展的实际方式相协调；他不会为不可能的事情努力。现在，这可以用宿命论来解释，如果某人假设事情的发展方式是确定的，与人类的决定和欲念没有关系。但它不需要这样的解释；我们到目前为止知道的斯多亚派立场都表明，他们拒斥这种解释。我越接近道德的完满状态，我欲念不能实现的挫败就会越少。在完美的世界里，根本不会有这样的挫败。斯多亚派认为，世界正在朝着如此完美的方向不断精进。当然，它的精进是确定的——而这种精进部分是由人类的欲念及其挫败所推动的。但是，正如我们所看到的，我们可以理解这样的说法：即使挫败不好，有这样的挫败也是好的。这种观点是连贯的，非宿命论的（它并没有断言无论做出什么决定，事情都会是一样的）。不过，对这一观点还有什么可说的，那就另当别论了。

盖伦和中期柏拉图主义者论辩证法和知识[*]

Riccardo Chiaradonna^[1] 戴碧云^[2] 裴浩然 译

纪念马里奥·维吉提（Mario Vegetti）

一、辩证法的含义

本文重点介绍盖伦在后希腊化哲学争论的背景下关于辩证法的观点。该主题在哲学和历史层面上引发了一些有趣的问题。区别于同时代其他作者，盖伦使得厘清辩证法本质和地位的辩论得以可能，而这些辩论又涉及斯多亚派、柏拉图主义者和亚里士多德主义哲学家。他对辩证法的论述及对不同理论的引用，为理解哲学在后希腊化时期诸种可能的选项及其间差异、互相作用提供了关键证据。除此之外，这些关于辩证法的段落有其内在旨趣，因为它们使

* 本文选自 *Dialectic after Plato and Aristotle*, Thomas Bénatouïl and Katerina Ierodiakonou（eds.）, Cambridge University Press, 2019, pp. 320-349. 我非常感谢在 Pont-au-Mousson 参加过论文研讨的人，该论文构成了本章的基础。特别感谢 Thomas Bénatouïl 的一些书面意见。还要感谢 Matyáš Havrda、Anna Maria Loppolo 和 James Wilberding，他们友好地阅读了本文初稿并发表了一些有价值的评论。

〔1〕 奇亚拉多那（Riccardo Chiaradonna），罗马第三大学古代哲学教授，研究领域为普罗提诺、古代柏拉图主义、亚里士多德、古代亚里士多德传统等。

〔2〕 戴碧云，清华大学科学史系博士生，剑桥大学科学史与科学哲学系联合培养。

评估盖伦独特的哲学和认识论观点的某些方面变得可能，更准确地说，使评估他分析日常语言的复杂方法得以可能。

在这里，盖伦关于辩证法的观点彻底平行于他同时期的柏拉图主义哲学家们。从普拉克特（Karl Praechter）开始，"中期柏拉图主义"这一表达就被用于描写柏拉图学园（Academy）之后，普罗提诺（Plotinus）之前的柏拉图主义者。这个分类武断而有争议，但是我将继续使用"中期柏拉图主义"作为一个尽管有争论但确实有用的表达，以概括盖伦时期的柏拉图主义，只要这种柏拉图主义不同于普罗提诺主义和后普罗提诺的柏拉图主义。[1]盖伦的哲学计划当然与柏拉图和柏拉图主义紧密相连，以至于盖伦有时会被认为是柏拉图主义者或者中期柏拉图主义作者。在我看来，这个结论是错误的。无论我们怎么理解中期柏拉图主义，事实是，柏拉图主义者这个标签不能用在盖伦身上，至少，不能在毫无严格限定的情况下使用。盖伦将柏拉图作为主要的哲学权威，柏拉图主义者也做了相同的事情（*PHP* 5.478K.）[2]。如果我们将"柏拉图主义"广泛定

---

〔1〕 对于这一分类的辩护，请参见 Donini 1990（反对 M. Frede 1987b）。在本文中，我将主要提到阿提库斯（Atticus）、阿尔吉努斯（Alcinous）和柏拉图《泰阿泰德》（*Theaetetus*）的匿名注疏者，他们的观点可以有趣地与盖伦的观点相提并论。众所周知，阿提库斯生活在公元 2 世纪。阿尔吉努斯的情况不太明了，因为他的《柏拉图学说指南》（*Handbook of Platonism，Didaskalikos*）的年表令人怀疑，并且无法找到确凿的证据表明这部作品是在 2 世纪创作的。我倾向于认为《柏拉图学说指南》的早期时间（公元前 1 世纪或公元 1 世纪）比后期时间（公元 2 世纪或 3 世纪早期）更不可信。然而，这对我的论点来说并不重要。这同样适用于《〈泰阿泰德〉匿名疏证》（*Anonymous Commentary on the* Theaetetus）：无论其确切的创作日期如何，Sedley 1995：254-256 认为该作品创作于更早的公元前 1 世纪，但他的论点在 Brittain 2001：249-254 和 Bonazzi 2003b 中得到了批判性讨论，这项工作肯定包含一些与盖伦有趣的相似之处，它们指向一个共同的背景。

〔2〕 根据库恩的版本，对盖伦作品的引用以罗马和阿拉伯数字给出（库恩未收录的作品除外）。最近的版本，例如 *CMG* 和 Les Belles Lettres 的版本，也遵照库恩的分页。关于盖伦作品中使用的缩写列表，请参见 Hankinson 2008：391-397。

义为对柏拉图理论的效忠，那么盖伦如阿提库斯、阿尔吉努斯和普鲁塔克（Plutarch）一样是柏拉图主义者，然而盖伦将自己定义为折中主义者（eclectic）(*Lib. Prop.* 19.13 K.; *Aff. Dign.* 5.41-43 K.)，而且他对于包括柏拉图主义者在内的门派哲学家（school philosophers）的态度并不友好。更甚的是，盖伦对于柏拉图的广泛使用和他对柏拉图作为权威的广泛接受完全不同于我们现在发现的后希腊化时期的柏拉图主义者。即使我们保证那时候有不同类型的柏拉图主义流派，盖伦的议题也过于特殊，以至于不能等同于我们发现的 2 世纪的任何柏拉图主义类型（尤其是考虑到他对哲学和医学的看法）。并且，对此我们只需说盖伦从未谈到理念的理论，并且在诸如神的本质、世界的产生和灵魂不朽等问题上是不可知论者（参考 *Prop. Plac.* 2-3）就足够了[1]。于是我们面对两种可能：（A）如果我们把盖伦放在他那个时代的柏拉图主义的背景下进行评估，并且相信盖伦作为折中主义者的自我评价，那么我们应该得出盖伦不能被视作柏拉图主义者的结论，尽管盖伦对柏拉图有崇敬之心，以及存在一个共同的哲学背景使得盖伦能够和一些（中期）柏拉图主义哲学家关联起来。[2]（B）与此相反，如果我们把"柏拉图主义"作为一个哲学范畴，那么，盖伦确实可以被看作支持一种（有点特立独行的）柏拉图主义，剔除了形而上学，充分强调诸如辩证法和划分、自然目的论论述和灵魂的三分以及三重存在（the soul's tripartition *cum* trilocation）等理论。这两种选择有其合理之处；然而，由于本文的重点是盖伦和他那个时代的柏拉图主义哲学家，而且正如我们将看

---

[1] 关于盖伦在 *Prop. Plac.* 的不可知论，可参见 Pietrobelli 2013；Vegetti 2013: 168-174。

[2] 进一步讨论，可参见 Chiaradonna 2009a；Vegetti 2015。

到的，盖伦的哲学立场与他的柏拉图主义同仁的哲学立场有关键性的不同，尽管肯定与之相关，我一般会避免称他为柏拉图主义者。

我首先希望关注盖伦对于"辩证法"这一术语的使用。的确，这不是盖伦最喜欢的术语，并且盖伦对于辩证法的态度模棱两可。在盖伦的文集中，辩证法及其同义词的出现次数约为 90 次。

（1）这个术语有时可以被很好地翻译为"逻辑"（见 e.g., *Sect. Int.* 1.77 K.；*Ord. Lib. Prop.* 19.59 K.；*Diff. Puls.* 8.624 K.）。这是一个提供分析和辩论技术的学科，[1] 其意涵有非常明显的斯多亚派来源，但是盖伦并不认为这仅限于斯多亚派（比如辩证法不仅仅与斯多亚派相关，同样与泰奥弗拉斯托斯［Theophrastus］和《论治疗方法》［*De Methodo Medendi*, *MM*］10.28K. 中的辩证家希罗菲勒斯［Herophilus the dialectician］相关）。这大概是盖伦时代的"辩证法"含义。从这个角度来看，辩证法是盖伦科学方法的重要部分，因为他将逻辑作为辨别真伪、一致和自相矛盾的技艺（e.g., *MM* 10.9 和 18 K.；*Art. Med.* 1.245 K.；*Ord. Lib. Prop.* 19.50 K.），此外，盖伦宣称，逻辑可以，且只有逻辑可以引导人去发现真理（*MM* 10.28 K.；*Simpl. Med.* 11.462 K.；*Ord. Lib. Prop.* 19.53 K.）。这解释了他独特的观点，即好医生应该是得力的逻辑学家，逻辑学对医学的各个方面（包括临床实践）都至关重要。[2] 然而，事情比这个更复杂一点。这里值得关注在 *MM* 10.9 K. 中盖伦对古代医生希波克拉底、迪奥克勒斯和普拉萨戈拉斯（Hippocrates, Diocles and

---

〔1〕 这也是盖伦的《逻辑研究》（*Institutio logica*, *Εἰσαγωγὴ διαλεκτική*）标题中"辩证法"的意义，如果这个标题确实来自盖伦本人的话。

〔2〕 关于这一点，参见 Barnes 1991, 1993a 中的基本讨论。

Praxagoras）的称赞，用以抵抗方法论者塞萨勒斯（Thessalus）。盖伦称这些老者们是：

> 精于辩证法的睿智的人，受过在虚假中辨识出真理的训练，知道以适当的方式区分逻辑的结果和矛盾，从小钻研证明方法的人。[1]

在这里，辩证法是好医生的一个逻辑技巧，然而它不是盖伦清单上的唯一，相反，盖伦把辩证法看作被冠为"证明方法"的一系列技能中的一个。证明（ἀπόδειξις）才是盖伦科学方法的核心概念，而不是辩证法。他写了著名的十五卷本的《论证明》（De Demonstration，DD），对这本书特别自豪，他认为这是经过适当科学训练的医生不可缺少的读物（见 Ord. Lib. Prop. 19.53 K.）。[2]值得一提的是，盖伦的哲学著作是《论证明》（Περὶ ἀποδείξεως），而不是《论辩证法》（Περὶ διαλεκτικῆς）。就像巴恩斯（Barnes）在几篇文章中所表明的，盖伦对逻辑持有一种绝对的功利主义态度，因为他坚信不应该研究逻辑本身，除非它为证明提供方法。[3]因此，

---

〔1〕 原文为：Ἄνδρας παλαιούς, διαλεκτικούς, ἐπιστημονικούς, ἀληθὲς καὶ ψευδὲς διακρίνειν ἠσκηκότας, ἀκόλουθον καὶ μαχόμενον ὡς χρὴ διορίζειν ἐπισταμένους, ἀποδεικτικὴν μέθοδον ἐκ παίδων μεμελετηκότας. MM 1-2 采用 Hankinson 1991 的翻译（有一些细微的变化）。有关希腊文本，请参阅 Johnston 和 Horsley 2011。

〔2〕 关于盖伦的《论证明》，参见 Muller 1895。最近的贡献包括 Chiaradonna 2009b；Havrda 2011, 2015, 2017; Koetschet 2015。根据 Havrda 的说法，盖伦的《论证明》可以合理地被视为亚历山大的克莱门特（Clement of Alexandria）Strom 8 的来源（至少本书的某些部分，尤其是 Strom 8.3.1-15.1）。这是一个有吸引力的假设，但本文不会讨论克莱门特的材料。

〔3〕 参见 Barnes 1993a。

逻辑学中那些对这一目的没有用处的方面应该被直接忽略（关于这种态度，请参考 *Lib. Prop.* 19.39-40 K.）。当然，盖伦对辩证法的态度并不是片面的：辩证法被称赞为良好医学培训的重要组成部分（方法论者的医生明显缺乏这种培训），但当辩证法自说自话，使用的方式对科学毫无用处时，又会被批评。

（2）"辩证法"的第二种以及更严格的含义在盖伦那里得到了充分的证实，他明确地把它与亚里士多德的《论题篇》（*Topics*）联系起来（*PHP* 5.222 K.）。辩证法现在被认为是逻辑学的一个部分，它侧重于某些具有特定前提的论证。辩证的前提不同于科学的和论证的前提：从这个角度看，"辩证"不是逻辑的下位概念（genus term），证明也不是辩证法的进一步区分。事实上，辩证法和证明被视为不同且对立的两方。盖伦将前提划分为四种，这一划分尤为著名（科学或证明的、辩证的、修辞的和诡辩的：*PHP* 5.221-222 K.），无疑体现了盖伦对亚里士多德辩证法观点的兴趣（以及对斯多亚派辩证法观点的不满）。然而，始终值得注意的是，盖伦赋予了辩证前提两个主要特征，而这些特征与亚里士多德的辩证法论证只有部分相似。（A）辩证法的前提脱离了（ἔξωθεν）事物的本质，然而它们对一种辩证法的训练或练习还是有用的（*PHP* 5.221 K.，注意盖伦提到了苏格拉底的医学方法）。[1]（B）这些前提基于我们对事物特性或属性的把握，反映了一种前科学知识（*PHP* 5.273 K.）。不同于亚里士多德，在《论希波克拉底和柏拉图的诸种学说》（*PHP*）的相关段落中，盖伦并没有将辩证的前提与普遍意见（endoxa）或与有价值的意见联系起来；他也没有将关联辩证

----

[1] 关于这一点，请参见 Gourinat 2013：45-46 的评论。

的前提与"令人信服"的特性联系起来（说服［pithanon］，盖伦认为这是修辞学前提的一个特性：关于辩证法和说服概念的不同观点，见 *Alex. Aphr.*, *in Top.* 3.18）。[1] 恰恰相反，根据盖伦的说法，辩证的前提对应于一种关于事物及其属性的前科学知识。因此，辩证的前提既不是虚假的，也不仅仅是有说服力的。它们是从实际的属性和特性中派生出来的，从这个角度来看，它们与科学的前提具有完全相同的地位（见 *PHP* 5.227 K.：基于基础［ἀπὸ τῶν ὑπαρχόντων］；5.273 K.：基于基本和共性［ἀπὸ τῶν ὑπαρχόντων τε καὶ συμβαινόντων］）。事实上，科学和辩证法的前提都是我们可以称之为"实际"前提的子集（即从事物的实际属性得出的前提）。两者之间的区别在于，科学的前提选择了那些基本的实际属性，即与所讨论的事物相关的属性，而辩证的前提则不是这样，辩证的前提只是列举了每一个事实属性，而没有提供一个理由来划分那些基本的属性和那些真实但外部的属性（因此，辩证的前提比科学的前提更多）。[2] 当然，这可以帮助解释为什么盖伦把辩证的前提作为

---

〔1〕 参见 Tieleman 1996a：18。为了进一步讨论 endoxon 和 pithanon 的概念，我参考了 Tobias Reinhardt 所作的本卷第七章。【中译按】即 *Dialectic after Plato and Aristotle*，第七章，pp. 218-253。

〔2〕 参见 *PHP* 5.273K.：Τὰ δὲ γυμναστικὰ πάμπολλα· καθ' ἕκαστον γὰρ τῶν ὑπαρχόντων τε καὶ συμβαινόντων τῷ πράγματι συνίσταται。在这里，盖伦似乎认为，辩证的前提和科学的前提可以具有相同的内容，因为辩证的前提是从事物的所有属性中提取出来的，而科学的前提则提供了在这些属性中选择与所研究的事物有关的那些属性的理由。然而，盖伦在其他地方声称，科学和辩证的前提关注不同类别的属性：因为，不像科学的前提，辩证的前提来自被调查事物的外部属性（参见 *PHP* 221 K. 和 5.250：Κχρὴ γὰρ οὐκ ἀπὸ πάντων τῶν ὑπαρχόντων τῷ προκειμένῳ πράγματι τἀληθὲςλαμβάνειν ἀλλ' ἀπὸ μόνου τοῦ συνημμένου τῷ προβλήματι）。根据第一种阅读，同样的前提可以被认为是辩证的和科学的，因为从事物的实际属性中提取出来的前提是辩证的，只要把这一属性的存在记录下来，然而，当一个人提供了一个理由来选择与调查相关或必要的属性时，它就是科学的。根据第二种阅读，辩证前提和科学前提是从不同类别的属性中提取出来的，而辩证前提仅仅是从外部属性中提取出来的（与本质或所谓的"内在"属性相对）。

发现的起点（*PHP* 5.221 K.）：列出一个事物的真实属性是发现这些属性中哪些是本质的第一步。辩证法的前提只是列举了事物的事实属性，而科学的前提则提供了一个选择本质属性或解释属性的理由。例如，胸部中间的位置确实是心脏的一个真实或实际的属性，但在确定心脏是否统领整个动物的科学问题上，它并没有意义（*PHP* 5.229 K.）。大脑也是如此，它在头部或身体"卫城"的实际位置并不能成为大脑是理性能力所在地的科学证据（*PHP* 5.230 K.）。请注意，众所周知，盖伦拥护柏拉图主义关于理性所处位置的观点：他不同意的是，人们可以仅仅根据大脑的位置来科学地论证它，即通过选择大脑在其实际属性中的位置来达到这个目的。

（3）另一个问题是"辩证法"与一般语言中的名称或词语及对其含义的分析之间的联系，我将在后面详细讨论这个问题。[1]在《论脉搏的差异》（*Diff. Puls.*）中，盖伦把普纽玛派医生阿奇基斯（Archigenes，盖伦批评他武断地使用语言）算作"伪辩证法家"，他提到了辩证法从解释"名字的概念"开始的观点（见 *Diff. Puls.* 8.629-630 K.）。此外，盖伦还抱怨那些从事有关"名称的正确性"的辩证法争论的医生（见 *Di. Dec.* 9.788-789 K.）。[2]盖伦经常强调语言的局限性，并明确将文字知识与事物自然的知识对立起来（例如，*MM* 10.44 K.；*Diff. Puls.* 8.496 K.）。[3]从这个角度来看，鉴于人类知识的特点（和局限性），语言只不过是一种不可缺少的、

---

[1]　参见 Barnes 1991：73；Hankinson 1994；Morison 2008a。

[2]　Morison 2008a：130，他广泛地讨论了盖伦关于名字正确性的观点。

[3]　进一步参考资料和讨论在 Morison 2008a：139。

不完善的、有风险的交流工具。[1]然而，盖伦也建议，对日常语言中的词义进行分析对于科学研究是必要的，因为这些词义与我们的共同概念有关，而这些概念决不是误导或规定性的。相反，共同概念是所有人类共享的一套基本概念，它提供了一个事物的前理论的知识。这种前科学知识应被视为适当知识的起点（正如辩证法的前提一样）。盖伦认为，"概念定义"（使共同概念得以清晰的术语定义）不仅是真正知识的起点，也是人们评估科学定义的标准（见 *Diff. Puls.* 704-708 K. 和第三节）。

盖伦对语言的分析再次采取了有点矛盾的态度，与他对逻辑的态度相当。语言不应该为其本身而得到研究：因为这种研究有可能成为一种自说自话和误导的言语练习。然而，盖伦并没有以任何方式从中推断出一般语言应该被忽视。他似乎是在暗示，日常语言具有至关重要的地位，因为词语具有的意义，如果适当地加以探讨，可以看到其与我们的共同概念相对应。关键问题在于分析语言（通用希腊语），以便选择那些反映这种真正知识的特征（例如，盖伦认为 *MM* 10.40 K. 中"疾病"一词的真正普通含义），并修正那些可能被证明具有潜在误导性的特征（例如，介词"源于"[apo]在芝诺关于理性之所在的论证中，既表示"出自"也表示"由于"：见 *PHP* 5.258-259 K.）。[2]盖伦对语言模糊性及其分析的强调（见

---

〔1〕 根据盖伦的观点，关于语言的极限，参见 Reinhardt 2011 和本书第 245 页注释 1。

〔2〕 参见 Morison 2008b：81-82。盖伦对普通希腊语的态度，参见 Morison 2008：146："盖伦认为哲学的真正原因和医学作家应该遵循的希腊语的使用必须是这样的：成功的沟通，包括明确的表达，当人们就如何使用词语达成协议时，就实现了明确性。既然沟通是使用语言的首要目的，那么词语的使用应该始终是人们同意的。如果你不像周围的人那样使用词汇，你就无法让别人理解你的意思。"

Soph. 14.586-589 K.）反映了一种态度，汉金森（Hankinson）通过奥斯汀的口号来描述它："日常语言不会是最后一个词；但它是第一个词。"[1]

前面的评论可能有助于阐明盖伦提到辩证法的三个主要语境，即作为整体的逻辑学，逻辑学中侧重于辩证前提（不同于科学／证明前提）论证的部分，以及对名称或词及其含义的研究。这些部分当然是有联系的，而且部分是重叠的，但很难在盖伦的作品中找出辩证法的一贯含义，甚至是对它的一贯态度。相比之下，盖伦对证明的态度是相当明确的，而且是毫不含糊的积极态度。

我现在想考虑一下盖伦和中期柏拉图主义之间一个著名的平行关系，即对逻辑方法的列举和讨论。盖伦经常提到"逻辑"或"证明"方法（这两种表达方式可以互换）。[2]这种方法是逻辑的不同部分，是科学推理所必需的。在 *PHP* 5.796-797 中，盖伦将各种方法归为三个标题。（A）与划分（division）和综合有关的方法；（B）关于必然性和不相容论的知识；（C）处理事物的相对变化的方法，包括多和少、同等、相似和类似（这包括关于相同和不同的知识）。在这段话中，盖伦认为柏拉图简明扼要地阐述了这些方法，并在这些方法上训练了我们（盖伦指的是柏拉图在《理想国》第四卷［*Resp*.4］中对灵魂三分的证明）。

---

[1] Hankinson 1994: 180.

[2] 证明方法（ἀποδεικτικὴ μέθοδος）：*CAM* 1.266 K.；*UP* 4.21 K.；*Pecc. Dign.* 5.64 K.；*PHP* 5.220, 590, 592 K.；*MM* 10.113 K.；证明方法：*Pecc. Dign.* 5.64 K.；逻辑方法（λογικὴ μέθοδος）：*Hipp. Elem.* 1.486 K.；*Pecc. Dign.* 5.88 K.；*MM* 10.28 K.；逻辑方法：*Art. Sang.* 4.729 K.；*Pecc. Dign.* 5.89 K.；*Diff. Feb.* 7.280 K.；*MM* 10.38 K.。有时，盖伦有时将证明和逻辑视为同义词，参见 *Pecc. Dign.* 5.91 K.：χωρὶς ἀποδείξεως καὶ μεθόδου λογικῆς。

盖伦对逻辑或证明方法的描述有时与阿尔吉努斯的"辩证法"部分的清单并行。在他的《柏拉图研究指南》(*Did.*)中，阿尔吉努斯实际上提供了两个清单。在 *Did.* 2.153.30-37 处，他提到了划分、定义、归纳、三段论（分为证明、表证、修辞，最后是诡辩）。而在 5.I56.30-33 处，可以找到另一份稍有不同的清单：划分、定义、分析、归纳和三段论。[1] 这些观点当然不是阿尔吉努斯所特有的：因为根据塞克斯都（Sextus）的说法，"一些教条主义者说，辩证法是一门关于论证、归纳和定义的科学"(*PH* II.213，由 J. Annas 和 J. Barnes 转述，略有改动)。[2] 阿尔吉努斯的逻辑学部分至少与盖伦的逻辑 / 证明方法部分有部分重叠。两份清单都以划分开始，都提到了分析和综合的方法（注意，盖伦提到了划分和综合，而阿尔吉努斯提到了划分和分析）。与盖伦不同的是，阿尔吉努斯在划分中加入了定义。然而，划分和定义之间的联系是如此紧密，以至于盖伦对划分的提及可以被视为包括定义。[3] 阿尔吉努斯对逻辑学的分类让人想起盖伦在他的《论希波克拉底和柏拉图的诸种学说》中对前提的分类（而塞克斯图斯的通用标题三段论（συλλογιστική）

---

[1] *Did.* 3.153.30-37: Διαιρεῖται δὲ αὕτη εἴς τε τὸ διαιρετικὸν καὶ τὸ ὁριστικὸν καὶ τὸ ἐπαγωγικὸνκ αὶ τὸ συλλογιστικόν, τοῦτο δὲ εἰς τὸ ἀποδεικτικόν, ὅπερ ἐστὶ περὶ τὸν ἀναγκαῖον συλλογισμόν, καὶ εἰς τὸ ἐπιχειρηματικόν, ὃ θεωρεῖται περὶ τὸν ἔνδοξον συλλογισμόν, καὶ εἰς τρίτον τὸ ῥητορικόν, ὅπερ ἐστὶ περὶ τὸ ἐνθύμημα, ὃ καλεῖται ἀτελὴς συλλογισμός, καὶ προσέτι τὰ σοφίσματα. 5.156.30-3: Ὡς κατὰ λόγον εἶναι τῆς διαλεκτικῆς τὸ μὲν διαιρετικόν, τὸ δὲ ὁριστικόν, τὸ δὲ ἀναλυτικόν, καὶ προσέτι ἐπαγωγικόν τε καὶ συλλογιστικόν. 在 153.31, Prantl 建议在 τὸ ὁριστικὸν 之后提供 καὶ τὸ ἀναλυτικόν, 以便第一个清单与第二个清单相同，但我认为这似乎没有必要。对中期柏拉图主义者关于逻辑的观点的宝贵调查，现在可以在以下文章中找到：Boys-Stones 2018：384-417. 21。

[2] Ἐπεὶ δέ τινες τῶν δογματικῶν τὴν διαλεκτικὴν εἶναί φασιν ἐπιστήμην συλλογιστικὴν ἐπαγωγικὴν ὁριστικήν.

[3] 关于盖伦的划分和定义，参见 Chiaradonna 2013：402-413 和第三节。

显然可以被视为涵盖了盖伦和阿尔吉努斯的分法）。[1] 此外，阿尔吉努斯和盖伦都认为柏拉图首先建立了逻辑方法：这是帝国时期柏拉图主义（Imperial Platonism）的现行做法，盖伦当然依赖于柏拉图主义的逻辑解读（见 *Did.* 6.158.17-18 和 39-40，159.43；*PHP* 5.796-797 K.；*Inst. Log.* 15.10 和 18.2）。[2] 还有两个特点将盖伦和阿尔吉努斯分开。盖伦的第三个标题（处理事物相对变化的方法，包括多和少、同等、相似和类似）是独特的，可能是指关系式的三段论，这是他逻辑学的一个独特方面（见 *Inst. Log.* 16.1-13）。最后，与阿尔吉努斯和塞克斯都不同，盖伦没有提到归纳法，他认为归纳法不适合于证明（见 *Thras.* 5.812 K.）。[3]

也就是说，值得关注的是一些进一步的差异。阿尔吉努斯对辩证法及其部分的讨论充满了对柏拉图形而上学的引用，这些引用在盖伦那里是没有的。阿尔吉努斯和盖伦对分析的描述之间的平行提供了这一事实的充分证据（见 *Did.* 5.157.11-43，对比 *Pecc. Dig.* 5.80 K.）。[4] 在他的《柏拉图研究指南》中，阿尔吉努斯两次提到

---

[1] 详情请参见 Gourinat 2013：35-47。

[2] 关于中期柏拉图主义对亚里士多德逻辑的这种独特方法，参见 Baltes 1993：259-261。

[3] 进一步参见 Barnes 1991：76。阿尔吉努斯将 epagôgê 与觉醒的过程和物理概念（phusikai ennoiai）联系起来，即回忆（见 *Did.*5.158.1-4 和第三节）。

[4] 进一步的细节在 Chiaradonna 2009a。盖伦实际上指的是（几何）分析方法，但问题是盖伦在多大程度上将其纳入他的论证（盖伦的分析参见 Hankinson 2009）。有时，盖伦似乎把分析和除法看作可互换的术语（*Diff. Puls.* 8.601 和 609 K.），而在其他地方，他把分析看作解决问题的方法（*Pecc. Dig.* 5.80ff. K.）。相反，阿尔吉努斯认为，分析包括三种类型：（A）从感觉对象到主要可理解物的上升；（B）通过能够被证明和指示的命题的提升，这些命题是不可证明的和直接的；（C）从假设向上发展到非假设的第一原则。参见 *Did.* 5.157.11-15；关于中期柏拉图主义和新柏拉图主义的分析概念，参见 Schrenk 1994；Sorabji 2005：268-271。简而言之，阿尔吉努斯是在柏拉图的形而上学和假设方法的背景下构想分析的。

柏拉图的辩证法，认为它的目的是"研究每一件事物，然后研究它的偶性"（*Did.* 5.156.25-27）或"从几何学的假说上升到不受假说影响的基本原则"（*Did.* 7.162.10-12，J. Dillon 译）。[1] 不足为奇的是，盖伦并没有提到这种形而上学意义上的辩证法。他当然在柏拉图对灵魂的三分法的论证中找到了逻辑方法，但柏拉图哲学的这一方面与思辨哲学（如宇宙论，在第二章中会有更多的论述）仔细区分开来，后者无论如何都无法达到论证的严谨性。

还有一个进一步的区别。阿尔吉努斯和塞克斯都都谈到了辩证法和它的部分。这里的辩证法当然应该根据其逻辑的一般含义来理解，这在盖伦看来是众所周知的。然而重要的是，盖伦谈论的是逻辑的（logikê）或证明的（apodeiktikê）方法，而在他的作品中却没有提到任何辩证法或方法。当然，阿尔吉努斯对辩证法及其各部分（包括认识论和关于法则的理论）的全面阐述，与盖伦在其失传的论文《论证明》中的议题相似。[2] 然而，根据盖伦的说法，这一议题并不涉及辩证法，而是涉及证明。同样，盖伦似乎把辩证法当作一个可疑的词，通常不把他的方法说成是辩证法，即使他确实熟悉辩证法作为逻辑的现有含义。回顾一下盖伦熟悉伊壁鸠鲁式的反对辩证法的论战可能很有意思，因为他写了一本关于梅特罗多洛（Metrodorus）的《反对诡辩家》（*Against the Sophists*）的作品（见 *Lib. Prop.* 19.48 K.）。辩证法有可能变成一种形式主义或口头上的

---

〔1〕 柏拉图的《智者》（*Sophist*）可能是第一个定义的来源（尽管阿尔吉努斯的词汇显然是亚里士多德式的），而柏拉图的《理想国》显然是第二个定义的来源。有趣的是，这种形而上学的"柏拉图式的"辩证法在普罗提诺的《论辩证法》（*On Dialectic*）1.3 之前并不常见。参见 Gourinat 2016，他概述了帝国哲学中"辩证法"的含义。

〔2〕 更多细节在 Chiaradonna 2009a, 2009b。

练习，而根据盖伦的观点，真正的逻辑在本质上意味着应用逻辑。这种观点与阿尔吉努斯的说法不同，这不仅源于阿尔吉努斯对"辩证法"一词的使用，也源于阿尔吉努斯对证明的有限使用，他只适用于正确意义上的证明论证（不同于表象、修辞和诡辩的论证。*Did.* 3.153.33，6.158.28）。因此，阿尔吉努斯对"辩证法"的使用被盖伦对"证明"的使用所取代，这不是单纯的巧合。相反，这种术语的转变反映了盖伦对逻辑效用的独特看法。

盖伦的功利主义态度值得进一步评论。当然，他的观点并不独特：在哲学家中也可以找到，如阿弗洛迪西亚的亚历山大（Alexander of Aphrodisias）（例如，*Alex. Aphr.*，在 *APr.*164.25-165.2）。正如巴恩斯所说，盖伦和亚历山大都认为，逻辑在提供科学证明的方法和结构的范围内，而且只在这一范围内，是有价值的。[1]然而，值得注意的是，盖伦的方法与亚历山大的方法不完全相同。同样，他的态度解释了他将学园的观点和论据纳入他个人的科学和哲学方法的独特方式。根据盖伦，逻辑是哲学的一部分，是科学推理的工具，而根据亚历山大，逻辑是哲学的工具，而非其部分。亚历山大认为，论证应适用于思辨哲学的对象，即"神圣和尊贵的东西"（*APr.* 3.19；另见 4.33）。逻辑的效用与它在思辨哲学方面的辅助作用，即对真实存在的沉思，有着严格的联系。盖伦的功利主义观点是不同的。他完全乐意将逻辑学定性为哲学的一部分（见 *Lib. Prop.* 19.39 K.）。此外，这一部分还是医学知识的工具（*Opt. Med.* 1.60 K.）。请注意，在 *APr.* 2.22-33 中，亚历山大提到并拒绝了这

---

[1] Barnes 1993a: 36.

种观点（不管盖伦是否是他的论战目标，我倾向于认为是）。根据亚历山大的观点，逻辑学不能被视为哲学的一部分，也不能被视为科学的工具，因为科学采用的是三段论和证明。这种观点将意味着科学和技艺比哲学具有更突出的地位：亚历山大显然认为这个结论是错误的。盖伦采取了相反的态度：在他看来，医学而不是思辨哲学具有霸权科学的地位，能够满足欧几里得的几何学所建立的证明性严谨的模式。相比之下，学园哲学不能达到这种优先的认知地位：思辨哲学家专注于无用的问题（如上帝的本质），这些问题超出了我们的认知能力，对它们的研究不能导致任何可通过我们的经验验证的明显的知识。[1]

逻辑学是哲学的一部分，这一学说一般被认为是斯多亚派的，而盖伦对逻辑学的地位和作用的总体看法可以有趣地与斯多亚派的看法相比较。[2]尽管如此，盖伦肯定是以一种高度原创的方式挪用了这一学说，这与他对医学的科学基础的看法密切相关。总结一下：盖伦认为逻辑是哲学的一部分，它的作用是建构论证（逻辑中对此无用的部分应被摒弃）；反过来，证明是导致严格的（医学）知识和有效的（医学）科学实践的方法。根据盖伦的说法，逻辑或论证方法的使用延伸到了医学的所有方面（诊断、预后、治疗）。[3]正是凭借对逻辑的掌握，医生才能为每个病人找到正确的疗法，因为他可以从对可观察现象背后的因果关系的了解中推断出正确的疗法。因此，逻辑学、认识论和科学实践是严格相互联系

---

〔1〕 关于盖伦对医学地位的看法，参见 Vegetti 1994。
〔2〕 关于这一点，参见 Benatouil 2006：130-135。
〔3〕 继续参见 Barnes 1991。

的：逻辑学只有在被整合为一种认识论时才有价值，而认识论反过来又是"实践科学家的认识论"（正如朗在谈到托勒密［Ptolemy］时所说，他无疑为盖伦的方法提供了最好的对照）。[1]盖伦对辩证法的有限提及应在此背景下理解。

二、宇宙论及其论证：阿提库斯和盖伦关于世界的生成

本章涉及一般意义上的"辩证法"。我将比较阿提库斯和盖伦对亚里士多德批评柏拉图宇宙论的讨论，以便进一步了解盖伦的学术背景、他独特的论证方法以及盖伦的方法与他那个时代的柏拉图主义哲学家之间的关系。[2]在其晚期作品《关于我的学说》（*On My Own Opinions*）中，盖伦在宇宙是否被创造这一问题上持不可知论的立场（*Prop. Plac.* 2.1）。的确，宇宙的生成是思辨哲学中那种无用问题的典型案例，这些问题无法用经验来检验，因此无法得到任何恰当的答案（见 *PHP* 5.780 K.）。[3]众所周知，这是盖伦时代柏拉图主义哲学家讨论的主要问题。因此我们似乎可以推断盖伦对这个问题根本不感兴趣，但这个结论是误导性的。我们在他现存的作品中发现了一些关于宇宙学的内容，当然，盖伦在他的《论证明》第四卷中广泛地关注了宇宙的生成问题。菲洛波努

〔1〕参见 Long 1988b。

〔2〕本报告旨在取代作者 2014 年的报告，后者在一些细节上更为粗略，且多有错漏。

〔3〕值得注意的是，盖伦的不可知论仅限于对世界生成的思辨问题。他的不可知论绝对没有延伸到关于神和灵魂在经验世界的影响的命题：见 *Prop. Plac.* 2-3；*PHP* 5.780-781 K.。关于这一点，请参阅 M. Frede 2003：86-101 和 Sedley 2007：239-244 关于盖伦的"创世论"和设计神学。

斯（John Philoponus）在他的文章《反对普罗克洛论世界的永恒》（*On the Eternity of the World Against Proclus*，599.22-601.16）中报告了《论证明》第四卷中的一个论点，其中盖伦拒绝了亚里士多德对《蒂迈欧》(参考 Cael. 1.10-12）中关于宇宙生成描述的批评，表明我们的世界既可以从德穆革（Demiurge）中生成，又是不可破坏的，因为德穆革永久地保护它免于毁灭。[1] 这个论点不仅本身有趣，而且与阿提库斯的一个片段惊人地相似（fr. 4 des Places）。[2] 据我所知，这是盖伦与中期柏拉图主义哲学家之间最为广泛的对比。因此，密切关注它是至关重要的。

阿提库斯和盖伦都反对亚里士多德的论点，即凡是生成的东西都必须经历毁灭（或凡是不经历毁灭的东西都必须是不生成的）（Atticus，fr. 4.44-48，67-71；Galen, in Phlp. *Aet. Mun.* 600.17-19，601.15-16；见 Arist., *Cael.* 1.10）。阿提库斯和盖伦都声称，神可以保护他所创造的东西不受破坏，就像工匠会通过修复来保护文物一样（Atticus，fr. 4.84-89；Galen, in Phlp. *Aet. Mun.* 601.6-14）。[3] 阿提库斯和盖伦都通过引用或转述柏拉图《蒂迈欧》41 b 中德穆革对更小的神们的讲话和《政治家》(*Statesman*，Plt. 270 a ff.）中

─────────────

[1] 英译见 Wilberding 2006。

[2] 参见 Des Places 1977，英译见 Gifford 1903。

[3] 在这里，我不会着重讨论阿提库斯和盖伦对模态（modal）表达的用法。这种用法似乎不是完全一致的（参见 Phlp. *Aet. Mun.* 600.14-15：ἅπαν ἀγένητον εὐθὺς καὶ ἄφθαρτόν ἐστιν；600.17-18：πᾶν ὅσον ἄφθαρτον ἐξ ἀνάγκης τοῦτο καὶ ἀγένητον εἶναι；601.14-16：μὲν ἀγένητόν τι, πάντως καὶ ἄφθαρτον, εἰ δὲ ἄφθαρτον, οὐκ ἐξ ἀνάγκης ἀγένητον），这是关于亚里士多德著名的困境的讨论（见 *Cael.*1.11, 281a5 和 1.12, 282a27-30；最近的讨论可以在 Broadie 2009：39-40 中找到）。关于盖伦对模态的看法，参见 Barnes 2007：465ff.。

的宇宙论神话来支持这一观点。但这两篇对话的情况有所不同。一方面，阿提库斯和盖伦都引用了柏拉图的《蒂迈欧》41 b（Atticus, fr. 4.93-95；Galen, in Phlp. *Aet. Mun.* 600.26-601.4）。但另一方面，尽管盖伦也提到了《政治家》，并直接从这段对话中借用了"恢复不朽"（ἐπισκευαστὴ ἀθανασία）的表述（in Phlp. *Aet. Mun.* 600.23-24；601.4-5），而阿提库斯没有明确提到《政治家》，虽然当他把工匠恢复其产品的权力扩展到生产整个宇宙的神时，可能暗指这段对话（Att. fr. 4.88-90）。在阿提库斯和盖伦之外，可以很容易地找到更多的相似之处，因为这种论证在有关柏拉图宇宙论的辩论中被广泛使用。[1]然而，据我所知，只有一小部分哲学家，即阿提库斯、哈波克剌提翁（Harpocration，阿提库斯的学生）和盖伦，为柏拉图关于世界的生成及其不灭的论述辩护，反对亚里士多德在《论天》第一卷中的批评。[2]盖伦和阿提库斯之间的相似之处并不局限于此，而且尽管这两位作者的相对时间顺序仍然不确定，因为他们在同一时期活跃，但可以合理地假设，盖伦对柏拉图在《蒂迈欧》中的宇宙论的解读，无论是他丢失的《论证明》，还是他的对话概要，都受到了柏拉图主义哲学家的影响。[3]阿提库斯有一个著名的观点（像普鲁塔克一样）：柏拉图在《蒂迈欧》中关于宇宙生成的叙述应该从字面上来理解（即指的是真实的生成，而不仅仅是指

---

〔1〕 相关研究可以在 Baltes 1998 中找到。

〔2〕 参见 Baltes 1998：114, 414-417=Bst. 137.7。关于中期柏拉图主义辩论，请参阅 Petrucci 2014。

〔3〕 参见 *Galeni Compendium Timaei Platonis* 2.11-13 和 4.1-13 在 Baltes 2002：88-91, 309-312（=Bst.162.1）。根据 Baltes 2002：312："看来，阿提库斯首先通过他精确的语言学解释说服了盖伦。"Baltes 1976：63-65 也讨论了阿提库斯和盖伦的文本。

我们的宇宙对神的永恒依赖这样一种形而上学关系）。此外，阿提库斯对亚里士多德提出了尖锐的批评，并攻击那些在解释柏拉图时利用亚里士多德的人（对阿提库斯论战目标的确定是有争议的，但这个问题与本文无关）。[1] 盖伦当然没有制止对亚里士多德的批评，但他显然完全不同意阿提库斯的准个人论战态度。此外（也是最重要的），盖伦对世界的产生持不可知论，他把这个问题算作思辨哲学的那些问题之一，这些问题无法通过综合运用理性和经验来证明解决。因此，我们留下了一个开放的问题。为什么盖伦跟随阿提库斯拒绝亚里士多德对《蒂迈欧》的批评？

虽然学者们指出这两段话存在相似之处，但在我看来，还是应该提到一些有趣的区别，因为它们有助于理解盖伦将柏拉图主义材料纳入其哲学杰作的特殊方式。[2] 首先，阿提库斯和盖伦的论证之间存在一个明显的差异。阿提库斯因为亚里士多德对柏拉图饱含误解的批评而对其大加斥责，而盖伦则没有提到亚里士多德的名字。这很可能是一个纯粹的巧合：亚里士多德的名字当然可能出现在已经流失的文本中。然而这并不是一个孤证，在 *PHP* 5.230 K. 关于灵魂统治部分位置的著名讨论中，出现了一个平行的例子。在这里，盖伦提到了特别是亚里士多德的观点，即把心脏的最中间位置作为支持心脏中心论的证据（*PA* 2.4.665b18-20；666a14-15）。然而，亚里士多德的名字却没有被提及，柏拉图也是如此，他关于头部因其位置而成为灵魂统治部分的所在地的论点也没有出现。盖伦

---

〔1〕 关于阿提库斯和亚里士多德，参见 Karamanolis 2006：150-190。

〔2〕 在这里，我不同意 Baltes 1998：421，他声称盖伦的《论证明》片段显示了"两个柏拉图主义者（即阿提库斯和哈波克剌提翁）在这个过程中是如何争论的"。

的沉默很难说是出于某种人情世故的顾虑。相反，在我看来，蒂勒曼（Tieleman）是对的，他说盖伦的讨论主要不是论战性的，他关注的是论点而不是对手。[1] 从这个角度来看，盖伦的论证可以被看作是"辩证的，在这个意义上，他仔细研究了现有的论据，以期找到并检验基本的概念和原则"。[2] 盖伦宁愿把他的方法说成是证明的，因为它允许我们为科学证明选择真正的原则或第一前提。尽管如此，值得一问的是，在《论证明》第四卷中，盖伦是通过追随阿提库斯的道路来为柏拉图的宇宙论辩护，反对亚里士多德，还是为了一个不同的目的而纳入阿提库斯对亚里士多德的批评？这与他对辩证法和证明的看法有关。

除了语气上的一般差异（对亚里士多德的斥责与对论证的理性审视），阿提库斯和盖伦的讨论遵循不同的路线。阿提库斯在论证开始时拒斥了如下说法：凡是生成的东西都必须经历毁灭，凡不灭的东西都是不生的。这可以看作对亚里士多德在 *Cael.* 1.10.279b17-21 中反柏拉图主义立场的拒绝。阿提库斯明确了他的立场：我们不应该把不生成的事实看作某物不经历毁灭的唯一原因；我们也不应该认为已经生成的东西将不可避免地经历毁灭（Att. fr. 4.46-48）。在整个段落中，阿提库斯并没有真正讨论生成和毁灭之间的关系，他甚至没有明确指出，根据亚里士多德的说法，这两者之间的关系并不是单纯的关涉，而是相互包含的（*Cael.* 1.12.282b8-9）。阿提库斯主要是想指责亚里士多德没有把握住神的因果能力的真正性

---

〔1〕 参见 Tieleman 1996b: 55。

〔2〕 *Ibid.*

质。神是最卓越的工匠，因此他既能使他的造物存在，又能使其存在免遭破坏。人类工匠既能生产又能恢复他们的产品，否认神有同样的能力是荒谬的（Att. fr. 4.71-90）。在这种回击中，我们可以很容易地认识到阿提库斯对亚里士多德哲学的一贯论战方式。阿提库斯将亚里士多德在月下区域对神意的拒斥与伊壁鸠鲁的立场进行了比较（fr. 3 des Places），在这个著名的对比中，他还严厉地批评了亚里士多德的灵魂理论（fr. 7 des Places）。阿提库斯对亚里士多德在《论天》中的论证的批评是这种整体方法的一部分，旨在拒斥亚里士多德对神、神意和灵魂的不敬观点。

盖伦采取了一个不同的出发点，即把永恒（aïdion）定义为不生（agenêton）和不灭（aphtharton）的复合体，这二者是相互包含的（in Phlp. *Aet. Mun.* 600.3-5）：

不生 ↔ 不灭

这里提到的似乎是 *Cael.*1.12.282a31-b1，亚里士多德在那里指出，不生和不灭是互相包含的，永恒属性则包含于这两个属性中的每一个。尽管有先前说过的相似之处，盖伦的讨论在语气和内容上都与阿提库斯的讨论有所不同。盖伦并没有讨论神的因果能力的限度和特点。相反，他试图揭示出，亚里士多德的论述实际上建基于不灭一词隐含的歧义性之上。从这里，人们可以很容易看到盖伦的一贯做法，即通过分析对手所用术语的模糊性来发现谬误所在（请再次参阅他对"源于"［apo］一词模糊性的著名讨论，他以此反对斯多亚派对心脏中心主义的支持）。

盖伦接受了由"不生"推导"不灭"的说法（事实上，这与柏拉图的 *Phdr.* 245d 相呼应）。他认为这是一个不需要证明的原始真理，并且能够被另一个明显的公理所证实，即"如果某物绝对没有生成的 logos，这种东西也不会有毁灭的 logos"（in Phlp. *Aet. Mun.* 600.12-14）。在这里，我建议我们应该把 logos 翻译成"原因"（account），即表明事物本性的原因；因为盖伦似乎认为，如果满足某些条件，没有任何东西可以生成，即没有生成的 logos，而这些条件同时又使事物必然不受破坏，即没有毁灭的 logos。[1] 理解这一观点的最简单方法是假设被定义为无生成的东西必须免于所有实质性的变化，而这又意味着无生成的东西是无毁灭的。在 Phlp. *Aet. Mun.* 600.22-23 中，盖伦提供了一个例子，说明什么应该被视为拒斥任何破坏的标志，即"完全简单和无接受性的东西"。虽然这种表达方式仍然有些模糊，但它与普鲁塔克对灵魂的不可分割的本质（ousia）的描述相似（见 Plut. *An. Procr.* 1022 E），我认为盖伦指的就是这种东西。因此，盖伦认为

　　　　不灭→不生

作为一个原始的公理，这对理性来说是显而易见的。那么，宇宙在任何意义上都不可能既不生成又可毁灭。然而，当涉及不灭和不生之间的必然关系时，情况就不同了。在这里，根据盖伦的说

---

[1] Wilberding 将 logos 翻译为"原则"，而 Baltes 在 600.21 将 logos 翻译为"Gedanke"（显然它必须具有相同的含义）：参见 Baltes 1998：118-121（=§137.10）。

法，需要一些补充的"规范"或"考察"（diorismos）。[1] 这个考察表明，不灭有两种不同的含义：

> 不灭（1）：完全拒斥毁灭原则的东西；
>
> 不灭（2）：获得了恢复的不朽性，即可以被摧毁，但被外部原因保存下来不被摧毁的东西。

虽然不灭（1）→ 不生，但这一点对不灭（2）来说并不成立。这一点通过引用柏拉图的《蒂迈欧》和《政治家》以及斯巴达城的例子得到了进一步的解释，该城可以通过一点一点的恢复而永远不被破坏。

最后，盖伦拒绝了亚里士多德互相包含的观点："那么合理的是，如果某物是不生成的，它也是完全不毁坏的；但如果它不毁坏，却不一定是不生成的。"

虽然阿提库斯对 *Cael* 1.10-12 的批评讨论很符合他对亚里士多德的哲学和神学的整体态度，而盖伦的论证则完全符合他的一贯做法：他仔细检查现有的论据，测试基本概念和原则，检测（如果必要的话）错误和模糊之处。尽管存在着无可置疑的相似之处，但这两个议题却非常不同。当然，盖伦不是第一个区分亚里士多德使用的术语的不同含义的人。事实上，亚里士多德自己就是第一个这样做的人，他在 *Cael.* I.II. 中列出了不生、生成、毁灭和不灭的含义。而在盖伦

---

[1] 在希腊几何学中，规范是附加条件，必须加到对问题的表述中，以保证问题在一般情况下是可解的。盖伦很熟悉这个概念，并利用了它。它通常被翻译为"资格""区别"或"规格"。有关讨论，请参见 van der Eijk 1997, 2005：282-291。

之前，公元 2 世纪的柏拉图主义哲学家陶鲁斯（Taurus）已经将他对《蒂迈欧》的寓言式注释建立在对"生成"一词不同含义的仔细区分上（见 Phlp. *Aet. Mun.* 121.18-21，145.1-147.25，148.7-25 = 22T., 23F Gioe）。[1] 同样，盖伦无疑是在借鉴他的学术背景。然而，如上所述，强调模糊性是谬误的来源，以及分析一个术语的不同含义以驳倒他的对手，是盖伦的典型做法。因此，盖伦忽略了亚里士多德在 *Cael.* I. 10-12 中论据的关键（例如，亚里士多德著名的、有争议的论点，即存在／不存在的可能性是通过参考时间最大值来定义的），而仅仅关注他的证明中所使用的术语的含义，这一点可能很重要。

在他的论文《论消瘦症》（*On Marasmus*）中，盖伦（*Marc.* 7.671 K.）粗略地提到了《论证明》第四卷中的论点，并声称"任何生成的东西都会被毁灭"的命题没有科学或必然的"后果"，而只是一个延伸到说服（pithanon）为止的命题。说服的根本（ἄχρι τοῦ πιθανοῦ），这个表达方式在盖伦那里几乎具有技术性的意义，意味着一个命题只是主观上可信或有说服力，但没有任何证明。[2] 有趣的是，盖伦强调了柏拉图自己的主张，即《蒂迈欧》中的宇宙论叙述只是一个似真或相似的说法（*PHP* 5.791-792 K.）。因此，不能指责柏拉图发展了一种教条式的宇宙论，因为他根本不打算让他的论据具有证明性。根据盖伦的说法，倒是亚里士多德错误地旨在发展一种证明性的思辨宇宙论，将我们的宇宙设想为既不生成又不可毁灭。[3] 在这里，更为关键的是，不灭不一定意味着不

---

[1] 关于阿弗洛迪西亚的亚历山大对这个问题的讨论，参见 Coda 2015。

[2] 进一步细节在 Chiaradonna 2014。

[3] 阿提库斯和盖伦的反对可能引起了阿弗洛迪西亚的亚历山大的回应（见 *Quaest.*2.19）。因为按照亚历山大的观点，世界是因它自己的本性而永恒的，不需要某种外部原因来行使对它的神意。

生，因为盖伦声称世界是不可毁坏的，这是一个被观察证实的明确无误的真理。拉齐（al-Razi）以阿拉伯语保存的《论证明》第四卷的另一个片段可能暗示了该点（*Doubts on Galen*, 3.18-21 Mohaghegh）：

> 如果宇宙是可毁灭的，那么天空中的物体、它们之间的距离、它们的大小和它们的运动就不会在同一状态下持续存在，此外，先于我们而生的海洋之水也必须消失。但是，正如天文学家数千年来所观察到的那样，其中既没有任何一个曾偏离其状态，也没有任何一个发生过变化。因此，必然得出这样的结论：既然宇宙不老化，它就不可毁灭。[1]

话虽如此，我们可以在《论证明》第四卷中抓住更多关于盖伦的议题。整个章节或许包含了对宇宙永恒性的支持和反对，其目的是表明该问题不可能通过证明方法来解决。这在盖伦的《论证明》中并不罕见，正如浩达（Havrda 2015）所表明的，支持和反对是盖伦拒斥怀疑论策略的一部分，很可能发挥了重要作用。在他的观点中，盖伦既反对从经验中得出的某些支持宇宙的持存（sempiternality）的证据，也反对从理性中得出的某些表明亚里士多德对世界不灭的证明不可靠的证据。理性和经验之间这种无法

---

[1] 参见 McGinnis 和 Reisman 的英译 2007: 49-53；以及 Koetschet 2015 的广泛讨论。这篇文章有一种清晰的漫步派基调（参见 Arist., *Cael.* 1.3.270b11-16; Meteor.1.14.3 52a18-352b15）；但我找不到确切的类比。有趣的是，盖伦关于天文学家的评论让人想起了 Diodorus Siculus 在 2.30 处的关于迦勒底人的报告。同时，参见 Simpl., in *Cael.* 117.20-31。

调和的冲突表明，这个问题是无法解决的，因此，盖伦持不可知论。[1]与此相关，盖伦研究的问题是，如何区分对理性而言显而易见的真正的公理与只是表面上如此，但在经过某种理性审查或检验后并不保持这种地位的前提。[2]这一议题不仅与中期柏拉图主义对柏拉图宇宙论的各种解释不同，而且也与之不兼容。同样，对这个问题感兴趣的盖伦更像是一个具有严肃的哲学背景的实践科学家，他用自己的证据和证明标准来检验哲学理论。

三、共同概念及定义

盖伦关于语言和定义的观点经常被放在希腊化有关语言和认识论的论争这一更大的背景下讨论。[3]在这里，我将采用一种不同的方法，并试图在盖伦关于语言和知识的立场的背景下理解他的观点。如同第一、二章，我将把盖伦的观点与其他后希腊化时代作者的观点进行比较，至于这些后来的辩论是如何改变或影响在希腊化时代之前发展起来的理论的真正哲学意义的，我在此不会论及。

盖伦经常提到"共同概念"（koinai ennoiai），即所有人类共享的基本概念，他认为共同概念是获得科学知识的起点，其恰当的对

---

[1] 值得回顾的是，盖伦的宇宙不可知论与目的论无关。盖伦一直声称，自然秩序存在着积极的、不容置疑的证据，而这只能依赖于一个神圣的德穆革。自然和德穆革在盖伦语中是可以互换的。

[2] 根据盖伦医学证明的基础，公理的地位确实引发了几个问题。在这里，我不能进入对这个问题的进一步讨论（和对盖伦的批评），参见 Lloyd 1996。关于 DD 4 的结构的一个稍微不同的假设，参见 Koetschet 2015。

[3] 参见 Hankinson 1994, 1997; Brittain 2005b; Morison 2008a。

象是事物的本质。[1] 例如，在《论治疗方法》的一段话中，盖伦明确指出了这一点，着重强调了"疾病"的恰当定义。根据盖伦的说法，医生对于每种病例必须采取的确当疗法，其主要指示均来自对疾病"本质"的科学理解（*MM* 10.128, 10.157-159 K.; *Fac. Nat.* 2.127 K.）。疾病分为属（genera）和种（species），每一种具体的疾病都进一步决定了最高的属（summum genus）。一般来说，疾病涉及一些自然功能或活动的损害，并可以适当地定义为阻碍这种活动的倾向（diathesis）（见 *MM* 10.41, 10.81 K.; *Sympt. Diff.* 7.43, 50-51 K.）。共同概念是导向这一定义的起点（*MM* 10.40-41 K.; 另见，关于从共同观念到基本定义的过渡，*Opt. Corp. Const.* 4.739 K.; *PHP* 5.593 K.）。

于是，盖伦认为，基本定义应该以全人类所认同的共同概念为出发点，并且这确实是他对一般语言的态度的一个重要方面。盖伦当然不建议我们关注真正的词语本身（如理智［nosein］）和它的语法属性；重要的是这个词指什么，即这个词一般用来标明什么情况。在"疾病"这个例子中，它意味着身体某个部分的活动受到了损害。正如汉金森所说，因此，盖伦的共同概念是"普遍同意的、非技术性的、对某些类型的分类术语的基本**描述（description）**"（强调为后加）。[2] 汉金森的说法当然是正确的，但仍需进一步讨论。关键是要注意，盖伦绝不是说每个人都同意对疾病的相同描述

---

[1] 关于同一概念，参见 *Opt. Corp. Const.* 4.739 K.; *PHP* 5.593 and 778-779 K.; *Plen.* 7.551 K.; *Loc. Aff.* 8.191 K.; *Diff. Puls.* 8.684; 739 and 742 K.; *MM* 10.40-41; *Ven. Sect. Er.* 11.168 K.; *Cur. Rat. Ven. Sect.* 11.255 K.; *Purg. Med. Fac.* 11.340 K.; *Hipp. Epid.* 172.872 K.; *Adv. Lyc.* 18a.203 K.; *Adv. Jul.* 182.252 K.; *Lib. Prop.* 19.44 K.

[2] Hankinson 1991: 131.

或定义（例如，"身体某部分活动的损害"）。盖伦只是提道，当人类意识到一种疾病并相应地使用"疾病"一词时，他们实际上指的是什么。他完全没有提到人们在谈论健康或疾病时采用的定义或描述。那么完全可以想象，不同的人将对疾病提供不同的描述，甚至还可以想象，这些描述没有一个与所有人类实际上共享的疾病的共同概念相同。[1]具有一个共同概念，并按照这个概念言说和行事，这实际上不同于给出某概念的正确描述。

在 *MM* 10.40-41 K. 中，盖伦避免谈及对疾病的共同定义或描述。相反，他谈论的是一种共同的疾病概念，这种概念决定了人类意识到疾病和使用"健康"和"疾病"这些术语的方式。无论人类是否意识到概念（ennoia），无论他们是否用同样的词来描述它，正是概念决定了我们在行为和普通口语中提及健康和疾病的方式。确实，有人可能认为，在经过一定检查之后，所有的人都会同意分享"疾病"的一个相同定义，但这需要进一步的"问诘"步骤，而不同于只拥有共同概念；相反，正如我们将在下面看到的，这一步骤需要对共同的概念进行解释或澄清。这可能有助于确定，盖伦是如何应对斯多亚派共同概念理论中一个众所周知的隐含困境的：共同概念虽然是共同的，但实际上并不为所有的人所拥有。在斯多亚派原始理论的框架内应如何解决这一问题，学者们存在分歧。[2]虽然这是一个非常有争议的问题，但盖伦的立场本身是合理清晰的，他认为人类实际上对疾病有一个共同概念，并在实际使用中达成一致。在使用"疾病"一词时，他们都是指同一事物或行为

---

〔1〕 盖伦关于我们身体的最佳构成的观点，见 *Opt. Corp. Const.* 4.739 K.。

〔2〕 参见 Obbink 1992；Brittain 2005b。

（pragma；可以说是该词的"共同延伸"）。因此，根据盖伦的说法，共同概念不仅仅是基本的，而且为所有人共有——或者说，是所有处于正常条件下并遵从自然法则的人类所共有的（关于这一点，下文有更多介绍）。然而，这绝不意味着所有人实际上都能够正确地描述他们的共同概念（那么，完全有可能不存在有意识地共享"疾病"一词的意图：而这确实是通常发生的情况）。

对共同概念的引用实际上在帝国和古代晚期哲学中是随处可见的。无疑，这一理论具有一个斯多亚派的起源，但需要加以限定。例如，盖伦并不倾向于将斯多亚派的两个关键术语"前概念"（prolêpsis）和"衔接"（diarthrôsis）纳入他对共同概念的描述。据此，盖伦不是从词不达意的前概念开始，而是从普通的概念开始。[1] 话虽如此，盖伦的立场与爱比克泰德在全人类共享的一种道德领域的先天默会知识（即词不达意的前概念）和一种充分发展或条理分明的知识之间所做的区分，存在一些有趣的相似之处（例如，*Diss.* 1.22，2.11.1-12 及 2.17.7-13）。[2] 同样，这不是一个完美的平行，因为盖伦显然假设所有人在共同概念的使用上是一致的（所有的人都把"疾病"这个词用于指涉同一种情况），而爱比克泰

----

〔1〕 这一事实使得盖伦对定义的看法不同于斯多亚派。斯多亚派认为，我们有了定义，我们就能够清晰地表达我们的先入之见，从而使这些先入之见更有可能被成功地应用或保留。关于斯多亚派的理论，参见 Crivelli 2010：383-392。与斯多亚派不同，盖伦声称，即使我们不能正确地表达其定义内容，我们也能成功地应用我们的共同概念。此外，根据盖伦的观点，仅仅解释或解读我们的共同概念只是获得成熟的科学定义的第一步。

〔2〕 这只是一个非常粗略的概要。关于爱比克泰德的理论，参见 Long 2002：67-96（"苏格拉底范式"）；Dyson 2009：xvii-xix 和 passim；Crivelli 2010：383-390。一个经典的描述可以在 Bonhoffer 1890：187ff. 中找到。

德则强调，每个人在一个非常普遍的前概念上是一致的（例如，健康的和不健康的前概念：2.17.8-9；或者善是有益的，可以选择的，在任何情况下我们都应该寻求和追求它：*Diss.* 1.22.1），但人们对前概念在个别情况下的应用有不同意见。尽管在术语和细节上存在差异，但盖伦和爱比克泰德都同意存在某种人类共有的关于世界基本特征的潜在一般知识。知识通过对这一初步条件的展开或阐明得到发展，从而使自身完全清晰。这种平行值得强调，因为我们知道，盖伦对爱比克泰德很感兴趣，并为他的观点辩护，反对法沃里努斯（Favorinus）（见 *Lib. Prop.* 19.44 K.）。那么，至少可以假设，盖伦从斯多亚哲学家那里得到了灵感，他们关于知识的观点之间的平行可能不是纯粹的巧合。[1]

所有人类无须任何技术训练，就能够成功辨别世界上的一些基本情况，这一事实证明了共同概念的存在。在这里，盖伦的观点当然与他对自然法则的著名论述密切相关（例如，见 *Opt. Doc.* 1.48-49 K.；*PHP* 5.723 K.），正如汉金森所说："人类拥有某些生理和心理能力，他们可以凭借这些能力来理解他们所居住的世界。"[2]盖伦热衷于将自然法则的存在扩大到人类以外的动物是出了名的，所以他并不回避将我们称之为"命题"的认知能力赋予它们（例如，识别本质的能力，以区分形式上是一体的事物和数量上是一体的事物。*MM* 10.133-134 K.）。当然，动物与人类不同，因为它们不能进一步阐明这种认识，也不能对其内容进行思考。然而，盖伦在它们的能力和人类的能力之间尽可能清晰明确地建立了一种平行关

---

〔1〕 更多细节，参见 Benatouil 即将新出的书。

〔2〕 Hankinson 1997：164.

系：驴子在几个个体中识别骆驼的本质或形式的能力，确实非常接近于人类凭借共同概念在几个特定的实例中识别疾病的本质或形式的能力。这反过来又与盖伦关于自然和神意的著名观点相联系，这些观点赋予生物以自我保护的先天动力，再加上区分不同对象和选择合适对象的本能能力（例如，见 *UP* 4.248-249 K.）。[1]

从这个角度来看，将盖伦与中期柏拉图主义作品对共同概念的提及进行比较是非常有趣的，比如《〈泰阿泰德〉匿名疏证》和阿尔吉努斯的《柏拉图学说指南》，两者都将自然概念的思想与柏拉图主义的回忆理论联系起来。尽管有一些细微的差别，阿尔吉努斯和匿名注疏者都把自然概念与理念的先天记忆相提并论，这些记忆应该被适当唤醒或阐明，以获得正确的知识（*Did.* 4.155.27-32，156.19-23，5.158.4；Anon, *Theaet.* XLVI.43-XLVIII.11）。[2] 很明显，这与盖伦的做法类似。首先，在术语方面有一个有趣的平行。盖伦和柏拉图主义作者都纳入了关于先天的共同或自然概念 / 观念的理论。斯多亚派的回声很明显，但有趣的是，这三位作者都没有采用前概念这个词。相反，我们发现的是关于共同或自然概念及其表达或解释的理论。预设（preconceptions）也没有被提及，因

---

〔1〕 参见 Hankinson 1997：198。

〔2〕 Helmig 2012：147-154，282-286 提供了这些段落的更新讨论。阿尔吉努斯在他的归纳法论述中提到了自然概念。就像分析一样，阿尔吉努斯对这种逻辑理论提供了柏拉图式的解释，并指出它能使人理智地把握理念。参见 Boys-Stones 2018：395："两种程序（分析和归纳法）都有自己悠久的历史：分析的根源在于几何证明，而归纳法是亚里士多德认识论的重要组成部分。但阿尔吉努斯却对它们做了一些相当不同的、独特的柏拉图式的解释。例如，他对归纳法的描述，其目的是搅动共同的概念，而这……是回忆的开始。他认为，分析也提供了将经验性的思维习惯转化为形式的沉思的方法。"关于中期柏拉图主义的共同概念，也可参见 Bonazzi 2017 中的广泛讨论。

此，在他们的著作中没有出现预设与共同概念的关系问题。相反，在这些作者的文本中出现的是仅仅拥有自然／共同概念与它们有意识的或充分的激活（anakinein：见 *Did.* 5.158.4；参见 Plato，*Meno* 85c）或阐明（diarthrosis：Anon.，*Theaet.* XLVI.44，XLVII.45）之间的区分。我们只能猜测这种缺失的原因，而一个合理的猜测是，概念毕竟有一个坚实的柏拉图来源（尤其见 *Phaedo* 73c，其中"概念"一词出现在苏格拉底关于回忆的叙述中）。那么，斯多亚派关于共同或自然概念的观点当然可能被认为是与柏拉图主义兼容的（如果柏拉图独特的回忆说恰当地给予了补充）。普鲁塔克为这一事实提供了进一步的证据，在一个著名而有争议的片段中，他将共同概念作为斯多亚派对美诺悖论的回答（见 Plut.，fr. 215f Sandbach）。前概念的情况则不同，这个术语可能被认为与伊壁鸠鲁的观点联系得过于紧密和明显（见 Plut.，fr. 215f Sandbach）。普罗提诺也非常乐意在他的哲学中纳入"共同概念"（见 6.5.1.2），但他从未谈及前概念。

当然，无论他们对斯多亚派的原始理论做了什么，盖伦和他那个时代的柏拉图主义作者都见证了对共同概念作为先天（innate）概念的（错误）解释。因为共同的或自然的概念被明确规定为一种天生的（inborn）、隐性的或潜在的知识。《泰阿泰德》的匿名注疏者为这一事实提供了著名的证据，因为他在描述苏格拉底的"反诘法"时，采用了明确无误的斯多亚式词汇，即共同概念及其表达（articulation）。因此，这位注疏者将 ennoiai 预设为我们灵魂中"存在"（beings）的天生的记忆（显然，这些记忆是所有人类共有的，尽管它们不是每个人都能平等获得的）。[1] 通过他的辩证法，苏格拉底能够阐明和展开这些天生的概念，从而在他的弟子中引发回忆，使他们能够获得正确的知识（LVII. 43-45）。当然，在某种程度上，盖伦的方法与这一总体描述相似；因为在盖伦那里，共同概念也是先天的起点，如果正确地发展，就会导向正确意义上的知识。然而，在这里，盖伦也使用了一种独特的方法。他的先天论（nativism）版本与回忆或前知识（pre-natal knowledge）无关，而是与他关于先天自然法则的观点相关。所谓先天，在盖伦看来，是指使人类得以从他们的感知得到共同概念的自然能力。盖伦的共同概念不是天生的内容。[2] 此外，盖伦对共同概念的论述是他非常独特的语言和定义理论的一部分，其意义也只能根据他对科学知识的独特看法得到适当评估。

盖伦在他的作品《论脉搏的差异》中，补充了对《论治疗方法》的描述，并详述了从共同概念的普通使用到充分发展的本质知识的进展。盖伦把知识的进步与对不同种类的定义的区分联系起来，其两个主要类型（*Diff. Puls.* 8.704 K.）是"概念的"（ennoematic）和"本质的"（essencial）。[3] "概念的"这个词把第一种定义与共同概念的理论联系起来。盖伦曾说："概念定义为事

〔1〕 参见 Sedley 1995：536 ad XLVII. 19-24。

〔2〕 参见 Long 2002：82 关于爱比克泰德的文字："此外，在声称这些先人之见是'天生的'时，他的观点并不是说新生儿完全具备这些先人之见，而是我们基本的评价和道德倾向是与生俱来的，就像我们今天所说的那样，是由基因决定的。"

〔3〕 这一部分已经在 Kotzia-Panteli 2000 中讨论过；还有 Brittain 2005 b：191-196；Hood 2010。盖伦的这一区分在后期的传统中有几个相似之处，最显著的在 Porphyry fr.70 Smith。我在这里不详述这个问题。

物的一般概念提供了清晰的解释，而这个一般概念正是那些能够'命名'这一事物的人所持有的。"（*Diff. Puls.* 8.704 K.: ἐξηγούμενον σαφῶς τὴν τοῦ πράγματος ἔννοιαν, ἣν ἔχουσιν οἱ ὀνομάζοντες αὐτὸ; 另见 707-9 K., 712 K.）

概念定义被所有讲同一种语言的人所接受，它与事物的本质无关，而是固定在他们"仅有"的概念上（704 K.: οὐδὲν ἀπφαίνεται περὶ τῆς τοῦ πράγματος οὐσίας, ἐπὶ ψιλῆς καταμένων τῆς ἐννοίας）。概念定义本身就获得了可接受性，因为它提供的是对明见事物的解释，即那些对知觉来说明显的事物。（705 K.: τὸν πρῶτον [scil. ὅρον] ἐξ αὐτοῦ πιστεύεσθαι, φαινομένων ἐναργῶς πραγμάτων ἑρμηνείαν ἔχοντα；也见 707 K.: ἐναργῶς αἰσθανομένων 和盖伦在 706 和 709 K. 关于脉搏的明显感知的评论）。盖伦还明确指出，亚里士多德把概念定义称为"名义定义"（nominal defination），正如他认为这一定义表达了名词的意义（705 K.: ὡς εἰ καὶλόγονὀνόματος ἑρμηνευτικὸν εἰρήκει；见 Arist. *APo.* 2.10.93b30-31）。此外，根据盖伦的《亚里士多德注释》（*Aristoteles interpretatus*），概念定义伴随一个事物的"适当的偶性"（705 K.: τὰ συμβεβηκότα δὲ ἰδίως αὐτῷ συνδιέρχεσθαι τὸν ἐννοηματικόν）。

概念定义是达到本质定义的一个起点，它使事物的本质变得清晰。因此，概念定义应该被看作本质定义的标准（708 K.）。本质定义必须与概念定义一致（704 K.）。如果没有首先建立起概念定义，就提出一个本质定义，那是错误的。

盖伦在 *MM* 10.40-41 K. 中关于"疾病"的讨论和在 *Diff. Puls.* 8.706ff.K. 中的讨论也是沿着类似的路线进行的。其出发点是，所有人在将同一个术语应用于世界上某种确定的、对知觉而言明显的状态上达成了一致（身体某个部位的损伤，或身体几个部位尤其是手腕上可感知的某种运动）。然而，盖伦在《论脉搏的差异》中的描述清楚地表明，要达到满足大家的共同概念的描述，还需要做一些进一步的工作。在这里，盖伦的用词很有说服力：因为他不断地把概念的定义与某种明确表达我们共同概念的训诂或解释联系起来（ἐξηγεῖσθαι: *Diff. Puls.* 8.630 K.；ἐξηγούμενον σαφῶς: 704 K.；ἑρμηνεύοντος: 704 K.；ἑρμηνείαν ἔχοντα: 705 K.；ἑρμηνεύειν: 708 K.）。

　　注意，盖伦曾提及一些观点，来自他称之为"伪辩证法家"的那些人，这些观点认为，辩证法始于"对名称概念的解释"（*Diff. Puls.* 8.630 K.）。[1] 盖伦没有拒斥这一立场，而是认为他对手的实际做法与之背道而驰：因为这些人没有提供解释，而是只为名称"立法"（这句话来自盖伦对于阿奇基斯［Archigenes］对语言的虚假使用的抨击）。盖伦对定义的描述旨在提供一种对语言的正

----

〔1〕　Διὰ τοῦτ' ἐγὼ νῦν οὐ παρὰ τῶν ἄλλων Ἑλλήνων τὰ σημαινόμενα τῶν ὀνομάτων ἀναμιμνήσκω, ῥᾷστον ὄν μοι παρὰ πάντων λαβεῖν, ἀλλὰ παρ' αὐτῶν τούτων τῶν ψευδοδιαλεκτικῶν. τοὺς γὰρ ἐπαγγελλομένους μὲν ἐξηγεῖσθαι τὰς ἐννοίας τῶν ὀνομάτων καὶ ταύτην ἀρχὴν τῆς διαλεκτικῆς θεωρίας τιθεμένους, οὐκ ἐξηγουμένους δὲ, ἀλλὰ νομοθετοῦντας μόνον, οὕτως ὀνομάζειν εἴωθα. 不幸的是，盖伦的《论脉搏的差异》没有批判性的版本。那么，希腊文本就是库恩的"版本"。这些"伪辩证法家"的身份相当神秘。当然，他们与普纽玛派医学家阿奇基斯有联系，我们也可以推断出他们与斯多亚派有密切联系。注意，在 *Diff. Puls.* 8.579，盖伦对于斯多亚派为语言用法立法表示不屑。关于这一点，参见 Cruvelli 2010: 369-370，他认为盖伦在这里拒绝了克吕西普（Chrysippus）在其著作《论辩证法定义》（*On Dialectical Definition*, DL 7.65）中对规定定义的解释。根据 Cruvelli 的说法，这些定义很可能是关于那些使用起来晦涩难懂的名称，即技术术语。与 *PHP* 5.385 K. 的类比（见第 244 页注释 1）进一步证实了盖伦言论的反斯多亚主义性质。

确"解释学"方法。那么，概念定义是对那些用某个术语指称某一事物的人的共同概念的明确表达/解释。如上所述，拥有一个共同的概念并将其正确地应用于世界上的某些事物，绝不意味着人们实际上对有关事物有相同的描述或定义（共同的外延不一定意味着有意识的共同意图）。[1] 这种过渡（即从单纯使用共同概念到明确描述共同概念的过渡）意味着我们不仅要成功地识别世界上的某种情况，而且要进一步能够用语言正确表达为我们成功识别提供基础的共同概念。

这有助于解释盖伦一个看似有问题的主张，即概念定义解释了那些对感知来说明显的事物。这里必须注意，"明显"保留了其希腊哲学中典型的客观含义。[2] 因此，对我们来说，"明显显现"的事物不是我们主观意识到的事物，而是以一种立即表明事实是什么的方式呈现在我们面前的事物。这种由我们的自然法则赋予的客观证据，是我们成功识别世界上某些事物的基础（而盖伦把这种成功、一致的识别看作一个单纯事实）。概念定义则更进一步：因为它们明确表达了从明显的现象中得出的共同概念。那么，正是通过概念定义，我们潜在的知识才变成了清晰的知识。基本上，概念定义使我们对一个术语的共同使用变得清晰，甚至是透明的。因此，我们不仅可以成功地识别疾病的状态，而且能够将一个正确的描述与相关的术语联系起来。这种描述严格说来并不等同于共同概念：相反，它是对我们共同概念的解释，即让共同概念可以被意识到。

---

〔1〕 我得感谢 James Wilberding。

〔2〕 有关更近期的讨论，参见 Ierodiakonou 2012。

盖伦一再声称，概念定义并不能明确事物的本质，而只是对某一术语的含义进行解释。所以它是一个名义上的定义，而不是一个本质上的定义。然而，在这里需要做一些限定。关键是不要被盖伦对定义的名义特性的强调误导。通过他对概念定义和本质定义的明确区分，盖伦可能旨在反驳这样一种观点，即我们可以通过仅仅在概念上分析或阐明我们对事物的共同概念来把握事物的本质（盖伦没有提到对共同概念的任何"阐明"，这一点可能很重要）。盖伦当然不拒绝这种辩证分析，但他认为这是一个更冗长、更复杂的过程的第一步，即从认识论的定义到本质的定义。而这一转变意味着我们不仅仅是在概念上分析我们的语言实践，而是通过理性和经验的综合运用来发现事物的本质（见 *Diff. Puls.* 706-708 K.，在那里，盖伦广泛讨论了脉搏的本质或科学定义的过渡）。盖伦并没有暗示，这种真正的知识可以通过仅仅阐明我们的共同概念来实现。然而，盖伦绝不是说名义定义只是规定性的，与现实没有任何联系。相反，他认为概念定义应被视为本质定义的标准，并且如果不首先就概念定义达成一致，那么提出本质定义就是错误的。[1] 因此，盖伦批评那些不尊重这些区别并且乱下定义的医生（见 *Diff. Plus.* 8.704 K.，

---

[1] 盖伦在 *PHP* 5.382-386 K. 中对克吕西普使用 alogon 的著名批评也与此相关。根据盖伦的说法，克吕西普用"不理智"（irrational）这个词来表示"拒绝理性"，这与这个词的通常用法相反（"不理智"通常有两种不同的含义："缺乏理性"或"推理糟糕"；这两者都不符合克吕西普的用法），参见 Morison 2008a：148-149。通过这样做，斯多亚派并没有厘清日常语言的实践（如他们所声称的那样），而是使它转变为人为的：ἄλλο δὲ τρίτον ἢ καὶ νὴ Δία τέταρτον, ὡς οὗτοι βιάζονται, σημαινόμενον οὐκ ἔστιν ἐν ἔθει τοῖς Ἕλλησιν, ὧν ἐξηγεῖσθαι τὴν φωνὴν ἐπαγγέλλονται（*PHP* 5.385 K.）。注意 ἐξηγεῖσθαι 一词，在 De Lacy 的翻译中是"阐述"：参见 De Lacy 1977-1984（CMG 5.4, 1, 2）。盖伦在《论脉搏的差异》中把同样的动词用于概念性的定义。

同样，盖伦在 *Loc. Aff.* 8.115-117 K. 中论证了阿奇基斯对语言的武断使用）[1]。

盖伦的观点似乎是矛盾的：因为一个与事物的本质无关的名义定义，怎么可能同时成为评估其本质定义的标准？然而，在我看来，只要我们意识到"名义"或"概念"定义绝不是规定性的，而是反映（或者说明确）通过我们的自然感知能力获得的关于事物的基本普通知识，那么，盖伦的立场就被证明是足够清楚和一致的。显而易见的知觉属性事实上绝非习常性的：它们是世界完全客观的特征，在一般条件下向我们显现，并被我们的共同概念所捕获。这样的属性当然是外在于事物的本质的（因此，如上所述，真正的本质知识不可能通过对共同概念的概念分析来获得）。然而，外部和知觉的属性与本质的属性一样是真实和确切的。这些属性是我们首先可以接触到的，尽管本质不同于这种知觉属性，但在任何意义上它都不可能与之无关或相矛盾。相反，例如脉搏的本质定义恰恰支持了其知觉上的明显属性（*Diff. Puls.* 8.708 K.），这就解释了为什么根据盖伦对本质的认识不能仅仅从对共同概念的表述

---

[1] 值得再次注意的是，根据盖伦的说法，语言是建立正确分类的必要条件，但不是充分条件。盖伦也承认存在"不可言说的差异"，即可以感知并与医学知识相关的差异，但没有与此相应的词。这种情况会发生，例如，某些类型的疼痛（*Loc. Aff.* 8.117 K.），与某些类型的脉搏（*Diff. Puls.* 8.517 K.）或皮肤变色（*Loc. Aff.* 8.355 K.）。盖伦承认，许多感知经验无法用语言表达（*Dign. Puls.* 8.773-774 K.）。此外，他似乎也认识到存在一个不可说的属性子集，它只能以一种不能使我们完全和有意识地获得的方式来感知（*Loc. Aff.* 8.339-340 K.）。关于这一点，见 Reinhardt 2011 的讨论。然而，极为重要的是，盖伦对不可说的特性的强调，并没有导致他取消语言作为理解现实的手段的资格。相反，他建议，即使在不可能完全精确的情况下，也可以成功地应用近似的语言描述（*Dign. Puls.* 8.774 K.）。

（articulation）中得出，而是与共同概念的解释有关，并应与概念定义相一致。从这个角度来看，"概念"和"本质"定义之间的区别类似于"辩证法"和"科学"之间的区别前提。我们可以说，辩证的前提和科学的前提是概念和科学定义的命题对应物。这里值得再次回顾的是，盖伦把辩证法的前提不是与普遍意见（endoxa）相联系，而是与某种基于事物的感知属性或属性的前科学知识相联系。

　　所有这些都有助于阐明盖伦对日常语言分析的复杂态度。如上所述，盖伦赞同这样的观点：辩证法基于对名称概念的解释。基本上，盖伦认为辩证法是对日常语言的研究，旨在澄清我们目前基于共同概念的语言实践。正是通过辩证法，我们才把我们目前的语言实践，包括把某种情况称为"疾病"，与所有正确使用"疾病"这一术语的人原则上共享的描述联系起来。通过辩证法，我们也有可能发现日常语言中那些潜在的误导性（即模糊性）特征。因此，对日常语言的解释是科学探索的第一步。从这个角度看，盖伦把真正的辩证法纳入了他的认识论，而且很容易把他的方法与阿尔吉努斯和（后来的）普罗提诺的方法进行对比，后者把辩证法纳入了他们的柏拉图主义形而上学。然而，按照盖伦的说法，科学探究当然不能止步于此：因为语言和共同概念反映了对现实的第一次真正的接触，但没有充分的或本质的知识。因此，从概念定义到本质定义的过渡与从辩证法到证明的过渡是相同的。[1]

　　尽管与他那个时代的哲学作品有许多相似之处，但盖伦的立场

---

[1] 事实上，盖伦的立场所带来的一个非常不受欢迎的结果是，科学最终不可能是反直觉的。

又有其原创性，明显关联于他对科学知识特点及范围的看法。在我看来，盖伦凭借其实践中的科学家这一独特视角，提供了一种对哲学原则高度原创性的整合，辩证法和哲学因为提供了一种成功的知识获取方法而被纳入他的学说。并且，如我所要表明的，我们正是应该在这个总体框架内来解决盖伦与那个时代的哲学之间的关系问题，并找出盖伦与其他（特别是中期柏拉图主义）哲学家之间的相似之处。

西塞罗笔下学园派与斯多亚派的逻辑学思想——《学园派》相关章节疏解

梁中和[1]

一、西塞罗论学园派的逻辑学分类

西塞罗乃至整个古典拉丁文献，从未用过 "logica" 来表示我们熟悉的希腊或现代意义上的逻辑学（Λογική），而是用拉丁语 "dialectica" 对译 διαλεκτική，也即用 "辩证法" 来涵盖逻辑学所指涉的范围。在《论善恶之极》中，西塞罗用理性论证 "ratio disserendi" 来对译 Λογική：

> 现在转向哲学的第二个分支，方法和**辩证法**部分，也即 "λογική"。在我看来，你的奠基人是完全缺乏它来武装的。他取消**定义**，没有任何**划分**或**区分**，也没有涉及任何理性**推论**或**断定**方式，没有给出任何解决**诡辩**或者辨别**模棱两可**的话的方法。他把对事实的判断放在**感觉**上；一度让感觉把错误的

---

〔1〕 梁中和，四川大学哲学系教授。

东西当成是正确的。在他看来，每一种可能判断正误的手段都被移除。（Iam in altera philosophiae parte. quae est quaerendi ac **disserendi**, quae λογική dicitur，iste vester plane，ut mihi quidem videtur，inermis ac nudus est. tollit **definitiones**，nihil de **dividendo** ac **partiendo**（注：即希腊文中的 διαίρεσις）docet，non quo modo **efficiatur concludaturque** ratio tradit，non qua via **captiosa** solvantur **ambigua** distinguantur ostendit；iudicia rerum in **sensibus** ponit，quibus si semel aliquid falsi pro vero probatum sit，sublatum esse omne iudicium veri et falsi putat.）（《论善恶之极》1.7）

这里的辩证法，即 disserendi，来自 dissero，有分析、论述和研究的含义。这里西塞罗是在批评伊壁鸠鲁学派，将判断标准只放在感觉上，而忽略了希腊逻辑学，或辩证法所包含的：定义（definitio）、划分（divido）、区分（partio）、推论（efficio）、断定（concludo）、辨别（distinguo）、诡辩（captiosum）和模棱两可（ambiguum）。这些就是西塞罗眼中的逻辑学内容。

在哲学的各个分支中，西塞罗将辩证法（逻辑学）视为与自然学（物理学）、伦理学并列的一支，同时承认了修辞学的重要性。瓦罗作为其《学园派》卷一中学园派的代言人认为：

> ［5］当然了，你自己也学习过同一套**哲学**理论，所以一定知道我们不能像阿玛菲尼乌斯（Amafinius）或拉比里乌

斯（Rabirius）那样。[1] 他们用日常语言讨论浅显的事物；也不使用定义（definiunt）、区分（partiuntur）或形式论证（apta interrogatione）；事实上，他们认为讲话或论证的系统学问是无用的。但我们一定要把**辩证学家和演讲家**的格言当作法律一样遵守，因为我们学派把**辩证法**和**修辞学**看作德性（virtutem）。因此我们只好使用创新的词语。可如我提到过的，既然博学的人宁愿从希腊著作中寻找这些知识，而缺乏教育的人也不会从我们这里接受它们，整个计划就都没有意义。[6] 至于自然哲学，假如我赞成伊壁鸠鲁（即德谟克里特）的理论，当然我也可以像阿玛菲尼乌斯一样把它写得清清楚楚。一旦动力因（rerum efficientium）的概念不存在了，一本解释微粒（corpusculorum，他用此词代替"原子"[atomos]）间偶然运动的书有什么出奇的呢？你了解我们的自然哲学：由于它包含动力因以及由动力因塑造的物质，几何学就是必要的解释手段。[2] 但这怎么用拉丁语解释？该采用哪些拉丁词来表述这个问题？让谁来理解它呢？至于我们的**生活**、**伦理判断**，以及我们该追求什么和避免什么的问题，对他们来说很容易，因为他们相信人类和野兽的善都是一样的。但你自然很清楚，我们学派这方面的研究者是非常细致的。（《学园派》1.5-6）

---

〔1〕 此二人用拉丁语著写过关于伊壁鸠鲁哲学的畅销书。参看《图斯库兰论辩集》4.6-7 及《致其朋友的信》15.19.2。瓦罗对伊壁鸠鲁主义者形式逻辑和修辞学的轻视，以及认为他们的物理学和伦理学相当幼稚的看法和西塞罗的很多观点产生共鸣，例如《论道德目的》1.17-26。

〔2〕 参见《学园派》1.24。瓦罗也许指的是老学园派对数理天文学的研究，也许是柏拉图《蒂迈欧》中元素的几何学基础。但后者与《学园派》1.27 提到的物质的无限可分性有矛盾（伊壁鸠鲁反对传统的几何学。参见《学园派》2.106）。

这里在肯定修辞学在哲学内部的重要性之后，又为辩证法增加了一项活动，即论证（interrogatio）。我们知道，哲学的这三个分支可能最早可以追溯到色诺克拉底，恩披里柯告诉我们，色诺克拉底将哲学论题分为三大类：物理学、伦理学和逻辑学，[1]这种观点被希腊化时期的斯多亚派继承为标准分类法，也就是他将我们今天称为形而上学和认识论的学说归到了物理学和逻辑学中。[2]狄龙更是将其说成首位将柏拉图学说体系化的哲学家，为柏拉图主义者的哲学体系奠立了基础。[3]但是西塞罗却将此分类归给柏拉图，有学者认为这是别有用心、故意为之，为的是将哲学全部的分支追溯到柏拉图，而西塞罗完全忽略了亚里士多德的逻辑学，只是通过斯多亚派继承了改造过的柏拉图主义而已，并用这种斯多亚式的柏拉图主义一统整个哲学领域。[4]西塞罗的表达是这样的：

> [19] 刚开始，他们从柏拉图那里传承下来的哲学共分三部分：其一处理生活的方式和道德性情（vita et moribus），另一个关于自然（natura）和被掩盖的事物（rebus occultis），第三个关于论证（辩证法，disserendo），即判定在表达中**何谓真假**（quid verum sit, quid falsum）、**何谓对错**（quid rectum in oratione pravumve）、**何谓一致或不一致**（quid consentiens,

［1］ *Adversus mathematicos* vii 16.

［2］ Dancy 2003-2011, Xenocrates, 亦参 Guthrie 1978：478。

［3］ Dillon 2003：98.

［4］ 如乔纳森·巴恩斯（Jonathan Barnes）就持这样的观点，参见其 "Logic in Academica I and the Lucullus," from *Studies in Cicero's Academic Books*, Brad Inwood and Jaap Mansfeld（eds.）, Brill, 1997, pp. 145-146。

quid repugnans iudicando ）。〔1〕（《学园派》1.19）

这里，西塞罗为辩证法总结了三个对子，即语言表达中的真假、对错、是否一致或自相矛盾。他后面的具体解释如下：

［VIII 30］接着是第三部分哲学，其对象是推理与论证（或辩证）。两个学派都持如下观点。他们声称，真实性的判定标准不在于感官，但从感官开始：思想（Mentem）则是一切的法官。他们相信，这是唯一值得我们信任的能力，因为它本身就分辨出了永远简单、同一、不变的事物。他们用柏拉图给出的 ἰδέαν 一词代指这个，但我们可以称它为"理念"（speciem）。［31］在他们看来，感觉迟钝而脆弱，理解不能被看作属于感觉领域的事物，因为后者要么小到感官难以察觉，要么速度太快。所有事物一直在流动变化，以至于不存在始终为一、恒定或甚至与自我相同的事物。基于此，他们认为这整个领域都"属于意见"（opinabilem）。［32］他们相信，知识（Scientiam）只存在于灵魂中的概念（notionibus）和推理（rationibus）。相应地，他们主张使用定义，并在所有学问中都这么做。他们还

---

〔1〕 学园派和漫步学派所持的道德目的在《学园派》1.22 被重新表述为获得所有或最好的与自然相符的基本善。又因为德性就是最好的基本善，也是品格高尚的原因，所以此观点相当于"品格高尚地生活并享受自然推荐给人的主要事物"，即《学园派》2.131-132 和 2.138-139 处主要归于波勒蒙，也归于亚里士多德和阿提库斯的观点。阿提库斯认为，波勒蒙哲学中有斯多亚派诉诸自然，以及"自有"（oikeiosis）概念的先兆，西塞罗多次表示过同样的看法，参见《学园派》1.23 和《论道德目的》2.33-34，4.14-18，5.24-33，及 5.74。普鲁塔克《普遍概念》1069e-f 也许表达了相似观点。这一点是否为史实有待考证。

赞成对词语进行分析，也即研究为什么事物会拥有那样的名字——他们称之为词源学（ἐτυμολογίαν）。他们还使用特定的标记或事物的"记号"（argumentis），以引导他们得到他们想要解释的东西的证明（probandum）或证据（concludendum）。这就是他们对整个辩证法（dialecticae disciplina），即形式论证中的话语的教育（orationis ratione conclusae）。与之相对的，是运用修辞的能力，即为了说服别人的连续讲话（explicatrix orationis perpetuae ad persuadendum accommodatae）。（《学园派》1.30-32）

到此为止，西塞罗"逻辑学"分类法已经呈现出来，它在西塞罗眼中的哲学三分中，与自然学（物理学）、伦理学并列，其中有一支主干，被统称为"辩证法"，与辩证法相对的是修辞学，修辞研究如何运用语言进行说服，而辩证法关心推理和论证，这些在思想中的概念活动，不依赖于感官，而是依据思想自身本有的面向理念的能力，去分辨出永远简单、同一、不变的事物。在灵魂的概念中，通过划分、区分、定义、推理、推论、论证、断定，辨别诡辩和模棱两可，判定真假、对错、一致或不一致，来获得知识。同时，柏拉图主义哲学家还赞成与辩证法（逻辑学）相关甚至也属于广义辩证法的研究：词源学，即研究为什么事物会拥有那样的名字。他们还使用特定的标记或事物的"记号"，以引导他们得到他们想要解释的东西的证明或证据。此外，西塞罗笔下的哲人会充分尊重辩证学家和演讲家的格言，就像遵守某种律则一样，因为他们把辩证法和修辞学看作德性，也即某种优越的能力。

可见，西塞罗在两个意义上理解逻辑学，一是认识论，即通过思想、论证获得关于理念的知识；二是语言哲学，通过分析事物与其命名的关系，寻找对这一活动的解释。这两者都是理性的活动，都运用了理智的能力。而与此相对，同样重要的是运用话语进行说服的活动，即修辞学和演讲术，虽然这不属于哲学，也不是辩证法和逻辑学研究的对象，但是会得到哲人的尊重和学习。

此外，西塞罗致力于运用拉丁语表达哲学，他想试着全部用拉丁语，除了一些例如"哲学"（philosophiam）、"修辞"（rhetoricam）、"物理"（physicam）或"辩证法"（dialecticam）这类词，因为它们和许多其他词语一样，都已经成为日常的拉丁语。他还发现，所有辩证学家（Dialecticorum）使用的词都不属于日常用语，所以他们有自己的术语。几乎所有学问都有一个特点：要么为新的成果创造新术语，要么比喻性地使用为其他东西创造的词。希腊人在过去几百年间的研究中都是这么做的，因此他们也有理由采取同样的方法（《学园派》1.25）。可以想象，西塞罗面对的思想和语言的双重创造性的要求，一如其处理希腊逻辑学领域一样，也要同时面向语言和思想本身。

二、西塞罗对斯多亚派逻辑学的质疑：Luc. 91-98 分析

在《鲁库鲁斯》91-98 节中，西塞罗给出了一些论证，通过破坏斯多亚派逻辑的原理来展示理性的脆弱。这部分主要分析了几个悖论，以攻击二值原理（principle of bivalence）和斯多亚派推

理的正当性。总体而言，这部分讲的是辩证法无法企及确定的知识，它对很多哲学问题都不适用［91］；人们看重这种技艺，但是也要知道它会产生谬误［92］；既然如此，就得反驳它。克律西波（Chrysippus）的不追问于事无补［93］，因为克制追问意味着无法回应，我们的知识可能反而会让我们失败，如果我们能够回应而不去做，那就是虚伪［94］。因此，我们所钦慕的技艺其实自行瓦解了，就像佩涅洛佩自己拆织布一样［95］。开始宣称这种技艺与"无解论证"的形式一致，但后来又否认，这又为什么［96］？是要求这些诡辩成为辩证法原则的例外。那么就必须去能庇护这些诡辩的地方。伊壁鸠鲁可能不允许辩证法中的最初设定［97］，而从阿提库斯那里学来的辩证法，"无解论证"和与此一致的形式，必须同时成立或不成立［98］。

1. 辩证法的效力的范围

　　［91］但理性能理解什么呢？[1] 你们说，辩证法是真实与虚假的"仲裁者"（disceptatricem）和判定官（iudicem）。[2] 可那是哪种真实与虚假，在什么主题下呢？辩证法家在几何学中判断真假吗？还是文学，抑或音乐？你们说，都不是。他对此一无所知。那一定是哲学咯？但关于太阳大小的问题与他有何关联呢？他凭借什么能力判定什么是至善？那他到底判断什

---

［1］ 在《学园派》2.91-98，西塞罗给出了一系列批评斯多亚派逻辑学说的论证，以求指出理性的弱点。其主要部分涉及连锁论证（《学园派》2.92-94）及说谎者悖论（《学园派》2.95-98）。

［2］ 斯多亚派的辩证法比西塞罗接下来提到的逻辑问题要宽泛得多；参看第欧根尼·拉尔修《名哲言行录》7.41-44，《学园派》2.142-146，和《学园派》1.19，1.30-33谈到的老学园派辩证法。

么呢？哪些合取（coniunctio）和析取（diiunctio）是正确的，哪些论断存在歧义（ambigue），某命题伴随（sequatur）什么，什么与此命题不相容（repugnet）？可如果辩证法对这些或类似的问题进行判断，它判断的对象就是其自身——但它宣称的使命不止于此。它若只能判断这些事物，那就不能裁决其他重要的哲学问题。[1]

几何、文学、音乐显然不是辩证法的适用范围，而是具体知识门类，太阳大小属于物理学（φυσική），至善属于伦理学（ἠθική），都不属于辩证法。剩下的只有其自身了，合取（συμπλοκή 或 συνημμένον）常与析取（διεζευγμένον）相反对，歧义相对应的是 ἀμφίβολον。有学者认为，这里对逻辑学或辩证法最主要的批评是，它们总是预先肯定了现象的真实性，但又无法证明它。而乔纳森认为，如果说西塞罗所说的逻辑技艺不能充分地决定任何实质问题的话，他的批评就是有效的，也就是说，不能充当很多哲学问题的判官，这点无疑。但是西塞罗说逻辑学只剩下自身作为研究对象，则是明显错误的。（Jonathan 1997：147）

2. 逻辑学的谬误

[92] 但既然你们如此看重这门学问，就最好确保它不会最终对你们不利。首先，它华丽地解释了与演讲有关的部分、

---

[1] 关于逻辑之范围有限的论证间接地起源于柏拉图在《高尔吉亚》453d、454c 中对修辞学的抨击。卡涅阿德在西塞罗《论占卜》2.9-11 中用过一个相似的论证来批驳占卜术。斯多亚派声称，逻辑是唯一一种能判断其自身以及其他事物的能力。参见爱比克泰德（Epictetus）《演讲》1.1.4。

歧义的解决和论证的方式；但接下来，它开始涉及更危险而难以控制的话题：谷堆论证（soritas），这个你刚刚已说过是错误的（vitiosum）论证形式（interrogandi genus）。[1][XXIX]那么，如果这的确是错误的会怎么样？我们该因此受责备吗？自然没有教会我们何时该适可而止（finium）。这并不只对谷堆成立（谷堆论证因此得名）：只是我们需要回答，在一点点（minutatim）积累的过程中，某人什么时候变得富有或贫穷、名声在外或默默无闻，或者事情什么时候变多或变少、变大或变小、变长或变短，以及变宽或变窄，对于这些问题，都没有确定的答案来说明需要添加或减少多少。

斯多亚派的逻辑学包含了修辞学（ῥητορική），解决（Concludendi）对应 τοῦ συμπεραίνειν 或 συλλογίζεσθαι。适可而止的限度，这个限度是造成谷堆论证的关键，其含义本来有相对性，但人们却期待它被赋予确定的意义。谷堆论证是说两个人在讨论一撮谷粒何时成堆的问题，在一小撮谷粒上一粒一粒增加，什么时候才能叫它"一堆"谷粒呢？那个限度在哪里？一点点积累的说法，可以参看柏拉图《智者》217d（κατα σμικρὸν）。

[93] 但你们表示，谷堆论证是错误的！你们可以尽情地摧毁它，这样就可以不再受其困扰。但假如你们不够小心，它就一定会阴魂不散。于是你们又说，我们确实预防了：克律西

---

[1] 参见《学园派》2.49。

波主张，在需要确定"3"是多还是少时，在它即将变成"多"的当口，我们应该停止（他们称之为 ἡσυχάζειν）。[1] 而卡尔涅阿德斯回应说，在他看来，你们不仅可以休息，甚至愿意的话，也可以睡觉打鼾。可这对你们有什么帮助呢？一定会有人把你们从梦境中唤醒，然后不停地询问你们同样的问题。不管你们在什么数字上停下来，加上 1 就会成为"多"吗？只要你愿意，这完全可以进行下去。我还需要说什么吗？毕竟你已经承认了无法确认仍然为"少"的最后一刻及成为"多"的第一刻。而这类问题范围极广，我根本看不到它有任何界限。

克律西波曾经花费很多精力解决诡辩问题，曾讨论过谷堆论证和无解论证（《名哲言行录》VII. 82）。恩披里柯也证实了他用 ἡσυχάζειν 一词（Sext. P.H. II. 253；A.M. VII. 416），犬儒派也用过这个词（Sext. P.H. II. 244, III. 66.）。打鼾（Stertas）的修辞，奥古斯丁在驳怀疑派时也用过（Aug. Contra Ac. III. 25, III. 22.）。

［94］你们又说："好吧，可这没有关系，我会像驾驭战车的能手一样，在马临近边缘的时候拉紧它的缰绳，尤其当前面正是悬崖峭壁时。我克制（sustinebo）自己的方式就是在遇到吹毛求疵的问题时只简短回答。"然而，如果你们心中有一个答案却讳莫如深，那就是傲慢；如果你们不知怎么回答，那就

---

〔1〕参见克律西波残篇 2.227（SVF）。西塞罗《学园派》2.94，以及恩披里柯《皮浪学说要旨》2.253 和《驳数学家》7.416 把克律西波的"预防措施"（即在某过程中的某个时间点不再回答与连锁论证有关的问题）解读为建议我们悬置同意。

是并不理解这个答案；如果你们的理由是此事模棱两可，我也可以接受。但你们声称并不深入模糊的地带，这就意味着你们在显然处停止不前了。假如你们只是为了保持沉默，那么任何目标都没有被实现。对于试图揪出你们的错误的人而言，一旦你们落入陷阱，他会在乎你们是缄默还是在讲话吗？另一方面，假如你确定无疑地表示直到［比方说］9 都是"少"，而对 10 闭口不谈，那也等于在显然确定的事情上悬置了同意（cohibes adsensum）。可这正是你们禁止我在难解的事情上所做的！[1] 因此你们的辩证法在谷堆论证的问题上无济于事，因为它不能告诉你们一个过程中增加或减少的第一步或最后一步是什么。

西塞罗在给阿提库斯的信中，讨论了对 ἐπεχειν（克制）的不同翻译（letter to Atticus XIII. 21），而 ἐποχη 则是悬置同意。奥古斯丁用"refrenatio"（抑制）来翻译 ἐποχη。乔纳森认为，这几段中西塞罗给出的核心信息是辩证法作为一种技艺，可能最终会损害自己，在论证问题上无济于事，谷堆论证无法被斯多亚逻辑学合理解决，使得其逻辑学基础理论受到威胁。然而遗憾的是，西塞罗似乎没有在此论述完他对谷堆论证的思考。

3. 二值原理与说谎者悖论

［95］还有另外一个问题：你们的辩证法终将瓦解其自

---

［1］ 参见《学园派》2.107。西塞罗的论证在恩披里柯《驳数学家》7.416-421 有更多的细节。如果克律西波真的主张在答案仍然"清晰"时悬置同意，那等于承认我们甚至可以，且应该在特定情况下悬置对可被理解印象的同意。参见《学园派》2.38 的脚注。

身的原则，就像佩涅洛佩（Penelope）拆解自己编织的东西一样。这是我们的错误还是你们的？辩证法的一个基本原则（fundamentum）是，任何一个论断（enuntietur）——他们把命题（effatum）称为 ἀξίωμα——非真即假。[1] 这样的话，类似以下的例子是真还是假呢：假设你说你正在撒谎且你说的是真的，那么你既在撒谎也在说实话。[2] 你们宣称这种论证是无解的，可这比我们不能理解的印象的概念更惹人愤怒。[XXX] 但先跳过这点吧。我现在的问题是，如果这种论证不能解决，你们也不能凭借任何标准来确定它的真假，那么你们"所有命题非真即假"的定义呢？对于任何前提而言，如果有两组对立的命题，我的结论就是：一定是其中一组符合此前提，而另一组应当被抛弃。

关于斯多亚派的命题思想，可以参看《名哲言行录》（VII. 65）："命题指的是非真即假的东西，或者如克律西波在《辩证法式的定义》中所说，是自身就被完整加以陈述的东西，'命题是自身就可以被否定或肯定的东西，如：现在是白天，狄翁在散步'。'命题'（ἀξίωμα）这个词源自动词 ἀξιοῦσθαι（认为适于、要求）或 ἀθετεῖσθαι（拒绝、否定），因为当人们说'现在是白天'时，

---

〔1〕 斯多亚派对一个命题的定义是一个要么真要么假的事物。参见第欧根尼·拉尔修《名哲言行录》7.65，恩披里柯《驳数学家》8.74，西塞罗《图斯库兰论辩集》1.14、《论命运》38。

〔2〕 克律西波至少写了十本与说谎者悖论有关的书（第欧根尼·拉尔修《名哲言行录》7.196-197 记载了他著作的目录）。关于他对此悖论的解决方法的材料主要就在《学园派》2.95-98，以及普鲁塔克《普遍概念》第二章 1059d-e 中。

似乎就是在要求'现在是白天'这个事实。如果现在确实是白天，那给出来的这个命题就是真的；如果现在事实上不是白天，那给出来的这个命题就是假的。"西塞罗在此要反对的就是非真即假的二值原理。

乔纳森认为，ἀξίωμα 就是一个完成的特定类型的 λεκτόν（陈述），这种陈述是说，如果你说它，你就陈述了某事。这里的命题既可能是真的也可能是假的，但两者必居其一，有排他性，如果 A 或者 B 是真的，就意味着 A 和 B 中有一个是真的。这样一来，在西塞罗看来，斯多亚逻辑学的基础就是：如果可以陈述 P，那么要么 P 是真的（并且不是假的），要么 P 是假的（不是真的）。很多文本都将此归为斯多亚的逻辑学思想。[1] 然而，含糊的谓述会导致对此的反驳，比如说荷马是个秃子或法国是六边形的，这些似乎就既非真也非假，对未来的特定陈述也非真非假。还有关于道德和美学事物的陈述常常被否认有真正的价值，比如，施特劳斯是一位比瓦格纳更微妙的作曲家。因此，逻辑学家们不可能将其基础性的论题呈现为一个不证自明的真理。

西塞罗在《论命运》21 中提道，"克律西波用尽全力说服我们，每一个命题要么真要么假"，他之所以这么做，是因为"他害怕如果他不假定所陈述的事情的真假，他就不能继续坚持万事命定，皆来自未来诸事之永恒原因的说法"。西塞罗自认为找到了克律西波坚持这个逻辑学基础的动机，但是乔纳森反驳说，这并不意味着所有逻辑学家都会有这类动机，而且动机也不会为我们论证这

---

〔1〕 如西塞罗在《论命运》20 中，将此归为克律西波的观点，亦参 Gellius, XVI.viii.8 等。

个论题提供任何帮助。此外，说这是一个"定义"是一种错误，将此论题说成我们可以通过命题来决定真假也是误解，其实逻辑学家很多时候不知道如何确定一个命题的真假，但这并不影响将二值原理作为逻辑基础。

4. "无解论证"（ἄπορα）与辩证法的"困境"

[96] 那你们对下面这种论证做何种判断？（1）如果你说现在是有光的，而且你在说真话，那么就是有光的。（2）你确实表示现在是有光的且自己在说真话。（3）因此，现在是有光的。显然你们接受这种论证，并且认为它是有效的，而这也是你们在教学中用到的第一种有效的论证。那么，要么你们接受任何采取这种形式的论证，要么你们的辩证法子虚乌有。这样的话，请看你们是否接受下面这个论证：（4）如果你说你正在撒谎且所说的话为真，那么你正在撒谎。（5）你说你正在撒谎且所说的话为真。（6）因此你在撒谎。既然你们承认了上一个与此形式相同的论证，你们怎么能拒绝这一个呢？问题起源于克律西波，可连他自己都解决不了。他会怎么对待下面这个论证呢？（7）如果现在有光，那现在就有光。（8）现在有光。（9）因此现在有光。当然，他会承认这个论证，因为一旦你承认了条件命题的前件，就必须接受其后件。那这个论证和接下来这个有什么区别呢：（10）如果你在撒谎，你就在撒谎。（11）你在撒谎。（12）因此你在撒谎。你们声称这个论证既不能被承认，也不能被拒绝。可为什么在别的情况下就不同呢？如果推理中存在（ratio conexi）有效的技艺、方法或途径，如

果论证中真的有推理，那在各种情况下都是一样的。

[97]他们最后的救命稻草是要求大家把这些"无解的论证"看作特例。他们最好叫来一个保民官，因为我永远不会允许这种特例。[1]毕竟，他们不可能让伊壁鸠鲁（他总是挖苦嘲笑辩证法）承认，"荷马库斯（Hermarchus）明天要么生要么死"是真的。然而，辩证学家宣称任何一个选言命题（即其形式为"P或非P"）不仅是正确的，而且必须如此。但请注意，伊壁鸠鲁是多么机敏，虽然他们觉得他很迟缓。他指出："一旦我承认那两者之一是肯定的，那么，'荷马库斯明天将要么生要么死'也就一样确定，但自然中不存在这种必然性。"[2]让辩证学家们，即阿提库斯和斯多亚派学者和伊壁鸠鲁去争斗吧，因为后者正是那个推翻辩证法这一整门学问的人。如果由矛盾的命题组成的选言命题有可能为假，我指的是，如果此命题中一个选言肢（alterum）所确认的正是另一个选言肢所否认的，那么没有任何选言命题能为真。

[98]但他们和我之间的争执是什么呢？我只是遵循了他们的原则。在面对这种情况时，卡尔涅阿德斯曾打趣道："假如我的结论是有效的，我就坚定不移；否则，第欧根尼应该把我的'米娜'还给我。"[3]他曾于斯多亚成员第欧根尼处学习

---

〔1〕斯多亚派似乎认为，这些例子应当被看作例外的原因正和他们拒绝向伊壁鸠鲁确认一个未来不确定事件的真假一样。这意味着，克律西波解决说谎者悖论的方法需要否认例如"我正在撒谎"这类论证有一个真值。"exceptio"（例外）一词本指诉讼人可通过传唤保民官这一法律手段，来试图强迫不情愿的法官做某事。
〔2〕伊壁鸠鲁残篇376（Usener）。另参见西塞罗《论神性》1.70，《论命运》21。
〔3〕古代货币。一米娜约等于一百德拉克马，相当于公元前150年一个手动劳工三十到五十天的工钱。

辩证法，而这是辩证法家收的学费。我遵循的也是从阿提库斯那里学来的方法。但当我把它付诸实践时，我感到疑惑，既然应该认为"如果有光，那就有光"是真的，因为我学到每一个由单一论断组成的假言判断都是真的，那为什么却该否认"如果你正在撒谎，那么你正在撒谎"的形式与前者相同。所以，我要么认为二者是相似的，要么断定前者与后者一样同为假。[**XXXI**] 但让我们把这些棘手的论证和辩证学家复杂的辩论方法搁置一旁，而解释一下我们的立场。在卡尔涅阿德斯的理论得到充分阐释后，阿提库斯的所有反驳都会苍白无力。

这里西塞罗总结出两种相似的论证，如果第一种成立，第二种就不该被拒绝，第一种是：

> 如果你说谎，而且所说真实，那么你就说谎了
> 你说了谎，所说真实
> ———————————————————
> 你说谎了

第二种是：

> 如果你说谎，你说谎
> 你说谎了
> ———————————————————
> 你说谎

西塞罗通过有光的例子，来说明克律西波关于说谎者悖论的不置可否是要不得的，进而揭示出其逻辑学的基本原理不可靠。他急于否定斯多亚的逻辑学而放弃了深究这里的悖论内涵的深意和挑战。西塞罗也没有陈述克律西波为何对第二种论证不满，因此也很难猜测西塞罗所真正反对的以及赞成的。比较确定的是，西塞罗反对将无解论证看作一般原理之外的特例，逻辑学原理应该是一贯的，不应该有此特例。逻辑学家的任务不是回避，而是解决它们。这样才能维护逻辑学，真正抵御人们对它的攻击。

当然，西塞罗并不真正关心类似说谎者悖论本身，他只是注意到这个俏皮话似的表达中可能存在的对逻辑推论的威胁。现代逻辑学对说谎者悖论有很多研究，也发现了其中的问题所在，他们认为，导致说谎者悖论的逻辑根源不是别的，只是约定 A 的自相矛盾性，它使得说谎者语句说自身为假，从而使得说谎者的语句意谓着与其矛盾的语句，故当人们根据兰姆赛原则断定说谎者语句的真值时，就合乎逻辑地推出与其相矛盾的语句。除了人们事先预设约定 A 并在其后对之加以应用之外，关于说谎者悖论的一切推导都在逻辑规律的控制之下。西塞罗不是逻辑学家，反而是高超的修辞学家，因此，修辞性的吊诡乱入逻辑悖论就会让辩证法家面对棘手的难题，也为探索确定的知识蒙上一层阴影。

三、西塞罗的认识论分类与怀疑论立场

乔纳森认为，其实西塞罗根本不了解亚里士多德的三段论逻辑思想。但西塞罗也的确曾点出了亚里士多德学派对柏拉图学说的破坏：

［33］那么，第一个进行改变的人是亚里士多德，他抛弃了我刚才提到的理念——虽然柏拉图对理念的钟爱无与伦比，他曾宣称诸理念中有神圣的元素（quiddam divinum）。[1] 接着是泰奥弗拉斯托斯。他是个迷人的演讲家，且品性优越，经常被当作诚实与真诚的榜样。但某种意义上，他更激烈地打破了传统：他夺走了德性的魅力，否认幸福的生活只依赖于此，因而使德性变得不那么重要了。[2]

《鲁库鲁斯》142-146 解说了各个哲学流派在西塞罗眼中的认识论形象和类型，并且将阿提库斯的观点安置在了斯多亚派中：

［142］这把我们带入哲学的第三部分。[3] 普罗泰戈拉提供了一个标准，声称每一个人的印象在其本人看来都是真的；昔兰尼学派另有提议，认为唯一的标准是每个人的内部经验；还有伊壁鸠鲁，称标准只在于感觉、对事物的概念及快乐。[4] 同时，柏拉图主张真实性的标准以及真理本身不能靠意见或感觉

---

〔1〕亚里士多德批评柏拉图理念论的一些显著例子在《尼各马可伦理学》1.6 和《形而上学》1.9。

〔2〕泰奥弗拉斯托斯残篇 497（Fortenbaugh）。参见《学园派》2.134。

〔3〕《学园派》2.142-146 处理"逻辑学"上的分歧。令人好奇的是，这一段极其简略，尤其与恩披里柯的论证相比（后者把《驳数学家》第七章和第八章都用来讨论认识论）。西塞罗在《学园派》2.147 暗中原谅了自己没能给出一个更完整的理论梳理。

〔4〕西塞罗对普罗泰戈拉名言"人是万物的尺度，是存在的事物存在的尺度，也是不存在的事物不存在的尺度"（普罗泰戈拉残篇 B1 DK）的解读符合普遍意见。恩披里柯《驳数学家》7.60 和柏拉图《蒂迈欧》152 都引用了这句话。昔兰尼派的观点在《学园派》2.20 和 2.76 表述的方式略有不同。对伊壁鸠鲁观点的总结（伊壁鸠鲁残篇 2.45 Usener）与第欧根尼·拉尔修《名哲言行录》10.31 一致。

得到，而属于认识（cogitationis）和思想（mentis）本身。〔1〕

[143]我们的朋友阿提库斯赞成任何上述观点吗？不，他甚至不相信自己的前辈！他何时赞成过色诺克拉底（其逻辑学著作颇丰且深受好评），或亚里士多德（其著作最为一针见血、斐然成章）？可他的思想从未远离克律西波半步！[XLVII]那么我们为什么被称作"学园派"？我们盗用了这个显赫的称号吗？为什么总有人逼迫我们赞成那些观点互相抵触的哲学家呢？甚至辩证法家间的基本定理也存在分歧，即如何判断例如"如果现在是白天，就有光"这样的假言判断的真值？狄奥多罗、菲洛以及克律西波对此各执己见。〔2〕克律西波和他的老师克里安提斯意见不合的那些问题呢？〔3〕最杰出的两个辩证学家，也是最固执的人的安提帕特和阿基德穆斯（Archidemus）不也在很多问题上分歧严重吗？〔4〕

[144]那么鲁库鲁斯，你为什么对我充满敌意，把我召集在公众前，甚至像煽动性的保民官那样命令关闭商户？〔5〕你们抱怨说我们否定了所有实践技艺，但除了激怒匠人，这还有什么作用？如果他们蜂拥而至，不难劝说他们来对付你们。首

---

〔1〕 参见《学园派》1.30-32处阿提库斯同样的解读。西塞罗在这里对柏拉图认识论解读的依据显然与他在《学园派》2.73和1.46所采用的怀疑论角度不同。

〔2〕 参见恩披里柯《皮浪学说要旨》2.110-112和《驳数学家》8.111-117。

〔3〕 参见第欧根尼·拉尔修《名哲言行录》7.179。

〔4〕 现存的阿基德穆斯逻辑学的著作（收集在SVF 3）不足以支撑西塞罗的论断。

〔5〕 这一段论证（对《学园派》2.22的第二次回应）在《学园派》2.146得到了重述，但那里去除了政治比喻。商户会因政治集会或法定假日（iustitium）而关闭。煽动性的保民官也许会用这种违背正规程序的手段来积累顺从的民众，以求通过一些有争议的法律。格拉古（Gracchus）在公元前133年也许有过类似行动（参见《学园派》2.13-15），而克罗狄乌斯（Clodius）无疑在公元前58年驱逐西塞罗时这么做过。

先我会向他们讲述你们那个臭名昭著的悖论：在你们的学说中，所有处在民众中的人都是流亡者、奴隶或疯子。[1]接着是第二步，这与民众关系较小，而与面前的你们关系较大：芝诺还有阿提库斯都说你们一无所知。[2]你们会回答："这怎么可能呢？我们的主张可是连傻瓜也理解很多事情。"[145]的确如此，但你们也主张除了智慧之人，没有人有关于任何事的知识。芝诺曾用手势的例子证明这一点。他五指平伸，把手平放在身前，说："印象就像这样。"然后，微微蜷缩手指："同意就像这样。"接着，他把手握成拳头，说这就是"理解"或"掌握"。这幅图像也解释了芝诺创造的这个概念其名字的起源，即 κατάληψιν。[3]最后，他用左手包住右手，狠狠地握紧，说这像理论知识：平常人无法而只有智慧之人才会享有的状态，但他们自己也不急着讲出谁算得上拥有智慧。[4]结论就是，你，卡图鲁斯，不知道现在有光，而你，霍腾西乌斯，也不知道我们在你家里。

[146]这些结论相较而言没有那么常见吗？我同意它们不够复杂，因为我之前的论证更加细致。但正如你说过的，假如没有事物能被理解，那学问（comprehendi）和技艺

---

[1] 参见《学园派》2.136-137。

[2] 恩披里柯《驳数学家》7.432-434 给出过相似的论证。

[3] 字面意思即"掌握"。

[4] 芝诺残篇 1.66（SVF）。参见《学园派》1.40-42 及恩披里柯《驳数学家》7.151。这个比喻具有迷惑性，因为在认识论上其实没有时间顺序：如果一个印象是可被理解的，此人是有智慧的，那么对它的同意就构成了理解，也构成了一条理论知识。克律西波在普鲁塔克《斯多亚派的矛盾》31 章 1048e（SVF 3.662）怀疑当世有任何人拥有斯多亚派定义的"智慧"。

（artificia）就不存在，也如你否认［有说服力］的印象足够使学问变得可能一样，我现在也用同样的方式对你说，没有理论知识就不会有实践技艺。难道宙克西斯（Zeuxis）、菲狄亚斯（Phidias）或波利克里图斯（Polyclitus）这些技艺超群的人，会承认自己不知道任何事吗？然而，若有人向他们解释"知识"的力量，他们就会停止愤怒。而一旦他们了解了我们放弃了一个从未存在的事物，却留下了他们所需要的，他们也会停止对我们不满。我们谨慎的祖先也要求他们赞成这个［杜绝知识性论断］的原则，还要求人们在发誓时必须说自己"遵从了内心的想法"（ex sui animi sententia）且"如若有意欺骗"（si sciens falleret）就需承担责任，因为无意的事无处不在；还有，所有作证的人必须说出自己是如何"以为"（arbitrari）的，哪怕是关于自己亲眼所见的事物，而法官不该宣称结论基于事实（facta），而是基于对事实的"印象"（videri）。

可见，西塞罗自己的认识论立场是一种拉扯中的清醒：

　　［XXXVI 114］我最不能忍受这样的事：你们禁止我同意任何我不了解的事，说这羞耻且太过鲁莽，却自己建立了一个哲学体系来诠释智慧。于是你们要揭示自然的本质，塑造我的性格，设立道德目的，为我确定正确的行为，定义我该过的生活——并且，你们同时要教会我论证和理解力的标准和方法。可你们怎么保证，我在接受这些难以计数的理论时不会犯错、不会形成意见？如果你们准备让我放弃自己的立场，那

想让我接受哪个呢？假如你们回答你们自己的，恐怕就太傲慢了——然而你们必须这么说。也不只你们如此：所有人都想把我赶到他们的立场上。(《学园派》2.114)

他既不能同意学园派以怀疑立场建立理论体系，也不能轻易认同任何教条理论，因此他的哲学态度常常是模糊的，被人们归为柏拉图主义、斯多亚派、怀疑论者，等等，但是我们在什么意义上可以放过这位一流修辞学家的哲学论述和批评呢？我想，或许是我们发现其有辩证法家的敏锐、犀利的发现和解决问题的能力的时候。

《阿尔喀比亚德》中的辩证法与我们之所是[*]

Albert Joosse[1] 徐千媚[2] 译 兰志杰[3] 校

摘要：

在柏拉图的《阿尔喀比亚德》中，苏格拉底提出了两个核心的哲学问题：我们是什么？以及，我们应当怎样关心我们自己？我认为，在对眼睛与灵魂所进行的著名的比较之中，他回答了这些问题。这两个问题的答案都取决于辩证法：自我关心的职能是通过辩证法实现的，因为我们是沟通交流的是者。我会从这一比较段落的谋篇和语言中援引论证以支持我的观点。对此的另一个重要的暗示是，苏格拉底明确地回溯了一次先前的、业已被废止的尝试，即用话语来描述我们之所是。苏格拉底并没有向阿尔喀比亚德推荐一种脱离人际交流的沉思生活，而是把这种交流作为我们的自我完善和同一性的核心来呈现。

关键词：

柏拉图；阿尔喀比亚德；自我；自我完善；自我认识；眼睛形象；辩证法

* 本文选自 Albert Joosse, "Dialectic and Who We Are in the *Alcibides*", *Phronesis*, 59（2014），pp. 1-21。

〔1〕 阿尔伯特·乔斯（Albert Joosse），乌特列支大学哲学博士。

〔2〕 徐千媚，四川大学哲学系硕士生。

〔3〕 兰志杰，四川大学哲学系硕士生。

一、导论

对柏拉图对话《阿尔喀比亚德前篇》的一个阐释上的分歧涉及苏格拉底在其中所扮演的角色。苏格拉底督促阿尔喀比亚德完善自身的方法是否暗示苏格拉底本人是其中一个必要的伙伴，抑或苏格拉底的角色在引导阿尔喀比亚德认识到必须通过对神的思考来完善自身后就丧失作用了？在本文中，我支持第一种解读。我特别提出，阿尔喀比亚德和苏格拉底之间的辩证关系，本质上涉及阿尔喀比亚德所需要的自我认识。[1]

二、阿尔喀比亚德和苏格拉底：两种阐释

首先，对话开始于想参与政治以获取权力（105a7-b2）的阿尔喀比亚德与他仅剩的唯一的情人（103a1-3）苏格拉底，结束于阿尔喀比亚德和苏格拉底相互扮演对方的导师（παιδαγωγός）（135d7-e3）。在此期间到底发生了什么？

阿尔喀比亚德已经明白他的雄心——成为最强大的——是就智慧而言的，而不是指他能够在城邦中为所欲为（135b3-5）。苏格拉底

---

[1] 在其他的柏拉图文本中，《斐德若》在这一解读上与《阿尔喀比亚德》有很强的相似之处（另见第 277 页注释 2）；与本文论证的核心段落有关，语言上有相似之处的还有 *Rep.* 611b9-612a6。对这些和其他相似之处及其意蕴的细节讨论，虽然与评估《阿尔喀比亚德》在柏拉图思想中的地位高度相关，但将超出本文的范围，特别是由于对这些其他文本也有种种不同的解释。这种相似之处对对话的真实性意味着什么，值得商榷。有人认为，《阿尔喀比亚德》不是柏拉图的真作，因为它偏离了其他柏拉图式对话中的观点，也因为它太柏拉图了——强烈的相似即模仿的痕迹。最近对这一争议的评论，参见 Jirsa 2009。我在这里集中讨论这篇对话本身，暂且不讨论其作者的问题。

一再揭示，阿尔喀比亚德缺乏他自己所承认的那种对于政治而言是必要的知识（106c4-118b8 和 124e1-127d8）。他还使阿尔喀比亚德意识到他需要摆脱自身的糟糕境况，为此他需要认识他自己（127d6-e4 与 128e10-129a1，133c21-e6，134c5-8）。而阿尔喀比亚德明白他需要通过苏格拉底才能获得这种自我认识（131d6，135d2）。

　　阿尔喀比亚德需要通过苏格拉底来获得的自我认识究竟是什么样子的呢？这个问题大致有两种类型的答案，这两种类型的答案与对话的两种阐释思路相联系。第一种我们可以称之为神学的阐释。根据这种阐释，苏格拉底让阿尔喀比亚德意识到，他需要有对神的认识，神被理解为对所有人而言都同一的非个人的理智（impersonal reason）。阿尔喀比亚德应该理解，分析到最后，他自己也是某种非个人的存在。必须通过沉思才能达到这种理解，因为，即使是辩证法，也仍预设了彼此交谈中"你"与"我"之间的人称区别。在这种神学阐释中，苏格拉底所起的作用仅仅是引导阿尔喀比亚德踏上认识神的道路。除此之外，阿尔喀比亚德并不需要苏格拉底——实际上，两人之间的区别与他们最终之所是的那个非个人本质是不兼容的。[1]

　　第二种阐释可被称为辩证法的阐释。这种阐释强调两个灵魂可以通过彼此达到自我认识。阿尔喀比亚德和苏格拉底通过彼此间的对话共同获得自我认识。苏格拉底论证道，一个灵魂主要通过另一个灵魂中最好的那部分来认识自己。而这个最好的部分就是思维，它甚至可以被称为像神的（divine）。思维的一个重要特征在

----

[1]　最近极具影响力的神学的阐释是 Brunschwig 1996 提供的阐释。他的解读的某些重要细节为 Bos 1970 所预料到，尽管后者并没有像前者那样完全排除辩证法。

于它是一种积极的能力（active capacity），所以两个灵魂应该积极（actively）互动以认识它们自己。[1]

1. 眼睛和灵魂的比较

这两种阐释都聚焦于我们在 132c-133c 中所发现的眼睛和灵魂之间的比较。在这个段落中，不论是由于对这个段落自身中蕴含的要素的解读不同，还是仅仅由于对文本的其余地方的选择不同，这两种阐释间的差异都得以显现。考虑到这个段落包含了对话所要发展的核心内容，即说明我们应该如何关心自己以及如何获得自我认识，这一点并不令人惊异。

在这个比较中，苏格拉底通过阐释德尔斐神庙的箴言"认识你自己"回答了阿尔喀比亚德让他"指出对于我们关心自己我该向哪方面努力"（Πειρῶ ἐξηγεῖσθαι ὄντιν᾽ ἂν τρόπον ἐπιμεληθεῖμεν ἡμῶν αὐτῶν, 132b4-5）这一请求。苏格拉底认为，视觉是自我认识的唯一可用范例（132d5-9，132e7-133a7）：[2]

> 苏：你考虑一下。设想如果对眼睛就像是对人那样劝说它"看你自己"，我们假设这样的劝告。难道不是这样理解吗，那眼睛得在看中看到它自己？

---

[1] 对辩证法的阐释的一个明确的辩护出自 Linguiti 1981，经过 Brunschwig 1996 的回应之后，它仍然站得住脚。我在这里则提供了新的论证，并且在辩证法和对话的主要问题——我们是什么，以及我们应当怎样关心我们自己——之间树立了更牢固的联系。

[2] Εἰ ἡμῶν τῷ ὄμματι ὥσπερ ἀνθρώπῳ συμβουλεῦον εἶπεν «ἰδὲ σαυτόν», πῶς ἂν ὑπελάβομεν τί παραινεῖν; ἆρα οὐχὶ εἰς τοῦτο βλέπειν, εἰς ὃ βλέπων ὁ ὀφθαλμὸς ἔμελλεν αὐτὸν ἰδεῖν; Δῆλον...Ἐννενόηκας οὖν ὅτι τοῦ ἐμβλέποντος εἰς τὸν ὀφθαλμὸν τὸ πρόσωπον ἐμφαίνεται ἐν τῇ τοῦ καταντικρὺ ὄψει ὥσπερ ἐν κατόπτρῳ, ὃ δὴ καὶ κόρην καλοῦμεν, εἴδωλον ὄν τι τοῦ ἐμβλέποντος; Ἀληθῆ λέγεις. Ὀφθαλμὸς ἄρα ὀφθαλμὸν θεώμενος, καὶ μβλέπων εἰς τοῦτο ὅπερ βέλτιστον αὐτοῦ καὶ ᾧ ὁρᾷ, οὕτως ἂν αὐτὸν ἴδοι. 我的翻译（在这里及以下使用）。除非另有说明，我使用的是 Burnet 的文本。

阿：显然。

……

苏：你想想在眼睛里看人的脸时，它不就像镜子一样把脸反映出来吗，我们称它为"瞳子"，因为那是一种面孔的映像。[1]

阿：你说得对。

苏：那么用眼睛看眼睛，看其中最美的即它本身会看的那部分，这样就看到它自己了。

苏格拉底继续论证道，正如一只眼睛可以在另一只眼睛最好的那部分（用以观看的那部分，即瞳孔）中看到自身，一个灵魂也可以通过引导自身朝向灵魂中最好的那部分（即智慧）来认识自己（133b7-c6）：[2]

---

[1] 一个复杂的句子："它"（which）指的是"脸"，"瞳孔"（κόρη）结合了"眼球中心"和"木偶"之意。Brunschwig 1973: 29-32 论证道，ὄψις（sight）在这里（以及 133b5 中）指的是我们的"瞳孔"。虽然他在这一点上没错，这里指的就是眼睛区域（参见 Bos 1970: 38-40），但我们不应该把这个词翻译成"瞳孔"；这里着重强调的乃是它视力活动的方面（参见 132e4，133a6，b4；Brunschwig 所引证的其他文本也可以说是如此）。

[2] Ἆρ' οὖν, ὦ φίλε Ἀλκιβιάδη, καὶ ψυχὴ εἰ μέλλει γνώσεσθαι αὑτήν, εἰς ψυχὴν αὐτῇ βλεπτέον, καὶ μάλιστ' εἰς τοῦτον αὐτῆς τὸν τόπον ἐν ᾧ ἐγγίγνεται ἡ ψυχῆς ἀρετή, σοφία, καὶ εἰς ἄλλο ᾧ τοῦτο τυγχάνει ὅμοιον ὄν; Ἔμοιγε δοκεῖ, ὦ Σώκρατες. Ἔχομεν οὖν εἰπεῖν ὅτι ἐστὶ τῆς ψυχῆς θειότερον ἢ τοῦτο, περὶ ὃ τὸ εἰδέναι τε καὶ φρονεῖν ἐστιν; Οὐκ ἔχομεν. Τῷ θεῷ ἄρα τοῦτ' ἔοικεν αὐτῆς, καί τις εἰς τοῦτο βλέπων καὶ πᾶν τὸ θεῖον γνούς, θεόν τε καὶ φρόνησιν, οὕτω καὶ ἑαυτὸν ἂν γνοίη μάλιστα. 我遵从 Burnet 和 Denyer 解读成 θεῷ（B）而非 θείῳ（T 和 Carlini），尽管我不认为我的论证依赖于这一点。我不同意 Denyer 的观点（2001 ad loc.），即在观察到灵魂的这个方面是 θειότερον 之后，得出 θείῳ ἄρα 的结论是没有意义的。"因此"（therefore）可以是交谈式的："所以我们刚刚同意……"。有人将 θεόν 改为 θέαν（Havet 1921 首次提出）；Carlini 1964 将其解读为 νοῦν。针对这两种建议，必须注意到，在这段话的各种认知词中，与 θέα 或 νοῦς 同源的词并没有出现，因此，它们被纳入这里会令人惊讶，而 θεόν 是由 c1 中的 θειότερον 和 c4 中的 θεῷ/θείῳ 准备的，也与对话其余部分的神的主题一致（关于这一点，见本文最后一章）。Carlini 引用奥林匹奥多罗斯的文本作为阅读 νοῦν 的支持，而奥林匹奥多罗斯将阿尔喀比亚德必须考察的内容阐释为 νοῦν καὶ θεόν（8.5 Creuzer）：如果这个阐释最终被作为文本的证据，νοῦν 肯定应该被认为是转述 φρνόησις。奥林匹奥多罗斯提到 θεόν，支持将其纳入我们的文本。

苏：因此，哦，亲爱的阿尔喀比亚德，如果是灵魂要认识自己，它就必须要自己看灵魂，特别是要看在灵魂的哪部分中产生了美德——智慧，那么对于它遇到的其他部分也是如此喽？

阿：我想是的，哦，苏格拉底。

苏：我们灵魂中像神一样的，不就是能认识和思考者吗，还有其他的吗？

阿：没有。

苏：无论是谁看到它自己那像神者，都会来了解神和明智，这样也就可以最好地认识自己了。

在辩证法的阐释中，正是通过关注另一个灵魂中的智慧，自我认识才成为可能。而在神学的阐释中，转向另一个灵魂只是最初的一个步骤，它表明为了认识自己，灵魂应该把自己引向另一个东西，即神。[1]

2. 对话的辩证法主旨

依我之见，辩证法的解读最能体现对话的总体动向。从眼睛与灵魂的比较（两只眼睛，两个灵魂）的二元性来看，这种解读是最合理的。[2]此外，正如 Gill 和 Belfiore 所指出的那样，[3]对话中反复

---

[1] 一些支持神学阐释的人接受 133c8-17 的插行是真实的，但他们明确表示，他们的解读并不取决于是否接受这些插行（例如，Bos 1970：45-47；Brunschwig 1996：71-72；Reis 1999：86-88；Jonson 1999：11，14）。这些插行流传可疑、与文本其他部分缺乏论证的连续性（关于这两点，见 Favrelle 1982：367-374），以及阐释文本中这一段落的两部古代评注作品（奥林匹奥奥多罗斯的以及最近发现的一个片段，发表于 Kraut 1983 以及 Lasserre 1991）直接跳过了这些可疑的插行，在我看来，这些足以证明这几行是后来插入的。

[2] Gill 2007：108.

[3] Gill 2006：358；2007：109-10；以及 Belfiore 2012：59-60。

出现，提出问题并给出答案的是通达智慧的途径。一个明显的例子是在 127e5-7。阿尔喀比亚德因为自己的无知而感到绝望。苏格拉底说，他还很年轻，可以意识到自身的状况，并对自身改造做出努力。那么，阿尔喀比亚德想知道（127e5-7）[1]，为此他必须做些什么。

> 苏：那就回答问题吧，哦，阿尔喀比亚德。只要做这个，依神所愿——如果我们信托神谕——你我都会变得更好。

Belfiore 同样注意到苏格拉底在本段以及其他段落中的陈述，即只要阿尔喀比亚德回答问题，对话双方都会有所完善，他还注意到了苏格拉底明确呼吁参与探究的那些内容。[2]

除了辩证法的主题之外，在整个对话中，还有爱欲互馈（erotic reciprocity）的观念，这种观念在文本的最后几行达到了高潮：在这里，苏格拉底说他自己对阿尔喀比亚德的爱就像一只鹳，它在阿尔喀比亚德身上产生了爱他的回报（135d7-e3）[3]。Belfiore 曾强调，阿尔喀比亚德和苏格拉底之所以互为情人，正是由于他们两人的本性之美。文本最初展现的是，阿尔喀比亚德的雄心和苏格拉底帮助阿尔喀比亚德实现这种雄心的能力，使他们对彼此具有吸引力。随后文本揭示了，正是他们二人对智慧的渴望，才使他们

---

〔1〕 Ἀποκρίνεσθαι τὰ ἐρωτώμενα, ὦ Ἀλκιβιάδη· καὶ ἐὰν τοῦτο ποιῇς, ἂν θεὸς θέλῃ, εἴ τι δεῖ καὶ τῇ ἐμῇ μαντείᾳ πιστεύειν, σύ τε κἀγὼ βέλτιον σχήσομεν. 其他将辩证法作为通往智慧之路视为主题的段落有：104d6-8, 105e4-106a1, 112e1-113b7。

〔2〕 Belfiore 2012: 65-66. 关键的段落是 124b10-d5 和 127e5-7。

〔3〕 关于这种爱欲互馈，尤其是在此背景下对镜子形象的使用，人们注意到它与《斐德若》255a1-256a2 的相似之处。Belfiore 2012: 61-62 探讨了这两段对话的镜子形象之间的异同。

变得美好，并对彼此有吸引力（这里的重要段落是 131d1-8）[1]。当然，这种对智慧的渴望，才是苏格拉底和阿尔喀比亚德朝向彼此发展的哲学爱欲的核心。

三、哲学问题：我们是什么？

尽管已经有充足的理由来支持对这篇对话进行辩证法式解读，在这里我还会试图表明，对话中明确出现的核心哲学问题——"我们应当如何关心自己？"和"我们是什么？"——也是根据辩证法而得到答案的。事实证明，自我关心即通过辩证法来获得自我认识；而我们本质上是投身辩证法的思考着的是者。

让我们先来看看其中的第二个问题：我们是什么？这个问题作为对话的中心问题明确显现，它服务于自我关心这一问题。苏格拉底警告说，一个人开始关心其他什么东西而非自己是危险的——因此人需要自我认识。

1. 文本的结构

"我们是什么？"这一问题在眼睛和灵魂的比较中得到了最终的回答。它是从文本被构造的方式中产生的。苏格拉底通过一些方法论的标识来明确这一结构。这些标识中的最后一个直接出现在比较的段落之前，其他的则起始于 128e10，散落于探究的段落之中：[2]

---

〔1〕 Belfiore 2012：60.

〔2〕 Τίς τέχνη βελτίω ποιεῖ αὐτόν, ἆρ' ἄν ποτε γνοῖμεν ἀγνοοῦντες τί ποτ' ἐσμὲν αὐτοί. Denyer 2001 解读为 ἄνθρωπον，而不是 αὐτόν；参见 Bos 1970：20-21 探讨柏拉图作品中对 αὐτόν 的非人称情况下使用的相似之处。

苏：那么，能知道让自己（αὐτόν）更好的技艺，而对我们自己（αὐτοί）之所是一无所知吗？

自我关心要求自我认识，就像苏格拉底在随后几行重复的那样（129a7-b4）：[1]

苏：但是，哦，阿尔喀比亚德，无论那是否容易，于我们而言都意味着：认识了我们自己（αὐτό）[2]，就知道了关心我们自己（ἡμῶν αὐτῶν），不认识就永远不知道。

阿：是那样的。

苏：接着来，这样下去"其自身"（αὐτὸ ταὐτό）[3] 就会被

---

[1] Εἴτε ῥάδιον εἴτε μή ἐστιν, ὅμως γε ἡμῖν ὧδ' ἔχει· γνόντες μὲν αὐτὸ τάχ' ἂν γνοῖμεν τὴν ἐπιμέλειαν ἡμῶν αὐτῶν, ἀγνοοῦντες δὲ οὐκ ἄν ποτε. Ἔστι ταῦτα. Φέρε δή, τίν' ἂν τρόπον εὑρεθείη αὐτὸ ταὐτό; οὕτω μὲν γὰρ ἂν τάχ' εὕροιμεν τί ποτ' ἐσμὲν αὐτοί, τούτου δ' ἔτι ὄντες ἐν ἀγνοίᾳ ἀδύνατοί που. Ὀρθῶς λέγεις.

[2] 这里似乎是指 129a2 中的那个有可能轻而易举，也有可能艰难的 τὸ γνῶναι ἑαυτόν。然而，如果我们从字面上理解，苏格拉底把认识认识自己（γνόντες τὸ γνῶναι ἑαυτόν）描述为自我关心知识的前提条件。把"认识"的重复作为口头交流的一个特点是比较自然的，而这里所指的仍然是我们的自我认识（而不是对这种认识的认识）。这句话的结构与 128e4-5, 7-8, 10-11 中的结构相同，这也说明了同样的问题，在所有这些理论中，对客体的知识都被认为是先于对关心客体的知识。

[3] αὐτὸ ταὐτό 这个短语极不寻常，无法被翻译。苏格拉底后来的回溯提及增加了难度（见 130c9-d4）。我选择了"the itself itself"的译法，以免有损于理解此处这个短语的意思，因为在最近的英语学术研究中，这已经成为首选的译法（Denyer 2001 ad 129b1; Gill 2006: 346-351 and 2007: 101-102; Inwood 2005: 335）。这个翻译是为了避免与"自我本身"这个本质上具反思性和主观性的自我的现代概念相混淆（见 Gill 2006: 347-348 和 2007: 98-104）；而这被认为是隐含在米歇尔·福柯对这句话的解读中（见 Foucault 2001: 52）。无论我们如何呈现这个表达，重要的是要注意 αὐτὸ ταὐτό 延续了 129a8 的 αὐτό。换句话说，它包含了一个重要的指涉元素。更进一步的讨论见下文。另一个可能的翻译是"它本身"，即将 ταὐτό 作为宾格来考虑。我很感谢 Christopher Gill 促使我更努力地思考这个短语的作用。

发现，于是我们就可以发现我们自身之所是（ἐσμὲν αὐτοί），但如果保持无知就不会那样了。

阿：你说得对。

苏格拉底现在转向了这样的观点：使用者和被使用者是不同的。他以自身为例开始他的说明，他自己是通过使用 λόγος 来交谈的。当阿尔喀比亚德看起来不理解其意时，他又举出鞋匠和音乐家的例子来说明其普遍观念。然后，他总结并论证了身体只是被人所使用，因此人之所是是其灵魂。然后，他想知道这一探究是否已经足够清楚（130c5-d6）：[1]

苏：关于人是灵魂，你还需要出示一些更精确的证明吗？

阿：宙斯在上，我认为那已经够了。

苏：如果那不精确（μὴ ἀκριβῶς），但是适度的（μετρίως），而且我们满意了：那么当我们发现我们因为还有更多的考虑而在刚才忽略了什么时，我们将会去了解更精确的

---

[1] Ἔτι οὖν τι σαφέστερον δεῖ ἀποδειχθῆναί σοι ὅτι ἡ ψυχή ἐστιν ἄνθρωπος; Μὰ Δία, ἀλλ' ἱκανῶς μοι δοκεῖ ἔχειν. Εἰ δέ γε μὴ ἀκριβῶς ἀλλὰ καὶ μετρίως, ἐξαρκεῖ ἡμῖν· ἀκριβῶς μὲν γὰρ τότε εἰσόμεθα, ὅταν εὕρωμεν ὃ νυνδὴ παρήλθομεν διὰ τὸ πολλῆς εἶναι σκέψεως. Τί τοῦτο; Ὁ ἄρτι οὕτω πως ἐρρήθη, ὅτι πρῶτον σκεπτέον εἴη αὐτὸ τὸ αὐτό· νῦν δὲ ἀντὶ τοῦ αὐτοῦ αὐτὸν Burnet: αὐτὸ ἕκαστον ἐσκέμμεθα ὅτι ἐστί. καὶ ἴσως ἐξαρκέσει· οὐ γάρ που κυριώτερόν γε οὐδὲν ἂν ἡμῶν αὐτῶν φήσαιμεν ἢ τὴν ψυχήν. 在 ἀντί 之后，经常会额外多读一个 αὐτοῦ，它被认为是与 ἕκαστον 形成对比所必需的。但是，前面短语中的加强语 αὐτό 可能足以达到这一目的，而完全重复 αὐτὸ τὸ αὐτό 可能在文体上过于繁琐。一个有吸引力的建议是 Bos 1970: 29-30 的 ἀντὶ τούτου。αὐτὸν ἕκαστον 的读法有手稿支持，因此比 αὐτὸ ἕκαστον 更可取。关于 αὐτόν 的这种用法，请参见 128e10。然而，我的论证并不依赖于要用 αὐτὸ ἕκαστον 还是 αὐτὸ νέκαστον。我们还应该注意到，苏格拉底在这部分对话中并没有严格区分代词的人称和非人称形式，见第 287 页注释 1。

（ἀκριβῶς）论证。

阿：那是什么呢？

苏：刚才那些终究意味着，我们应该首先考虑其自身（αὐτὸ τὸ αὐτό）。现在我们仔细了解的不是其自身（τοῦ αὐτοῦ）而是每一个之所是（αὐτὸν ἕκαστον）。或许我们该对此满意：我们说不出还有什么比灵魂之于我们更具有决定性（κυριώτερον）。

苏格拉底现在从这个不精确的结论中推导出：与一个人交谈，去认识一个人，或去爱一个人，都是朝向人的灵魂的。在这个过程中，苏格拉底劝勉阿尔喀比亚德尽可能地做一个美好的人（131d7），即去改善他的灵魂。于是阿尔喀比亚德问道（132b4-c9）：[1]

阿：看起来你的建议对我很好，哦，苏格拉底，但要指出对于我们关心自己（ἡμῶν αὐτῶν）我该向哪方面努力。

苏：我们不是比以前有更高的认同了吗——在我们之所是方面，我们会就此合理（ἐπιεικῶς）达成一致——尽管也担心我们会在这点上失败，而在不知不觉中关心了其他一些东西而

---

〔1〕 Εὖ μοι δοκεῖς λέγειν, ὦ Σώκρατες· ἀλλὰ πειρῶ ἐξηγεῖσθαι ὄντιν' ἂν τρόπον ἐπιμεληθεῖμεν ἡμῶν αὐτῶν. Οὐκοῦν τοσοῦτον μὲν ἡμῖν εἰς τὸ πρόσθεν πεπέρανται—ὃ γὰρ ἐσμέν, ἐπιεικῶς ὡμολόγηται—ἐφοβούμεθα δὲ μὴ τούτου σφαλέντες λάθωμεν ἑτέρου τινὸς ἐπιμελόμενοι ἀλλ' οὐχ ἡμῶν. Ἔστι ταῦτα. Καὶ μετὰ τοῦτο δὴ ὅτι ψυχῆς ἐπιμελητέον καὶ εἰς τοῦτο βλεπτέον. Δῆλον. Σωμάτων δὲ καὶ χρημάτων τὴν ἐπιμέλειαν ἑτέροις παραδοτέον. Τί μήν; Τίν' οὖν ἂν τρόπον γνοῖμεν αὐτὰ Burnet: αὐτὸ ἐναργέστατα; ἐπειδὴ τοῦτο γνόντες, ὡς ἔοικεν, καὶ ἡμᾶς αὐτοὺς γνωσόμεθα. 没有足够的理由偏离 αὐτά 的 MSS 解读（Denyer 2001 ad loc.；Bos 1970: 34）；Brunschwig 甚至将其修正为 αὐτὸ τὸ αὐτό（1996: 70）。

非我们自己（ἡμῶν）。

阿：是那样的。

苏：那么接下来我们就要关心灵魂即人必须注视者了。

阿：显然。

苏：而对身体和金钱的关心要转交给别人。

阿：可不?！

苏：但是我们如何能清楚地（ἐναργέστατα）认识它（αὐτά）呢？当我们要认识它时，看起来，我们就得认识自己（ἡμᾶς αὐτούς）。

我认为，Bos 令人信服地论证了这些陈述一起属于并标志着论证的推进。130c8 中的"不精确"和"适度"以及 132b7 中的"合理"这些词标示着 129a7-b4 中的方案在 130c5 之前——论证灵魂是人的过程中——只是在一定程度上得到了实现。132b6-7 中明确的概述（"我们不是比以前有更高的认同了吗"），以及在 132c7 中要"清楚地"认识它的声称，使得 130c9 处"我们将会去了解更精确的论证"的承诺即将得到兑现变得合理。[1] 因此，这个精确的答案会在比较之中被给出——它紧承着 132c7。

2. 对 τὸ αὐτό 的业已被废止的追寻

然而，在我们讨论这个问题之前，我们应该试着理解 129a7-b4 和 130c5 之间发生了什么。苏格拉底没有做成他意图去做的事情——但这是为何呢？在 130d1-4 中，他说，他们跳过"其

---

〔1〕 Bos 1970: 27-34. Bos 谈到了关于我们自己的问题的"定位"，这有待于对其精确内容的描述（30，34）。Brunschwig 在 1996 年就这些陈述之间的联系得出了同样的结果。

自身"（αὐτὸ τὸ αὐτό）的问题而转向了"每一个之所是"（αὐτὸν ἕκαστον），"因为还有更多的考虑"。首先对这些表述做一个简单的标注，无论是在希腊文中还是在对应的英文翻译中，这些表述都是同样奇怪的。苏格拉底在 129b1 中首次谈到 αὐτὸ ταὐτό。单从字面意义上看，很难说清楚这个词到底是什么意思。然而，很明显，它承接了 129a8 的 αὐτό，这个词本身就回溯到了德尔斐的座右铭"认识自己"（τὸ γνῶναι ἑαυτόν，129a2）。幸运的是，苏格拉底在 130d1 中的评述，即"还有更多的考虑"，帮助我们通过这些表述与他想要表达的意思更为接近。

因为事实上，在文本中有一个时刻，此时苏格拉底从他想走的轨道上转移，因为阿尔喀比亚德无法跟随他。这个时刻出现在 129a7-b4 之后不久。苏格拉底已经把阿尔喀比亚德的注意力转向了他们分别在说和听的事实（129b14-c6）：[1]

　　　苏：是苏格拉底自己用 λόγος 说话吗？

　　　阿：然后呢？

　　　苏：你称被说的话（διαλέγεσθαι）和被讲出的 λόγος 是同一的吗？

　　　阿：的确。

　　　苏：但是讲话者和讲出的话却不一样？

　　　阿：你说的是什么意思？

为了向阿尔喀比亚德解释这个普遍原则，苏格拉底举了鞋匠和

---

〔1〕 Οὐκοῦν λόγῳ διαλέγεται ὁ Σωκράτης; Τί μήν; Τὸ δὲ διαλέγεσθαι καὶ τὸ λόγῳ χρῆσθαι ταὐτόν που καλεῖς. Πάνυ γε. Ὁ δὲ χρώμενος καὶ ᾧ χρῆται οὐκ ἄλλο; Πῶς λέγεις.

琴师的例子：他们使用自己的工具，而这些工具不等同于他们。当阿尔喀比亚德领会到这一点，苏格拉底就走向了更普遍的结论：灵魂就是人，因为灵魂在运用身体。我们必须注意的是，这个结论还不是苏格拉底在129b14-c5所要设法获得的结果（无论它究竟可能是什么）。[1]此外，苏格拉底之所以不能对作为讲话者的苏格拉底和他所使用的λόγος之间的区别做出结论，是因为阿尔喀比亚德缺乏领悟。当130d1说到因为还有更多的考虑而在刚才忽略了什么时，所指涉的正是这个时刻。

如果这是正确的，那么"其自身"一定位于苏格拉底和他所使用的λόγος之间的区别这一点上。与此相对照，用130d4的话来说，灵魂是人这个不精确的结论，是对每一个之所是的问题的回答。这似乎是合理的：无论在苏格拉底讲话时活跃的是何物，较之适用于每个人的普遍观察，它对他来说都是更为特定的，灵魂即人。注意文本129c6前面一点地方对人称代词和人名的着重使用——这种使用在他们一定要找到"其自身"的声称和阿尔喀比亚德的缺乏领会致使谈话转向对普遍的"人"（ἄνθρωπος，129e3）的探究这二者的联系之中。尽管它是以"其本身"的中性形式来表述的，然而，对其本身的探究并不是为了某种非个人的和普遍的事物，而是为了某种非常个人化的事物。[2]毕竟，它一定是这样一种事物，

---

〔1〕当苏格拉底在129d1说"τοῦτο τοίνυν ἀρτίως ἠρώτων, εἰ ὁ χρώμενος καὶ ᾧ χρῆται ἀεὶ δοκεῖ ἕτερον εἶναι"时，他似乎又返回到了129c6中未能领会的时刻，然而，在眼前的语境中，鞋匠或其他人对这个一般原则的应用，仍然是在一个更普遍的层面上，因此，这里并没有回到129b14-c5中与他使用的λόγος不同的苏格拉底的同一性上。同样，只有在他们宣称自己对灵魂方面的更普遍的答案感到满意之后，苏格拉底和阿尔喀比亚德才在130d8-e6中把这个答案应用到他们彼此的谈话中。

〔2〕Pradeau（Marbœuf and Pradeau 1999）：74-75中也同样认为，苏格拉底要关注的是更个体的东西，而不是灵魂是人这一普遍观念。

可以确保阿尔喀比亚德不会出于偶然地关心其他人而非他自身[1]。

这种解读有助于我们掌握的另一个问题是如何解读 129a7-b4（上引）。这段文字似乎讲的是：（1）关于其本身的问题，（2）关于我们自身的问题，以及（3）关于关心我们自身的问题。我们究竟要把这些问题看作关于不同事物的问题，还是归结为同一件事物？这段文本其实常常被解读为其中暗示着对其本身的认识、对自己的认识和对自己的关心之间的认知等级。文本表述（"这样下去……就可以"）或许确实可以让我们沿着这些思路思考。在这种情况下，其本身作为认知上先在的对象，一定不同于我们自身。解释要么朝着具有非个人化特征的方向发展，此时任何事物都应该是事物自身而非他物，要么朝着非个人化自我的方向发展，在这两种情况下，事物都逾越了我们自身之所是。[2]苏格拉底在 130d1 中回溯阿尔喀比亚德无法跟随他的那一刻（129c6），然而，这表明（1）和（2）终究是关于同一件事物的问题，也许有一点不同的是，（2）把苏格拉

---

[1] 请注意 132b7 中明显持续下去的担心，即他们有可能会把其他一些东西错当作自己——已经达到的居间结果（完美）在 μέν...δέ 结构中与担心（不完美）他们关心了其他一些东西而非自己相对。

[2] 非个人的自我：Stallbaum 1834：278；Bos 1970：28，61，64；Brunschwig 1996：66-69；Annas 1985：130-131；Reis 1999：86-88；Johnson 1999：11. Feature；Denyer 2001 ad 129b1；Inwood 2005：335-336；Gill 2006：349-350。另一些人则采取了额外的步骤，将其称为一种（［其］自身的）形式：Allen 1962：188-189；Goldin 1993：9-10。除了文本中的论证外，反对这种特征论和形式论的论证还有，首先，我们很难指望阿尔喀比亚德会同意某个如此抽象而未加进一步说明的东西（他在文本的其他一些无须太过关注的地方表现出了不理解的迹象）。其次，根据这种解读，苏格拉底在 130d4 中应该说的是，他们寻找的是一个特定的本身（particular itself，人不同于某物本身的特征），而不是每一个自身（each oneself）。此外，对话的其他部分也没有显示出这种形式或抽象特征论概念的痕迹。我们的文本是以事物本身和属于它的任何事物之间的对比来工作的，而不是以一般属性和它的实例的汇集之间的对比来工作。最后，我们不得不假设，苏格拉底甚至没有尝试过就评论了寻找其本身的艰难性。

底和阿尔喀比亚德放在一起考虑并用复数形式。如果这是真的，那么 129a7-b4 并不暗示一种认知次序。另外三个考虑因素也支持（1）和（2）最终关于同一件事物的观点。首先，苏格拉底认为，对每一个之所是的描述是对我们自己之所是这一问题的一种不精确的回答，而对其本身的描述则是对我们自己之所是这一问题的精确回答。其次，正如我们稍后将看到的那样，自我关心与自我认识是一致的。这表明，（2）和（3）最终也关乎同一件事物。第三，也就是最后，在 132c7-9 中，我们得到了一个与 129a7-b4 中看起来相反的次序。苏格拉底在回答阿尔喀比亚德关于自我关心的询问时说，如果我们知道如何关心自己，我们也会认识我们自己[1]。因此，我们在 129a7-b4 中发现的，与其说是一种认知等级，不如说是一种对其本身、我们自身以及关心我们自身诸问题的相互暗示。

因此，如果苏格拉底能够继续他在 129c5 中的探索，就会有对这一整套问题的一个更为精确的答案。不过，灵魂就是人这一比较模糊的答案，就目前的探索而言，是一个正确的答案。它适用于每个人，所以也适用于阿尔喀比亚德。但是，请注意，苏格拉底在130d5-6 中走了额外的一步，他宣称这个不精确的结论对阿尔喀比亚德也有效。这向我们表明了两件事。首先，说每一个其本身是什么与说我们自身是什么是不同的，即使在没有什么阻碍我们将前者

---

〔1〕我们可以补充两点考虑：如前所述，129a8 中的中性 αὐτό，即 129b1 中的 αὐτὸ ταὐτό 所回溯的，指的是认识自己（通过德尔斐格言）。此外，如果我们认为 αὐτὸ ταὐτό 的非人称形式意味着认识我们自己在认识上的优先性，那么它们之间必须是不同的。请注意，在 128e10-11 中，对 αὐτόν 的关心——第三人称代词的非人称用法——被说成是认识上后于认识我们自己——人称的 αὐτοί。这段文字表明，苏格拉底并没有在人称代词的人称形式和非人称形式之间保持严格的区分（如 129a2：τὸ γνῶναι ἑαυτόν；cf. 130c2：αὐτ᾽ for ὁ ἄνθρωπος；129b5：ἄλλο τι ἦ ἐμοί）。

应用到后者的情况下。其次，在向我们提供关于我们是什么的最精确的界定时，这种比较不能指向一些非灵魂的事物，尽管它可能会指到灵魂的一个特定方面上。[1]

3. 我们是什么

现在，让我们回到关于我们自身的问题，以及132c7所承诺的精确的答案上。苏格拉底以我们如何认识自己这一问题开启了比较的段落。眼睛和灵魂之间的比较首先要回答的就是这个问题。不过，很快我们就会明白，我们是什么这个问题也在这里得到了更为详尽的答案。诚然，苏格拉底并没有用太多的文字来说明这一点。不过，很清楚的是，他还是具体阐释了我们是什么，特别是出于两个原因。

首先是刚才解释的文本结构：苏格拉底在回顾了迄今所得的结果后，宣称他们现在将以最清晰的方式回答关于自我关心和我们自身的一整套问题。其次，苏格拉底使用了这样的普遍规则，即某一事物可以等同于对该事物最具决定性的任何事物。对这一规则的明确陈述是在130d5-6中，苏格拉底将我们［不精确地］等同于我们的灵魂，是基于这样一种观察：关于我们自身，没有什么比灵魂更具决定性（κυριώτερον）[2]。在这里以及在比较之中，我们寻找着那在我们身上进行统治和使用的事物（比较130a1-3）。比较使得统治元素和思维以及智慧［之所在］等同起来。

"我们是什么"这个问题在这里是从我们对自己的认识的角度

---

〔1〕 注意在130a1-2中的表述是，是灵魂而非其他事物在使用并统治着身体（参见130c3）；这就为我们在比较中得到的对灵魂相关方面的更精确的描述留下了空间（参见Bos对"定位"与规范的阐释：第282页注释1）。

〔2〕 关于这一规则，参见Denyer 2001 ad 130d6-7。

来回答的。关于比较，一个明确的信息是，如果我们知道什么是我们身上最好的东西，也就是说，如果我们知道我们身上的思维和智慧，我们就会认识自己。其中隐含的信息是，我们就是我们身上的思维和智慧。

我们能不能更具体地说明苏格拉底把自己和阿尔喀比亚德描述成什么？这一比较段落本身就讲到了智慧（σοφία）的位置，讲到了知识（εἰδέναι）与思维（φρονεῖν）是什么，讲到了明智（φρόνησις）。这些不同的术语表明，苏格拉底并没有把某一概念置于优先地位，使之作为对一种我们是什么的技艺性指定（technical designation）。然而，文本中有两个方面让我们能够提炼出这种描述。首先，在描述眼睛的情景时，苏格拉底已经明确表示，他感兴趣于使眼睛成为看之功能的对象。同样，阿尔喀比亚德和他自身也要认识自己是能思考和认识的是者。

其次，这是苏格拉底第二次试图描述我们之所是；第一次是当他试图将他自身等同于他讲话时在他之中使用 λόγος 的那个事物（129b5-c5）。第一次尝试有助于我们理解智慧和思维的位置，通过它们，他在比较段落中将我们等同于在讲话中用 λόγος 表达自身的事物。正如在文本前面的更一般的论证中，灵魂被说成在使用身体，智慧在使用 λόγος。此外，在先前的论证中，使用的概念与统治（ἀρχή）的概念相关联：灵魂是身体的原则和导引者。同样地，我们可以推论，智慧导引着 λόγος。遗憾的是，文本并没有给我们足够的信息——129b5-c5 的论证被中止了——来说明 λόγος 是什么：它仅仅是有声的言辞，还是类似于推论性思维（discursive thought）的某种事物？无论如何，智慧［以及我们］和 λόγος 在这里被清楚地彼此区分开来。同时，我们对智慧所能给予的最佳描述是：它是一种命令 λόγος 的积极的能力。

因此，苏格拉底在这两段话（133b-c 和 129b5-c5）中所描述的是一种通过辩证法活跃起来的智慧。而且，在这两段话中，这种智慧的辩证活动的背景是人与人之间的交流[1]。

四、哲学问题：我们如何关心我们自身？

这一比较段落描述了我们如何认识自己，并对我们是什么做了更精确的描述。同时，这段话也是苏格拉底对阿尔喀比亚德在 132b4-5 中提出的问题的回答：我们该以何种方式来关心自己？这是一个关于自我关心的问题，苏格拉底从自我认识的角度回答了它。显然，关心自己就是认识自己。根据自我关心的逻辑，这是说得通的。因为苏格拉底之前已经将自我关心描述为让事物变得更好。"当他让事物变得更好时，你会说那是适当的关心。"（ὅταν τίς τι βέλτιον ποιῇ, τότε ὀρθὴν λέγεις ἐπιμέλειαν, 128b8-9）他还将我们等同于我们身上最好的部分——使用 λόγος 的智慧。因此，自我关心是为了通向智慧。由于在这篇对话中，自我认识被视为智慧最重要的并在任何情况下都是首要的部分，因此，将自我关心与认识自己等同起来是说得通的。

认识自己或者说自我关心的进程，被描述为支持这样一种观

---

[1] Laurent 2002：78-79 发现在《阿尔喀比亚德》中，ἐρᾶν-ἐρωτᾶν 具有恒定的关联（参见 Crat. 398c5-e3），这可能是正确的。这就使得相互望向彼此的眼睛的爱欲图景同时亦是相互询问的图景。Belfiore 2012：61 将提问视为一面镜子（在评论这一比较时）：在回答问题时，人可以看到自己的观点在其对话者的灵魂中被反映。

点，即它们通过辩证的方法才能发生——两个能思维的是者相遇，通过 λόγος 来表达他们自己。为了看到这一点，让我们考虑这样一个比较的困难之处，即对自我关心的描述。正如我们刚才所指出的，关心是为了让事物变得更好。阿尔喀比亚德亦需要完善；他需要关心他自己的原因是他还不够好。另一方面，苏格拉底给出的描述似乎预设了这种完善。审视另一个灵魂的灵魂既看到了对方，也看到了它自己，[1] 即看到了智慧和思维。阿尔喀比亚德被证明生活在最厉害的愚昧之中，他如何能这样来认识他自己呢[2]？

我想，当我们把对自己的关心理解为包括认识自己的进程时，困难就消失了。两个灵魂相遇，且相互认识到它们自身并不是某种转瞬即逝的事。那将永不可能为真，这一点从比较段落之后苏格拉底继续劝勉阿尔喀比亚德摆脱他的不幸状态这一事实就可以清楚看出来——这段他们谈话中的插曲并未为整个任务画上句号。相反，这一相遇应当被重复并延长。

我们在文本措辞的引导下发现了一个重要的指向。当苏格拉底指明灵魂应该看向何方，他说"要看在灵魂的哪部分中产生了（ἐγγίγνεται）美德——智慧"（133b9-10）时；苏格拉底呼应了他先前关于眼睛的说法：人们应该看"在眼睛的那个部分里就有眼睛的美德出现（τυγχάνει...ἐγγιγνομένη）"（133b3-4）；而这似乎又回溯到了先前对"人的脸把脸反映出来（ἐμφαίνεται）"（133a1-2）如

---

〔1〕 Ἐκεῖνό τε ὁρῶμεν ἅμα καὶ ἡμᾶς αὐτούς：在看什么的时候（132d10-e1）。

〔2〕 Ἀμαθίᾳ γὰρ συνοικεῖς, ὦ βέλτιστε, τῇ ἐσχάτῃ（118b6）。在 Pradeau 的解读中，这一困难并没有出现；阿尔喀比亚德在苏格拉底身上看到的，不是他是什么，而是他可能成为什么（Marbœuf and Pradeau 1999：76-77）。然而，这（1）预设了苏格拉底已经很智慧，而苏格拉底在这段对话中否认了这一点；（2）最后没有描述阿尔喀比亚德如何在他目前的无知和智慧之间架起桥梁，因为它否认了这个比较段落本身的作用。

何发生的描述。最后这句话表达了这样一个事实：只有当一个人开始看向另一个人的眼睛时，他自己的眼睛才会在其中反映出来；而在此之前，自己的眼睛不会出现在那里。同样，苏格拉底似乎也在暗示，只有在两个灵魂的相遇中，他们才可能把对方和自己看成有思想和智慧的人。它不是某种在相遇之前就已经在那里的事物，而是在相遇中才会显现出来的事物。

这样的解读能准确理解苏格拉底一再重申的观点，即他和阿尔喀比亚德一样都需要完善自我[1]。毕竟，我们的文中所说的智慧是存在于对话者的灵魂中的。因此，这一进程是相互的。关心自己就是将自己置于另一处，在那里，智慧通过 λόγος 表达自身之所是，这另一处便是他人。

五、对神的认识

因此，辩证法的阐释似乎被比较段落本身的结构和措辞所证明。然而，如果我们以排除所有对神的提及的方式来表述它，那么它就需要进行一些修改。神学的阐释在比较段落中看到的不是对"像神的"或"神"的空洞指涉，而是更多，这是正确的。苏格拉底认为，他和阿尔喀比亚德将在认识自己的过程中认识神。然而，对话其余部分对神的描述清楚地表明，这并不是通往自我认识的另一条途径。神与辩证法密切相关。

在比较段落的最后几行，苏格拉底讲到认识神是认识自己最好

---

[1] 如 124b10-c3，127e4-7，以及事实上 135d7-10。Belfiore 2012：65-66 正确地坚持苏格拉底主张的真诚。Laurent 2002：77 讲的是一个没有老师与学生之区分的对话。

的方式。这句话现在可以被解读为它只是对人的灵魂的美德的另一种描述。然而，如果这就是苏格拉底的全部意思，似乎是说不通的：他说的不仅仅是"像神者"，而是"神"；并且提到"神和明智"是对我们为了能最好地认识自己而需要了解的"一切像神者"的具体描述。[1] 因此，似乎最合理的解释便是苏格拉底所指的是比两个人灵魂中蕴含的最好的事物还要好的事物。

苏格拉底在这篇对话中所做的其他涉及神的陈述也给我们留下了这样的印象，即他的意思不仅仅是人类灵魂中的德性。他最初的说法，即"属神的阻止力量"（daimonic objection）使他之前没有同阿尔喀比亚德对话（103a5-6），或许仍然可以被解释为对他自己的理智的描述。但当他说神是他的保护人（124c5-8），或者当他说依神所愿他和阿尔喀比亚德都会变得更好时（127e5-7），这种阐释就不那么合理了。

神学的阐释认为，比较段落中对神的指涉意味着苏格拉底最终推荐的并不是辩证法，而是对神的沉思，神则被理解为普遍的、非个人的理智。[2] 有人认为，133b7-10 的文字表明，除了人的灵魂之外，我们还应该看向其他事物，133c4-6 则把这个事物具体化为神[3]。

---

〔1〕 133c5；关于这一行的解读见第 275 页注释 2。有人可能会把 θεόν τε καὶ φρόνησιν 理解为一种阐释性的建构来将神和思想相同一，但我觉得这不太吸引人：我们已经被告知思想是像神的，这将使 πᾶν τὸ θεῖον 显得奇怪。

〔2〕 最明显的是 Brunschwig 1996：76-77；还有 Johnson 1999：15-16。

〔3〕 Bos 1970：43-44；Brunschwig 1996：75-76，Bos 特别论证道（同上），133c4（τῷ θεῷ ἄρα τοῦτ' ἔοικεν αὐτῆς, καί τις εἰς τοῦτο βλέπων）中的第二个 τοῦτο 应被视为指涉 τῷ θεῷ，而不是指涉人类灵魂中最好的事物（第一个 τοῦτο 的指称以及 133c1-2 的主题）。这第二个 τοῦτο 的指涉确实是模棱两可的；因此，我们认为它必须取决于我们如何解读上下文（遗憾的是，Denyer 2001 没有对此做出评论）。

在 133b7-10 中，苏格拉底说，灵魂"必须自己看灵魂，特别是要看在灵魂的哪部分中产生了美德——智慧，那么对于它遇到的其他部分也是如此"[1]。这句话的确可以解释为在说"应当看灵魂……并且看其他……"，这样就把最后一个短语与主句放在同一个层次上。然而，这并不是最好的解读。人应当看灵魂（132c1-2: Ψυχῆς ἐπιμελητέον καὶ εἰς τοῦτο βλεπτέον）这一点是在比较段落出现之前就已经确立了的。133b7-10 中出现的新信息包含在对主句的具体阐释中，换句话说，我们现在所学到的并不是说我们应该看灵魂，而是说，当我们看这个灵魂的时候，我们应该看的"最重要的是……以及其他的是……"[2]。我们应当看的最重要的事物是灵魂本身的德性，但如果灵魂中还有其他明显相似的事物，那么这些事物也应当被看。也许我们除了思考思维之外，还应该思考明智的行动。无论如何，这一句话并没有把对神的思索作为一条突然的、完全不同的通往智慧的途径引入[3]。

因此，我们应该坚持主张这一段落推荐以人际辩证法作为自我认识的途径。然而，133c4-6 中推荐的对神的认识（上文引用），可

---

[1] Καὶ ψυχὴ εἰ μέλλει γνώσεσθαι αὑτήν, εἰς ψυχὴν αὐτῇ βλεπτέον, καὶ μάλιστ' εἰς τοῦτον αὐτῆς τὸν τόπον ἐν ᾧ ἐγγίγνεται ἡ ψυχῆς ἀρετή, σοφία, καὶ εἰς ἄλλο ᾧ τοῦτο τυγχάνει ὅμοιον ὄν.

[2] 从语法上看，这也是一种合理的解读: καὶ μάλιστα ... καὶ εἰς ἄλλο ...

[3] 这句话也不支持直接对神进行沉思的观念，而这一观念也未在对话的余下几页中被提及。在 134d4-5 中，苏格拉底又依据"神圣"说道: Καὶ ὅπερ γε ἐν τοῖς πρόσθεν ἐλέγομεν, εἰς τὸ θεῖον καὶ λαμπρὸν ὁρῶντες πράξετε. 苏格拉底将这种正义的行为与不正义的行为 εἰς τὸ ἄθεον καὶ σκοτεινὸν βλέποντες（134e4-5）进行了对比，注意阿尔喀比亚德把自己定位为雅典人——εὐπρόσωπος γὰρ ὁ τοῦ μεγαλήτορος δῆμος Ἐρεχθέως（132a5）——以及他将自己定位为苏格拉底灵魂中最美好的事物之间的对比。

以与之相统一。苏格拉底利用人的灵魂中德性与神之间的相似性来论证我们可以认识一切神圣——神和明智——通过辩证法发展出的智慧[1]。

这段话本身并没有告诉我们太多关于苏格拉底所说的"神"是什么意思。然而，我们在文本其余部分所听到的这个神的内容，却向我们表明，他与辩证法有着非常密切的联系。苏格拉底在两种类型的陈述中提到了神——撇开单纯的感叹、模式化的声明以及苏格拉底讲故事的情况[2]。在第一种类型中，苏格拉底把神描述为以前不让他和阿尔喀比亚德交谈（διαλέγεσθαι）的那个事物。在一个明显的例子中，苏格拉底甚至谈到了神的动机，这个例子在105e6-106a1："然而在你年幼时，在你真的还没有这样高远的愿望时，我相信是神阻止了我和你交谈，以免我浪费口舌，但现在他已不再阻止了：你也可以听我说的话了。"[3]在第二种类型的陈述中，苏格拉底将神的意志视为他们的辩证法是否成功的决定因素[4]。不管这

---

〔1〕 这不等于说，在另一个人的灵魂中可以找到神。Gill 对这一比较段落的"三角"解读，似乎也是为了抓住这样一个观点：第三种事物，Gill 将其等同于美德，可以通过两个人类灵魂的相遇而被认识（2007：108-109）。

〔2〕 感叹句：107a4, 110c1、11, 112a3, 116e2, 117b6, 119a7, 127d6, 129b5, 132c9, 120e10, 121a2、4、6 中的模式化的声明；虚构的背景：105a3, b7, 122a2。

〔3〕 Νεωτέρῳ μὲν οὖν ὄντι σοι καὶ πρὶν τοσαύτης ἐλπίδος γέμειν, ὥς ἐμοὶ δοκεῖ, οὐκ εἴα ὁ θεὸς διαλέγεσθαι, ἵνα μὴ μάτην διαλεγοίμην. νῦν δ' ἐφῆκεν· νῦν γὰρ ἄν μου ἀκούσαις. 其他例子：103a5-6, 105d5-6, 124c8-9。

〔4〕 127e5-7, 对阿尔喀比亚德想知道他应该做什么：Ἀποκρίνεσθαι τὰ ἐρωτώμενα, ὦ Ἀλκιβιάδη· καὶ ἐὰν τοῦτο ποιῇς, ἂν θεὸς θέλῃ, εἴ τι δεῖ καὶ τῇ ἐμῇ μαντείᾳ πιστεύειν, σύ τε κἀγὼ βέλτιον σχήσομεν. 尽管连词的省略可能表明，这三个条件是指同一件事。在135d6 中，就在阿尔喀比亚德宣称他将成为苏格拉底的 παιδαγωγός 之前，苏格拉底说，并非他的意志，而是神的意志决定了阿尔喀比亚德是否能成功地提升自身。

位神有何其他特性，他都似乎是一位辩证之神。这一点也解释了为什么苏格拉底在提到神的时候自信地声称，阿尔喀比亚德只有通过他（苏格拉底）才能实现自己的雄心[1]。

六、结论

苏格拉底敦促阿尔喀比亚德和他一起进行探索，通过对他们自身和对神的认识，来促进他们自身的完善。苏格拉底将这位神与辩证法紧密联系的表述解释了他把自己在阿尔喀比亚德的完善中扮演着独特角色的确信与阿尔喀比亚德要认识神的需求这二者结合起来何以可能。在他们的讨论中，苏格拉底将自我关心与他们自身到底是什么这两个哲学问题相结合，并在对眼睛和灵魂进行比较的段落中回答了这些问题。自我关心即通过与他人思维的互动，认识到自己作为一个思考着的是者。苏格拉底用来组织他们间谈话的方法论性质的语词指向了先前一个段落作为描述他们之所是的一个补充。在那个段落中，苏格拉底把他与阿尔喀比亚德的谈话分析为他对 λόγος 的使用。这助益于我们把比较段落中的智慧的概念提炼为一种使用 λόγος 的智慧。以这种方式，苏格拉底和阿尔喀比亚德就依据辩证法回答了他们对自己提出的哲学问题：人与人之间的对话是自我关心，这种自我关心将向他们自身揭示他们本质上是思考、交流着的是者。

---

[1] E. g. 105d2-6, e4-5, 124c9-10.

参考文献 ————————————————————————————————————

Allen, R. E. (1962), "Note on *Alcibiades I*, 129b1", *American Journal of Philology* 83, pp. 187-190.

Annas, J. (1985), "Self-Knowledge in Early Plato", in D. J. O'Meara (ed.), *Platonic Investigations*, Washington, pp. 111-138.

Belfiore, E. S. (2012), *Socrates' Daimonic Art: Love for Wisdom in Four Platonic Dialogues*, Cambridge.

Bos, C. A. (1970), *Interpretatie, vaderschap en datering van de Alcibiades Major*, Culemborg.

Brunschwig, J. (1973), «Sur quelques emplois d' ὄψις», in aa.vv., *Zetesis: Album amicorum door vrienden en collega's aangeboden aan Prof. Dr. E. de Strycker ter gelegenheid van zijn 65e verjaardag*, Antwerp/Utrecht, p. 24-39.

——(1996), «La déconstruction du "Connais-toi toi-même", dans l'*Alcibiade Majeur*», in M.-L. Desclos (éd.), *Réflexions contemporaines sur l'antiquité classique*, Grenoble, p. 61-84.

Carlini, A. (1964), *Platone*. Alcibiade, Alcibiade secondo, Ipparco, Rivali, Enciclopedia di autori classici, serie di testi critici 82, Turin.

Denyer, N. (2001)(ed.), *Plato: Alcibiades*, Cambridge.

Favrelle, G. (1982)(ed. and tr.), *Eusèbe de Césarée: La préparation évangélique, Livre XI*, with Greek text rev. by É. des Places. Sources Chrétiennes 292, Paris.

Foucault, M. (2001), *L'herméneutique du sujet: Cours au Collège de France*(1981-1982), F. Ewald, A. Fontana and F. Gros (éds.), Paris.

Gill, C. (2006), *The Structured Self in Hellenistic and Roman Thought*, Oxford.

——(2007), "Self-knowledge in Plato's *Alcibiades*", in S. Stern-Gillet and K. Corrigan (eds.), *Reading Ancient Texts: Essays in Honour of Denis O'Brien*, vol. 1, Leiden, pp. 97-112.

Goldin, O. (1993), „Self, Sameness, and Soul in Alcibiades I and the Timaeus", *Freiburger Zeitschrift für Philosophie und Theologie* 40, S. 5-19.

Havet, L. (1921), "Platon, *Alcib.* 133 c", *Revue de Philologie de littérature et d'histoire anciennes* 45, p. 87-89.

Inwood, B. (2005), "Seneca and Self-Assertion", in *Reading Seneca: Stoic Philosophy at Rome*, Oxford, pp. 322-352.

Jirsa, J. (2009), "Authenticity of the *Alcibiades I*: Some Reflections", *Listy Filologické* 132, pp. 225-244.

Johnson, D. M. (1999), "God as the True Self: Plato's *Alcibiades I*", *Ancient Philosophy* 19, pp. 1-19.

Kraut, B. H. (1983), „Two Papyri from the Princeton Collection ", *Zeitschrift für Papyrologie und Epigraphik* 51, S. 75-79.

Lasserre, F. (1991), «Anonyme: commentaire de l'*Alcibiade I* de Platon», in F. Decleva Caizzi, M. S. Funghi, M. Gigante, F. Lasserre and A. Santoni (éds.), *Varia Papyrologica*. Studi e testi per il Corpus dei papiri filosofici greci e latini 5, Florence, p. 7-23.

Laurent, J. (2002), «La mesure de l'humain dans l'*Alcibiade* et les *Lois*», in *La mesure de l'humain selon Platon*, Paris, p. 71-99.

Linguiti, A. (1981), «Il rispecchiamento nel Dio: Platone, *Alcibiade Primo 133c8-17*», in *Civiltà classica e cristiana* 2, p. 253-270.

Marbœuf, C. and Pradeau, J.-F. (1999)(eds.), *Platon: Alcibiade*, Paris.

Reis, B. (1999), "Im Spiegel der Weltseele. Platon, *Alkibiades* I 133c8-17 und der Mittelplatonismus", in J. J. Cleary (ed.), *Traditions of Platonism: Essays in Honour of John Dillon*, Aldershot, pp. 83-113.

Stallbaum, G. (1834), *Platonis opera omnia*, vol.1, Gotha and Erfurt.

普罗克洛论柏拉图的苏格拉底式对话

——普罗克洛对《阿尔喀比亚德》112d-114e 及其他各处关于辩证法的观察[*]

瀧 章次[1] 吴琦燕[2] 译

一、引言

19 世纪初，斯塔尔鲍姆（Stallbaum）在其关于《阿尔喀比亚德前篇》（以下简称《阿尔喀比亚德》）的评注中，已经不得不

---

[*] 本文选自 *Alcibiades and the Socratic Lover-Educator*, Marguerite Johnson and Harold Tarrant（eds.）, Bristol Classical Press，2012, pp. 180-189。

本文的早期版本曾于 2008 年 10 月 25 日在日本举行的第七届语言学大会上以日文宣读，并于 2008 年 12 月 4—6 日，在纽卡斯尔大学于澳大利亚新南威尔士州举行的"苏格拉底、阿尔喀比亚德，神圣恋人／教育者"研究会议上，以英文预发表。本文第四章的第 2、3 段和第五章的第 5 段，基于我另一篇用日文写作的论文，该论文的标题为《普罗克洛的柏拉图的解释方法：〈阿尔喀比亚德前篇〉评注》中关于对话中的推论识别问题》，论文收录于 Oshiba 和 Koike 于 2010 年编辑的论文集中。关于普罗克洛的《〈阿尔喀比亚德〉评注》版本，我使用了 A.-Ph. Segonds 1985 年的版本（简写为 *in Alc.*），而他的《〈巴门尼德〉评注》，到 137c，我使用了 Steel 2007 和 2008 年的版本，之后使用了 Stallbaum 1839 年的版本（简写为 *in Parm.*）。其他有关古代著作的参考资料的缩写使用参考 LSJ 1996 年列出的列表。

[1] 瀧 章次（Akitsugu Taki），城西国际大学教授，主要研究领域为西方古典学。

[2] 吴琦燕，四川大学哲学系硕士生。

使用艰苦的语言学论证来为其真实性作辩护，以对抗施莱尔马赫（Schleiermacher）和阿斯特（Ast）的质疑。[1] 即使丹尼尔（Denyer）提出了否定柏拉图思想的现代发展观以捍卫其真实性的巧妙建议，[2] 也无法完全掩盖该对话同其他柏拉图对话的偏差。[3] 然而，尽管这篇对话的近代史坎坷不平，许多柏拉图的古代读者仍将其视为真作。一些柏拉图主义者甚至认为，在以柏拉图作品为基础的教育课程中，这应该是最先被阅读的作品。[4] 其中，扬布里柯（Iamblichus）之后的新柏拉图主义学派首先为我们留下了文献，使我们能够正确讨论他们关于课程的解释性假设。为什么他们从《阿尔喀比亚德》开始进行这样的阅读实践，为什么选择这十二篇对话作为他们课程的正典？[5] 他们为什么会选择其中一些而移走另一些？具体而言，他们如何处理现代解释者通常所说的"苏格拉底式"对话？

在下文，我将探讨他们选择正典作品的标准。由于我们几乎没有其他资源，因此我们的任务是分析他们对这些作品的现存评注。然而，我在这里并不关注他们从对正典作品的解读中推导出的观点，而是关注他们方法背后的解释性假设。尽管在他们的评注中，

[1] Stallbaum 1857: 193-217; Schleiermacher 1996: 319-326; Dobson 1836: 328-336; Ast 1816: 435-441.

[2] N. Denyer 2001: 14-26.

[3] 根据 Stallbaum 1857 和 Grote 1865：希罗多德和色诺芬都没有提过琐罗亚斯德（Zoroaster）(*Alc.* 122a)。alêthê legeis 这种回答方式，虽然被柏拉图式地使用在对问题的回答上（*Alc.* 120a4, a8, e3, 135a3），但是使用频率过高，就像在所谓的柏拉图后期对话中一样，可参考 Taki 2008: 83-93, n. 13。希腊化的而非古典式的 hapax legomena，在《阿尔喀比亚德》中的流行，例如 akrocheirizesthai (*Alc.* 107e6) 和 anaplattontas (*Alc.* 121d6)，也相对降低了其真实性。

[4] Albinus, *Eisagoge* 6. Cf. Hermann 1853: 147-151; Diogenes Laertius 3.62.

[5] Westerink, Trouillard and Segonds 2003: 26 [= *Prolegomena*]; Procl. *in Alc.* 11.1-21.

对非正典对话的解读可能不是他们的主要关注点，但我将讨论他们在对正典作品的注释中隐含的方法论意义，从而讨论他们如何解读"苏格拉底式"对话。

接下来，我将论证普罗克洛在其《〈阿尔喀比亚德〉评注》中，主要是在探索一种"以回答者为中心"的对柏拉图对话的解释，我们可以从柏拉图文本中回答者的回应出发，来解读苏格拉底与每一个对话者的讨论；或者，更具体地说，普罗克洛指出了这样一种可能性，即在柏拉图对话中的每一个自发性回答中，回答者最终都要接受一种问答检验，这一问答检验不仅仅来自苏格拉底，更来自他自己，用扬布里柯的术语来说，这是灵魂"正在从自身投射 logos（logon proballein）"。

二、普罗克洛文集中的"苏格拉底式"对话的资源

在现存作品中，普罗克洛提到过除《小希庇阿斯》之外的所有苏格拉底式对话，但在这些参考文献中，他并没有说明他如何解读所有这些对话或者部分对话。[1] 在大多数情况下，对于一篇对话或苏格拉底的论证，他只是给出一个概要或主题。[2] 关于普罗克

[1] 例如 *Euthph.*：*Theol. Plat.* 5.131-132, *in Parm.* 986.1-6, *in Crat.* 116.1-15；*Cr.*：*in Tim.* 1.80.11-15；*Charm.*：*in Alc.* 166.18-167.4, 185.13-17；*La.*：*in Alc.* 235.7-9；*Ion*：*in Rep.* 1.182.24-183.9；*H. Ma.*：*in Parm.* 987.15-22；*Prot.*：*Theol. Plat.* 1.28-29, *in Alc.* 252.19-253.7, *in Tim.* 1.344, *in Parm.* 655.6；*Gorg.*：*in Rep.* 1.156-157, 2.103, *in Crat.* 51, *in Parm.* 655.6；*Lys.*：*in Parm.* 654.18-21, 989.17-19；*Men.*：*in Rep.* 1.33.3；*Rep.* I：*in Parm.* 655.6-7。

[2] 例如，关于《吕西斯》的概要可见：*in Parm.* 654.18-21；关于《大希庇阿斯》的主题可见：*in Parm.* 987.15-16；关于苏格拉底单方面的论证可见：*in Alc.* 323.11-324.22（*Rep.* I 348b-350c）and *in Alc.* 329.4-6（*Men.* 77b-78b）。

洛对"苏格拉底式"对话的评注,《〈理想国〉评注》手稿中,关于《理想国》第一章中与玻勒马库斯(Polemarchus)的争论的文章已经残缺不全了。甚至下一篇关于忒拉绪马霍斯(Thrâsymachus)会话的文章的剩余部分,也不涉及苏格拉底的辩证法。更糟糕的是,遗失的普罗克洛《〈高尔吉亚〉评注》目前很难重现。首先,梅陶尔(Mettauer)从阿雷塔斯(Arethas)使用了普罗克洛和奥林匹奥多罗斯(Olympiodorus)的《〈阿尔喀比亚德〉评注》推测(1880:23),阿雷塔斯在抄本 Bodleianus MS E. D.Clarke 39(抄本 B)中关于《高尔吉亚》的注释,如果与奥林匹奥多罗斯的评注不一致,那它就应该来自普罗克洛。但他也承认,对于这一推测,他没有令人信服的论据,对此,格林(Greene 1938)也持保留意见。其次,这些现在散落欧洲,但据说是从阿雷塔斯的缮写室(scriptorium)复制的手稿中,没有发现普罗克洛评注《高尔吉亚》的痕迹(cf. Allen 1893:48-55)。第三,考虑到普罗克洛和奥林匹奥多罗斯对《阿尔喀比亚德》的评注,在专业术语上的一致性相对较低,[1] 从奥林匹奥多罗斯现存的评注中,挖掘出普罗克洛已失传的《〈高尔吉亚〉评注》的可能性较小。事实上,奥林匹奥多罗斯虽然在他的《〈阿尔喀比亚德〉评注》中提到了普罗克洛的评注,但在他的《〈高尔吉亚〉评注》中却一次也没有提到过普罗克洛。第四,与普罗克洛的现存评注相比,抄本 B 上的现存注释,对普罗克洛一贯关心的段落所涉及的哲学问题缺乏关注。

因此,如果现代读者要找普罗克洛对所谓"苏格拉底式"对话中的某一特定段落的逐行解释,他们通常会感到失望。但是,在他

---

〔1〕 有关索引可见 Westerink 1954。

的评注中，他认为，《阿尔喀比亚德》中苏格拉底和阿尔喀比亚德之间的讨论，以及《巴门尼德》中芝诺、苏格拉底和巴门尼德之间的讨论，与苏格拉底式对话中的某些其他讨论是类似的，在此，普罗克洛就他解释柏拉图总体作品和特定作品的方式，以及苏格拉底式对话的分类，给出了一些评论。因此，如果注意到这些评论，就可以合理地探究普罗克洛的阅读实践。

迈克尔·埃勒（Michael Erler 1987：153-163）已经做了这样的尝试。他在卡洛斯·斯蒂尔（Carlos Steel）对普罗克洛《〈巴门尼德〉评注》中关于疑难（aporia）的解释的研究基础上（1987：101-128），将其结果应用于疑难性对话。他认为，与《巴门尼德》一样，普罗克洛在"疑难性对话"中将疑难解释为表面上的而非真正的，因此，要通过寻找隐藏的钥匙才能解决疑难。我同意普罗克洛的意图是根据同一个原则来解读柏拉图的所有对话，但我要在这里指出他实现这一意图所依据的进一步假设。

三、普罗克洛的阅读假设：柏拉图对话中的每个对话式讨论都是苏格拉底式的

据统计，除了柏拉图之外，普罗克洛比任何人都更频繁地提到苏格拉底。从现代批评的角度看，他确切地提到戏剧中的说话者苏格拉底，而不是柏拉图，这似乎表明他对柏拉图的文学形式高度敏感。然而，这可能是我们犯的一个时代错误。事实上，与其他一些古代读者不同，普罗克洛并不习惯于漫不经心地将苏格拉底和柏拉图混为一谈。但是他对苏格拉底的关注，并不是出于现代批评的这

种考虑。至少在《〈巴门尼德〉评注》中，他试图在柏拉图对苏格拉底的描述中，找到**历史上的**苏格拉底。[1]他在《〈蒂迈欧〉评注》中对苏格拉底受审文献的综合性评论，也可表明他在阅读柏拉图对话时对历史的关注（例如，*in Tim.* 1.65-66）。

　　普罗克洛在为自己（可能还有他的雅典前辈）对《巴门尼德》的解释进行辩护时，[2]对苏格拉底的辩证法进行了分类，这也进一步标示了一种苏格拉底化的阅读实践。[3]其中，诘问（elenchos）、训练（gymnasia）以及通过划分和假设进行的论述，这三个从属类别，被归入一个单一类别，它们被简单地视作苏格拉底的辩证法。看到柏拉图哲学发展的现代读者，很容易指责普罗克洛过度简化了柏拉图的写作技法在风格与主题上的差异，主张普罗克洛毫无道理地把苏格拉底在疑难性对话中使用的诘问，强加为更具建设性的目的，还将苏格拉底在相当不同的背景下出现的不同的询问的思想合并在一起（这些思想主要源于《美诺》《泰阿泰德》和《智者》）。[4]普罗克洛毫不犹豫地将不同类型的论述归为一类，即苏格拉底的辩证法。因此，在柏拉图作品的每一个对话性讨论中，他都可以看到苏格拉底的思想通过辩证法显现出来，回答者通过辩证法在教育课

〔1〕　*In Parm.* 729.20-730.3，784.3-10，987.5-12，988.23-30.

〔2〕　按照普罗克洛及其前辈的解释，《巴门尼德》的目的不只是逻辑训练，更与理念论相关（*in Parm.* 619.21-624.15，630.26ff.）。具体而言，与前人和同时代的解释者不同，他们在对话第一部分表面上的诘问性论述中看到了助产性论述，在第二部分表面的逻辑训练中看到了辩证性论述。对普罗克洛来说，这两种论述都是对真理的探索：前者表明如何克服分有的物质性理解所产生的表面困惑；后者不仅与矛盾假设的逻辑含义有关，而且与它们的真理有关。

〔3〕　*In Parm.* 652.21-656.11，987.31-989.23.

〔4〕　*Men.* 81a-86c；*Tht.* 148e-151d；*Soph.* 226a-231c；cf. *in Alc.* 28.16-29.7.

程中取得进步。普罗克洛眼中的这些对话情节，都是一个单一的故事在发生，就好像同一个人在回应苏格拉底的过程中，为了人走向完善的目标，先是净化了"双重无知"或虚假知识，然后以检查一对相互矛盾的假设中每个假设的逻辑含义的方式接受训练，最后被引导至超越假设需要的原理。

同时，普罗克洛也竭力证明回答者的信念不只具有一致性。与他所认为的漫步派对辩证法的批评相反，普罗克洛确信至少在苏格拉底版本的辩证法中，存在着一种寻求真理的能力。[1] 即使苏格拉底在《申辩》中否认知识，他也认为，如果这个否认是合理的，那么苏格拉底知道他必须根据什么标准来进行判断。[2] 具体而言，他将三种知识归于苏格拉底：辩证法、真理的助产术和爱的技艺。[3] 因此，对普罗克洛来说，辩证法是问答讨论中的真理发现过程。即使是作为辩证法子类的"诘问"，也不仅仅是为了揭露对话者信念中的矛盾，而是**证明（proof）**某一特定信念的错误。训练性的论述也不仅仅是一种寻找逻辑含义的练习，而是一种在这些含义中寻找真理的方法。

此外，为了统一对对话的解释，他简单地搁置了漫步派对诡辩的批评，这些批评对苏格拉底本人并非不适用，他也略过了争论

---

〔1〕 *In Parm.* 653.2-3, 984.7-985.9, 989.1-23, 994.5-9, 995.13-20; *In Crat.* 2. 亚里士多德区分了从原理来的证明和辩证推理。这样，他的辩证法家可以在没有对所谈内容的知识的情况下和他们的回答者对谈，他们至多只能诉诸普遍观点。然而，他在讨论第一原理时留下了辩证推理的空间（*Metaph.* 1004b17-26; *Apr.* 24a22-24b12; *Top.* 100a25-101a4, 105a3-9, 159a25-37, 161a16-b18, 163a29-b4, 164b8-15; *SE* 165a38-166b11, 169b18-170a11, 171b3-6, 172a11-b4, 183a37-b8 ）。

〔2〕 *De providentia et fato* 48, 51; cf. the fifth objection to New Academics, *Prolegomena* 10.

〔3〕 *In Alc.* 27.16-30.4; cf. *Prolegomena* 11.

（agonistic）与诘问之间的区别。[1]然而，对于所有可能的批评，普罗克洛把苏格拉底的各种回应者，如卡利克勒斯（Callicles）和忒拉绪马霍斯，都归在一个类目下，即作为苏格拉底辩证地追求真理的参与者。因此，我们可以得出这样的结论：如果普罗克洛要证明这种简化是合理的，就必须假定所有这些对话性交流中存在着潜在的共同点。

四、普罗克洛的解释关键：灵魂内在投射 logos

普罗克洛并没有讨论为什么他的统一阅读是合理的；但是，他对《阿尔喀比亚德》的解释暗示了他阅读实践的关键。[2]一些中期柏拉图主义者先前将《阿尔喀比亚德》分为十个部分，每个部分都由一个论证（sullogismos）的结论表示，但在普罗克洛评注的导言中，他修改了他们的划分方式，他将每个论证的结论与一个单一主题（skopos），即"认识自己"联系起来，同时添加了他自己的评论。除了对《阿尔喀比亚德》序言（prooimion）的长篇评论，普罗克洛的现存作品采用流水式评注的形式，其中有时也提到这种划分。

然而，这种将各种论证的结论与对话的单一主题联系起来的方法，似乎仅限于对《阿尔喀比亚德》的解释。在其他现存的柏拉图对话评注中，普罗克洛通过批判前人的解释及其方法，[3]反复为每篇

---

〔1〕 *In Alc.* 283.24-285.14；*in Parm.* 987.15-22.

〔2〕 *In Alc.* 11.22-18.12.

〔3〕 *In Alc.* 5.15-7.11；*in Parm.* 630.11-17；*in Crat.* 1；*in Rep.* 1.5.1ff.；*in Tim.*1.1-4. 关于扬布里柯对对话主题的探究，见 Dillon 1973；*in Phd.* fr. 1；*in Phdr.* fr. 1；*in Phlb.* fr. 1；*in Tim.* fr. 1. 关于奥林匹奥多罗斯的研究，见 Olymp. *in Alc.* 3-6；*in Grg.* 4；*in Phd.* 4.11。关于塞拉绪罗的副标题题词，见 DL 3.49, 58-59；Procl. *in Rep.* 1.8.11；*Prolegomena* 21-25. 关于它的哲学和历史意义，见 Tarrant 1993。

对话的单一主题做论证，但他没有根据对话中的结论进行论证。即使在现存的包含前六个论证的《〈阿尔喀比亚德〉评注》正文中，他也没有系统地运用这一方法。然而，他所说的方法（*in Alc.*10.4-17）理论上应该适用于所有的对话，从某种意义上说，在柏拉图对话里的每一个对话性交流中，回答者都应该将论点**投射**到一个单一主题上。在扬布里柯首先提出的宇宙本体论结构与柏拉图对话结构之间的类比中，**论证之于主题（skopos），就像灵魂之于理智**。然而，正如普罗克洛在下文所表明的，主题与问题（problema）可以互换（*in Alc.*10.1），问题即回答者投射 logos 的产物，普罗克洛在前文就暗示过（*in Alc.* 7.20），6 世纪的《柏拉图导论》（*Prolegomena*）的作者在解释扬布里柯的类比理论时也提出过类似说法（*Prolegomena* 17）。

我们还可以从普罗克洛《〈阿尔喀比阿德〉评注》的第三个论证（112d-114e）看出其中的关键，即在问答交流中，是回答问题的人在说（legei）[或者在发言或肯定]，而不是提问的人（*in Alc. intr.*12.24-13.2）。他试图在论证的结论中解读出一个理论的归纳，即回答者在回答问题时并不只是被提问者审查，而且最终要凭借神性来审查自己。同时，基于灵魂在本质上先天知晓一切的假设，他把回答者超自然地协助的主动性重新解释为对真理的学习，而且，从灵魂学的角度看，这是灵魂从自身投射 logos（*in Alc.*15.12-16，280-282）。

灵魂内在投射 logos（可替换为“理念”）的理论[1]也源于扬布

---

[1] *In Alc.* 191.12-192.14; *in Parm.* 789.17-21, 896.24-6, 987.5-12; *in Tim.*1.102.29-103.3; *in Euc.* 13.6-13, 56.15-16; cf. Simplicius, *in de An.* 11.166.5-9, 11.192.12-20; Porphyrius, *in Ptolemaii Harmonica* 12；对于 logos 作为形式因的规则，cf. Arist. *Phys.* 194b26-27; *Metaph.* 996b8, 1039b20-3, 1044a32-b15.

里柯[1]，并且与世界灵魂的创造[2]和个体灵魂的回忆[3]、数学中的辩证推理[4]以及感知有关[5]。所以，在对第三个论证的评论中，普罗克洛试图将回答者的主动性归入一个更全面的灵魂理论。因此，他是在暗示，灵魂的普遍活动可以从回答者在问答交流过程里的行为中看出来。

因此，人类灵魂的这种潜在的普遍能力，可成为普罗克洛对柏拉图对话中的苏格拉底式对话采用统一方法的主要理由。这不仅是

[1] 在爱任纽（Irenaeus）引用的辛普里丘、普罗克洛、扬布里柯和华伦提努（Valentinus）的著作中，名词短语 probolê of logos（或 Forms）常与动词形式 form proballein 一起使用，但柏拉图（口语化的短语 logon proballein，在《会饮》180c）、亚里士多德或普罗诺提诺都没有使用这一短语，甚至在 Procl. Inst. Th. 中都没有使用（这里大多使用 prohodos）。普罗克洛在更广泛的语境中使用这些相关短语：（1）logon proballein，①一种口语化的迂回的动词短语，②诺斯替派的一个类比——将上帝的创造与男性射精或女性分娩相类比：Valentinus on John 1：1-8（Irenaeus, Adversus haereses 1.1.1.22, 1.1.18.3-1.1.18.9; cf. E. Osborn 2001, 267ff.［probolê = emanatio]），③与女性分娩相类比的一种感觉：Ps.-Gal. Ad Gaurum 14.1-2；（2）sperma... ballein，①［agr.］播种：Xen.Oec.17.11.2-3，②［med.］授精：Gal. de sem. 4.516；（3）logon... speirein，①传播谣言或故事的口语化短语：Ar. Ran. 1206，②传播教义：《新约》：Mk 4：14, Mt 13：19, Lk 8：11, cf. Mk 4：26-29；《旧约》：Is. 55：10-11；然而，普罗克洛和扬布里柯的短语中设想的 logos 理论的起源可以追溯到许多来源，但很难确定具体是哪个（s.v. logos, Pauly-Wissowa; Kittel 1932）。

[2] For Iamblichus, Simplicius, *in Ph.* 9.786.11-22; Iamblichus, *in Tim.* fr. 58, 59（Dillon, op.cit.）（fr. 58 = Procl. *in Ti.* 2.306.1-5, fr. 59 = Procl. *in Ti.* 2.309.23-9; for Proclus, Procl. *in Parm.* 894.26-895.1; cf. Syrianus, *in Metaph.* 26.33-37）.

[3] *In Alc.* 171.2-3（projection of the truth）; *in Rep.*2.95.2-4, 2.350.17-21; *in Tim.*1.446.23-29; cf.Porphyrius, *Sententiae ad intelligibilia ducentes*, 29.1-15; cf. *in Alc.*8.15-19.7, 27.16-30.4; *in Parm.* 653.6-14, 864.11-865.1, 873.31-874.6, 932.13-17; cf.Iamblichus, *Comm. Math.* 11.20-22.

[4] Iamblichus, *Comm. Math.* 11.20-22.（cf. Merlan 1975：11-33）; Proclus, *in Euc.*44.25-47.8, 78.8-79.2.

[5] Iamblichus, *de An.*（Stobaeus 1.48.8.6-9）; Proclus, *in Tim.* 1.248.29-250.11; cf. Simplicius, *in de An.*11.128.28-29, 11.138.13-15, 11.189.33-11.190.1, 11.192.35-11.193.13, 11.225.28-29.

一种理论，普罗克洛还将其付诸实践。首先，他将个体灵魂的活动与世界灵魂的活动联系起来，尤其是当它经历诘问时。[1]其次，他假定苏格拉底对手的灵魂经历诘问是为了真理。[2]普罗克洛强调，即使他们现在没有被说服，他们也会在下一世取得进步：他们只是目前还没有觉知到自己灵魂的活动。

五、对普罗克洛解释方法的评价

普罗克洛在对话者的自发回应中发现了自我省察的存在，这也打开了普遍化解读对话者回应的可能性，不仅是对问题的回应，也包括对建议甚至陈述的回应。这种"以回答者为中心"的阅读方法，以及普罗克洛对单个对话者的回应所体现的命题的普遍化，还有他为了自己及其听众的共同理智利益而对这些回应的真实性和有效性进行研究的方法，三者是相辅相成的。

普罗克洛在多大程度上采用了这种苏格拉底化的阅读方式仍很难确定。他没有留给我们关于苏格拉底的回答者在疑难性对话中的回答的逐行评注。然而，他的"以回答者为中心"的阅读实践指向这样一个结论，即对他而言，柏拉图的读者通常可以通过参与对真理的探究，与一个理想化的对话者一步步走向完善。因此，所有对话性交流都成为探究同一普遍适用的真理的一部分，这就需要对柏拉图的对话进行跨文本的阅读。

普罗克洛的策略值得作为阅读柏拉图的一般方法论加以考虑。

[1] *In Parm.* 894.26-895.1; *in Tim.* 3.340-341.
[2] *In Alc.* 90.3-12, 277.5-278.7, 279.21-280.23.

它表明，即使是柏拉图的教义派读者（他们假定柏拉图自己的论点可以从对话中推断出来，而且柏拉图直接地向我们揭示了他的观点）也可以接受"以回答者为中心"的阅读，而一些柏拉图的怀疑派读者也赞成这种方法。它表明，教义派解读并不必要基于"代言人理论"，即认为任一给定对话中的讨论的领导者都代表柏拉图提出主张，也不必要基于苏格拉底作为提问者角色的建设性的解释。

然而，普罗克洛既没有发现也没有解决他阅读这些论证的方法中的所有问题。普罗克洛在《〈阿尔喀比亚德〉评注》的导言中没有区分单纯的推论（inference）和证明。[1] 后来，普罗克洛在注释苏格拉底在 *Alc*.114b 中提出的建议，即阿尔喀比亚德应在自己提问的同时**证明**自己的主张时，普罗克洛认为这也适用于苏格拉底在之前和之后的论证，他将证明论证的责任从回答者阿尔喀比亚德身上，转移到了提问者苏格拉底身上。[2] 此外，在很多地方，他都做出了一些暗示苏格拉底知道自己在问什么的评论。[3] 因此，在没有对评注的现存部分进行充分讨论的情况下，普罗克洛将论证的责任从回答者在论证过程中的单纯发现，转移到了苏格拉底对证明的正确把握上。遗憾的是，现存评注在 *Alc*.116d 就结束了，在此，苏格拉底再次确认回答者阿尔喀比亚德肯定了论证的结论，这或许会让普罗克洛有机会更好地解释他的理论。

此外，普罗克洛也没有描述过，如果回答者没有取得进步，那

---

〔1〕 *In Alc.* 10.10-13, 14.22-23（14.12-13），16.9（15.1, 15.13, 17.7, 17.17, 18.5, 18.9-10），cf. 15.13（276.20-277.1, 313.19-314.3），16.14（337.23, 338.9），17.4（*Alc.* I, 117b），18.5（*Alc.* I, 130c）；*Eisagoge*, 6.

〔2〕 *In Alc.* 303.1-19, cf. 302.9-12, 314.10-11、18-19, 323.11-19, 329.4-6, 338.8-10, 339.8-11.

〔3〕 *In Alc.* 229.10-13, 230.18-231.2, 312.20-22, 313.19-314.7, cf. 336.15-337.26.

灵魂如何投射 logos。对普罗克洛来说，苏格拉底可能在年轻时接受过巴门尼德的全面训练。[1]然而，普罗克洛也清楚地知道，即使是《巴门尼德》[2]中那些像苏格拉底一样年轻或有好性情的人，也可能失去他们获得的自我认识，正如历史上的阿尔喀比亚德[3]和巴门尼德的最终回答者亚里索托特勒斯（Aristoteles）[4]所表现的。亚里索托特勒斯是对话者中最年轻的一个，后来成为臭名昭著的"三十僭主"之一。这对于那些成熟且心术不正的人，如忒拉绪马霍斯和卡利克勒斯，就甚至更加适用了。[5]那么，普罗克洛又如何解释他们的堕落或偏差呢？在诚实地回答苏格拉底的问题时，成熟而心术不正的人是如何在自己的灵魂不知不觉投射 logos 的同时，又向后滑落呢？他的现存文集没有回答。

如果取回出生前获得的知识被解释为灵魂投射 logos，而错误观点是这种取回的失败，那么错误观点似乎应该被解释为对灵魂投射 logos 的否认。然而，对普罗克洛来说，这种投射是不可否认的普遍规律。此外，即使把错误观点解释为缺乏对灵魂投射 logos 的觉知，那又如何解释单纯的无知呢？如果把单纯无知解释为单纯的无觉知，而错误观点则是双重无觉知，那么持有错误观点的人如果得到净化，就必须在认识自己灵魂的过程中，觉知到双重无觉知的自我。这可能会导致我们在拥有灵魂的同时，也拥有一个多重的单一自我或拥有多重自我；或者说，我们最直接的自我，可能不得不

---

〔1〕 *In Parm.* 691.17-22.

〔2〕 *In Alc.* 166.20-167.4, 299.22-26; *in Parm.* 687.21-22, 722.8-9、10-11.

〔3〕 *In Alc.* 85.19-92.3.

〔4〕 *In Parm.* 690.26-691.4, 691.22-14.

〔5〕 *In Alc.* 322.23-323.11.

在看向我们的灵魂时，观察其他中间的多重自我。如果是这样，根据最直接的自我偏离灵魂的程度，真理也可能成为多重的，或者被分级。

六、结论：《阿尔喀比亚德》中的苏格拉底的论证

正如我们对普罗克洛解释方法的讨论所表明的，《阿尔喀比亚德》无论真实与否，对于理解柏拉图的"苏格拉底式"对话都是成问题的。虽然普罗克洛提出了一个人如何在提问的同时做出肯定的难题，但阿尔喀比亚德在当前文本［以及其他地方经常］没有疑问地做出回答："你说得真实"（alethê legeis），等等。这是柏拉图特有的一种回答形式，主要用于回答陈述，但有时也用于回答问题，有时甚至用于对第一位发言者的意图含糊其词的回答（参见 Taki 2008）。此外，《阿尔喀比亚德》114b 提出，通过提问来证明一个陈述的难题，其中的关键动词"指明"（apodeiknumi），像英语中的"证明"（prove）一样，意味着所体现的命题的真实性。苏格拉底在后来的 130c 和更早的 112e 中，对接下来的问答论证承诺"你将以下面的方式知道"，也暗示了这一点。柏拉图经常以其精妙的语言向对话录的读者提出这一难题，这一难题很容易被解释为作者想要设置陷阱来挑战读者。如果普罗克洛与他"以回答者为中心"的阅读方法也在这一困难上跟跄而过，那么这是情有可原的。

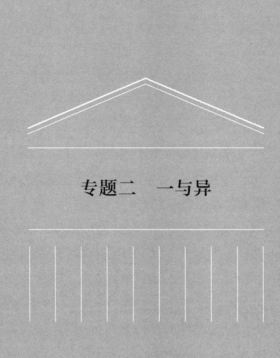

专题二　一与异

努斯：差异中的统一[*]

Werner Beierwaltes[1] Marie-Élise Zovko[2] 英译 窦安振[3] 译

> Fragstu was Gott mehr liebt/jhm würken oder ruhn?
>
> Ich sage daß der mensch/wie Gott/sol beides thun[**]

一

就智者的反哲学的、虚假的存在（existence）问题，以及就对于是（being）和非是（not-being）的真假判断的可能性和意义问题，柏拉图在《智者》中发展出了一般范畴理论，以获得对整个实

---

[*] 本文的德文原版标题是 „Geist: Einheit im Unterschied"，收录于 W. Beierwaltes, *PROCLIANA. Spätantikes Denken und seine Spuren*, Frankfurt: Vittorio Klostermann, 2007, S. 109-126。

[**] "你问神更爱什么 / 工作还是休息？
我说人 / 就像神那样 / 两样都要做"
——安杰鲁斯·西莱修斯，《漫游的天使》
（Angelus Silesius, *Cherubinischer Wandersmann* I, 217）

[1] 维尔纳·拜尔瓦特斯（Werner Beierwaltes, 1931—2019），著名新柏拉图主义研究学者。亦见本辑第 520—527 页《追思维尔纳·拜尔瓦特斯》一文。
[2] 玛丽-爱莉丝·佐夫科（Marie-Élise Zovko），萨格勒布大学哲学系高级研究员，兼任扎达尔大学哲学系人文学科方向博士生导师，研究兴趣主要是古希腊哲学以及德国哲学。
[3] 窦安振，西南民族大学哲学院讲师。

在的理解。他把这些范畴称作 μέγιστα γένη（最大的属），即是、思想和语言的最重要的、最具统摄性的类："是或存在者（entity），同和异（相等或差异），静和动"[1]，即 ὄν-ταὐτό-θάτερον-στάσις-κίνησις。这些"最高范畴"或"类"的内涵以及它们之间的差异都得到了考察。不管是在感性知觉的领域，还是在可思之是——也就是纯粹思想对象："理念"——的领域，它们都是有效的，虽然在两种情况下它们有效的方式不同。它们规定了这两个领域的每一个是，正如它们指引着我们从概念上把握它们和用语言表达它们，并构成了我们这些能力的基础。柏拉图在《巴门尼德》第一个假设的结尾提道，如果从概念上把握"一"是可能的，那就必须使它从一系列范畴中摆脱出来，而柏拉图显然就把 μέγιστα γένη 囊括在这些范畴之中。[2]

统摄性范畴的沟通（κοινωνία）和分殊，以及就一是实在的普遍原理（普遍**根据**）而言对它们的否定，这两条定理改头换面后在新柏拉图主义思想中持续地产生着影响，尤其是在普罗提诺和普罗克洛的独特体系中留下了印迹。就普罗提诺而言这指的是，他通过**同**和**异**、**静**和**动**的互相协作，详细阐发了**是**和绝对**努斯**的永恒**自反性**。**努斯**或绝对**理智**[3]的这种"恒常的"或静止着的**运动**或**活动**（Mobility），同时就是它的"**生命**"，普罗提诺还指明，后者就

---

〔1〕《智者》254d ff.，参见 W. Beierwaltes, *Identität und Differenz*, Frankfurt: Klostermann, 1980, 11ff., 19ff.。

〔2〕《巴门尼德》138b7ff., 139b4ff., 141e7ff.。

〔3〕【英译按】把德文术语"Geist"翻译为"intellect"或"（absolute）Intellect"比翻译为"mind"更好，这是因为，近现代所谓"心灵哲学"的发展使得"mind"或多或少带上了一些对于解释柏拉图主义或观念论哲学不相干的含义。并且，由于"spirit"和"spiritual"大量出现于各种纯粹宗教性文本中的缘故，用"spirit"翻译"Geist"更不合适。

是"**差异**中的**统一**"[1]。除了一种近乎疯狂的在**努斯**领域内进行划分和分类的倾向外——虽然在逻辑对称性和完备性的角度上看或许是可理解的——就在此维度上发展关于至高范畴的沟通和关联理论要素的想法而言，普罗克洛与普罗提诺有一定相似性。他使用就一自身而言否定和排除所有范畴的证明，透彻地描述了诸范畴的概念和功能。这一对诸范畴的分析，一方面服务于哲学地概念化宇宙和绝对**理智**，区分出就一个适当的一之"概念"所能够做出的所有可能的陈述；另一方面，其目的是为一自身之后的是之神学结构，亦即诸神的一个相对严格的划分——这就是《柏拉图的神学》的意图——提供一个基础。[2]这一概念结构，特别是亚略巴古的狄奥尼索斯（Dionysius Areopagita）的著作中所阐述的那种，对基督教神学中的三位一体和神圣**属性**的概念化产生了极大的影响，并且直到早期现代之前一直如此。

下面我会分别讨论以下问题：普罗克洛对诸理念之沟通（κοινωνία）的理解（第二章），对**绝对理智**的融洽性解释，并具体地就"静"和"动"范畴或理念为例展示这种解释（第三章）；以及，根据狄奥尼索斯从普罗克洛的《柏拉图〈巴门尼德〉评注》发展出来的核心神圣谓述理论，它们作为"神的名字"（nomina divina）有什么功能（第四章）。

---

[1] 参见 W. Beierwaltes, *Identität und Differenz*, 24ff., 以及那里列出来的文章，比如 St. Gersh, ΚΙΝΗΣΙΣ ΑΚΙΝΗΤΟΣ. *A Study of the Spiritual Motion in the Philosophy of Proclus*, Leiden, 1973, 特别是 11ff.（"不动的运动"），49ff., 53ff.。

[2] 特别是卷 III-VI（Proclus, *Théologie platonicienne*, H. D. Saffrey et L. G Westerink〔éds.〕, Paris, 1978-1997），另外，参考意大利文译本 Proclo, *Teologia Platonica*, Michele Abbate（trad.）, Milano, 2005。

二

从上述柏拉图所具有的"巴门尼德式"信念出发，普罗克洛以问题或疑难的方式，把**差异**中**的**统一作为其 κοινωνία 理论的一个原则描述为：可思之物或理念如何能"统一"却不"混合"——ἥνωται ἀσυγχύτως, διακέκριται ἀδιαιρέτως（不混合的统一和不可分的区分）[1]。再者，当两个不同的甚至对立的可思对象或存在者彼此接触时，应该如何设想它们能在结合或统一的同时，还能保持它们的独特性不被消除或毁灭，从而它们中的一个不会在毫无特色的"混合"中消融在另一个里面？如何理解相异的东西不会被彼此间不可逾越的藩篱驱离、排斥，而是尽管它们之间存在着差异或对立，却依旧在某种意义上彼此"不分离"？

考虑一下其他极端选项，以下这个事实就很清楚了，即对于理念，尤其是对于 μέγιστα γένη 而言，它们互相联结似乎更加合理、更可理解。因为，对 εἴδη（诸理念）进行严格划分，即如果我们分别独立地看**是**、**相等**、**差异**、**静止**和**运动**，它们自身每个都处于

---

[1]《柏拉图〈巴门尼德〉评注》749.38f.，这个概念及对它的表述可追溯至波菲利（ἀσύγχυτος ἕνωσις），他曾试图用其解释灵魂和身体的关系。参见 H. Dörrie, *Porphyrios' „Symmikta Zetemata"*, München, 1959, 55ff.。关于从普罗克洛开始的 κοινωνία 概念的历史，参见我以下的说法：*Proklos. Grundzüge seiner Metaphysik*, Frankfurt, 1979², 32ff. 42ff.。在基督教神学中，ἀσύγχυτος ἕνωσις（及其变体）规定了神性和人性在基督中的统一，基督之是在神性和人性的 ἰδιότης 中被保留。参考公元 451 年卡尔西顿公会议（Council of Chalcedon）对基督两性的定义，见 H. Denzinger und P. Hünermann, *Enchiridion symbolorum, definitionum et declarationum de rebus fidei et morum*, Freiburg, 1991³⁷, Nr. 302, S. 142f.（希腊文文本）。

"未被混合的纯粹"中[1]，那就会使知识变得不可能，因为知识立足于互相结合和区分。并且，一切东西都会处于互相并列且互相外在的状态中；个别事物不能如其所是地被感知，甚至不能被理解为个别事物，因为对个别性（ἰδιότης）的感知和识别也预设了它具有对于他者的自我区别的关系。

另一个极端选项，即认为**一切—统一**（All-Unity），也无法通向知识——因为在知识中，思想能在熟知周遭的同时继续确立自身："一切是一切，相似是不相似，静止是运动，每个个别者都不比整体少什么。"[2] 或说，没有五个不同的 γένη τοῦ ὄντος（是的属），即它们并不单独地存在，而是每一个同时也是另一个，这样的话，它们的个体性存在变得不可想象。然而，这句话恰好已经预设了**一切—统一**理论想要否定的东西，即该断言预设了"个别"这个概念："一切个别都是所有，所以如果所有在所有中[3]，那所有就是所有且无在无中；只有一存在，**相异**[4]只是个名称。"[5]

普罗克洛坚决反对这种"唯名论"。如果"名称"（这也指 μέγιστα γένη，即这个阐释的主题）只是我们思想的产物（ἐπινοίᾳ

---

〔1〕 ἄμικτος καθαρότης τῶν εἰδῶν：《柏拉图〈巴门尼德〉评注》750. 17；757.11f.；750.21：εἰλικρινές；22：μονοειδές。

〔2〕 《柏拉图〈巴门尼德〉评注》750.1-4。对于可能持有此观点的代表人物的认定，参见 J. M. Dillon, *Proclus' Commentary on Plato's* Parmenides, G. R. Morrow and J. M. Dillon（trans.），Princeton, 1987, p. 121, n. 25。

〔3〕 这是矛盾的说法，因为"在……中"已经暗示着差异了。

〔4〕 所有"相异"，也就是区别。

〔5〕 《柏拉图〈巴门尼德〉评注》753.5-8：καὶ ἕκαστον τὰ πάντα· ὥστε εἰ πάντα ἐν πᾶσιν, οὕτω καὶ πάντα ἐστὶ πάντα καὶ οὐδέν ἐστιν ἐν οὐδενί· ἓν γάρ ἔσται μόνον, τὰ δὲ ἄλλα ὀνόματα μόνον。

μόνον)〔1〕，并且，如果它们与“事物”〔2〕的“本性”（φύσις）或“所是”（οὐσία/being）的对应关系同时被取消，那么，εἴδη 和 γένη 将持续地面临着消解的危险：一旦思想——它用一种独立于是的语言表达自己〔3〕——被移除，εἴδη 的诸多区分也将消失（οἰχήσεται ἡ ἑτερότης τῶν εἰδῶν）〔4〕，并且所有 διάκρισις（差异、属差）的形式都会随之被消除（συναιρεῖται）。只有一种独立存在的本性能赋予事物以独特的存在，并且还能使它们可以通过辩证法而变得可思、可理解。〔5〕但是，只有把观念、概念、范畴和语词的差异，理解为相关于和相对于其他每个范畴的一种区别时，这种行为才会成功。为了获得真正的知识，那种能够在 γένη 的极端分离和混乱的同义反复式统一间得到的和解，只能存在于它们主动 κοινωνία 的协作中、它们差异的统一中。这也就是上面提到的那个矛盾的概念，一种同时是“不混合的统一和不可分的区分”：ἀσύγχυτος ἕνωσις καὶ διάκρισις ἀδιαίρετος。〔6〕

ἕνωσις——而非 ἑνότης（单一）！——统一过程蕴含着活动，一种结合不同的事物或把它们联合到一个内在地有差异的统一体中的活动。统一活动是 κοινωνία 的根本特征，它使后者变得可

〔1〕《柏拉图〈巴门尼德〉评注》753.15。

〔2〕同上，753.15、27。

〔3〕因为思想是时间性的存在，它不可能永远没有间断地运作。

〔4〕《柏拉图〈巴门尼德〉评注》753.17、20、23。

〔5〕《巴门尼德》135 c。此外，《柏拉图〈巴门尼德〉评注》982.19 ff.。

〔6〕还可以在以下地方发现相似的描述：《柏拉图〈巴门尼德〉评注》754.9f.；755.11、19；757.7f.。普罗提诺论**努斯**：πλῆθος ἀδιάκριτον καὶ αὖ διακεκριμένον（“无区别又有区别的多”，VI 9.5.16）；πάντα δὲ ὁμοῦ καὶ οὐδὲν ἧττον διακεκριμένα.（“一切统一且没有任何区别”，V 9.6.3）。

理解，即一种互通性，内在地被影响和做出影响。[1] 一系列的其他表述表明了这种统一和互通的动态特征：διιξις δι' ἀλλήλων 或 χωρεῖν δι' ἀλλήλων——一种互相渗透、一种个体间的彼此渗透。[2] 这显然表明，"在彼此中是"（εἶναι ἐν ἀλλήλοις）[3] 也是由一种朝向彼此的运动所决定的，这种运动分别发源于每个个体，并且，συνουσία[4]——"共同是"——不能被理解为只是一种超加性的（superadditive）和内在固定的统一体，而是必须被理解为像"共感"（sympatheia）[5] 一样，是连续体或互相关联的状态（συνέχεια），互相"伴随而是"——μετουσία[6]，或者甚至可以说是参与、分有或分享彼此（μέθεξις, μετέχειν, μεταλαμβάνειν）[7] 并且互相沟通（"给出部分"或"给出一份"——μεταδιδόναι）[8]，是一种关系的实现。换句话说，因为这个运动从一个是者出发并朝向**相异**，然而这个**相异**在逼近"它的"**相异**时就其自身"同时"也完成了相同的运动，所以，συνουσία 就应被理解为相关性。这种实现并维持着个体间的相互关系，并把个别——εἴδη 和 γένη——塑造成一个统一之整体的力量（dynamis）的，就是（我会在后面澄清这一点，但现在必须先提出来）：思想。在普罗克洛看来，这并不能排除可以把思想——作为理智的本质特征，它由之

---

〔1〕 κοινωνία 和 κοινωνεῖν，比如《柏拉图〈巴门尼德〉评注》754.28, 38；755.19。

〔2〕《柏拉图〈巴门尼德〉评注》754.6, 10；756.20, 23；757.7。

〔3〕 同上，754.6。

〔4〕 同上，754.12。

〔5〕 同上，754.2 f.（"可从感觉的东西过渡到理智的东西"），32（否定地）。

〔6〕 同上，756.13, 40；757.1。

〔7〕 同上，754.26 f.；755.13。

〔8〕 同上。

运动并得到统一——理解为"爱"[1] 的可能。

在其自我—接受性活动（思想思考自身）中，亦即在其对 εἴδη 和 γένη 的互相"份额获取"和"份额给出"中，思想的自我—渗透性排除了前面提及的那种极端的理解，即把**努斯**理解为一种混乱的**一切——一**（All-Oneness）。在我们现在所说的这种意义上，分有完全不是纯粹的，或说空泛的等同，在这样的等同中，一切不同和差异都被弄没了；但也完全不同于一种区别占据主导地位的情况，因为这将会彻底地把各个个别互相区分开。[2] 所以，henosis-koinonia 理论的目的就在于，通过以这种方式理解**努斯**，即它在统一和差异间找到了平衡，使统一可以在差异中得以维持，从而达到尽管有差异却同一、尽管同一却又有差异的局面。只有互相分有着和互相渗透着的每个个别——即使当那些个别中的东西"完全作为一个整体而贯穿彼此"[3]——都能保持（σῴζειν, φυλάττειν[4]）其特

---

〔1〕《柏拉图〈巴门尼德〉评注》755.1 ff.：ἡ φιλία διὰ τῶν νοητῶν καὶ ὁ ἔρως ἐκεῖνος, ὃ ὑμνεῖν εἰώθαμεν（"诸可思者中的爱和我们常常赞颂的爱洛斯"）；754.33（否定地）。与这一点相关，普罗克洛（769.8 ff.）引用了《迦勒底神谕》里的一个关于爱洛斯约束性、统一性力量的警句（Or. Chald. fr. 42, 77f., des Places）。就普罗提诺"理智是爱：Φιλία"的概念，与恩培多克勒的关系，参见我的作品：„Das wahre Selbst". Studien zu Plotins Begriff des Geistes und des Einen，Frankfurt: Vittorio Klostermann, 2001, 51ff.。

〔2〕διεσπάσθαι ἀλλήλων：《柏拉图〈巴门尼德〉评注》754.35。

〔3〕同上，756.22f., 32。

〔4〕同上，755.9f., 32；756.26, 38：μένουσα；757.11f.《神学要义》176；154.9：χωρὶς ἕκαστον。**努斯**内在的统一活动作为 ἀσύγχυτος φύσις：《柏拉图〈蒂迈欧〉评注》I. 431, 6f.。普罗提诺《九章集》V9, 6, 8f.：ὁ νοῦς ἐστιν ὁμοῦ πάντα καὶ αὖ οὐχ ὁμοῦ, ὅτι ἕκαστον δύναμις ἰδία（"努斯是一切又不是一切，因为其中每个都是独特的力量"）——那作为思考对象的统一着的在—彼此一中—是——个别的同一在它之中得以保存——就是普罗克洛这个说法想要表达的东西：πάντα ἐν πᾶσιν, οἰκείως δὲ ἐν ἑκάστῳ（"一切在一切中，又作为个别而在"），《神学要义》103.92, 13。【中译按】该注的英译本有错漏，据原文本修改。

殊性或独特性（οἰκεῖον, ἰδιότης），作为理念和范畴的一个持存的、互相关联之网的**统一**才是可设想的。这样，每个个别的**种**和**属**都是着且保持着自身——自身是一，即使通过否定把它区别于所有其他个别，或者把它理解为相反于他者的东西，〔它也构成着他者，是在他者中的，**渗透他者**并又重返它自身，而且重新把自己与自己进行统合的东西。〕所以，正如普罗克洛所说："'**相似**'，就其是**相似**而言，分有着**不相似**。"〔1〕换句话说，就**相似**与可以和它相比较的、包含着**不相似**的东西的关系而言，**相似**才是其自身；然而，若不在"完全相异"的意义上理解**不相似**，**不相似**也必然包含**相似性**作为参考点，以使得区别——由此它是**不相似**——可以被识别出来。在类比的意义上，**相同**（相等）和**相异**、**静止**和**运动**也是如此。故而，就与每个个体相对的相异者也在这些个体之中并发挥作用而言，这些个体才是其自身。就个体与诸相异者的关系而言，个体的特殊性只能通过并伴随在它之中的相异而存在。〔2〕

我想，以下这一点必然已经很清楚了，即在 henosis-koinonia 理论的语境中，关联性的统一并不是抽象的、形式上的逻辑构想。如果把我刚才已经提到的关于理智和思想的内容进一步予以阐释，这一说法可能就会变得更加明显。henosis-koinonia 理论所蕴含的概念要素在**努斯**中、在本身具有多层次区分的永恒**理智**中有其本体论的和理智论的（noological）"地位"。所以，我想要表明，为了

〔1〕《柏拉图〈巴门尼德〉评注》756.12-18, 23f.。

〔2〕参考库萨的尼古拉（Nicholas of Cusa）关于 singularitas（单一，独一，个别性独特）的类比理论，以下文献进一步推进了这一点：W. Beierwaltes, *Procliana. Spätantikes Denken und seine Spuren*, Frankfurt, 2007, 18Iff.（„Nicolaus Cusanus: Innovation durch Einsicht aus der Überlieferung. Paradigmatisch gezeigt an seinem Denken des Einen"）。

使这种关联性统一的实现成为可能，我们应该为**理智**的那种形式赋予怎样的本质特征。

三

（1）这就要求我们讲清楚，在普罗克洛的体系里，**诸一**（Henads）——也就是在绝对非异质的一自身下面的**多**的诸最初实例，是从绝对的一到**多**或**多重化的一**进行的"最小过渡"的形式——之下的那个领域。而且，它还要被理解为"后于"**是**的层次，**是**必然会从绝对"不可分有"之是的层次展开为分有之是（或具有可被分有能力之是），并由此将**努斯**的直接参照点呈现在它自己的基础上。如此一来，这就成了思想活动（νόησις）在与其对象——νοητόν或可思者——的关系中与作为"主体"（subiectum）或思想可能性之基础的νοῦς中的观念进行结合的"位置"。**理智**或**努斯**的这种统一是不可分的（άμερές，άμέριστον）[1]。虽然它确实容纳了具体事物并把它们结合在自身中[2]，但并不是以会使具体事物互相分离且只有通过它们的叠加才形成一个整体的方式进行结合的。否定**努斯**中的尺度和广延，逻辑上决定了它是永恒的（αιώνιος）[3]，即无时间的，不含任何可能的"先于"或"后于"，它在不会改变的意义上是不被运动的，却通过思考而焕发着生机。

[1]《神学要义》171；150.1ff.；176；154.5f.，18ff.。《柏拉图〈巴门尼德〉评注》754.11，38；756.21；757.10。

[2] ήνωμένον πλῆθος：《神学要义》171；150.13.6。Nus as πλῆθος ένιαῖον：《柏拉图神学》V 18；65.3。

[3]《神学要义》169；146.24，30；171；150.5。《柏拉图〈蒂迈欧〉评注》I 402.15f.。

对于作为没有部分因而是整体的**努斯**，对于其所是，对于其能力和其有效的活动而言，这种说法都是可靠的。所以，它的思想不会经历任何推理上的前后相继过程，后者只有通过作为思想的各个"步骤"一部分一部分地通往对一个整体的洞见。而作为无时间的存在，**努斯**毋宁说是"一下子"（at once）就是完整的[1]；因此，思考就是一个无时间的瞬时行为，与是或其自身之是相等同。[2] 在所有可思考的东西之是中，思想（thought）自身作为思考（thinking）而行动，亦即它揭开、把握并认识这个是，[3] 定义并区分每个具体的个别并且在它的界定中把它结合进所有其他东西中。借由内在于其自身的**力量**（Dynamis），思考着的**理智**能一下子理解在它之前和之后的所有东西，[4] 它是"大量的理念"，πλήρωμα εἰδῶν[5]——它的意思不是指大量个别者的"汇总"，而是指作为通过思想主动地在自身内把握（περιεκτικός）、规范和建立其他诸是者之基础的冲力或力量。观念自身就是**活动的智思**（νοερά），就是思想——瞬时地把它们作为一个整体来把握——所朝向的"目标"，并且同时是朝着他者之生成而展开着的源头或出发点。作为原因的

---

[1] 从历史的和事情本身的角度看，要基于这个概念才能理解波爱修（Boethius）对永恒的定义：aeternitas igitur est interminabilis vitae tota simul et perfecta possessio（"永恒就是瞬时又圆满的对生命无限的拥有"，《哲学的慰藉》V 6.4）。理解普罗提诺的语境，参考我这部作品中提到的书目：*Plotin, Über Ewigkeit und Zeit*, Enneade III 7, übersetzt, eingeleitet und kommentiert v. Werner Beierwaltes, Frankfurt: Vittorio Klostermann, 1995⁴, 198ff.。

[2] 《神学要义》169; 146.30f.; 170; 148.4: πάντα ἅμα νοεῖν; 10: ὁμοῦ πᾶν。

[3] 同上，170; 148.1, 11, 23f.。

[4] 同上，173; 150.22; 152.5f.; 177; 156.2。

[5] 同上，177; 156.1。《柏拉图〈巴门尼德〉评注》763.19; 800.14。

努斯单靠其是（τῷ εἶναι）[1]造就了这个他者；但因为这个他者自身也是智思，就其创造性的活动和其"超越"自身的过程而言，下面这个说法就同样也是合理的："通过思想，**理智**为在其之后的东西提供了基础，其产物在思想中［得以实现］，并且，它的思想在产物中。"[2]

一般情况下，理解**努斯**的这些内在功能或运作（"超越"**努斯**或在**努斯**"之外"进行的**努斯**的活动也是内在地属于**努斯**的活动）的语境，是亚里士多德和普罗提诺提出来的由思想的自反性而来的**努斯**的自我—依存（self-prensence）定理："每个理智都思考它自身" —— πᾶς νοῦς ἑαυτὸν νοεῖ，[3] 第一**理智**只思考它自身，它之后的那些则既思考它们自身也同时思考先于它们的**是**。**努斯**思

---

[1]《神学要义》172；150.19；173；152.3；178；156.30。

[2] 同上，174；152. 8f.: πάς νοῦς τῷ νοεῖν ὑφίστησι τὰ μετ' αὐτόν, καὶ ἡ ποίησις ἐν τῷ νοεῖν, καὶ ἡ νόησις ἐν τῷ ποιεῖν；17f.: τὸ δὲ εἶναι ἐν τῷ ποιεῖν... καὶ ἡ νόησις ἐν τῷ ποιεῖν；178；156.25.《柏拉图〈巴门尼德〉评注》844.1f.: ὡς νοεῖ, ποιεῖ, καὶ ὡς ποιεῖ, νοεῖ（"在思考就是在创造，在创造就是在思考"）。关于**是**、**思想**和思考的**意志**是宇宙的造物因（demiurgic cause），参见我对这个作品的评论：A. J. Festugière, *Proclus. Commentane sur le Timée*, Gnomon, 1969（41），p. 132。通过德穆革的活动，它通过思想和理性意志设定存在，宇宙便在**理智**中有了基础且"生了根"，从**理智**中接收其内在的"光"：ὁ κόσμος ἐνστηρίζηται τῷ νῷ καὶ ὁ νοῦς ἐλλάμπη τὸν κόσμον（《柏拉图〈蒂迈欧〉评注》I 403.17f.）。参见 Ζεὺς δημιουργεῖ τοῖς νοήμασιν（"宙斯通过思想进行创造"）（Porphyrius, Fr. 354f.［Smith］, 44）。

[3]《神学要义》167；144.22。通过思想并且在思想中的其与自身的主动反思关系（ἐπιστροφή）：《柏拉图神学》V 5；21, 20-23: πᾶς γὰρ νοῦς εἰς αὐτὸν ἐπέστραπται, πρὸς δε αὐτὸν ἐπιστρέφων, πρὸς ἑαυτὸν ἐνεργεῖ, πρὸς ἑαυτὸν δὲ ἐνεργῶν καὶ οὐ πρὸς τὰ ἔξω, νοητόν ἐστιν ἅμα καὶ νοερόν · ᾗ μὲν νοεῖ, νοερόν, ᾗ δὲ νοεῖται, καὶ νοητόν（"所以所有努斯都返回自身，作为返回自身的东西，它朝着自身活动，作为朝着自身活动且不会朝外的东西，它是可思的同时又是能思的：作为思考着的东西，它是能思的，作为可被思考的东西，它是可思的"），W. Beierwaltes, *Proklos. Grundzüge seiner Metaphysik*, Frankfurt: Vittorio Klostermann, 1979, 118ff.。

考的东西，自身内在地就是它自身之所是，也就是诸理念之是。它思考并知道它自己[1]是可思的，它在被思的同时又永恒地是思想。理智和理念的这种互相渗透——ἔστιν ἄρα καὶ ἐν τῷ νῷ νοητὸν καὶ ἐν τῷ νοητῷ νοῦς[2]——作为最强烈的一种差异中统一的形式，通过理智的基本活动得以实现，即通过作为一种动态之同一的思考（νόησις）而得以实现。[3]"如果**理智**思考它自身，那么理智和被思考的东西就是相同的，所以思想也等同于理智和被思考的东西。"[4]**理智**与其基本活动及其内在地有别的对象的这种自我—等同，就包含着对这个活动的意识：**努斯**"知道它思考"—— οἶδεν ὅτι νοεῖ。所以它就是思考它自己并同时思考这种对自己的思考的那同一个"主体"——νοεῖν ὅτι νοεῖ。[5]普罗克洛在这么说的时候显然并没有任何对这种双重自反会膨胀为无限后退的顾虑。[6]这里所说的不是两个 νόες 的活动，也不是一个**努斯**相关于思想及其自我意识之联结的相继的诸环节。不如说两者就是一个行动。"在看到了那个［把自身理解为思考的］思考者并认识到那个看者，理

---

[1]《神学要义》167；146.9f.；168；146.16。

[2] 同上，167；146.11f.："所以，被思考者在理智中，而且［那思考它的］理智又在那被思考者中。"

[3] 关于这个概念，参见 W. Beierwaltes, *Plotin. Über Ewigkeit und Zeit*, 28（cf. n. 35），158f.; and *Proklos* 34f., 91f.。

[4]《神学要义》169；146.26f.: εἰ γὰρ ἑαυτὸν νοεῖ καὶ ταὐτὸν νοῦς καὶ νοητόν, καὶ ἡ νόησις τῷ νῷ ταὐτὸν καὶ τῷ νοητῷ.《柏拉图神学》V 5；23.5f.: ἔστι μὲν ἅμα νοητὸν καὶ νοῦς. V 15；50. 2: ὁ δημιουργικὸς νοῦς θεός ἐστι νοερός。

[5]《神学要义》168；146.16f., 20-23。

[6] 与普罗诺提诺相反的观点，参见 J. Halfwassen, *Geist und Selbstbewußtsein. Abhandlungen der Geistesund Sozialwissenschaftlichen Klasse der Akademie der Wissenschaften und der Literatur Mainz*, 1994（10），Stuttgart, S. 55-57。

智知道（οἶδεν）那是理智在活动；知道了这个，它也就知道了它在思考这一事实，而不只是知道它在思考的什么。因此，它同时知道这两者：被思考的东西［作为思考的对象］和是它在思考［这一事实］，以及思想自身是那思考的东西。"[1]

《神学要义》命题 176 说，"所有思想的理念既在彼此中又各自在自身中"，这使得我们的思考重返到 henosis-koinonia 理论。在不可分的整体及非物质的、无空间和时间的**努斯**中，理念依然"相互间并不混合"，每一个理念都在相互的关联中就其自身保持着"纯粹性"或个别性。作为它们之所是，它们每个都没有余地地渗透入他者中。它们之间的互相分有同时也是"分离"它们各自个体性的东西。[2] 所以，也就不会出现 ἀδιάκριτος σύγχυσις [3] 的情况，即一种"无差别的交汇或混合"；而是相反，在它们的互相渗透中，它们的差异依然保持着。从这种持存的差异中，伴随着这种差异，思想把**努斯**的这种统一思考为是它自己的。这就是理念之"丰富性"或作为"无所不包的概念"——πλήρωμα εἰδῶν——的蕴意。

（2）"在彼此中是"或"在彼此中产生作用"——由此在彼此中的东西的差异得到保存——也适用于**相同**和**相异**、**静止**和**运动**这些范畴。我们应该把它们理解为实在就其整体的、理智上的、精神

---

〔1〕《神学要义》168；146.19-23。

〔2〕同上，176；154.11：ἰδιάζουσα μέθεξις。

〔3〕同上，176；154.14。

上的〔1〕和宇宙层面上的普遍特征。〔2〕它们同时也是它们自身得以被思考、被把握和被表达的范畴。各个范畴由此能互相地且交替地主宰（κρατεῖν）彼此，但也正是通过这种对立面的交替，它们之间的互相渗透活动重新获得平衡，从而成为一个新的统一体。

基于我的具体设想，我不想全面地分析所有γένη的含义，而是把我的任务限定在详尽地阐释对于作为**差异**中的**统一**的**理智**而言，στάσις（静止）和κίνησις（运动）有何功能。〔3〕

stasis（不动，静止）之是的特征，就是它就其自身是"恒定的、永恒的和一致的"，亦即被自身限制。它相对于异于其自身之事物的活动，使得"任何个别的东西都持守于它的界限内"并且"它被固定于同一层面和位置中"。就*kinesis*——运动的是—自身而言，它也是"**永恒的**"且是"无限**有能力的**"；但是，相对于那些它作为其运动、"生命—创造"之原因的其他事物而言，它又是"诸过程和多重活动的原因"，由此，那有所凭靠的东西就其自身也能是主动的、生活着的，并从其潜能转变为其多重现实，从而依靠它的原因而被完善（或能完善它自己），实现其自身能力所具有

---

〔1〕【英译按】英文中"灵魂"（soul）这个词已经失去了与其源始的希腊文词的联系，并且相对于德文的 seelisch，英文也没有相应的合适的形容词形式。这很可能是由于基督教几乎只强调灵魂（而不是理智和身体）作为不朽性的基本载体这一角色，即作为永恒救赎或永恒诅咒的承受者。另一方面，"psychic"这个词主要指超自然现象的领域，而"psychological"则被理解为心理学"科学"的研究对象。尽管"spiritual"一词最初是和 mind（spirit）相关的，但在日常使用中，其已经预设了源始概念 psyche 的许多方面，因此，这里在缺少更好选择的情况下，或许可以权且用它作为那个缺少的形容词形式的替代方案。

〔2〕例如《柏拉图〈蒂迈欧〉评注》II 134.12 ff.；135.21 ff.。

〔3〕关于**相同**和**相异**，参见 W. Beierwaltes, *Proklos*（above n. 42），60ff.; *Identität und Differenz*（above n. 1），36ff.。

的那种主动性潜能，并且进一步地（以逆于因果运动的方式）同化于或符合于那自身是永恒静止的东西。[1] **静止**和**运动**，无论就它们自身，还是分别为了他者且就他者而言，都是不可分离的协同性力量，它们奠定并保存实在结构中的本质要素。在它们共同的活动中，形成了一种内在的辩证统一。

我们不应该把**是**和**活动**，或说**静止**和**运动**的 **Koinonia**，当成抽象地独自存在的东西，相反，它们实际上首先存在于作为它们的"**位置**"或"**主体**"的**努斯**中。和**相同**、**相异**一块，它们共同组成了作为**差异**中的统一的**努斯**的构成性环节。作为神圣—德穆革的**努斯**就是其典范。我在前面列举的那些与 henosis-koinonia 理论一致的、用来谓述**理智**的词——不动的、不可分的或没有部分的、永恒的、没有内在延展的——都可以拿来谓述"在纯粹的和无形的思想中持存"[2]的神圣—德穆革。正是这种刻画把**理智**界定为恒常的、就其自身持存的东西；只有通过这种是，它才能以类比的方式将其自身的恒常性传递给由它产生的东西。离开了运动，它就其自身之是以及它的活动[3]都无法被理解。[4]然而，在是之中的这种非时间的、永久的运动就是思想—— νόησις σταθερά（"恒常的思

---

〔1〕《柏拉图〈巴门尼德〉评注》1010.32 ff.；1011.27 ff.：Ἔστιν ἄρα ἡ μὲν αὐτοκίνησις δραστηρίου δυνάμεως χορηγὸς καὶ ζωῆς καὶ ἐνεργείας πολυειδοῦς· στάσις δέ, ἑδραιότητος καὶ μονίμου καταστάσεως καὶ τῆς ἐν τοῖς οἰκείοις ὅροις ἱδρύσεως（"所以自我运动是运作能力、生命和各种形式活动的引领者，而静止负责的是稳定的驻守和在自身的界限内停留"）。

〔2〕《柏拉图〈巴门尼德〉评注》771.2-4。

〔3〕同上，112.12：δραστήριος δύναμις；1011.27f.。

〔4〕同上，772, 5-7：εἰ καὶ ὁ δημιουργὸς δίδωσι κίνησιν τοῖς μετ' αὐτόν, ἔχει τὴν αἰτίαν τῆς κινήσεως ὁμοῦ τῇ στάσει συνυφεστηκυῖαν（"因此，如果德穆革为在它之后的东西赋予运动，那它自身就有着运动和静止的原因"）。

想")[1]——所以，它通过是［的永恒性］进行的创造，同时也是通过思想进行的创造。[2]这一德穆革的思想被规定为思考其自身的思想（νοεῖ ἑαυτόν）[3]，后者同时把理念理解为一切世界中之所是的原因，以便在它自身内实现创造的过程（πρόοδοι）[4]。所以我们也可以合理地这么说努斯：νοῦς ἕστηκε καὶ κινεῖται πᾶς——"理智静止不动同时又整个地，或作为一个整体而运动"[5]。

为了阐明相同和相异的，以及静止和运动的互相渗透、协作性活动和相互分有，普罗克洛必须修改他从柏拉图的《智者》那里引用的文本。[6]与柏拉图的静止和运动不容许任何"混合"的观点相反，普罗克洛声称，这两个是之范畴之间"并不是完全没有共性且不相混合的"，尽管有一定的限制。[7]他问道："两者作为在同一事物中处于相同层级（处于共同的相互关联中）的东西，怎么可能不彼此亲善、彼此分有，静止怎么可能不接受它的主动能力，运动怎么可能不从静止那里接受其持久的（恒定的、恒常的）能力？"[8]既然静止是作为思想的理智的结构性元素，因而也就具有生命，那它就其自身就有运动。[9]所以它自身就是运动着的静

---

〔1〕《柏拉图神学》V 17；62.21。

〔2〕《柏拉图〈巴门尼德〉评注》771.24: αὐτῷ τῷ εἶναι δίδωσιν; 29f.: ποίησις-νόησις; cf. above n. 41。

〔3〕同上，771.27。

〔4〕同上，1010.35。

〔5〕《柏拉图神学》III 24；85.24f.。

〔6〕同上，255a。《柏拉图〈巴门尼德〉评注》772.20；774.12。

〔7〕《柏拉图〈巴门尼德〉评注》773.29ff.。

〔8〕同上，773.9-14。

〔9〕同上，773.21ff.，28f.；774.21ff.: ἀλλήλων καὶ ταῦτα μετειλήφασιν（"它们互相分有"）。《柏拉图神学》V 30；112.4ff.。

止，就像**运动**作为**思想**是一个恒常的、不变化的**运动**那样，即使在创造性的活动中，它也永不会毁灭。[1]可能是觉得相较于柏拉图的文本，这种对在**静止**和**运动**间也有 koinonia 存在的"接纳"已经走得太远，所以普罗克洛通过一种视角的调和，把重点放在了"ἐν ἑαυτοῖς"[2]——在它们自身中——这个表达上，而不是放在由他自己引入的"ἐν ἀλλήλοις"——在彼此中——这个表达上，而在最一般的语境中，这涉及统一和复多的差异。所以他说，"就其自身而言"，每个个别的 νοητὸν εἶδος（可思的理念）都是有区别的，但同时又是统一的（διακεκριμένον ἅμα καὶ συνκεκριμένον），因为它是一同时又是多——而这是所有其他 koinonia 形式的先决条件，"所以**静止**也是一和多，并且**运动**[也是一和多]，就像我、你[3]和任何个别可感事物一样，而且[就像可知世界中的]一具有了多样性而多样性则被统一"。[4]我相信，普罗克洛关于**静止**与**运动**互相分有的说法并没有被这些考虑推翻，而是被它们证实了，因为它们关乎的是这一类分有的条件，即统一和复多的根本性差异。

可以说，**静止**与**运动**的互相渗透和协同作用是永恒的、绝对的，是神圣的**理智**之是的"生命基础"。它的思想的展开活动，只有作为与内在于它的对象，即理念，以及与作为一个整体的它自身之间的一种主动关系（ἐνέργεια）才是可能的。思想的这种意向关系被描述为一种内在的、创造性的显现过程，它自身只具有时

---

[1]《柏拉图〈巴门尼德〉评注》773.23 ff.。另参见《柏拉图〈蒂迈欧〉评注》134.13。

[2]《巴门尼德》129e2。

[3] 同上，129 a 2f.：ἐμὲ καὶ σέ 出现于对话场景。《柏拉图〈巴门尼德〉评注》774.8。另参见《九章集》VI 5.10.17, 28。

[4]《柏拉图〈巴门尼德〉评注》774.3-10。

间——之前和之后——的样子（*appearance*）。就其实在而言，它并没有内在的（空间的或时间的）间隔，自身是不变的。因为没有时间性，它会"一瞬"或一下子（"in One"or *at once*）思考任何给予它的东西。所以，它之内的任何个别之是的独特性和同一性并没有湮灭，而是作为思想可能性的一个"永远"持存的根据而存在着。思想或**努斯**中思想（νόησις）的展开过程，要求被思想的东西处于**静止**或恒常的状态，并且同时又处于**运动**状态，它在一种理解行动中接近那如其所是地在它自身中持存的东西。在对那持存着的并与它自身等同的事物的全面把握中，有区别的东西得到统一，它的 koinonia 得以实现。那作为理念而持存的东西"只"在思想的运动中才揭示自身；通过与其对象打交道，思想变成了内在地能动的**静止**，正像它"同时"应被理解为内在"恒定的"**运动**。同一和差异、静止和运动的这种主动关联是永恒的、绝对的、神圣的**思想**的根本条件。用来描述这一过程的**语言**可能让人迷惑：讲述人和听讲者必须在意识中始终忽略掉它的时间特征；即使这样，它也只能接近其目标。

一自身作为**努斯**这一维度的基础和根源——内在于**努斯**的差异和统一性力量都源自它[1]——自身应被设定为超越了同一和差异、静止和运动。[2]如果没有内在的关联性和差异，它们会通过 γένη 的行动而依附于它，它就不会思考。一不思考这一事实，不应该像我们现在的人可能会想的那样，被理解为对其本质的一种限制。相

---

[1]《柏拉图〈巴门尼德〉评注》755.3f.：ἕνωσις ἡ ἐκ τοῦ ἑνός ἐφήκουσα（"出于同一层级的统一"）。

[2] 同上，1172.6 ff.；1176.23-25；1233.35f.。

反，根据新柏拉图主义者的理解，思想应该理解为绝对**统一**的一种还原或缩减，因为它的统一本质地且必然地被差异化决定，后者是多重性的条件和最初样式。[1]坚信一不思考且不"是"——尽管它无疑是最高等级的、最彻底的、最有力的实在——是一种极端否定性辩证法的结果。这种辩证法否定对一之"本质"做任何范畴性规定，而这一做法又同时否定了它自身，因为它矛盾地声称，正如它在做的那样，对一进行范畴性的、概念性的和语言上的把握是不可能的。因为一超越了这些可能性，是绝对**无法比拟的**。着眼于对不可比拟者的经验，否定辩证法开始它对自身的否定或超越；它是步入了沉默的一首"神学赞歌"。[2]

四

虽然普罗克洛在一和对努斯而言范畴性陈述有效的领域间划定了明确的界限，但基督徒亚略巴古的狄奥尼索斯却抹掉了这一界限，同时又矛盾地强化了它的蕴意。为了发现和沉思神圣称谓，也就是"神圣**名称**"，他一方面求索于《圣经》中的词汇，另一方面又在哲学上求助于新柏拉图主义思想，特别是普罗克洛对柏拉图《巴门尼德》的注疏。他把这两个领域紧密地结合在一起，以至于

---

〔1〕 参见我的作品：*Proklos*，66ff.，77ff.。

〔2〕《柏拉图〈巴门尼德〉评注》1191.34f.：ὕμνον διὰ τῶν ἀποφάσεων τούτων ἕνα θεολογικὸν ἀναπέμπων εἰς τὸ ἕν（"通过这些否定达致一个直至一的神学颂诗"）。《柏拉图神学》II；2.26：ὑμνήσις τοῦ ἑνὸς διὰ τῶν ἀποφατικῶν συμπερασμάτων（"通过否定的结论对一的赞歌"）。W. Beierwaltes，*Proklos*，399ff.，357ff.。

我们可以毫不保留地把他看作一位"信基督教的普罗克洛"。[1]所以，他通过尽可能紧密地结合基督教的神和普罗克洛的一，强化了普罗克洛的否定辩证法——至少在口头上是这样——把它提升到一种几乎无法被超越的否定神学的高度。[2]同时，他也接受一种肯定的、符号化的神学（这里他主要遵循的是基督教的启示），也就是正面的谓述和思想形式，比如"**是**""**逻各斯**""**智慧**"，三位一体。这一过程只有通过他的以下做法才顺理成章地成为可能，即通过他——就其哲学上的继承而言——把一个绝对的、超越的一［超越了是］的理念与作为是的［并因而思考着的］一结合到一起，也就是说，通过把普罗克洛对柏拉图《巴门尼德》第一假设和第二假设的思考相结合，并把它们视作一个整体。通过联结这两个思想领域，亚略巴古的狄奥尼索斯发展出了他关于神的"概念"，然而它超越所有理解行为。相应地，若与狄奥尼索斯的立场一致，神就应该被理解为"有多个名字"或"一切均是其名字"（*all*-named），同时又"无名字的"神。尽管神具有肯定的神圣属性这个理论自身是正确的，但着眼于否定之路，它就只有一种预备性的功能和意义：针对一切能被正面谓述的东西的抽象（*aphairesis*）或否定，必须知道它否定的是什么。对限定的消除以及把《巴门尼德》第一个和第二个假设中的基本思想统一在**一神**的"概念"[3]里，同时就意味着把这个神圣**统一**，通过否定的方式，提升为绝对的超越者。

---

〔1〕 参见我的作品：*Piatonismus im Christentum*，Frankfurt：Vittorio Klostermann，1998（2），S. 44-84，„Dionysius Areopagites-ein christlicher Proklos?"一章。

〔2〕 一个极端的例子，参见其作品 *Mystica Theologia*，*Corpus Dionysiacum* II，Heil-Ritter（ed.），pp. 142-144，第一章。

〔3〕 参见我的作品：*Procliana*（n. 31）215ff.，„Das seiende Eine"一章。

通过把这两种形式的统一进行结合，《智者》中的 γένη 和《巴门尼德》中的范畴被提升到一和**第一位者**的"神圣名称"的层次，这是普罗克洛无论如何也不可能做的。在这些的基础上，我在其他文本中以对普罗克洛的**相同**和**相异**概念的讨论为出发点，分析了对于狄奥尼索斯的神而言，与**静止**和**运动**相关联的**相同**和**相异**的意义。[1]

为了理解在神之中的**静止**和**运动**的互相渗透和协作，狄奥尼索斯并没有过多强调神的反思性的自我理解，而是——类似于普罗克洛对德穆革的活动的理解——强调了**静止**和**运动**这两者在创造活动——神在所有一开始就是由神造成的存在中的创造性活动——中的相互作用。所以，神的内在性**运动**——神通过这个活动设定存在，并把自己引向它在所有是者中的"维持性的"和"支撑性的"存在——从**静止**中展开自己，固有地、不变地持守着其同一性，恒定地"对**相同**产生作用并以同样的方式"，"从自身到自身"。[2]在神运动的三种形式中——它们在神里面是同一个运动：直线运动是由神而来的创造性运动，把从神而来的东西返还回去并把它固定回其来源（πρόοδος-ἐπιστροφή）的是圆周运动，而统一圆周运动和直线运动的螺旋运动以最清晰的方式呈现了在神之内的**静止**和**运动**的矛盾统一：τὴν σταθερὰν πρόοδον καὶ τὴν γόνιμον στάσιν——一个［就其自身］"恒常的过程和生成性的静止"。[3]对于这种关于

---

［1］ *Identität und Differenz*, 49 ff.

［2］ *De divinis nominibus*, IX 8/9; 212.16 ff., *Corpus Dionysiacum* I, Suchla（ed.）.

［3］ 同上，IX 9; 213.16 ff.。关于神同时具有内在性和超越性的相似说法：《书信集》IX 3; 202.8ff., Heil-Ritter（ed.）。

神之所是的肯定陈述，它们自身就具有一种真理，人们必须始终意识到，它们统御性的真理包含了对它们自身的否定：作为"超越万物"的**超越之是**，神——就像普罗克洛的一——在准确的意义上也应被理解为超越了**静止**和**运动**。[1]

基于我对狄奥尼索斯那里的同一和差异的反思，我还曾尝试去阐明狄奥尼索斯对普罗克洛的 henosis-koinonia 理论——普罗克洛用它来规定**理智**的特征——的采纳和转化，以获得神圣三位一体的"概念"，我们在他用于指三位一体的交叉性表达中尤其能看到这一点：ἠνωμένα τῇ διακρίσει καὶ τῇ ἑνώσει διακεκριμένα——"在差异中统一且在统一中分化"。[2]这是反思神圣位格之间"互存"（perichorese）以及它们在三位一体内的基本特征的条件。[3]这个只有合并被普罗克洛分开的领域才有可能的三位一体的概念，也必须伴随对肯定性神圣谓词的否定性考察而废除。[4]

我一直想，并且现在仍然在尝试提高人们对以下问题的关注，即普罗克洛和狄奥尼索斯的哲学神学原理在中世纪和早期近代哲学过渡期所产生的富有成效的影响。在这里所提到的东西中，最重

---

[1]《书信集》9.3; 203.2 f.: καὶ ἑστὼς ἀεὶ καὶ κινούμενος καὶ οὔτε ἑστὼς οὔτε κινούμενος（"永远站立着、运动着，又没站立着、运动着"）。

[2]《论神的名称》II 4; 127.7。参见 W. Beierwaltes, *ERIUGENA. Grundzüge seines Denkens*, Frankfurt: Vittorio Klostermann, 1994, 207ff., „Einheit und Dreiheit" 一章。

[3] 参见比如, Johannes Damascenus, *Expositio fidei* 14, B. Kotter（hg.）, *Patristische Texte und Studien* 12, Berlin 1973, 42.12 f.:［αἱ ὑποστάσεις］ἀσύγχυτον ἔχουσαι τὴν ἐν ἀλλήλαις περιχώρησιν（"［这些位格］在彼此中存在但不混合"）。

[4]《论神秘神学》5, 149.9 f.; 1, 141.2: ὑπέρθεος。《论神的名称》IV 1, 143.10: ὑπέρθεος θεότης。关于从神到埃克哈特那里的上帝（Godhead）的突破——我们可以把它看作一种类似于狄奥尼索斯式的理智运动，可以参见 Bernard McGinn, *The Harvest of Mysticism in Medieval Germany*, New York, 2005, 177ff.。

要的是神作为 motus stabilis 和 status mobilis 的概念，即约翰·斯各特·爱留根纳（Johannes Scottus Eriugena）[1] 和库萨的尼古拉的"运动的静止和静止的运动"思想——对于后者而言，这就是"对立面的一致"（coincidentia oppositorum）的典范：最强烈的同时也是最不强烈的运动，相当于静止或不动，在神中作为无限性被保存，消除所有限制，成为一个不可分割的统一体。在库萨的尼古拉看来，将理智引导向（manuductio）这些理念的感官刺激，就是抽陀螺的游戏[2]，因为它在运动最剧烈的地方恰好显得静止不动。当最剧烈的运动状态开始减弱，静止和运动就开始分裂，顶上开始摇晃，同一和差异开始失去它们的均衡，差异获得对统一的支配。从反面看（e contrario），这也是神之统一——它里面的对立面的一致——的证据。

---

〔1〕 参见 *ERIUGENA*, Index, cf. status-motus。

〔2〕 陀螺。《理想国》436d4-e6：στρόβιλοι。参见 Nicholas of Cusa, *De possest*, h XI 2, Steiger, n.18.4ff., 8, 12, 15f. n. 19.6, 12：Maximus ergo motus... simul et minimus et nullus（"最剧烈的运动，所以……同时也是最轻微的运动和无运动"）。*De docta ignorantia*, h I, Hoffmann/Klibansky, II, 10, 99, 1：absolutus motus est quies et Deus（"绝对的运动就是静止和神"）。参见 Jasper Hopkins, *A Concise Introduction to the Philosophy of Nicholas of Cusa*, Minneapolis, 1986³, 87ff.（English translation of *De possest*〔*On the Actual Existence of Possibility*, 1460〕）。关于该游戏在库萨的尼古拉那里的象征，参见 H. G Senger, *Ludus sapientiae. Studien zum Werk und zur Wirkungsgeschichte des Nikolaus von Kues*, Leiden, 2002, 特别是 92 ff.；A. Eisenkopf, "Thinking between Quies and Motus.（Neo-）platonic Implications and Their Usage as Epistemological Concepts in the Trialogus de possest," in：*El problema del conocimiento en Nicolás de Cusa：genealogia y proyección*, J. M. Machetta-C. D'Amico（eds.）, Buenos Aires, 2005, pp. 141-155；Giordano Bruno, *De la causa, principio et uno* III, G Aquilecchia（ed.）, p. 112, 13-15, 就第一本原，这里说道："它是最剧烈、最快速的运动，但它也是最稳定、最静止的。"

柏拉图《巴门尼德》中的一与多*

Merle G. Walker　程宇松[1]　周婕[2]　译　盛传捷[3]　校

　　哲学家们对《巴门尼德》137c-166c 的二律背反（antinomies）的轻视仍然是柏拉图学界持久的丑闻。一代代疲惫的学究目光短浅地研读其他对话的每一个字，将它们无穷无尽的含义扩展成无数的评注和校订。然而，在所有辩证法中发展得最为细致的这一个，却在很大程度上被忽视了——它被认为不过是柏拉图反讽的某个令人厌烦的例子，或者是其分析敏锐的一个样本。在这里，为了谨慎和彻底地解决一个重大问题，直至其最遥远和最细微的结果，他罕见地放弃了他通常使用的建议、神话和暗示的方法——在这里，学者们是草率的、肤浅的，甚至是冷漠的。

　　说这些二律背反被完全忽视了显然是不正确的。即使在近期，无论是对辩证法的目的还是意义，相对罕见的解释尝试还没有达

---

* 本文译自 Merle G. Walker, "The One and Many in Plato's Parmenides," *The Philosophical Review*, Vol. 47, No. 5, 1938, pp. 488-516。

〔1〕 程宇松，吉林大学哲学系本科生。

〔2〕 周婕，吉林大学哲学系本科生。

〔3〕 盛传捷，利兹大学古代哲学博士，吉林大学哲学社会学院讲师。

成一致。现存仅有的学术研究导致的结果是使人迷惑的且多样的独特解释，以及在八个假设的重要性和含义上的一贯分歧。我们被要求相信分析的这种最高任务不过是一个轻松的玩笑，部分是为了在逻辑论述的方法上训练青年苏格拉底，部分是试图在归谬（reductio ad absurdum）上"比芝诺更芝诺"（out-Zeno Zeno）。或者我们注意到新柏拉图主义者的神秘主义的流溢说，他们将一与善的理念或《蒂迈欧》的神等同起来。或者我们被要求完全放弃历史感，并擅自假定柏拉图是某种严格的 19 世纪观念论的创始人——实际上是一个超级黑格尔派（super-Hegelian），对黑格尔来说，一是包含了所有现实的绝对——并且，辩证法的含义是强调一个理解一切的"统一体概念，借助于它，我们有望将世界理解为单一理性整体"。[1]或者，还有人认为柏拉图在这个情形中只是逻辑学家，辩证法的内容并不重要，因为二律背反只是一种方法论上的练习（纳托尔普［Natorp］）。我们被迫得出这样的结论，在这篇最用心的对话录中，柏拉图是一个小丑、一个神秘主义者、一个黑格尔派或一个逻辑学家。恰恰是那些因为其宽广洞察力而追随他的学者们坚决认为，在他投入了最持久关注的分析中，他是一个片面的人。

本文的论点在于，这些解释没有一个公正地对待了这一辩证法的全部意义和重要性。抛开柏拉图在微妙而诡辩的幽默上的名声不论，这些二律背反不仅仅是巴门尼德立场的归谬，因为它们将某些对柏拉图自己的"存在"和"真理"概念至关重要的特征带到

---

[1] A. E. Taylor, "On the Interpretation of Plato's *Parmenides*," *Mind*, N.S. 20.

了一个鲜明的焦点。当我们使这个论证的主线摆脱它诡辩的谬误和它空间的和物质的意象，并寻找贯穿这八个假设的统一思想时，我们就会发现几个普遍的主题，它们对柏拉图自己的思想是如此基本，以至于我们有充分理由不同意格罗特（Grote）以及 A. E. 泰勒（Taylor）教授近期的对话录版本中的论点，他们认为《巴门尼德》没有严肃意图。这些二律背反也不仅仅是一种逻辑练习，仅仅揭示了柏拉图的分析能力惊人的敏锐性。诚然，它们的确是对辩证法方法详细而严谨的应用，在单个命题中，它们追踪了它所有迂回的含义。在这方面，这篇对话是柏拉图自己在《斐多》101c-102 和《斐德若》265d-267a 中概述的步骤的例子。但它还要远远更多。这种方法是在一个具有最高的哲学重要性的主题——存在的本性及其必然结果，即认识的可能性——中发展起来的。芝诺的困惑，青年苏格拉底的教导，以及活跃的理智对其批判性思维的充分能力的锻炼，对于问题本身的当务之急——一与多之为存在的范畴，以及心灵理解现实的力量——来说是附带的。

因此，本文致力于这样一个论点，即《巴门尼德》的二律背反（137c-166c）展现了柏拉图自己对一与多问题的解决办法，这种解决办法是从他自己的思考过程中产生的。他的"存在"观念在其他对话中的发展，导致了一个明显的悖论，《巴门尼德》为这个悖论提供了必要的，事实上也是唯一可能的解决办法。因为，对"真的真"（ὄντως ὄν）意义的发现导致了两个基本范畴上特征的联系——统一性和关系——它们不可分割地交织在现实的肌理中，但看似对立。《斐多》、《斐德若》、《理想国》、《斐利布》（53d）和《蒂迈欧》的一些部分将真正的存在定义为绝对的自存和不变者享有的存在样式（*modus essendi*）。这个自存指的是完全的同一性，即在真正真实的东西不必为了享有其自身的现实或其合适的本质的定义而超越自身的意义上的同一性。在最严格和最充分的意义上，一个事物要"存在"，它必须是"无窗的"——自我指涉的、自我限定的、自因的。它"由于自身而存在"（《斐多》78d）；它"从来不从外部接受任何东西到自己中，自己也不外出到其他的东西"（《蒂迈欧》33d）。无论现实的种类或秩序如何，在它享受自我封闭、统一性和严格的个体性的尺度上，它从非存在的流动中解脱出来。因此，理念在双重意义上是"在它们自身之中的"：它们的存在和本质既不来自可感现象的世界，也不来自心灵认识的活动。每一个理念都是一，因为它不能被还原为多，也不能丧失在多中。灵魂也是在哲人身上实现其存在——这种人避开了民主的人的过度多样性，通过理念的知识，它变得自我封闭，自成一体，因此好人"不再需要任何东西，而是完全充足"（《斐利布》60c）。好的状态不能超出它的边界，但要保留其存在的轮廓（《理想国》423b）。通过自我封闭和对任何外在事物的独立，宇宙自身是善的（《蒂迈欧》34b）。现实在任何地方都以圆的形象表现自己，它把它所是的一切都完全包括在内，而同样完全地把它自身之外的一切都排除在外。对于任何存在者而言，它的本性是一个多元的存在和无限的非存在（《智者》256e）。它的现实是通过排斥和分离来实现的。它是一，因为它既不是也不成为多。

但这种统一性只是存在的双重内涵的一个方面。存在不仅是成为某种自在的东西；存在也意味着关系。绝对性的标准为交流（κοινωνία）的必要性所补充。诸形式自身分有在辩证的过程中所发现的完整的相互联系，并在综合和分析中被揭示。灵魂是三个基本部分的结合，它的状况和现实取决于理性、意气和欲望的和谐。宇宙是所有形而上学本原的"混合物"——形式、接受者、德穆革的主动灵魂、生成事物的流变。城邦是由公民的不同阶层组成的。因此，即使在有限的和确定的模式中，多也被准许进入一，作为一的统一体的组成部分。

当我们把这两个基本条件表述为内在于存在的可能性时，我们便得到一个明显的不一致。如果实在是指自我同一的、简单的、统一的、自我封闭的东西，那它又怎么能被理解为复杂的、由元素复合而成的、牵涉在许多其他实在物之中的、"存在于他物之中"的东西呢？正是这个问题形成了柏拉图的形而上学危机——一个他自己充分且不断认识到的危机。早在《理想国》时期，当关于形式的交流的理论还没有系统的表述时，他就已经认识到，理念与其自身和与它们的感性实例的相互关联性是对它们的统一性的一种攻击：

> 正义与不正义，善与恶，以及所有其他种类……单独来看，它们每一个都是一；但是，通过它们与行动和事物，以及它们彼此之间的各种组合，它们在各种各样的角度中被看见并显现为多。（476a）

后来，在《斐利布》中，这个问题以同样的形式出现："人如何能是一，牛如何是一，美如何是一，善如何是一？"因为，如果我们有一个理念，如"人"或"牛"，我们就必须把它分析成两个子类，如果它包含两个以上的子类，就必须把它分析到它的每个部分。每种本质的复杂组合必须在辩证中被发现，而当它被揭示时，理念的统一体便被发现为复合的和可分的。此外，感性事物对理念的分有也引起了类似的问题：

> 每一个个别的统一体怎么可能总是相同的，不能生成和毁灭……被设想为在无限的感觉的世界中分散和增加……因为，同一事物如何能同时存在于一个和许多事物中呢?(《斐利布》15b)

因此，当对现实具有本质性意义的关系被引入时，一个表面上的矛盾就被引入了存在概念。每一真正实存的事物都有两个方面——它的统一性、绝对性和自在存在，这将它区别于生成事物的无定之流；它的多元性和相对性，其本性的内容以此构成。一与多的问题揭示了这两个本质性方面的本性和关联模式。

从前面的讨论中，关于这一悖论的两个突出事实是显而易见的：（1）统一性（Unity）和多元性（Plurality）的范畴并不局限于存在的任何一种秩序，而是普遍存在于一切现实之中——理念、灵魂、宇宙、城邦；（2）如果自我同一性和现实实体之间的内部联系都是存在的确定属性，那么，关于一与多本性的最后结论就不能是其中任何一种向另一种的转换。相反，任何现实事物的状态，不论其存在的等级如何，总是表现出两种同样有效和必要的终极普遍特征：自在和关系。因此，一如何成为多或者多如何成为一的问题不能被表述为"实际的实体是**一或者多**"，而应当采取这样的形式，即确定它的统一性和多元性的本性，以及它们相互关系的全部范围和意义。

然而，深入了解具有多样性的自我同一性的这一本质含义，要求一种见解，它比仅仅认识到理念和事物一样总是既为一又为多更深刻。"我们中的一个人并不仅仅因为知道［一个事物］是无限的或它是一而比另一个人更智慧。"（《斐利布》17b）对于这种双重视角，清晰性要求它有一个基础，即对统一性和多元性自身的充分理解——简而言之，就是把《理想国》和《斐利布》的谜语翻译成《巴门尼德》的更难对付的谜语。因为，一与多的问题，根本上不在于一个理念如何能由许多理念组成，或被许多事物分有而仍然是一，而在于统一性和多元性自身的本质意义。要抓住悖论的核心，我们必须遵循苏格拉底和柏拉图都很钟爱的方法：每当一个相同的特征贯穿许多事例时，我们必须在个别事例背后探索它们全体包含的意义，以发现和理解"一般原理"。因此，如果一切理念和一切具体事物都表现出一性（oneness）和多性（manyness），那么，我们研究的方向就被清晰地确定了，即研究统一性和多元性自身的本性。正是这个更大的问题在《巴门尼德》137c-166c 中被带到了一个尖锐的焦点。

《巴门尼德》的第二部分指出了在发现一与多自身的相互关系时应当遵循的辩证研究的正确路线。137c-166c 处的论证关注的是"一是"这一命题的完整发展，通过先肯定然后否定该命题，引出"一"和"他者"的全部结果。在这一过程中显而易见的是，尽管对统一性和多元性关系的正式研究以仅仅对统一性的某种断定开始，它也假定了存在有待解释的两个方面，并且此一元论的原则必须与之相关：统一性和多元性。因此，尽管在最初的前提中只有"一"被明确地断言，从一开始就应理解的是，对"一"的肯定或否定的后果不仅与其自身相关，而且与第二种在名义上被排除的现实类型相关，它被指示为"非一"或"他者"。简而言之，论证开始时的情形是承认统一性和多元性对于存在都是必要的，并且认识到对其中一个的肯定或否定必然对另一个具有不可避免的影响。

从这个一般立场出发，产生了四个解决办法的假设：（a）如果一是，那么一的后果是什么？（b）如果一不是，那么多的后果是什么？如果一不是，那么（c）对于一，（d）对于多，接下来会发生什么？但是，我们所考虑的一般命题——"一是"——必须在两种意义上进一步得到解释：（1）"有一"（There is one）或"一是一"（One is one）。这种说法只肯定谓词，这里的"是"并不被解释为指示存在，而是具有纯粹逻辑的有效性。这一命题可以被意译为"统一性是一个实体"（Unity is an entity）或"话语的领域包含了一性"（The realm of discourse contains Oneness）。（2）"一作为存在是"（One-as-Being is）[1]或"有一个一，它既有统一性又有现实性"（There is a One which has both Unity and Reality）。为了完全的清晰性，这一辩证过程必须区分统一性的这两种解释，并且，一和多的结果必须被检验。因此，讨论的结构表现为一系列八个假设，它们的论证和结论发展了接受或否定初始前提的全部可能性：[2]

I. 如果一作为一存在，那么对于一，接下来会发生什么？

---

〔1〕 这个短语是从麦凯（McKay）教授那里借来的。请看他的启发性论文：*Mind in the Parmenides*，Columbia University Press。

〔2〕 当然，实际上有九个假设。柏拉图在155正式结束了第二个假设，并重新开始。在《巴门尼德》155e-157b中发展的"瞬间"（the instant）概念对哲学有重大意义，但对我们现在的讨论没有意义。因此，这个问题在已经令人厌烦的冗长的讨论中被省略了。

（《巴门尼德》137c-142b）

II. 如果一作为存在存在，那么对于一，接下来会发生什么？（142b-155e）

III. 如果一作为存在存在，那么对于他者，接下来会发生什么？（157b-159b）

IV. 如果一作为一存在，那么对于他者，接下来会发生什么？（159b-160b）

V. 如果一作为存在不存在，那么对于一，接下来会发生什么？（160b-163b）

VI. 如果一作为一不存在，那么对于一，接下来会发生什么？（163b-164b）

VII. 如果一作为存在不存在，那么对于他者，接下来会发生什么？（164b-165e）

VIII. 如果一作为一不存在，那么对于他者，接下来会发生什么？（165e-166c）

然而，对于任何关于这一辩证过程的分析的一个必要的先决条件，是作者对于"一"与"他者"的指称，以及对《巴门尼德》两个部分之间的关系所采取的立场的一个仔细定义。正如乔伊特（Jowett）在他的版本的对话录中所说："不表明第一部分和第二部分的联系的《巴门尼德》解释不能令人满意。"[1] 的确，各个评注家的不同倾向大体上由他们对于对话两部分之间的联系的观念所决

---

[1] *The Dialoques of Plato*（3rd Edition），V, 5.

定，而这种观念反过来又导致了他们对一与多的定义。对于那些承认这些二律背反有着严肃目的的人而言，他们的倾向是把这一辩证过程的一般论题与对话第一部分中的某个具体问题联系起来，然后依据那个问题来解释一与多。以这种方式，对于在1896—1897年间写作的"早期"泰勒而言，这些假设是关于理念与可感事物的关系的，并且，这一辩证过程被计划以回答在青年苏格拉底的理念论中由形式的超越性所引发的困难。这些二律背反中的"一"因而被解释为一个整体的现实的统一体，一个包含一切的绝对者，而"他者"则被解释为这个同一性之内的全部多样性，包括感觉的世界。这样的阐述显然是建立在"一是真实的"这一命题的转换上的，正如它在第二个假设中所发展起来的，意思是"真实的是一"——在作者看来，这种转换似乎既不为这篇对话也不为一般的柏拉图式的思考方式所辩护。另一方面，纳托尔普设想辩证法的目的在于指出纯粹思想与经验的联系。尽管他把"一"定义为统一性的理念，把"多"定义为其他的理念，他的兴趣完全在于"一"和"多"共同作为经验性推理的先天（*a priori*）基础的必要性。对他来说，辩证过程只是对认识论的短期涉足。

与这些观点相比，本文的立场是：（1）《巴门尼德》B是对统一性和多元性的一般本性的考察，无论是在理念之间，理念与具体事物之间，还是在存在的任何秩序内，都是如此；并且，它蕴涵了某些对于存在和知识而言都是必然的结果；以及（2）"一"是统一的理念，"他者"是一切其他的形式，它们的个别的理念上的性质代表着存在的一切秩序的多样性的类型。

这一立场的理由可以在对话的第一部分中找到。没有什么能被表明得比这更清楚：重点从普遍对个别的老问题转移到更为根本的问题上，它位于这种关系的根基——理念彼此之间的本质性的联系。要在《巴门尼德》第一部分和第二部分之间建立统一，没有必要假设问题自始至终保持一致的形式。在这篇对话中有一种真正的统一性，但这种统一性的关键在可感世界与可知世界的联系中是找不到的。相反，尽管讨论的全部动力来自青年苏格拉底的第一个问题："一个是一的事物怎么还能分有矛盾的谓词？"（《巴门尼德》129a-130a）巴门尼德很快表明，对于这个问题的陈述必须被改变。苏格拉底自己的回答是，一个特殊事物可能是对立的普遍者的集合地，而这些普遍者自身是绝对分离和对立的。然而，这个回答引发了柏拉图同样轻率的嘲笑，他曾在别的地方对于在具体事物的矛盾性上的诡辩谬论表露过这种轻蔑（《斐利布》14d-15a）。相反属性在具体对象中的共存并没有什么"奇妙的"。真正"令人惊奇的"是区分"抽象的理念，如相似与不相似、多元与统一、静止与运动，等等，然后表明它们可以被混合和分离"（《巴门尼德》129e）。对话两部分之间的一致性被在二律背反中向后面这个问题的最终返回所影响。青年苏格拉底的困难不可能被这样解决，即通过提出分离的理念上的原因来解释事物矛盾的方面。恰恰是**理念上的诸对立者自身**的交流形成了形而上学的关键问题。因此，讨论必须"只参照我们最完全地由理智构想并可以称之为理念的东西"（135e）而展开。正是对于不是在感性事物中，而是在理念领域自身中所表现出的明显矛盾关系的考察，构成了二律背反的真正目标。因此，从某种意义上说，《巴门尼德》的整个主题就是青年苏格拉底的"惊奇"。但是，虽然对话开始于他的立场，即一与多，以及其他的对立，**只有在形式中**才是不相容的，但对话结束于对统一性与多元性必然共同牵连的清晰认识，总体上来说，正如考察统一性的理念和一切其他理念的多样性所表明的那样。

一与多问题的辩证价值在于它能引出两个重要的结论：**第一**，脱离了一切多元性的统一性自身，在存在上是不可能的，对于思想也是不可理解的；**第二**，统一——多元不过是一对相互关联的理念上的对立，其中运动——静止、同一——差异、相似——不相似、存在——非存在是同等重要的。《巴门尼德》B 的复杂论证的最终结果表明，要消除对立范畴中的任何一个是不可能的，这是因为如下事实，即在分析中，一个范畴总是并且不可避免地以另一个范畴为前提。这些二律背反的方法是试图把"一"从各种各样的多重性中完全孤立出来，从而发现一性的内在本性之为单纯的、唯一的一性；类似地，去除所有单一性的统一因素，来处理其他理念的多样性。让一是一并且仅仅是一——单一的、无差别的一性的概念——并且让多是纯粹的多。但是，在实际运用这种方法的时候，对统一或多元的分析总是导致要么其**自身毁灭**，要么其**隐含的另一个出现**。一与多存亡与共。

通过八个假设中的每一个逐级追溯这个复杂的论证将是一项令人厌倦且无利可图的任务。幸运的是，这也是一项不必要的任务，这既是因为泰勒教授和麦凯教授的杰出分析，也是因为论证的一般结构对于这些二律背反中的每一个是相同的。在每一种情况下，论题都属于同样的范畴——《泰阿泰德》185c-d，《智者》和《巴门尼德》129e。如果一作为一或者一作为存在是或者不是，那么，在整体——部分、运动——静止、同一——多样、存在——非存在的概念下，对于一和他者接下来会发生什么？然而，尽管有着这种重复，一些分析是不可避免的，这既是因为柏拉图推理的紧密性，也是因为辩证的每一个相互联系的过程对于一般结论的真正重要性。因此，尽管穿越"可怕的言语海洋"的"迂回的段落"对于我们和对于巴门尼德自己，似乎是同样吃力不讨好的，但为了发现最终结论的必要性，必须考察这些二律背反中的一些例子。就当前的目的而言，四个例子将用以说明我们最后论断的根据，即在孤立的情况下，统一和多元既不可能，也不可理解。

1. 假设 I（《巴门尼德》137c-142b）实行了对"一"从一切内在或外在的多样性中完全的抽象，并产生了它完全的自我毁灭。所有限定谓词和任何附加的决定因素的可能性都被排除，而"一"被解释为仅仅是一性，没有进一步限定——一种"单调相同性的乏味统一"。这种一与各种各样的多样性严格隔绝，随之而来的是所有构成现实的必要的样式的特征都相继被否定具有任何相关性，统一性也被逐步剥夺了系统和知识的基本要素。这一归谬的形式如下：

A. 在整体和部分的范畴下（137c-138a）

如果"一"仅仅是一，它就没有系统的特征，没有结构，除了自身以外也没有内在的内容；因此，它既不是部分，也不是整体。但是，由于在它内部绝对没有区别，它就没有完整性——作为"一个没有任何部分缺乏的整体"——也没有组织和秩序——作为各部分整合成的总和的统一性（《巴门尼德》137c）。

（1）所有空间属性都不适用：限制、几何形式和位置（137d-138c）。"纯粹的"统一体不能根据物理广延的方式被确定；如果我们认为它是有限的，有开端、中间和结尾，或者被图形所限定，那么它就可以分成若干部分；如果我们认为它"在"空间中，或位于一个多元的现实之内，我们就把空间或者现实设想为独立于它并包围着它的，因此，它是"在他者中"的。于是，我们不得不承认统一体与统一体之外的事物之间的许多关系。或者，如果我们认为它像圆一样是自我包含的，那么它就会进入它自身作为包含者和它自身作为被包含者之间的许多复杂关系，且内在的多重性就会被引入原来的统一性之中。

B. 在运动和静止的范畴下（138c-139b）

（1）从定义为具有仅仅一个质的谓词"一性"的统一体来看，**质变**意义上的运动随之被排除了。一不能改变它的性质而仍然是一。如果把运动进一步看作位置的变化——无论是相对的（围绕一个中心旋转）还是绝对的（地点的变化）——由于排除了部分与整体的关系，它也就自动地被否定了。

（2）但静止或不动对一来说也是不可能的，因为它既不能维持"在同一状态"，也不能保持在同一位置，因为它不在"任何地方"。

C. 在同一与差异的范畴下（139b-c）

空间谓词的使用现在已被放弃，单纯的统一在同一与差异的纯粹范畴之下被研究。但显而易见的是，这些谓词不能归属于纯粹的统一。一作为一既不与自身也不与其他任何事物相同或不同。这些结论中有两点是显然的：一既不能与自身不同，也不能与非一相同。不那么明显的是，一既不能与他者不同，也不能与自身相同。然而，如果我们认识到一根据字面意义**只是**一，它就明显地以两个理由抵制差异：（a）差异是一个附加的决定因素；（b）差异是一个相对的词项，纯粹的统一性是绝对的。一不能被他者性

（Otherness）限定，因为，对柏拉图来说，他者性是一种属性。因此，一不可能进入任何关系，甚至不可能有差别，因为，作为单纯的"一"，它的本性就在于它绝对地与一切多元性分离。根据同样的推理，一不能与它自己相同。因为"一的本性肯定与相同的本性不相同"（139d），而相同性的添加是对多元性的承认。

（1）**质的同一性与多样性**（139e-142b），相似和不相似是指在某些特定方面的部分同一或差异，并且因此被同一和多样的否定所否定。同样的推理可以推广到所有量的谓词。

（2）**平等与不平等**，量的同一性与尺度的差异。

（3）**时间的相似与不相似**，年龄的同一与差异。

不过，纯粹统一的最终毁灭是基于最后一个论证。一不能进入任何时间关系，也不能享有任何隐含着相继或同时的谓词，因为时间上的同时性或连续性都隐含着附加同一或差别的限制条件，因此，一不能在任何事物，甚至它自己之前、之后或与之同时。但如果这是真的，对于统一，我们只能说它既不已经是，也不曾是，并且，更重要的是，我们甚至不能说它现在是。它根本就不存在。因为"存在"（to be）意味着至少分有当下，如果一根本不存在，那么它就是完全不真实的。而如果它是不真实的，那么它就不可能有任何性质，甚至没有一性。我们以一个被断言为只指示一个重要概念的同义反复开始，而以这个同义反复的毁灭而结束。

因此，将统一性从任何形式的多元性中分离出来的尝试导致了一的毁灭。如果没有将统一体从别的事物中区分出来的根据（否定差异范畴的结果），并且，如果它既不分有存在，也不分有任何性质，那么，就会有两个严重的结论：（a）一是不可能的，它甚至不能是它自己或一；（b）它是绝对不可知的，并且，在判断中没有东西可以被断定于它。因为，正如《智者》所坚持的那样（251b以下），所有的断言都隐含着某种多元性和关系，概念之间的一种联系——把主词与不是它自身的东西区别开来并给它加上谓词的可能性。因此，如果我们否定统一除了一性之外的所有决定因素，那么，我们不仅将被迫取消被认为与统一性矛盾的属性——部分、运动、变化、差异、不相似，还将取消任何理念的那些决定性特征——整体性、自我同一性、不变性。那么，统一就变成了一个纯粹的零，一个无修饰的"那个"，对于它，最终我们甚至不能说它是一。没有多元性，纯粹的统一性是不可能的，也是毫无意义的。

2. 假设 IV（《巴门尼德》159-160b）的前面部分和假设 VIII（《巴门尼德》165e-166c）的全部将同样的分离方法应用于多，带来了同样的灾难性结果。假设 IV 考察了如果一是，与他者分离，以及，如果他者因而完全分离于一而存在，在这种情形下多的后果；假设 VIII 试图确定"他者"存在而"一"不存在时的结果。这两个假设的含义基本上是相同的。多元现在被构想为一个单纯的杂多，对于它，一切统一都不适用。但是，在像这样被完全剥夺了一性之后，多自身就消失了。因为"多性"这个概念本身就是一个数字概念，隐含着多样的个别实体的存在，它们中的每一个自身就是一。唯一的替代选项是混沌，它肯定根本不是一个"多"，在它之中没有任何东西是分离的或可区别的，它因此在任何意义上都不是一种多元性。多的可能性本身就需要"一"作为它的关联物。如果其他的理念没有它们自己的统一体，它们就不是理念；它们就什么都不是。

就知识而言，像这样把多与统一分开的结果是纯粹的怀疑主义。如果他者没有统一，试图判断它们是无望的。正如泰勒对这个谜语所说："最终不可能将任何东西谓述于杂多。因为，如果有任何一个谓词可以被肯定于它们的话，它们就具有迄今为止我们所拒绝赋予它们的那种统一和稳定性，并且，如果一个矛盾的两面都被断言于它们的话……它们有两倍……多，因为它们没有统一体，就像一，因为它没有别的，只是不存在的和不可知的。"[1]一切被否定于一的现实的一般样式，也相继被否定于多。结论是完全的虚无；如果没有统一，"他者既不是也显得不是这些中的任何一个"（《巴门尼德》166b）。

因此，将统一从多元分离出来的结果，对这两个范畴来说都是虚无主义。如果我们摧毁了一个，我们也摧毁了另一个。这两者完全是相互牵涉的。但是，柏拉图所使用的证明方法是双重的：我们已经说过，一与多的绝对相互依存通过这样的事实得到证明，即对其中任何一个的分析都会导致两种可能之一：**它自身的毁灭或另一个的出现**。第一个结果已经得到了显示，第二个仍有待检验。《巴门尼德》的第三个和第四个例子表明了从多元中实际引出统一以及从一中实际引出多元的可能性。统一之内的多样性的存在由对统一——不仅作为一，而且作为真实的——的考虑而来：在多元性内的统一进一步的内在性是承认多的"存在"的后果。假设 II（142b-I55e）表明，如果一除了它的统一之外，还有存在的本质限定，那么，对统一的分析本身，在没有任何超越它自身的参照的情况下，

---

[1]　*Mind*, N.S. 21, 1897（1），p. 17.

就揭示出许多内在的和外在的差异，以及许多有效适用的谓词和关系；假设 III（157b-159b）证明，如果他者是真正真实的，它们必然分有统一，作为它们是一个多的条件。

3. 假设 I 的结果——统一被设想为纯粹的统一性——是统一自身的不可能性，其后果是对其现实性的否定。因此，如果一确实是，即使作为一，它至少也必须有存在。因此，一作为真实便成为第二个考察的主题，于是我们经由同义反复到了"一分有存在"（142b）这一扩展的命题。但对这个命题的简单分析立刻揭示了其中蕴含的性质的多样性，因此，许多理念在本质上是与"统一"理念相联系的，它之前被认为是单一的。首先，在柏拉图看来，存在与统一是两个截然不同的概念，那么，两者的比较就产生了差异的概念（142c）。一于是作为一个整体出现，它的组成部分是真实和一性，对二者的考虑引起数的实现（142c-144b）。在存在、统一、差异的理念中有着计数——一、二、三——的可能性，并且，由这些数的乘和除，可以得出整个算术的序列。因此，一既是一又是无限：一个整体以及无数部分的集合，并且"没有别的东西能被分割得如此之多"，像这个单一的理念那样，它在假设 I 中显得是不可分割的（144b）。它的内在本性现在根本仅仅因为它的存在而被显示为包含着多样性。在这个有些过时的数学演绎中，重要的一点是，如果承认一实际上是真实的，就立即有了内在区别、综合判断和差异范畴的内在使用的可能性。从概念这种公认的系统特征可以推论，一切最初被否定于统一性的那几对范畴，现在都必然可以谓述统一性。重新分析它们是多余的。相关的一点在于，当统一和多元被看作是相关的，其他范畴就表现为必然结合在一起。因此，第二个假设的显著特征是：(a)如果一被认为是真实的，它的存在就包含了许多样式的特征；(b)这种多元性的本性以某些关系上的特征的形式表现出来，这些特征出现在看似矛盾的对子中。

4. 同样的结果也适用于多。从假设 IV 和假设 VIII 可以得出，被视作纯粹的多样性的他者被毁灭了，并在不确定性中消失了。在假设 III（157b-159b）中，很明显，如果多确实存在，那恰恰是因为它们是许多有部分的一，其中每个部分又都是一，并且它们与单一的一是不同的。因此，除了一之外的每一事物都必然是一个"有部分的完美整体"（157e）。杂多的多元性必须在每个部分内都有统一，以实现内部分裂为多。但是，此外，多中的每一个都在双重意义上是一：它是一个单一的实体，并且它是一个完整的整体，是具有系统性的从属于系统的组合单元。因此，如果在多中存在任何现实，他者就必须分有统一，以便每个"部分都是……一个单一的形式（ιδέα）和我们称之为一个整体的单一概念的一部分，一个由一切创造出来的完美统一体"（157d-e）[1]。在我们对多作为理念的解释上，有一个与《斐利布》的惊人类比是清楚的。除一之外的每一个理念也是一个自身的统一体，由相互联系的理念组成，它们中的每一个也是一。对概念进行有效的分析和综合的根据，是一切理念内在的统一，这种统一使它们具有严格的秩序和联系。正是这种统一性在《巴门尼德》中被给予了形式的根据，尽管任何理念都可以有许多成员，它的本性是有机的而不是混乱的。因为，任何形式内的多元性是按严格的关系安排的，因此，"当每个部分直接成为一

---

[1] 当然，引用的这段话进一步证明了辩证法完全只处理理念，而不处理感性世界。

个部分时，这些部分在彼此之间和与整体的关系上是有限的，整体在与部分的关系上也是"（158c）。我们可以像《斐德若》所要求的那样，"在连接处"进行理念的划分，因为在理念的复杂性中，统一的功能是引入秩序和系统。他者**源自**它们的系统特征；"当它们由自身决定时，它们自己的本性没有给它们任何限制"，但是，"从一和它们自己与它的统一中产生了……它们自身之内的一些不同之处，使它们在彼此之间的关系上有了限制"（《巴门尼德》158d）。因此，《斐利布》中的划分的秩序是必须的；分析并不破坏概念的统一性，正如对话的前面部分所表示的那样（《斐利布》15a）；相反，恰恰是统一使划分成为可能。由于各部分的结构安排采用符合整体性的方式，从一个概念到两个概念，再从两个概念到它们组成部分的有规律的进展是绝对的；它**必须**正是在这样的顺序中。但《巴门尼德》相比于《斐利布》的进步在于，《斐利布》在逻辑分析中进行划分时，在一个概念中同时假定了统一和多元；《巴门尼德》则指出，就多元性的本性而言，许多理念的存在预设了这些有机的统一体。它添加了一切辩证的形式基础：没有多就没有一，没有一就没有多。

这样，证明的方法就完整了。一与多被揭示为完全相互依赖；它们一起出现，一起消失。将任何一方与另一方分离，两者都被摧毁；承认任何一方的现实性，另一方就被发现为其存在的必要条件而被隐含。

对话在形而上学和认识论上的一般结论尚待总结，辩证对整个柏拉图哲学的意义也有待说明。因为，《巴门尼德》并不是一个毫无关联地塞进柏拉图思想总体中的散乱的论证。学者们视其为一种奇怪的现象，因缺乏真正的相关性而损害了对话，这显示出他们对柏拉图思想的某些基本特征的严重误解。因为，正如柏拉图创造性的头脑曾经完全发现了这些二律背反，它们同样完全呈现了关于一与多难题的最终结论。在其他对话中缺乏重复并不意味着柏拉图认为这个论证仅仅是辩证的技艺。因为，这些假设的完备性无疑表明，柏拉图在这里已经说完了关于这个主题要说的一切。在其他段落中不断地重述已经彻底和详尽地分析过的内容没有任何益处。这些结论虽然没有被教条式地规定，但在论证中是隐含的，并且，它们对于存在和知识都有巨大的意义。我们现在必须转向这些一般性结论。

在接下来的讨论中，三个普遍的结论，以及对柏拉图主义和哲学自身都意义重大的三个结论，将根据这两个二律背反被得出。第一个论述了将一与多引入存在；第二个将统一和多元结合进知识；第三个勾勒了普遍的范畴框架，其中一切现实既有它的存在又有它的真理。因此，通过引导思想遍历最初命题的所有后果，辩证的曲折之路带来了对统一和多元与存在和真理的关系的一个强概念，并指出了它们在贯穿所有话语领域的普遍范畴网络中的位置，它们将所有事物联系在一起，就像字母表中的元音将无限变幻的言语连接成清晰的音节（《智者》253a）。

1. **没有多元的统一或没有统一的多元是不可能的和自我毁灭的。因为一作为存在的现实性包含了享有多重角色（假设 II）；而多的现实有别于一，需要一的分离和统一功能，以将它们从不确定的混乱中拯救出来（假设 IV 和 VIII）。**

因此，这些二律背反的第一个结论表明，统一和多元是存在的必要条件。一与多本身的现实性是由它们的相互依赖构成的。《理想国》和《斐利布》所提出的表面上的矛盾，最终得到了它的结论性的回答：一与多的困境并不是诡辩的问题；它是一切存在的终极对立，隐含在统一和多元自身的基本本性中。所有特殊的谜题——"例如人或牛这种特殊的形式怎么可能既是一又是多？"或"我，普罗塔克斯（Protarchus），怎么可能既是一又是多？"——不过是一个更基本的问题的实例："使一切事物合为一的'统一'理念怎么可能也是多的；而所有其他的理念，其因果效力在于世界的无限变化，又怎能各为一呢？"因此，一切特殊难题的解答都可以在《巴门尼德》的回答中找到：**因为没有没有多的一也没有没有一的多。**两个方面——同一性和多样性——在整个存在中都是共存的。这些二律背反支持了《泰阿泰德》185a-d 的立场：统一和多元是必要的样式特征，"对一切事物都是共同的"。《巴门尼德》表明，无论二者之一在哪里出现，没有多元就没有统一，没有统一就没有多元；《泰阿泰德》表明它们无处不在。那么，我们对最初的谜题就有了最终的答案：所有的事物既是一又是多，这是真的；然而，这两者并不是相互矛盾的方面，而是彻底地相互依赖的，对其中任一的否定就意味着另一个的不可能性。这个问题绝不能以"理念或具体事物是一个还是多个"这种形式出现，因为《巴门尼德》的全部目的就是要表明仅仅这种分离是无用的。它的结论把我们从这种诡辩的困境中解放出来，留给我们的是《斐利布》中更具建设性的问题：对任何真实事物内部的多元性和统一性的确切本性和数量的科学的确定。通过仔细的分析，我们必须发现"不仅原来的单元是一和多……而且它确切地是多少"（《斐利布》16d）。

这第一个结论的形而上学意义进一步表现在统一和多元与整体和部分概念的密切联系上。一和多基本上是处理现实的有机方式，而一切存在形式，就它们分有这些范畴而言，都是有序的、系统的和完整的。因为，统一和多元与整体和部分的孪生概念是分不开的，它们随着一和多的出现和消失。当一切多元被否定于一（假设 I）时，整体—部分关系首先被破坏；并且，假设 III 的中心主题是，如果多存在，它们作为部分的整体而存在，是普遍统一体模式的确定结构，其中每个部分既与整体相关，又与其他构成要素相关。因此，在说明统一和多元作为存在的范畴条件的必要性时，柏拉图是在重申现实的有机本性。无论我们在对话录的何处遇见存在的事物，它们都是有系统的，具有内在的结构和组织。如果真实是一个理念，那么对其内容的分析可以将其揭示为一种类的本质，它的全部本性是各种附属的普遍者之间严格的相互联系，其中每一普遍者对于它自己，对于它的子类，对于它的属，都是某物。如果它是一个特殊者，例如一个个别的人，那么"左右的部分、前后的部分"以及所有杂多的器官和性质如此结合以构成了一个人，对此，苏格拉底可以说："我们在这里，七个人，我是其中之一，也是一个分有统一的人。"（《巴门尼德》129c-d）。如果它是一个真正获得了存在和真理的灵魂，那么它的三种能力都是被导向理性所规定的统一；然而，勇气和欲望仍然是促进性和构成性的因素，结合于"友善的和谐"（《理想国》442c）。真正的城邦是这样的，它的多样性中充满了统一性，并且，反过来，它的完美秩序是它的组成部分的许多性质的反映。每个个人都在为一个单个整体执行自己的特定功能，并从他在系统中的位置中获得自己的最高实现。宇宙是所有受造物中最美好和最完美地统一的，它在它的种的完整——从生成的模型中模仿的形式的丰富——中实现了它自己的完美。统一性与多元性是如此地不相互排斥，以至于只有当一性被元素的丰富性和附加的意义加以限定时，它才不致成为"单调相同性的乏味统一"，而只有当多被安排进统一体时，它们才是确定的，不致混乱。

2. **没有多元的统一，或者没有统一的多元，是不可知的。一与多的可理知性依赖于它们的相互关系。**

一与多的分离所导致的知识困境是怀疑主义。如果所有的多元性都从统一中抽象出来，一就保持为一个纯粹的同一性，不可理解并且毫无意义；从谓项的观点来看，它什么也不是。在第一个假设中，没有别的限定条件被允许用来描述一，其结果是所有的抽象关系都被否定，而必然的结论是，"一既不被命名，也不被描述，也不被思考，也不被认识"（《巴门尼德》142a）。它既不能区别于任何东西，也不能同任何东西相比较，没有一个单一的属性可以被用于断言它同义重复的本质。因此，没有一种可能的判断形式，无论是肯定的还是否定的，可以以它为主词。在第二个假设中，通过将存在加到统一中，多元性得到了承认，这些逻辑范畴重新出现，并且都是适用的。同样地，第八个假设表明，对于多，当一个多元性被剥夺了所有的统一时，它就变成一个纯粹的不确定性，一切属性都与之无关；如果统一得到承认（假设 III），相同的范畴，在被否定之前，必然隐含所有他者。

因此，《巴门尼德》所描绘的知识的情形是：

> 要么统一蕴涵了多元，要么一是不可知的。
> 要么多元蕴涵了统一，要么多是不可知的。

因此，对于知识的全部对象，都有两个严格的基本要求：概念的与彼此有区别的存在（多元中的统一），以及附加决定因素的可能性（统一中的多元）。

A. **知识对象的多元中的统一**。——贯穿《巴门尼德》的一个持续主题是统一性在任何被视为判断的主词的事物中的绝对必要性。知识的对象必须具有一个**单一的逻辑上的实体**的特征作为其首要条件，对于其确定的稳定性的核心，可以附加补充性的谓词。辩证法的否定部分——在其中，"一是"被否定[1]——最显著的意义就在于，即使一被认为是非存在，它也必须是一，否则我们甚至不能否定它。在存在的领域内，它可能没有形而上学的真实性；但是，只要它有任何状态，即使是不真实的状态，它就必须是一个确定的和统一的思想对象——对于它，我们可以有意义地否认那些与存在相关的性质。甚至拒绝一就等值于将它断定为一；我们的否定隐含了否定性的决定和限制，以及对于一切否定判断而言的一种本质意义。《智者》237c 以下对非存在的讨论在这一点上是一个更进一步的例子。当非存在被解释为纯粹的无时，它就根本不能被判断，即使是否定性的判断。我们甚至不能断言"**它**不是"，因为这样的一个命题预设了一个单一的参照对象——一个数目上的整体。在否认了至少一种逻辑上的统一性——非存在——的情况下，它变成仅仅一个"不可理解的东西"（238c）。

B. **知识对象的统一中的多元**。——只要把这种必然的逻辑统一作为判断的前提，就可以立即做出许多断言。极端的情况——这

---

[1] 假设 V-VIII。后四个假设中只有第八个在上面被分析了。

在证明上最有说服力——是认为统一根本不存在，除了作为否定的主词而存在以外。在假设 V 中（《巴门尼德》160b-163b），一旦统一性被赋予不存在的一，就可以断言许多重要命题。所有涉及部分—整体、同一—差异、相似—不相似、存在—非存在的判断都是可以立即谓述它的。总之，对于任何有意义的命题，无论它是肯定的还是否定的，都有很多它必须进入的纯粹形式关系，还有许多必须对它做出的必然判断。

然而，一个更进一步的结果，也是由对知识的可能性本身的承认产生的。当一或多是可知的时，便有四对相互关联的理念出现，而当一或多是不可知的时，同样这些联系就被否定了。因此，如果我们假定我们既可以认识一，又可以认识任何其他理念，我们就将发现，构成了《巴门尼德》论证主要部分的那几对相互矛盾的形式范畴必然是可以谓述它的。我们并没有试图将这精细的推理探究到底，去表明其他矛盾是如何像统一和多元那样存亡与共的（比如，同一如何总是隐含了差异），这是因为在《巴门尼德》的证明中，大部分都是诡辩的。对于相似隐含了不相似的论证是基于对同一和差异作为性质的解释，它们作为属性谓述它们适用的对象。就它们与彼此不同而言，一和多在具有差异上是相同的，另外，由于同一与差异是对立的，它们在具有同一的方面必然是不同的。但无论它们的证明是什么，在柏拉图看来，它们显然相互隐含——当我们否定运动时，我们就否定静止，而当我们肯定存在时，我们也肯定非存在。此外，只有当我们同时肯定统一和多元的**真实性**时，这对概念的**肯定**才会发生，而当我们确实肯定这一点时，就有了**知识**。因此，我们有理由得出第三个结论：

3. 统一和多元只是几对这样的表面矛盾之一。A. 作为存在的必要条件，所有这些在实在中外延相同。B. 这些相互关联的范畴是一切思想背后的抽象关系，也是知识的最终条件。

A. **这些范畴之为存在的必要条件**。——一与多的二分法不是唯一的；它与一系列同样具有终极性的形式对立是分不开的，它们对于存在都是同样本质性的。巴门尼德不仅提出了统一与多元的相互依赖，而且提出了存在与非存在、同一与差异、静止与运动、相似与不相似的相互依赖，这和《泰阿泰德》（185a-c）中它们是普遍的属（γένη），"为一切事物所共有"的主张一起，导向了存在的关系结构的最终概念，以及对统一与多元问题的解决。现实处处表现出两种一般而普遍的特征：绝对性与关联性，自我同一性与多样性。以这种方式，通过在形式基础上证明一或者多孤立的绝对的不可能性，《巴门尼德》的论证表明了统一和多元在一切存在中是无所不在和相互关联的。但是，同一（相同）和统一是实在事物的范畴特征，是特殊性和个体性的必然原则；而静止——"永不离开自我"的属性——是永恒的补充规范（《智者》249b-c）。这些普遍的类的交织是存在的第一个终极方面，这是在流动的过渡和无常中构成私人状态和个体性的图式。但随着贯穿关系的对存在的进一步限定，其他范畴便牵涉到现实的模式。静止的法则与运动的普遍特征相结合。例如，每一个理念在其自身的本质关系上，都是固定的；在它与自身之外的形式的交流中，在它对认识的心灵的强烈影响中，在它存在于特殊之中时，它在自身之外运动着。与之类似，差异的范畴，无论是内在的还是外在的，都必须与同一的范畴相辅相成，因此，每一个实在的事物既是存在的多元，又是非存在的无限。同样地，与自我相同事实上就是与非我不同。《巴门尼德》《智者》《泰阿泰德》都代表了一种一致的思想：在一切实在的结构内，有明显矛盾的相互蕴含。

然而，在形而上学的情境中，仍然保留着某种疑点。当我们指出所有这些形式的对立为实在立法时，难道我们不是在断言存在的基本矛盾吗？我们不是在使宇宙变得非理性、自我反驳、荒谬吗？并且，柏拉图不是抛弃了《斐多》中所坚决主张的矛盾原则吗？《巴门尼德》正是在回答这个难题时，达到了他洞见的顶点，超越了对范畴的纯粹断言，而达到了问题的真正根源。因为，通过对纯粹概念自身的分析，它表明**矛盾不在于把两个假定的对立结合起来，而在于把它们分开**。我们可以完全肯定它们，也可以完全否定它们，但我们既不能只肯定其中一个，也不能单独否定另一个。对于统一和多元来说，这种孤立的结果是荒谬的，是分离的范畴自身的完全湮灭。在《巴门尼德》中，归谬的方法并没有直接被应用于其他范畴，但它们一起出现或一起消失的相互依赖清楚地表明了证明的趋向。带着同样的结果，柏拉图也可以取统一以外的任何范畴作为他的初始前提（事实上，正如《巴门尼德》136a-d 所清楚表明的），并且，通过在与它关联范畴的分离中肯定它，他也可以得到与从单纯的统一那里得到的一样的荒谬结论。他可能以"静止是"或"相同是"来开始二律背反，并表明同样荒谬的结果。事实上，我们在其他对话中也有这样一种方法的例子，它证明了这些基本概念中的任何一个，如果没有它的互补，都将导致不可能的结果。《智者》237a-238d 把非存在与存在分离开来，结果就产生了各种矛盾：要么非存在与存在有本质的联系，要么我们必须承认"不可能正确地说出、言说或思考非存在……除了说它是一种不可设想的、不可表达的、不可言说的、非理性的东西"(《智者》238c)。类似地，如果只有静止才能谓述存在，并且如果静止与任何种类的运动完全分开，我们就不得不承认"运动、灵魂和心灵在绝对存在中实际是不在场的，它既不生存也不思考，是可怕而神圣的，没有思想的，固定并不动的"(《智者》238e-249a)。另一方面，如果我们只给予没有静止的运动，那么我们就否定了所有"性质、本性或关系的同一性"(《智者》249c)。《巴门尼德》的价值在于，它证明了对一对范畴的双方的断言都由这些概念本身的纯粹形式条件所证实，这些理念自身在与彼此的抽象中是不可能的，并且，否定其中任何一个理念，都会使我们陷入矛盾、无实体和怀疑主义。

因此，《巴门尼德》辩证法的结论，就存在而言，是对莫里斯·科恩(Morris Cohen)教授在当代思想中所称的"极性原则"(principle of Polarity)——"同一与差异、静止与运动、个体与普遍等对立的范畴，**尽管从未等同，必须始终保持在一起**的原则"[1]——的有力肯定。它宣称，对形而上学来说，这些一般的关系的范畴——它们"对每一是的事物的分析是不可缺少地相关的"[2]——是对立地成对出现的。尽管通常被认为相互矛盾，它们实际上是相互依赖的。正如科恩所说：

> 极性原则使人们注意到这样一个事实，即人们长期以来所持相反立场的传统困境通常是基于**困难而不是真正的矛盾**，而

---

〔1〕 *Reason and Nature*, Preface, p. xi.
〔2〕 这个表达是怀特海（Whitehead）教授的。Cf. *Religion in the Making.*

这在哲学上可以取得积极的成果，不是简单地试图证明一方或另一方是真理，而是试图抓住困难并确定在哪些方面以及在何种程度上双方是合理的。

这就是《巴门尼德》的字面方法：通过表明否定曾经显得是矛盾的二者之任一对于存在的致命后果，对困难进行考察，并将之转化为一种对立但不可分割的范畴之间的严格关系。分析的结果是如下结论：在任何程度上是真实的任何实体，占有一个与某些成对的对立相关的极性的位置。虽然柏拉图式的清单没有包括后来更复杂的思想所介绍的某些关系，但辩证的含义正是科恩所表达的，他说：

> 诸如直接和中介、统一和多元、固定和流动、理想和现实、实际和可能等对立，如……磁铁的正极和负极，当应用于任何有意义的实体时，都相互涉及。[1]

总之，只要对任何实际事物加以分析，就会发现这些必然范畴之间的平衡，这些范畴既与其他的共存，又相互区别。

正是这种"理念的对立"的**独特性**，才使柏拉图的范畴理论免于真正的混乱和矛盾。一与多、静止与运动、同一与差异，这些概念从来没有合并过，而始终是理念地对立的概念，是表现着互补关系的极端，一切形式的现实性都必然在于它们之间。没有更高的范

---

[1] *Reason and Nature*, p. 165.

畴能吸收它们的分离性，正如没有实际的实体，其中统一是多元或多元性是统一性。一个物体的一性可能是许多元素的整合，但统一性自身并不是多元的。柏拉图在《智者》(256a-b)中小心翼翼地说得很清楚，他从来没有放弃矛盾律：

> 我们必须承认，运动是相同的，也不是相同的，**我们不应因此而受到困扰；因为当我们说它是相同的和不相同的时候，我们并没有相似地使用这一词。**当我们称它为相同时，我们这么做是因为它就其自身而言分有相同；当我们称它为不相同时，我们这么做是因为它分有了另一个，由于这另一个，它与相同分离，并成为不是那个而是另一个，因此相应地，我们正确地说它不相同。

与之类似，如果一个真实的东西既存在又不存在，那么对立面就涉及两个截然不同的、不可还原的原因：它通过对存在的分有而存在，它通过与非存在的交流而不存在。事物的"极性"总是承认事物本性的两个截然不同的方面，这两个方面相互依赖，但又不同一。柏拉图在每一点上都小心地保持了本质的区别，并从不混淆概念。他不是一个黑格尔派。统一不是多元，两者也不会合并在任何"更高的综合"中。他避免了"如果我们违背矛盾律，并试图消除知性的区别，我们会达到的不体面的混乱"。[1]《巴门尼德》的辩证法，正是由于对保持区别的明确坚持才产生的。巴门尼德学派用统

---

[1] Cf. *Reason and Nature*, p. 166.

一性来掩盖隐藏的多样性，就像赫拉克利特学派在他们对变化的狂热中忽略了多元的元素所隐含的统一性元素一样。恢复被竞争的双方忽视的范畴的适当状态和功能，以及显示独立性的必要性，这正是柏拉图的贡献。

B. **这些范畴之为知识的必要条件**。——辩证对知识也有同样重要的结果。因为这些假设不仅是对一切现实的最终结构模式的探索，而且是对理念的逻辑步骤的分析。知识的可能性，正如它在二律背反中出现的那样，是有效地应用每一对范畴的双方的能力。因此，统一—多元、同一—差异、相似—不相似、静止—运动不仅被认为是本体论的终极，而且还被认为是推理的一种纯粹方法论的原则。从逻辑的角度来看，对统一的本性的全部考察，不过是对思想的几个形式范畴——纳托尔普所称的"基础概念"（Grundbegriffe）和我们所称的思维法则（laws of thought）——之一的考察。例如，对统一的分析，就是试图检验逻辑蕴含的一个基本条件。因为如果统一真的是任何实际事物的前提，那么对任何思想对象的分析和综合就必须始终朝着发现逻辑秩序和系统结构的方向发展。当然，这就是一切辩证的目的——在概念的分类和划分的基础上，在特殊中发现共同的统一的原则。

但这种统一的完善也需要所有其他范畴的运作。所有纯粹判断的概念的先天规则，因此也最终是所有经验性断言的先天规则，是这些基础概念自身的交织，是在对全部这些概念的双方思想的澄清中的持续运用：说知识的对象**是**什么（定义它），不是什么（对比它），它像什么（比较它），它不像什么，它相对于他者是什么（运动或力量），相对于自身是什么（静止）。对于任何理念，我们都必须能够根据这些抽象的普遍关系来精确地加以规定。总之，每一个理念都是一个概念的整体，它的本质和它与其他共相的联系必须根据这些方法论原则通过推理来阐明。《智者》指出，应用这些步骤的规则的严格必要性，甚至扩展到逻辑概念自身。以存在为例，必须证明它"不同于"静止和运动，而只是与它自己"相同"。一切理念的完全区分——甚至用于区分的概念自身的区分——是确切而精准的思维的首要条件。为了这个目的，《巴门尼德》的范畴不仅是种类，而且是理性进展的动态规则，话语的调节原则——实际上就是形式推理的结构本身。

类似地，这些相同的抽象关系也构成了《泰阿泰德》（185以下）中所描述的"理性的感觉"过程的特征。它们是感性认识内的统一的可能性。感觉材料是原子式的，是视觉、听觉和味觉的孤立印象的轰击，它们没有方向，彼此无关。这种原始的、经验性的经验和理性的、有序的知觉之间的本质区别，仅仅在于相关概念的功能，相关概念清楚地表明了由分离的感觉产生的不相关联的杂多中隐含的连续性。感觉有很高的专一性；"通过一种感觉去感知你通过另一种感觉所感知到的东西是不可能的"（《泰阿泰德》185a）。各种各样的性质是分离的，它们必须通过"所有事物的共同概念"联系起来。因为在感觉对象之间存在着普遍的关系，而这些关系也是构成概念之间最普遍类型的秩序的同一关系。因为有了它们，我们就能像分析普遍性一样系统地判断经验性质。关于声音和颜色，我们首先可以说，它们都是存在的，并且通过分有存在而相互联系；它们每一个都"彼此不同，但又与自身相同"；"两者合为二，各自为一"：我们可以完全确定"它们彼此相似或不相似的方式"

（《泰阿泰德》185-186）。因此，存在—非存在、相似—不相似、同一—差异、统一—多元，是统一和区分对事实的知觉的条件，正如它们是概念关系的秩序规则一样。因此，一切推理的本质都是关系的，正是这种对于联系和系统的趋向，将各种思想——甚至是植根于感觉的最原始的思想——与纯粹被动的接受区别开来。一切知识都建立在终极范畴的纯粹基础上，这些范畴不仅是普遍的类，而且是逻辑过程的预设。他们把概念科学和感性经验的逻辑置于其发展趋势的基础上。它们是"指导和统一现象研究的步骤方法；可以说是精神平台，从中我们能够审视和协调最终的经验"[1]。

因此，冗长乏味的辩证法得出了对于存在和知识都具有最高哲学意义的结论。柏拉图自己的隐含结论的选项是明确的：简单地将普遍还原为任何单一的原则——无论是统一还是多元——都不足以解释形而上学情况的复杂性，也不足以提出一种超越怀疑主义的混乱的推理方法。思想的道路在于谨慎地、批判性地把基本概念交织在一起，在认识关系和保持本质区别方面都必须采用精确的方法。对现实的替代选项是不确定性，对知识的则是无知。在这个正确的步骤中，完整性和艰苦的分析是必不可少的，无论它可能是多么"费力的消遣"。必然性的严格性和认识的最终广泛性，都是由辩证的彻底性而来的。因此，没有必要为这篇文章的长度向读者道歉，因为"除非凭借这种迂回的途径穿越所有事物，否则心灵无法达到真理"。

---

〔1〕 D. S. Mackay, *Mind in the* Parmenides, p. 17.

"一"和"存在"

——对柏拉图《巴门尼德》第二部分（136c-166c）的一个解读[*]

江 璐[1]

摘要：

本文详细考察了柏拉图《巴门尼德》第二部分的第一组和第二组推论，通过对两个推论的分析，指出《巴门尼德》里的"一"并非新柏拉图主义诠释中的超越存在且不可言说的"一"，而是可以通过概念性思维所把握的对象，且能够与诸多属性相结合。第一组推论展现了"一"之绝对概念虽看似单纯，却蕴含着矛盾，只有在第二组推论中发现"一"之复杂性的内涵，通过"一"和"存在"的结合，才可在真正意义上避免矛盾。

关键词：

柏拉图；《巴门尼德》；形而上学；推论；一

---

* 本文的文本分析基础为希腊文—德文对照的施莱尔马赫译本（Platon, *Werke*, Bd. 5, Darmstadt：Wissenschaftliche Buchgesellschaft, 2011）及艾伦（R. E. Allen）的英译本（*The Dialogues of Plato*：*Plato's* Parmenides, New Haven：Yale University Press, 1997），并参考了陈康译注的《巴曼尼得斯篇》（商务印书馆 1946 年版）和王太庆的译文（《柏拉图对话集》，商务印书馆 2004 年版，第 489—572 页）。本文受到国家社会科学基金项目"奥卡姆《逻辑大全》的全译、注释与研究"（项目号 18BZX086）的支持。

〔1〕 江璐，中山大学哲学系副教授。

一、诠释史中的《巴门尼德》第二部分

柏拉图的晚期对话《巴门尼德》[1]通常被认为是与《泰阿泰德》同时期的作品，和《普罗泰戈拉》《斐多》等一样，它不是一篇直接的对话，而是通过某个在场者之口，在对话发生之后进行的复述。它大体可分为两部分，前一部分是巴门尼德与年轻的苏格拉底的对话，以苏格拉底的"理念"和理念之"分有"概念为讨论对象（126a-135c），后一部分则为巴门尼德与名为亚里索托特勒斯（Aristoteles，但并非亚里士多德）的年轻人以巴门尼德的"实在是一"的基本命题为出发点，且就后人称作"最普遍的种"的概念所做的一系列辩证法练习（136c-166c）。它包含八组推论（137c-166c）。如何解释这两个部分之间的关系成为柏拉图诠释史上的一个难题。[2]第一部分在近来的诠释中经常被视为柏拉图对他自己中期理念论的自我批评。[3]而第二部分的篇幅明显要比第一部分长得多，泰勒（A. E. Taylor）认为，这一部分的内容是按照芝诺的二律背反来进行组织的，并整理出八个关于"一"与"存在"的论证，这些论证的前提分别为两个相互矛盾的命题，即"存在是一"和"存在不是一"。分别从这两个前提中的任一个前提出发，就"一"

---

[1] 陈康先生将此对话译作《巴曼尼得斯篇》，由于陈康先生译文的经典性，本文参考的中译文主要以陈康在商务印书馆的译文为主（柏拉图：《巴曼尼得斯篇》，陈康译注，商务印书馆 1982 年版），但使用了现在人们较为常用的译名《巴门尼德》。

[2] Harold Fredrik Cherniss, "Parmenides and the *Parmenides* of Plato", in *The American Journal of Philology* 53, 1932（2）, p. 122.

[3] Arnold Hermann, *Plato's* Parmenides, Las Vagas/Zurich/Athens: Parmenides Publishing, 2010, pp. 4-5.

和"多"的问题可得出四组相互矛盾结论的论证，泰勒将其视为四组二律背反，即

> 第一组"倘若实在是一，就不能对它做任何断言。"
>
> "倘若实在是一，就可以对它做一切断言。"
>
> （137c-157b）
>
> 第二组"倘若实在是一，那么异于一者分有它并由此是多。"
>
> "倘若实在是一，那么异于一者不分有它且由此不是多。"（157b-160b）
>
> 第三组"倘若一不是，那么它与异于一者相异，且在某种意义上分有不等、等、大、小，即它为多，可对它加以述说。"
>
> "倘若一不是，那么它就不能为多，也不能对其加以述说。"（160b-164b）
>
> 第四组"倘若一不是，可以对异于一者加以述说。"
>
> "倘若一不是，不能对异于一者加以述说。"（164b-166c）[1]

可见，从"实在是一"这个前提出发，第一组推论讨论了一与

---

[1] 对这四组二律背反的重述参考了 A. E. 泰勒：《柏拉图——生平及其著作》，谢随知、苗力田、徐鹏译，山东人民出版社 2008 年版，第 495—496 页，同时参考了乔伊特的重构（Benjamin Jowett, Introduction, 载《柏拉图著作集（英文本）》，第四卷，本杰明·乔伊特英译/评注，广西师范大学出版社 2018 年版，第 414 页），希腊文德文对照版（Platon: *Werke in Acht Bänden. Griechisch und Deutsche*, Bd. V, Gunther Eigler [hg.], Darmstadt: Wissenschaftliche Buchgesellschaft, 1981），Mitchell H. Miller, *Plato's Parmenides. The Conversion of the Soul*, University Park, PA: The Pennsylvania State University Press, 1991, pp. 185-186。中文术语主要依照陈康译文中采用的表述。

其他本体论概念之间的关系，得出两个相反的结论，即"一"可以被其他本体论概念所述说，以及它不能被这些概念所述说。第二组的前提也是"实在是一"，但讨论的是在此前提下，"异于一者"（τὰ ἄλλα τοῦ ἑνος，159b）[1] 与其他本体论概念间的关系。如此而来，看似从这两个前提出发的推论构成了一种芝诺式的悖论，似乎在它们之中潜藏着某种矛盾，而这种矛盾通过一组二律背反的推论被揭示出来了。[2]

正因为将其诠释为具有内在矛盾的二律背反，泰勒并没有赋予这一部分太多的重要性，而是认为它具有一种逻辑"游戏"的色彩。[3] 基于类似的看法，赖尔（Gilbert Ryle）也认为，出于同样的前提推论出的二律背反的结论，其前提本身就不是具有含义的命题。[4] 然而将这一部分视为二律背反，并不是所有当代研究者都同意的诠释，例如康福德（Francis M. Cornford）就认为，这一部分的八个论证都是有效且其结论并不相互矛盾的。[5] 泰勒的诠释同样也与新柏拉图传统的诠释大相径庭，早在 1928 年，多得（E. R. Dodd）就已经指出普罗提诺的太一与柏拉图《巴门尼德》中第一推论之间的关联，而后来的普罗克洛在《巴门尼德》中找到柏拉

〔1〕 陈康讨论了这个词组的含义，他指出，"其它的"（τἄλλα）是一个相对的词，在这里相对"一"来使用，因而是"异于一者"，在其他地方，他也使用了"其它的"译法。见柏拉图：《巴曼尼得斯篇》，陈康译注，商务印书馆 1982 年版，第 302 页。

〔2〕 对这种悖论的描述，参见陈波：《悖论研究》，北京大学出版社 2017 年版，第 3—4 页。

〔3〕 A. E. 泰勒：《柏拉图——生平及其著作》，谢随知、苗力田、徐鹏译，山东人民出版社 2008 年版，第 483 页。

〔4〕 Gilbert Ryle, "Plato's *Parmenides*", in *Plato's Metaphysics*, R. Allen（ed.），London：Paul Kegan, 1967, pp. 110, 132.

〔5〕 Francis Macdonald Cornford, *Plato and* Parmenides, London：Kegan Paul, 1939, vii. Meinwald, p. 24.

图的系统性神学的基础和出发点，并且将第二部分中的"一"的概念发展为他哲学体系中的一个核心概念，扬布里柯则认为，柏拉图对话中，只有《巴门尼德》和《蒂迈欧》是与救赎有关的。多得本人也认可新柏拉图主义传统的诠释，他认为，第一个推论是对否定神学的展现，而第二个推论与第四推论结合在一起，则是一与存在相结合之后构建出来的一个宇宙本体论结构的体系。[1] 普罗克洛在他的《柏拉图〈巴门尼德〉评注》中提到了两种诠释路径，即一种逻辑的和一种形而上学的路径，这也出现在后来的诠释中。普罗克洛所提到的逻辑式诠释的代表人物是中期柏拉图学派的阿尔比诺斯（Albinus），他将《巴门尼德》视为对芝诺的反驳。而形而上学式的诠释是新柏拉图学派的做法，也就是从文中提到的八个推论出发，建立一个以"一"为基础概念的形而上学体系。[2] 显然，多得所延续的是形而上学路径的诠释传统。

然而，我们并没有必要在上述的两种可能性（即认为这些推论仅仅为一种辩证法练习或是认为它们构成了一种形而上学本体论的基本出发点）中选择其一。当下不少研究者并未跟从泰勒的"游戏"诠释，而是在对第二部分的论述的分析中，试图梳理出柏拉图晚期理论的发展，例如卡恩（Charles Kahn）、梅茵瓦尔德（Constance Meinwald）等，后者指出，这一部分占据了如此大的篇幅，这暗示它获得了重要的结论，她试图通过对第二部分的重构，阐明柏拉图哲学中有着两种不同的谓述，并且展现基本的解释性实

---

〔1〕 E. R. Dodds, "The *Parmenides* of Plato and the Origin of the Neoplatonic 'One'", in *The Classical Quarterly* 22, 1928（3/4），pp. 133-135.

〔2〕 Francis Macdonald Cornford, *Plato and* Parmenides, London：Kegan Paul, 1939, v.

体之间的结构性关联。[1]但也有人延续泰勒的立场，例如塔巴克在他 2015 年出版的著作中，认为它并未带来任何学说上的新结果，并且他更近一步将其诠释为柏拉图对他对手的"讽刺"（parody）。[2]

我们可以同时将《巴门尼德》视为柏拉图对自己学说的积极表述，而并不需要拘泥于新柏拉图主义的理论。在新柏拉图主义的重构中，最主要的问题是将"一"与"至善"相等同，并将其视作是超越"存在"的。[3]然而在第二部分的八个推论中，有四个是否定性的，作为一个否定性的推论，推论一要指出的是"一"的超越性，一不是多，它不能有任何属性，也不能有存在。但在同样为否定性的推论四要指出的是，假若异于一者完全与"一"分离（也就是一完全超越多），那么它们就不会拥有任何统一性与属性。很明显，如果我们将第一个推论视作通过反证法来推翻"实在是一"的前提而对一的超越性进行证明的话，那么第四个推论将成为对万物缺乏统一性和可述说性的一个否定性论证。虽然在此解读下，一的超越性得到了保留，但是这并非是唯一的解读方式，甚至并不是最恰当的。因为这使我们将柏拉图的立场彻底解读为巴门尼德的元一与流变之二元对立的立场。然而，柏拉图是绝对不会同意现象界是纯粹缺乏统一性的和混沌的说法的，这等于彻底否定了他的理念论和分有的思想。而新柏拉图主义的建构中，也因此需要引入一个与不定的二相混合的一，而不能仅仅依靠那个完全超越存在的本原。[4]

〔1〕 Constance Meinwald, *Plato's Parmenides*, Oxford: Oxford University Press, 1991, p. 26.

〔2〕 Mehmet Tabak, *Plato's* Parmenides *Reconsidered*, New York: Palgrave MacMillian, 2015, p. 60.

〔3〕 John Rist, "The Neoplatonic One and Plato's *Parmenides*", in *Transactions and Proceedings of the American Philological Association*, 1962（93）, p. 398.

〔4〕 *Ibid.*

但是，如果我们跟随卡恩，将第一个推论解读为否定了一之绝对超越性或分离性的论证的话，那么第四个推论也就变得更为自然了：它所要论证的是，完全与"一"所分离的"异于一者"并不是多，它无法被述说，从而指出了"一"与"存在"间相结合的必要性。[1]也就是说，我们可以将第一个和第四个推论解读为对巴门尼德的元一之绝对分离性的否定性论证，在此解读之下，《巴门尼德》第二部分的八个论证的四个否定性推论和肯定性推论就具有相互佐证的功能，而非构成二律背反式的矛盾。

因此，一种更好的诠释方式是在理念论的传统中来解读柏拉图的《巴门尼德》，而第二部分恰恰是对"一"与其他本体论概念之间关系的一种演证。例如，陈康先生从通种论的角度来理解这一部分，他认为："这一部分的任务在于举出各种条件，表明在哪些条件之下，相反的'相'，以及事物的相反性质，互相结合，在哪些条件下则不结合。"[2]很明显，他将《巴门尼德》视为《智者》的铺垫。将《巴门尼德》置于与柏拉图其他著作的关联中来看，很显然是一种更好地理解这令人费解的作品的方法。卡恩建议将它视为一部对柏拉图晚期著作的引子，《智者》和《斐利布》中的主体部分可以为视为对《巴门尼德》中讨论到的问题的延续和发展。与泰勒不同，卡恩认为，《巴门尼德》的第二部分给出了一系列建设性的论述，为一个更丰富且全面的理论做了铺垫。[3]而聂敏里则将

〔1〕 Charles Kahn, *Plato and the Post-Socratic Dialogue*, Cambridge：Cambridge University Press，2013，pp. 21, 32.

〔2〕 陈康：《论希腊哲学》，商务印书馆 2011 年版，第 107 页。

〔3〕 Charles Kahn, *Plato and the Post-Socratic Dialogue*, Cambridge：Cambridge University Press，2013，pp. 2-3.

"一"诠释为"一个概念自身的自我同一性",这八组论述在他看来,是"针对概念'一'进行概念辩证法的新试验,以表明任何一个概念就其自我肯定和自我否定而产生的必然的辩证综合"。[1]

在此,本文将为卡恩等人的解读方式提供进一步的支持,围绕"一""存在"和"非存在"的概念,对第二部分进行一个解读,目的是指出第二部分并未像泰勒等人所认为的那样构成了几组"二律背反",而是提供了一组由八个论据所组成的论证,它们构成了一个有机的整体。笔者将《巴门尼德》中的八个论证分成两个组成部分,第一部分以爱利亚派关于"一"的绝对超越性为出发点,它实际上构成了一个反证,因为它指出了"一"之不可言说性的不合理之处,而第二部分的核心为第二个论证,它也是所有论证中篇幅最长的一个,它指出,只有将"一"与"存在"结合,才可以真正地消解矛盾。第三到第八个论证实际上是对第二个论证的辅助论证,因而属于第二部分。这一诠释建基在对第二部分关于"一"是否是一种理念(form)的理解之上,如果将"一"仍然视为第一部分所讨论到的理念,并且第二部分延续了第一部分关于理念和分有的讨论,或其是对第一部分的反驳的话[2],那么这一组论证就缺乏一种连贯性,研究者们也就很自然地会将这一组论述视为由不兼容的对立论点所构成的一系列二律背反。而笔者则更加倾向于卡恩的理解,也就是认为第二部分并不直接与第一部分衔接,而是面向一个更加丰富和完备的理念论拓展出了新的视野,而"一"不能被视为

---

[1] 聂敏里:《西方思想的起源》,中国人民大学出版社 2017 年版,第 120 页及以下。

[2] 陈康提到了研究中的这种解读方式,参见陈康:《论柏拉图的〈巴曼尼得斯篇〉》,载《巴曼尼得斯篇》,商务印书馆 1982 年版,第 417 页。

一种传统意义上的理念，也就是说，它并非是一种分离的实体。因而，第二推论中的"一"指的是具有具体时空存在形式的物体中的一，它所表达的并非个体物体之感性的一面，而是概念性、本体结构性的一面。[1]

二、《巴门尼德》第二部分（136c-166c）的结构

这一部分构成了这篇对话的第二部分，它主要由八个推论组成，而柏拉图在文中所提到的"ὑπόθεσις"指的仅仅是"一是""多是""一不是""多不是"这样的前提，在过渡到第二部分的引子中，柏拉图让对话中的巴门尼德说道，苏格拉底不仅仅应该设定某物是（135e：εἰ ἔστιν ἕκαστον），并从中进行推论，而且也必须设定某物不是（136a：εἰ μὴ ἔστι τὸ αὐτό），来进行推论。因而，研究中所提到的八个所谓的推论实际上分别从"一是"和"一不是"这两个不同的前提出发，然后分别对"一"和"他者"的诸属性进行推论（即对他后来所说的就"一"与"多"之间的关联进行讨论，见136a）。而对"一"和"他者"可以有两个结果相反的推论，从而构建出八个推论，并分为两大组（按不同的前提，分别标注为一、二），在每一组中又可按针对的是"一"还是"他者"或"异于一者"分为两小组，各包含两个推论，共有四个小组，分别标注为A、B、C、D。从表面上来看，似乎每一个小组由于推出截然相

---

[1] Cf. Charles Kahn, *Plato and the Post-Socratic Dialogues*, Cambridge：Cambridge University Press 2013, pp. 3, 20, 以及 Arnold Hermann, *Plato's* Parmenides, Las Vagas/Zurich/Athens：Parmenides Publishing, 2010, p. 57。

反的结论，而构成了泰勒所说的"二律背反"。从结构上来说，这一部分的确与智者的"双重论证"（Dissoi Logoi）有着很大的相似性，[1] 但是从对话角色巴门尼德的进一步阐述来看，他的目的并非通过构成矛盾而否认或质疑推论的有效性，而是将这样的推论作为一种"透彻地看清真相"（136c：κυρίως διόψεσθαι τὸ ἀληθές）的训练（γυμνα-σάμενος：训练有素者），为的是"完满地训练自己获得关于真理的有权威的洞察"（135c）[2]。梅茵瓦尔德也指出这一段对话与早先苏格拉底式对话中的反诘有区别：在这里，并没有对论证的弱点进行攻击，因而这一段对话更应被视为推论，而非对某一特定观点的批判。[3] 因此，这个训练并非一种游戏，而是以认识真理为目的。这一点将在本文第三章得到更加详尽的论述。

赫尔曼（A. Hermann）在他的专著中给出了一个清晰的结构和分析。如他所述，这一部分的主题实际上是围绕着"一"（τὸ ἕν）的分离性（separation）以及与其他的普遍概念，或"种"（γενή）的结合（interweaving）而展开的。[4] 在参考了康福德和赫尔曼[5] 的结构分析后，可以对这一部分给出如下的结构性描述，在此，本文的分段形式与上述两者的略有区分：

---

〔1〕 Arnold Hermann, *Plato's* Parmenides, Las Vagas/Zurich/Athens：Parmenides Publishing, 2010, p. 23.

〔2〕 柏拉图：《巴曼尼得斯篇》，陈康译注，商务印书馆 1982 年版，第 114 页。

〔3〕 Constance Meinwald, *Plato's* Parmenides, New York/Oxford：Oxford University Press, 1991, p. 22.

〔4〕 Arnold Hermann, *Plato's* Parmenides, Las Vagas/Zurich/Athens：Parmenides Publishing, 2010, pp. 59, 68.

〔5〕 Cf. Arnold Hermann, *Plato's* Parmenides, Las Vagas/Zurich/Athens：Parmenides Publishing, 2010, p. 41ff.

1. 从前提"如果'一'是"出发的四个推论

A.

第一个推论（137c-142a）：如果"一"是，那么"一"不可用任何概念加以谓述或描述。只有使用否定的方式才可以对其加以描述，例如"没有部分，也不是整个的"（137c：οὔτ' ἄρα ὅλον ἔσται οὔτε μέρη ἕξει）、"无界限的"（137d：ἄπειρον）、"既不是静止也不是变动的"（139b：οὔτε ἕστηκεν οὔτε κινεῖται）、"与自身或另一个东西既不相似，也不是不相似"（139e：οὐδὲ μὴν ὅμοιόν τινι ἔσται οὐδ' αὑτῷ οὔτε ἑτέρῳ）等，总而言之，对"一"，是无法有称呼、说明、认识、感觉或意见的（142a：οὐδὲ ἄρα ὄνομα ἔστιν αὑτῷ οὐδὲ λόγος οὐδέ τις ἐπιστήμη οὐδε αἴσθησις οὐδε δόξα）。

第二个推论（142b-155b）：如果"一"是，它就具有实在（οὐσία），此存在并不与"一"同一，因为它是"一"之存在。而此情况下，"一"就具有了部分，即"存在"。那么"一"也就是多，也就具有了形态，它既运动又静止，既同一又不同，既相似又不相似，等等，而"一"是可以被把握的，也就是说，对其可以有认识、感觉和意见（155d）。

第一和第二推论的综合（155b-157b）[1]：这一段将上面两部分得出的结论综合起来，将其所得出的有关"一"的可能谓述，即否定的和肯定的，都赋予了"一"。

---

[1] 赫尔曼称之为"coda"，即尾声，但他的划分是从151e开始的，将有关"一"之时间性的讨论放到了"尾声"这一节，而康福德则没有另外划分出这一部分。Cf. Hermann, p. 44.

B.

第三个推论（157b-159b）：如果"一"是，对"异于一者"来说，则可推出异于一者是多，且分有一，异于一者是无限的，却分有有限，异于一者是相似的和不相似的。

第四个推论（159b-160b）：如果"一"是，对"异于一者"来说，则异于一者既不是一，也不分有一，异于一者既没有相似性，也没有不相似性，既不同一，也不相异。

就这四个推论，康福德认为它们结合起来在160b处得出了一个总体性的结论，即"一既是一切东西，也不是任何东西，这就它自身来说是这样，就异于一者来说，也是如此"。另外，他指出，这四个推论尽管看似矛盾，但如果意识到其中"一"与"异于一者"在不同的推论中有着不同含义，那么就会发现它们之间是融贯的。[1]

2. 从前提"如果'一'不是"出发的四个推论

C.

第五个推论（160b-163b）：在说"一"不是的时候，就已经预设了"一"具有一个确定的含义，或是说，对其有着一个认识（160d：εἶναι αὐτοῦ ἐπιστήμην），而且它也具有差异性（162e：ἑτεροιότης ἐστὶν αὐτῷ），且相对于他者，也具有不相似性（161a：ἀνομοιότης ἄρα ἐστὶν αὐτῷ πρὸς τὰ ἄλλα），而就自身而言，具有相似性（161c：ἑαθτοῦ ὁμοιότητα αὐτῷ εἶναι），它也必须分有存在（161e：οὐσίας δεῖ μετέχειν），而且它同时静止和运动着，同时变化

---

[1] Francis Macdonald Cornford, *Plato and* Parmenides, London: Paul Kegan, 1939, p. 217.

又不变化，既是生成和消亡，又是不生成和不消亡。

第六个推论（163b-164b）：在说"一"不是的时候，它既不会有存在，也不会有静止、运动、变化、不变化等任何状态和性质。

D.

第七个推论（164b-165e）：如果"一"不是，那么"其他的"就必然以某种方式存在，且为"异的"，它并非与"一"相异，而是与其他的他者相异。他者会显得为"一"，却并非如此，显得在量上是没有界限的，显得有数量，且显得相对于其他作为量的他者有着界限，就其自身而言，显得没有开端和终点，从而显得既无限又有限，既是一又是多。这些作为量的他者间显得既相同又相异，既相互接触又相互分离，既运动又静止。

第八个推论（165e-166c）：如果"一"不是，那么"其他的"就不为一，也不为多，它既不能被设想为一，也不能被设想为多。它既不是相似的，也不是不相似的，既不是同一的，也不是相异的，既不接触，也不分离。总之，如果一不是，那么无物存在。

对整个第二部分的总结（166c）：无论一是还是不是，就其自身而言，以及在相互之间的关系中，都以一切方式是和不是，而且既显得如此又不显得如此。[1]

在对第二部分进行诠释之前，有两个问题必须先得到澄清，即"一"在八个推论中的含义是否相同。康福德和赫尔曼对此是否定的，他们认为，必须区分其不同含义，才能使得八个推论之间具有

---

[1] 对照原文和 Hermann 的英译本，以及 Schleiermacher 的德译本翻译得出。

融贯性，例如赫尔曼将"一"区分为单纯的一和复杂的一，即"一个存在者"（One Being）或"那个存在的一"（One That Is），前者为第一个推论中的一，它无法被赋予任何属性，而后者则是第二个推论中出现的一，它可以获得任何一种属性。[1]而梅茵瓦尔德对此持肯定的态度，她通过区分两种不同的谓述，使得八个推论在一个对"一"的单义解读之下，仍然具有融贯性。[2]另一个问题是如何看待第一个推论，如福利斯特（James Forrester）所指出的那样，与其他七个推论不同，第一个推论的结尾处，巴门尼德的对话伙伴亚里索托特勒斯的回应是否定的，即在被问到"'一'能是这样的吗"时，后者回答道："我想不能。"（142a：οὔκουν ἔμοιγε δοκεῖ）这像是推翻了第一个推论所得出的结论，而其他的推论都是以亚里索托特勒斯的肯定回答结束的。[3]福利斯特将这一部分理解为一个"归谬法"的论证（reductio ad absurdum），从而颠覆了传统的新柏拉图主义的诠释，即普罗克洛将此推理理解为柏拉图发展出来了一个超越存在的"太一"的概念。然而他并不认为最后的否认针对的是推论一得出的所有结论，而仅仅是从141b开始的结论，特别是"'一'在任何条件下都不是"（141e：οὐδαμῶς ἄρα τὸ ἕν）的结论。也就是说，在第一个推论中，并非我们需要接受所有的结论和论点，因为对话中，柏拉图已经通过亚里索托特勒斯和巴门尼德

---

〔1〕 Arnold Hermann, *Plato's* Parmenides, Las Vagas/Zurich/Athens：Parmenides Publishing，2010, p. 39.

〔2〕 Constance Meinwald, *Plato's* Parmenides, New York/Oxford：Oxford University Press，1991, p. 26.

〔3〕 科尔德也指出了这一点。Cf. Patricia Kenig Curd, "Some Problems of Unity in the First Hypothesis of the *Parmenides*", in *The Southern Journal of Philosophy* 27, 1989（3），p. 349.

这两个对话人物对某些论点所展现出来的态度来暗示，哪些内容是他所认可的，而哪些是需要质疑或摈弃的。在141e前的论述是可以接受的，而第一推论中在它之后的内容则不能被视为柏拉图学说中肯定性内容的成分。[1] 福利斯特给出的分析是结构性的，他提出的问题对回答本段提出的第一个问题具有重要性，他指出，141e处，柏拉图通过巴门尼德这个角色引入了一个额外的前提，即存在只在时间中，如此才得出了与前提截然相反的一个结论，并在表面上构成了一个悖论形式，因而会误导诠释者们以为第一推论是一个反证法，意图是推翻前提。但如果问题实际上处在这个外在于整个第一推论的附加前提上，那么事情就不一样了，我们可以接受在这前提之前所确立下来的一些论点。[2] 而只有确定了第一个推论中哪些关于"一"和"存在"的结论是可以被视为肯定性地表达了柏拉图的学说之后，才可以确定八个推论中的"一"是否是以单义的方式得到使用的。在第一个推论的141e前，柏拉图是以超越时空的方式来讨论"一"的，而在141e的附加前提引入之后，柏拉图转而在具体时空存在的意义上来讨论"一"了。这是第二个推论中"一"的使用方式。本文第三章将对上面所提到的两个问题都做一个回应，并在此基础上，对《巴门尼德》第二部分进行一个融贯性的解读，以揭示其中"一""存在"和"非存在"这些概念之间的关系。

---

〔1〕 James W. Forrester, "Plato's *Parmenides*: The Structure of the First Hypothesis", in *Journal of the History of Philosophy* 10, 1972（1）, p. 2.

〔2〕 *Ibid.*, p. 6. 陈康在译注里也提到了这一点，不过陈康认为，这是希腊哲学的一个特点，即认为存在必须是具体性的存在，参见柏拉图：《巴曼尼得斯篇》，陈康译注，商务印书馆1982年版，第169页。

三、"一""存在"与"非存在"之间的关联

在第一个推论中，柏拉图笔下的巴门尼德首先从前提"如果'一'是"（εἰ ἕν ἐστιν）出发，对"一"的谓述进行推理。在此所使用的前提或假设（ὑποθεσις）的方法在数学和辩证法中都有所使用。在《美诺》中，苏格拉底从数学中借用了假设的论证方式。设定一个前提进行假设性的推理，这种方式是为推理活动寻找一个可以展开的出发点。[1] 不过，在《理想国》中，柏拉图认为，在辩证法中，假设并非第一本原，它们仅为哲学探索的出发点，目的是在从假设出发的推论中找到不变的本原（511c）。[2] 因此，直接从假设的前提推演出来的结论并非为探索的最终结果，正因如此，这一部分也同样从相反的前提出发推演。只有在对八个推论的结论全部加以综合的时候，才会获得探索的最终结果。在这一部分中，我们将对第一个推论和第二个推论进行详细的分析和考察，以此为例来说明这一点。因为第一个推论是否定性的推论，第二个推论是肯定的，它们拥有共同的前提。如果我们能够揭示它们实际上不构成一个二律背反，而是相互辅佐，那么我们也就可以以此类推，来展现其他几组推论之间同样的关系，而对后面三组推论的分析，在此就可以略过。第一个推论可以被划分为以下八

〔1〕 Charles Kahn, *Plato and the Post-Socratic Dialogue*, Cambridge：Cambridge University Press, 2013, p. 40.

〔2〕 Cf. Coleen Zoller, "Plato on Hypothesis, Proportion, and the Education of Philosophers", in *Auslegung* 29, 2007（1）, p. 53.

个步骤，它们从不同的角度讨论了"一""多"和"存在"之间的关联：

在第一个推论中，第一步否定的是，如果"一"是的话，"一"会是"多"（137c）。而从随后的推理中可见，"多"的含义中蕴含了"部分"（μέρος）和"整体"（ὅλον）的概念，因为由此可以推导出"一"不具有部分也不是整体。"部分"蕴含着"开端"和"终点"，或者说"边界"，而"一"就是无边界的（ἄπειρον），是没有形态的。这一部分是从"量"这个范畴[1]来考察"一"。

第二步则是从"地点"这个范畴出发来对其加以考察："一"没有任何处所，因为处所也是一种量之上的限定，如某物在某一个处所中，它必然在广延上要小于这个处所本身。从而也就有了处在某个处所中的某物，以及包围着它的东西，于是"一"就不是"一"了，而是成了"二"（δύο）。

第三步则从变化上来看"一"：如果变化指的是简单运动的话，那么圆周式的自转运动就已经区分了中心和边缘，边缘围绕着中心运动，这也就是多，而非一了。同样，如果是位移运动的话，那么就有着位置上的先后，这也构成了多。

第四步讨论的是改变，涉及与自身的"同一性"（ταὐτὸν ἑαυτῷ）和"差异性"（ἕτερον ἑαυτῷ）以及与他者之同一性及差异性的概念。这属于"关系"的范畴。而"一"是不可能与自己相

----

[1] 尽管柏拉图还未明确地提出"范畴"这一说，但是在他那里，我们已经可以找到不同的谓述类别。

异，与他者同一的，但是同样也不可能与他者相异，因为它不可能与某一具体事物相区分，而是将差异性绝对地排斥在其概念之外（139c）。但是它也不具有同一性，否则同样会是多：同一性为一种关系，关系需要两个关系项，这样就无法保持绝对的唯一性了。随后第五和六步中关于相似性和不相似性、相等和不相等的讨论也与此类似。

第七步讨论的是时间性。很显然，与空间的广延类似，时间上"一"也是不能有部分的，它也不在任何时间中（与地点相类似）。

第八步即上文提到的最终被否定了的推论：它是从第七步的"一"不具有时间性的结论开始，通过"是"（εἶναι）具有过去时、完成时、未来时等时态而推出"一"不是的结论的，因为各种时态为"是"的各种可能形式，否认"一"具有任何时间性，也就等于否认了"一"在任何方式上"是"，从而与整个推论的假设"一是"形成了一个对立。它既然"不是"，也就不会拥有统一性（141e：ὥστε ἓν εἶναι），既然没有统一性，也就不是存在着的（ὄν），也不拥有实在（142a：οὐσίας μετέχον）。从而我们可以将它转化成另一种语法表达形式，即"非存在者"（τὸ μὴ ὄν），因为对它是没有任何认识、语言表述，或任何设想的。

如果问哪一步出现了问题而导致了最后的矛盾，福利斯特的建议是更加可取的，他认为，这是从上文的第八步开始的，这一点可以从亚里索托特勒斯逐渐变得不确定的回应上看出，直到他的回应变成了对最近一步结论的否定。对推论本身的分析展现出，作为起始点的假设"一是"(εἰ ἕν ἐστιν)中的"是"并不必须是一个具有时态的"是"。[1]在巴门尼德的《论真理》残篇中，他也提到过"那个是的一，它不可能不是"(DK 28B2)，而科尔德(Curd)将这里没有谓词而单独被使用的"ἐστιν"诠释为一种谓词性的动词，他不像其他诠释者如加洛普(David Gallup)那样将其视为表达存在(existential)，而是将"那是者"(What-is)视为对本质的表达。而且，按照亚里士多德的说法，巴门尼德所关心的"一"是本质之统一性。[2]因而第一个推论并未涉及"存在"，尽管巴门尼德的残篇将"一"(ἕν)与"是"(ἐστιν)联系在一起。普罗克洛也指出了这一点："一"的绝对统一性使得它不能被谓述，包括同一性的谓述"一是一"，他认为，"一"的定义本身就蕴含了它的绝对性，这以"一不是"的方式得到了表述，而在此，"不是"指的是不可以以"是"的任何一个方式来对其加以述说，而并非对"一"的绝对否定。[3]然而在新柏拉图主义的《巴门尼德》诠释传统中，"一"也是无法被述说为存在意义上的"是"的。普罗提诺的"太一"就是超越存在的。普罗克洛也将"一"视为一种超越性的原因，在"存在"之上。但是这种诠释没有解释在假设"一是"中的"是"到底是什么含义。在笔者看来，一个更加合理的诠释是跟随福利斯特的判断，将上文提到的第八步(141c)开始

---

〔1〕 James W. Forrester, "Plato's *Parmenides*: The Structure of the First Hypothesis", in *Journal of the History of Philosophy* 10, 1972（1）, pp. 6-7.

〔2〕 Patricia K. Curd, "*Parmenides* and After: Unity and Plurality", in *Companion to Ancient Philosophy*, pp. 38-39.

〔3〕 Francis Macdonald Cornford, *Plato and* Parmenides, London: Paul Kegan, 1939, pp. 129-130.

的论述视为与前面的论述相区分的部分。前面一段推论的结论并未被否定，即"一"没有部分、没有开端等，而后面一段的结论，即"一"不分有是则被否定了。这不仅仅是像康福德说的那样想要过渡到第二个推论，[1]而是用来展示一种错误或不全面的对"存在"的理解，即存在一定是流变之中具有时间性的存在。而在引入附加前提之前，第一个推论中所展现出来的"一"是一个超越流变的"一"，它如果具有存在的话，也是一种超越性的存在。在这个意义上理解的"一"是无法与具体的存在相结合的。因而，能与"存在"相结合的"一"，必定不是一个超越性的、分离的"一"，而是一个与具体存在相结合的"一"。即便第一个推论在141e之前的论证在逻辑上没有任何问题，它也仅仅是重述了爱利亚派的巴门尼德式的元一，对理解流变和具体存在没有任何帮助。正因如此，柏拉图需要在第二推论中过渡到一个与具体存在结合的"一"的概念。

这一点在第二个推论中得到了展开，它与第一个推论不同，是从"一"与"存在"之间的关系出发进行推论的。首先是设定同一个假设"如果'一'是"，而从"是"出发，得到"一"具有"实在"的结论（142b），由此，在"一"当中出现了一个分化：它拥有一个与自身相区分的实在——"是者"（τὸ ἔστιν）与"一者"（τὸ ἕν）所意指的意义是不同的（142b）。因而，假设中所预设的"一是"，可以分解出两个要素，一个是"存在的一的是"（τὸ ἔστι τοῦ ἑνὸς ὄντος），另一个是"为一的存在者之一"（τὸ ἕν τοῦ ὄντος），它

<hr />

[1] Francis Macdonald Cornford, *Plato and* Parmenides, London: Paul Kegan, 1939, p. 130.

们是两个不同的东西，然而它们同属于"一是"这个预设（142d）。从而"一"并非为一个单一、绝对的一，而是一个整体，整体（ὅλον）的概念预设了部分的概念（142d）。每个部分都是一个相对的整体，因而也可以如此划分，从而得出一个无限数量的部分的结论。由此，便可以从"一"，从"存在着的一"过渡到"多"的概念。这也是此推论第二步的内容。

因而，顺着类似的逻辑发展，从推论的第三步到第八步可推出，"一"和"不同"、"奇"和"偶"、"同一"和"差异"、"相似"和"不相似"、"运动"和"静止"等这些被认为是对立面的概念，实际上是相互蕴含且统一的（143a-144e）。在此推论的最后一步，柏拉图笔下的巴门尼德讨论"一"的时间性。与第一个推论一样，他从动词不定式的名词化形式"εἶναι"（存在/是）中推出了时间的现在、过去和未来，因为他将"存在"解释为"对当下时间中的某一实在之分有"（μέθεξις οὐσίας μετὰ χρόνου τοῦ παρόντος，152a），从动词"存在"的过去时和未来时中，也能推导出这两种存在对过去和未来时间中某一实在之分有，因而就有了时间上的延展和运动。由于当下在瞬间变为过去，未来又变成当下，一也就同时比自身和他者年少或年老。这样的推论却并未成为一种悖论。因为他者其实就是整体和一的部分，因而在时间中的开端、中点和终点都是同一的，与终点一起，其他的部分最终也成为一个整体（153c）。由此可以得出，"一"实际上是可以得到概念性的把握的，可以在话语思维中得到描述。它并不像爱利亚派的元一那样是一个自立的实体，也并不是某种永恒的形式，而是一个可以与其他属性相结合的本体论概念，能够与

后来在《智者》中得到更详细讨论的"变化""生成"等概念相
结合。[1]

四、总结

在梅利索斯（Melissus）那里，"一"是"存在"的首要谓
述，他与巴门尼德都在"不可分"和"独一"的意义上来使用
"一"。[2]理念可以被"一"所谓述，但是"一"无法被任何概念
谓述。因而"一"并非理念，而是一种比理念更为抽象的对象。柏
拉图《巴门尼德》第二部分的第一个推论以爱利亚派的元一及其基
本命题"存在是一"为出发点，得出了"一"不分有是且无法被言
说的结论。新柏拉图主义的《巴门尼德》诠释认为这一部分论证了
"一"之绝对超越性和不可言说性，但这是一种不可靠的诠释。第
一组推论本身就存在着不一致性，141e之前所讨论的"一"是一
种超越性的"一"，在这个意义上讨论一与存在的关系，就必须同
样以一种非时空性、超越性的方式来看待"存在"，然而，此处之
后涉及的"存在"却是具体的、时间中的存在，它必然无法与超越
意义上的"一"结合。但这并不说明"一"针对"是"或"存在"
的超越性，而是只有在一种内在意义上被理解的"一"才能够与具
体存在相结合，成为本体论上一个可用的概念。实际上，第一个推

---

[1] Charles Kahn, *Plato and the Post-Socratic Dialogue*, Cambridge：Cambridge University Press, 2013, p. 41.

[2] Henry Teloh, "Parmenides and Plato's *Parmenides* 131a-132c", in *Journal of the History of Philosophy* 14, 1976（2）, p. 126.

论必须与第二个推论结合在一起探讨，才会展现其特殊意义：一个绝对的、看似单纯的概念反而会得出矛盾，而避免矛盾的方式，只有允许"一"具有一定的复杂度。通过揭示"一"与"存在"的统一性，原先的矛盾得到了克服。因而，爱利亚派本来的"一""存在"和"思维"之间的统一性在这部柏拉图对话中得到了保留，但是柏拉图通过将"存在"解释为时间中的存在，抛弃了巴门尼德思想中对"存在"和"一"之超越性的看法，将"存在"和"一"均置于运动和流变之中。这应该也是柏拉图晚期思想与他中期思想的不同。

φιλία 中的"同一性"与"他异性"

——《吕西斯》中的"他者"问题探析

郭文娅[1] 舒 也[2]

摘要：

《吕西斯》是柏拉图的早期作品，也是最早讨论 φιλία（友爱）的哲学著作。柏拉图的 φιλία 不同于日常的友谊，常被认为是实现目的的手段，因而具有一定程度的工具性。然而，为了实现目的，φιλία 的对象需要具有某种他异性，而这种他异性又必将被最终的那个目的所同化。在同一性与他异性的矛盾张力中，φιλία 指向了具有伦理意义的他者，因而超越同一性、摆脱工具性，并从知识领域进入伦理领域。

关键词：

吕西斯；φιλία；同一性；他异性；他者

〔1〕 郭文娅，南京大学哲学系与雅典大学哲学系联合培养博士生，研究方向为古希腊哲学。

〔2〕 舒也（方蕴林），文学博士，南京大学哲学系教授，曾任雅典国立大学文学院文科客座教授（2012—2013 年，希腊），哥廷根大学现代东亚研究中心 Erasmus Mundus 项目客座教授（2014 年，德国）。主要从事哲学、美学和文化研究。

一、《吕西斯》中的 φιλία

　　《吕西斯》[1] 是柏拉图的早期作品，以 "φιλία"[2] 为讨论的主题。第欧根尼·拉尔修（Διογένης Λαέρτιος）在《明哲言行录》中记录，有人听到苏格拉底说《吕西斯》是谎言，因为"这篇对话写了很多苏格拉底从未说过的东西"[3]，但也有学者认为，在柏拉图的早期作品中，"柏拉图仅仅是苏格拉底的记述者……并赞同那种归于苏格拉底的理论立场"[4]。柏拉图的早期对话总是试图为某个主题下定义，以"……是什么？"为线索展开讨论，但最终都没有找到合适的定义，以 aporia（ἄπορος，难题）结尾。[5]《吕西斯》也不例外，该篇主题 "φιλία" 是一个复杂的概念，与英语中

---

[1] 本文使用的英译本为 Burnet. J., *Platonis Opera*, vol. 5, Oxford：Clarendon Press, 1903, in Cooper, J. M. & Hutchinson, D. S.（eds.）, *Plato*：*Complete Works*, Hackett Publishing, 1997。中译参见柏拉图：《柏拉图全集：第一卷 吕西斯篇》，王晓朝译，人民出版社2002年版。柏拉图：《吕西斯》，贺方婴译，华夏出版社2020年版。陈郑双：《〈吕西斯〉译疏》，华夏出版社2014年版。吕西斯（Λύσις, Lysis）是雅典城里的少年美男子，是青年希波泰勒（'Ιπποθάλης）的爱慕对象，Λύσις 有"解散了、松开了"的含义，与本文将阐释的向他异性开放有微弱的呼应关系。

[2] Φιλία 通常译为"友谊、友爱"，但在《吕西斯》中，φιλία 有超出人与人之间关系的丰富内涵，统译为"友谊"或"友爱"不太合适，所以本文直接用 φιλία 表达。

[3] 第欧根尼·拉尔修：《名哲言行录》，马永翔等译，吉林人民出版社2010年版，第159页。

[4] 特伦斯·埃尔文（Terence Irwin）：《柏拉图的伦理学》，陈玮、刘玮译，译林出版社2021年版，第20页。

[5] 这是对柏拉图早期作品的广为流传的说法，1953年，理查德·罗宾逊（Richard Robinson）写道："大体上，这些主要问题（即柏拉图早期对话中的主要问题）有两种形式：或者是'X 是 Y 吗？'，或者是'X 是什么？'，在这两种形式中，'X 是什么？'尤其突出，为柏拉图的读者所关注。"此外，泰勒（A. E. Taylor）、格鲁贝（Grube）也持相同看法。参看瓦西里·珀力提（Vasilis Politis）的《柏拉图早期对话中的探究结构》。

的"friendship"以及汉语中的"友谊"不完全相同。在古希腊语中，φιλία的含义很多，从词义来看，φιλία不局限于人与人之间的友爱关系，还指物与物、状态与状态之间的相互吸引。[1]但我们不会将物与物、状态与状态之间的相互吸引称作友谊，所以本文不将φιλία译为"友谊"。在《吕西斯》中，φιλία有时指人与人之间的友爱，例如"吕西斯和梅尼克齐努斯（Μενεξένος）之间的友爱"（Lysis 207c），正如我们日常生活中所熟悉的友爱关系；有时指"主人对附属物（孩子、动物、财产、器物等）的爱"（Lysis 212e），在这种情况中，φιλία的对象只是附属物或实现某个目的的工具；有时指某种状态对另一种状态的渴望，例如"疾病因为健康而渴望医术"（Lysis 218e），在这种情况中，φιλία的对象仅仅是实现目的的手段。不难发现，《吕西斯》中的φιλία不仅指日常生活中的友谊，还指实现某种目的的工具。

柏拉图的φιλία是否具有工具性是一个争论已久的问题，许多学者认为柏拉图的φιλία是工具性的[2]，将φιλία的对象视为自

---

[1] φιλία的释义：（1）深情的关注、平等的双方之间的友爱关系（affectionate regard, friendship）；家庭感情（of family affection）；对上级的尊重（of the regard of dependents towards their superiors）；国家之间的友谊（of friendship between States）；共同体之间的关系（of communities）。（2）友善、和蔼（friendliness, amiability）。（3）恋人间的喜爱（of lovers, fondness）。（4）事物、喜爱、渴望（of things, fondness, liking for）。（5）将不和谐的元素和运动结合起来的自然力量（the natural force which unites discordant elements and movements）。参见 Perseus Digital Library 和 Greek-English Lexicon compiled by Henry George Liddell D.D.（1811-1898）and Robert Scott D.D.（1811-1887）。

[2] 此观点通常引自 W. K. C. Guthrie（1975），持此观点的还有 Terence Irwin（1977），Don Adams（1992）。参见 W. K. C. Guthrie, *A History of Greek Philosophy*, 5 vols, Cambridge, 1975; T. Irwin, *Plato's Moral Theory*, Oxford, 1977; D. Adams, "The *Lysis* Puzzles", *HistPhilQuart* 9, 1992, pp. 3-17.

我提升、自我完善过程中的工具；但有的学者强调柏拉图的 φιλία
不是自我中心的[1]，未将 φιλία 的对象作为工具；也有学者直接反
对将《吕西斯》中的 φιλία 视为工具性的[2]。凯瑟琳·皮克斯托克
（Catherine Pickstock）调和了以上两种观点，她认为，φιλία 的实
质是不对称的双方的互惠关系，彼此互为工具，目的是终极至善，
而双方不对称的"异质性"（heterogeneity）是构成双方互惠关系的
关键。[3]虽然她认为 φιλία 不是自我中心的，但 φιλία 的异质性仍
然可以被当作工具。更早关注柏拉图 φιλία 中的"异"的还有尼克
尔斯（M. P. Nichols），他认为柏拉图提示人们，哲学需要转向现实
的"朋友"——不能被同化或作为附属物的"他者"（other）。[4]尼
克尔斯所说的"他者"不是完全与自我对立的他者，而是日常生活
中具有伦理意义的他人。这两种观点，一种将 φιλία 中的"异"视
为工具性的，一种将 φιλία 中的"异"视为伦理性的。国内也有学
者提出，柏拉图的"第一朋友"不是"属己者"，并肯定了"异"

---

〔1〕 如 Gregory Vlastos（1981），T. F. Morris（1986），Michael D. Roth（1995），Lorraine Smith
Pangl（2001）。参见 G. Vlastos, *Platonic Studies*, Princeton, NJ., 1981; T. F. Morris, "Plato's
Lysis", *PhilresArch* 11, 1986, pp. 269-279; M. D. Roth, "Did Plato Nod? Some Conjectures
on Egoism and Friendship in the *Lysis*", *AGPh* 77, 1995, pp. 1-20; L. S. Pangle, "Friendship
and Human Neediness in Plato's *Lysis*", *AncPhil* 21, 2001, pp. 305-323。

〔2〕 H. J. Curzer, "Plato's Rejection of the Instrumental Account of Friendship in the *Lysis*", *Polis*:
The Journal for Ancient Greek and Roman Political Thought, 2014, 31（2）, pp. 352-368.

〔3〕 C. Pickstock, "The Role of Affinity and Asymmetry in Plato's *Lysis*", *International Journal
of Philosophy and Theology*, 2020, 81（1）, pp. 1-17.

〔4〕 参见 M. P. Nichols, *Socrates on Friendship and Community*: *Reflections on Plato's* Symposium,
Phaedrus, *and* Lysis, Cambridge University Press, 2009, 第四章 "Who is Friend?", pp. 189-
190. 尼克尔斯认为 φιλία 的对象之间互为他者，他者不是完全的自我也不是完全的他者，
自我与他者彼此缺乏、相互归属。本文则欲阐释走出自我的他者，以及二者的不相即性
而非相互性。

的超越价值和意义[1]。关注柏拉图 φιλία 中的"异",为"柏拉图的 φιλία 是否具有工具性"的争论,开辟了一条新的路径。

本文将从"异"这个角度继续前进,探索柏拉图的 φιλία 中具有怎样的"他异性"[2],并最终回答柏拉图的 φιλία 是否具有工具性。同、异表示两种状态,而同一性与他异性则处于拉锯的张力中,同一性试图同化他异性,他异性试图超越同一性,两者的关系在不同境况中呈现不同的样态。本文首先解释在什么意义上使用"同一性"概念,并阐述同一性如何体现在《吕西斯》的 φιλία 中。其次,阐释与同一性相矛盾的他异性,并区分《吕西斯》的 φιλία 中所涉及的几种他异性。最后,聚焦于超越同一性的他异性,一方面,使 φιλία 从一元走向二元,指向终极他者;另一方面,使 φιλία 从知识领域跨入伦理领域,指向伦理他者。由此,本文最终试图说明,由于《吕西斯》的 φιλία 中具有超越同一性的"他者",这种超越使 φιλία 摆脱工具性。

二、Φιλία 的同一性

"同一性"(identity)是一个重要的哲学概念,在不同的理论体

---

[1] 包利民、张波波:《柏拉图的"第一朋友"——试析古典目的论的自我质疑》,《哲学研究》2013 年第 10 期。

[2] 柏拉图在《智者》中用 ἕτερον 表示相异(different, other, anther),在《吕西斯》中用 ὁμοῖον 表示相同,用 ἀνόμοιος 表示不相同(unlike, dissimilar),用 ἐναντίος 表示对立(opposite),但都不是既非相同又非对立的"相异",柏拉图没有用某个词直接描述这种相异状态。凯瑟琳·皮克斯托克用"异质性"(heterogeneity)描述这种"异",尼克尔斯则用"他者"(other)讨论《吕西斯》中所爱对象的"异",两人从不同的角度讨论"异"。本文旨在阐释《吕西斯》中具有伦理意义的"他者",伦理他者所具有的"他异性"被列维纳斯阐述为"他异性"(alterity),所以本文通过"他异性"讨论"异"。

系中具有不同的含义。巴门尼德提出"思维和存在是同一的"[1]，其他一切则是空无的。柏拉图在《智者》中将"相同"（ταὐτὸν）和"相异"（ἕτερον）都视为"理念"（εἶδος）[2]，任何事物都与自身相同，又与其他事物相异，同中有异且异中有同。黑格尔认为巴门尼德没有认识到真正的同一性，而柏拉图认识到了真正的同一性，即"思辨的同一性"[3]。本文赞成黑格尔对柏拉图的肯定，并认为柏拉图的 φιλία 中的"同一性"是"使自身成为自身本身"，既不是简单重复的"逻辑同一性"，如 a=a，也不是人类经验中自我的"人格同一性"（personal identity），相较之下，其更接近于列维纳斯的"个体同一性"："个体的同一性既不在于与它自身相似，也不在于让它自己由指示它的手指从外部确定，而在于成为同一——在于成为自身本身，在于从内部自我认同。"[4]《吕西斯》中的 φιλία 追求自我认同，不仅追求自我实现 a=A，即成为自身本身，而且追求对象与自身的同一 a=b，即在对象身上确认自身本身。本文从以下两个方面论证 φιλία 的同一性。

第一，φιλία 的同一性体现为 a=A，因为 φιλία 的目的是使自身成为自身，所以 φιλία 的同一性实质上是自我实现、自我完善。

---

[1] 出自巴门尼德残篇：ΑΛΗΘΕΙΑ, Fragment. 3，收录于克莱门特《杂集》（*Miscellanies*）VI.2, 23；普罗提诺《九章集》（*Enneads*）V.1.8.：τὸ γὰρ αὐτὸ νοεῖν τε καὶ εἶναι（Because the same thing is there for thinking and for being）.

[2] 参见《智者》255c：τέταρτον δὴ πρὸς τοῖς τρισὶν εἴδεσιν τὸ ταὐτὸν τιθῶμεν（我们应该把相同设定为那三个理念之外的第四个理念）；《智者》255e：πέμπτον δὴ τὴν θατέρου φύσιν λεκτέον ἐν τοῖς εἴδεσιν οὖσαν, ἐν οἷς προαιρούμεθα（在我们选择的型相之中，相异从本性上来说被设定为第五个理念）。

[3] 参见黑格尔：《哲学史讲演录》第一卷，贺麟、王太庆译，商务印书馆 1959 年版，第 255 页；《哲学史讲演录》第二卷，贺麟、王太庆译，商务印书馆 1960 年版，第 213 页。

[4] 列维纳斯：《总体与无限》，朱刚译，北京大学出版社 2016 年版，第 280 页。

在《吕西斯》中，苏格拉底指出 φιλία 形成的原因有两种，一种是
"坏"（κακοῦ）[1]，因为"坏"的呈现而渴望恢复好的状态，这种对
恢复好的状态的渴望就是 φιλία；另一种是"欲望"（ἐπιθυμία）[2]，
因为缺乏而渴望实现自足的状态，这种对所缺乏者的欲望就是
φιλία。通过对 φιλία 两种形成原因的分析，可以知道 φιλία 的目
的是使 a 成为完善的自身 A。第一种情况，当"坏"作为 φιλία
形成的原因。如苏格拉底在文中论述，身体是"不好不坏"（οὔτε
ἀγαθὸν οὔτε κακόν）的，疾病是"坏"的，由于"坏"的原因，
身体渴望"好"（ἀγαθοῦ）的健康。也就是说，"不好不坏"渴望
（φιλεῖν）[3]"好"，是因为"坏"。其中苏格拉底特别指明，作为原
因的"坏"不是本性上的坏，而只是呈现为坏。就像"白发的白"
与"涂在铅锁上的白"的区别，白发的白是本性上的白，不能改
变；涂在铅锁上的白是呈现为白，可以改变（Lysis 216e-218c）。
由此可见，作为原因的"坏"只是呈现为坏，不是本性上的坏，是
可以改变的，改变是为了消除不是事物自身本性的特征，恢复事物
自身的本性。据此可知，φιλία 的目的是摆脱所呈现的"坏"，实现
"好"的状态，而"好"的状态意味着使自身成为自身的"自我完
善"。第二种情况，当"欲望"作为 φιλία 形成的原因。苏格拉底
论述，正如身体因为口渴而需要水，身体是"不好不坏"的，口渴
是一种"欲望"（ἐπιθυμία），来自身体对水的缺乏，水能补足身体

---

[1] 参见《吕西斯》217b：τὸ μήτε κακὸν ἄρα μήτ᾽ ἀγαθὸν φίλον γίγνεται τοῦ ἀγαθοῦ διὰ
κακοῦ παρουσίαν（不好不坏者成为好者的友者的原因是坏的呈现）。
[2] 参见《吕西斯》221d：ἡ ἐπιθυμία τῆς φιλίας αἰτία（欲望是友爱的动机）。
[3] φιλία 的动词不定式。

的缺乏，使身体恢复到满足的状态。也就是说，"不好不坏"因为"欲望"渴望满足（cf. *Lysis* 217a-222b）。柏拉图在《会饮》中也指出："爱因为缺乏美善而欲望所缺乏者。"（*Symposium* 202d）在《斐利布》中指出："人不可能需要补充他从未经历过的东西，欲望的对象一定是曾经属于自己而现在缺乏的东西。"（*Philebus* 35a）可见，柏拉图对欲望的一贯观点是，所欲者正是所缺者。布莱恩·穆尼（T. Brian Mooney）将之概括为"去爱的动力是爱者本体的缺乏（ontological lack）"[1]。通过分析 φιλία 形成的两种原因可以知道，无论因为"坏"还是因为"欲望"，φιλία 的目的都是实现自我完善，符合 a=A 的同一性原理。而在这个过程中，φιλία 的对象 b 则作为实现目的的工具，要么帮助 a 消除"坏"，要么满足 a 的"欲望"。因此，当 φιλία 以 a=A 的同一性为目的时，φιλία 的对象不可避免地具有工具性。

第二，φιλία 的同一性还体现为 φιλία 的对象之间彼此相同。首先，在《吕西斯》中，美涅克塞努（Μενέξενος）和吕西斯是一对好朋友，苏格拉底向他们提问，并说"朋友要分享一切，由谁回答没有差别"（*Lysis* 207c）。对于苏格拉底的讨论而言，朋友双方是一样的。其次，苏格拉底认为，一个人爱另一个人是因为在该对象身上觉察到了"同属于双方的本质特点（οἰκεῖον）"（*Lysis* 222a）[2]。正如苏格拉底所说："自然会去爱那些在本质上与自己具

---

[1] T. B. Mooney, "Plato and the Love of Individuals", *The Heythrop Journal*, 2002, 43（3）, pp. 311-327.

[2] 国内学者将 οἰκεῖον 译为"相属"，相属暗含将对方纳入自己同一性的意思，但 οἰκεῖον 只是指"同属于双方的本质特点"。参见 The Liddell, Scott, Jones Ancient Greek Lexicon（LSJ）和 Perseus Digital Library。

有相同属性的人或事物。"〔1〕此处，苏格拉底所说的爱其实是自爱。亚里士多德同样认为"对朋友的爱是自爱的延伸"，因为"朋友是另一个自身"（*Nichomachean Ethics* 1166a30）。但是柏拉图并未将自我直接等同于所爱对象，他用"οἰκεῖον"阐述了双方的关系。古希腊词语 οἰκεῖον 表示一种特殊的亲密关系，此处 οἰκεῖον 意味着同属于双方灵魂或灵魂某方面的特质，是你之所以是你的本质部分，这个部分不是仅属于某一方，而是同时属于爱者和被爱者。因此双方的爱必然是相互的，在对方身上看到自己，爱自己也爱对方。"因此被爱者必然真正地、不是假装地爱着爱者（ἀναγκαῖον ἄρα τῷ γνησίῳ ἐραστῇ καὶ μὴ προσποιήτῳ φιλεῖσθαι ὑπὸ τῶν παιδικῶν）。"〔2〕真正的爱必然是双向的相互关系，当爱者 a 在被爱者 b 身上觉察到同属于双方的本质部分而爱 b 时，b 也会在 a 身上觉察到那个部

〔1〕 此处重新翻译是为了强调 οἰκεῖον 作为本质同属于双方而非相属的含义。原文参见 *Lysis* 222a：τὸ μὲν δὴ φύσει οἰκεῖον ἀναγκαῖον ἡμῖν πέφανται φιλεῖν。对比 John M. Cooper 的英译："what belongs to us by nature has shown itself to us as something we must love."王晓朝的中译："从本性上来说属于我们的东西，我们必定要去爱它。"

〔2〕 此处王晓朝译本略有歧义。原文参见 *Lysis* 222a：ἀναγκαῖον ἄρα τῷ γνησίῳ ἐραστῇ καὶ μὴ προσποιήτῳ φιλεῖσθαι ὑπὸ τῶν παιδικῶν。对比 John M. Cooper 的英译："Then the genuine and not the pretended lover must be befriended by his boy."贺方婴的中译："那样的话，一个爱欲者如果真诚而不是故意装出来的，他一定会被他的男孩儿爱上。"以上两个版本都支持"真爱必有回爱"的观点，但王晓朝的译法"那么，说只有真正的爱人才会得到他爱恋的对象的回爱是不可能的"容易被理解为"不可能只有真爱才能得到回爱，即非真爱也会得到回爱"。ἀναγκαῖον：必要的（necessary, it is necessary to），ἄρα：连词，τῷ γνησίῳ：真实的、合法的（generally, genuine, legitimate），ἐραστῇ：年长的爱者，καὶ：连词和、且（and），μὴ：否定词不（not），προσποιήτῳ：假装的，φιλεῖσθαι：动词不定式爱，ὑπὸ：介词由、来自（by），τῶν παιδικῶν：年轻的被爱者。通常形容词 ἀναγκαῖον（必要的）与动词不定式组合，可译为形式主语从句 it is necessary to...（love），否定词 μὴ 应与 προσποιήτῳ（假装的）相连，就算 μὴ 与 ἀναγκαῖον 相连，也只能译为"真正的爱人被所爱对象假装回爱是不必要的"。综上，本文将该句译为："真正的爱人必然会得到他的爱恋对象的回爱。"

分。那么，既然爱者和被爱者拥有相同的本质部分，是否说明爱者与被爱者相同？苏格拉底进一步考察 οἰκεῖος（有共同本质部分者）与 ὅμοιος（相同者）有无区别。他假设二者有区别，同理，"好与好相属"与"好与好相同"就有区别，但这与常识不符。因为依据常识，"好属于好"与"好等同于好"并无区别，所以相属与相同并无区别（*Lysis* 222b-c）。通过这样看似蹩脚的论证，οἰκεῖος 被苏格拉底简单地等同于"相同"，因此，爱者与被爱者不仅有共同本质，而且相同。虽然苏格拉底此处的论证似乎有些牵强，但可以得出一个阶段性的结论，真正相爱的双方，因为拥有共同的本质部分而是相同的，即爱者等同于被爱者，a=b，所以可以说，φιλία 的对象之间具有同一性。这与亚里士多德的观点很像，但亚里士多德认为 φιλία 是为了对象的缘故而关心对象，不是那种工具性的关心[1]，而在《吕西斯》中，对象之所以被爱，是因为爱者可以在被爱者身上看到自己、确认自己的本质属性，仍然是为了自己的缘故，而不是真的关心对象，所以 φιλία 仍然具有工具性。

综上，《吕西斯》中 φιλία 的同一性体现为：自身成为自身（a=A），以及对象等同于自身（a=b）。当 φιλία 的同一性是使自身成为自身时，φιλία 的对象 b 是消除 a 所呈现的"坏"的工具，或作为满足 a 的"欲望"的工具。当 φιλία 的同一性是自身与对象相同时，φιλία 的对象 b 则是自身看到自己、确认自己的工具。然而，如果 φιλία 的对象就是自己，自己如何成为自己的工具？苏格拉底

---

[1] 参见 J. Annas, "Self-love in Aristotle", *The Southern Journal of Philosophy* 27（Supplement）, pp. 1-18："Friendship is caring about the other person for their own sake; caring about them instrumentally, for their contribution to your interests, is not friendship but something else."

的论述也因此陷入自相矛盾，因为他之前指出"相同者不与相同者友爱"[1]，也就是说，φιλία 的对象不能是相同的，此处却得出一个相反的结论——φιλία 的对象相同。然而，φιλία 的对象之间不可能既不相同又相同，因此，我们只能推测 φιλία 的对象具有某种他异性。

三、Φιλία 的他异性

《吕西斯》的 φιλία 确实具有同一性，但如果只有同一性，φιλία 也就不存在了，因为自己 a 通过另一个自己 b，只能像照镜子一样看到自己 a，而不能实现完善的自己 A。但 φιλία 的目的是自我完善，所以 φιλία 需要某种程度的"他异性"[2]。然而吊诡的是，柏拉图还试图将 φιλία 的双方视为相同者，他一方面需要他异性，另一方面又消灭他异性。在柏拉图同一性的笼罩之下，可以存在什么程度的他异性？本章将从以下三方面论证《吕西斯》中 φιλία 的他异性。

第一，φιλία 的对象具有工具意义上的他异性，因为他异的对象才有助于实现主体的目的。这个论点与"φιλία 的对象是相同的"直接对立。苏格拉底也是在这两个论点的尖锐对立之下放弃这一轮讨论。苏格拉底在文中指出 φιλία 的主体和对象之间的关

---

〔1〕 柏拉图引荷马的观点（*Lysis* 216e）：οὐδὲ μὴν τὸ ὅμοιον τῷ ὁμοίῳ ἔφαμεν ἄρτι： ἦ γάρ。（我们刚刚才说，相同者不会与相同者友爱，不是吗？）
〔2〕 "他异性"处于同一逻辑中，与同一性形成矛盾对立的关系，在被同一性同化的同时抗拒同一性的同化，具有超越同一性的可能。

系，既不是荷马认为的"同类相聚"（αἰεί τοι τὸν ὁμοῖον ἄγειθεὸς ὡς τὸν ὁμοῖον καὶ ποιεῖ, *Lysis* 214a），也不是赫西俄德认为的"对立相吸"（*Lysis* 215d），而是相异的关系——"不好不坏"与"好"的关系（*Lysis* 217b）。首先，苏格拉底推翻了诗人荷马的观点，说明 φιλία 的对象不是同类，也不相似。荷马认为"同类相聚"，即相似者相互吸引。苏格拉底通过论证同类的"坏"之间或同类的"好"之间都没有 φιλία，说明 φιλία 的对象之间不相似。（1）同类的"坏"之间没有 φιλία。"这个坏"与"另一个坏"是同类，但因为各自都坏，彼此只能相互损害，不会相互助益和吸引，所以同类的"坏"之间没有 φιλία；或因为"坏"变化多端，没有同类，也就没有"这个坏"或"另一个坏"，更没有二者之间的 φιλία。（2）同类的"好"之间也没有 φιλία，因为"好"意味着自足、不缺，不再需要自身之外的任何他者。"如果他是自足的，那么他就不需要任何东西"（δεόμενος οὐδέ τι ἀγαπῴη ἄν, *Lysis* 215b）。因此，同类之间不存在 φιλία，因为同类不能给彼此带来益处。不得不说，这样的 φιλία 带有浓厚的工具性色彩。此外，苏格拉底还推翻了诗人赫西俄德的观点，说明 φιλία 的对象之间不是对立的。赫西俄德认为"对立相吸"，即相互对立的对象之间总是相互吸引。苏格拉底指出，虽然缺乏者总是被对立的富有者吸引，但正义者不会被对立的不正义者吸引，所以对立者之间不必然相互吸引。至此，苏格拉底成功地论证了相似者之间以及对立者之间都不必然有 φιλία。最后，苏格拉底提出第三种假设，既不相同也不对立的"不好不坏"与"好"之间存在 φιλία。比如身体是"不好不坏"的，"不好不坏"的身体因为

"坏"的疾病而渴望"好"的健康，于是，在"不好不坏"的身体与"好"的健康之间存在φιλία；或"不好不坏"的身体因为"欲望"（口渴、饥饿）而渴望满足的状态，于是在"不好不坏"的身体与"满足"的状态之间也存在φιλία。也就是说，φιλία的双方，既不相同也不对立，而是相异（cf. *Lysis* 214a-218c）。综上可以看出，为了实现某种好的目的，柏拉图需要φιλία具有工具意义上的他异性。

第二，φιλία的对象具有伦理意义上的他异性。通常，"伦理"指相对于知识论而言的伦理现实。《吕西斯》中，φιλία不局限于人与人之间，但有时也指人与人之间的友谊。苏格拉底说他最想要的是一个好朋友，而不是任何名贵之物，只是他不知道一个人如何才算另一个人的朋友。于是他开始探讨一个人怎样成为另一个人的朋友，即探讨爱者 a（φιλῶν[1]）和被爱者 b（φιλούμενος[2]）的关系。苏格拉底分别假设了以下两种情况。第一种情况，假设 a 爱 b，b 也爱 a，那么 a 和 b 是朋友。这是显而易见的，两个人彼此相爱，两个人都是彼此的朋友。第二种情况，假设 a 爱 b，b 却恨 a，那么既不能说 a 是 b 的朋友，也不能说 b 是 a 的朋友。因为说一个人是一个恨着自己的朋友，或说一个人是他恨着的朋友，都是荒唐的。而且苏格拉底所说的爱是相互的，"爱者若不能得到回爱，就不能成为被爱者的朋友"（οὐκ ἄρα ἐστὶν φίλον τῷ φιλοῦντι οὐδὲνμὴ οὐκ ἀντιφιλοῦν, *Lysis* 212d）。仅当被爱者作为附属者时例外，即被爱者 b 是"马、鹌鹑、狗、酒、体育，抑或是刚出生的孩

---

〔1〕 φιλία 的主动分词的主格形式，表示爱着的人，爱者。
〔2〕 φιλία 的被动分词的主格形式，表示被爱着的对象，被爱者。

子时"（*Lysis* 212e），爱者在不被回爱（ἀντιφιλεῖσθαι）[1]的情况下还是被爱者的朋友。在这种例外情况中，被爱者只是主体的附属物。古希腊语中孩子（παιδία）所用的冠词（τὰ）是中性的，幼小的孩子只是父母的财产（*Lysis* 212e）。[2]由此可见，当 φιλία 作为现实中的"友谊"时，双方能不能算作朋友，取决于被爱者是否回爱爱者。爱者无法通过逻辑判断预知被爱者的意愿，而需要永远以敞开的态度去面对被爱者，聆听被爱者。爱者也无法取代被爱者做决定，无法将之变成另一个自己，将之完全纳入自己的同一性之中。被爱者具有不能被同一性所囊括的他异性，这种他异性不在概念中，不在逻辑推理中，而在丰富多样、变化莫测的伦理现实中。正如《吕西斯》文末，讨论再次无法推进，吕西斯的看护人突然出现，像从另一个世界来的"某些精灵一样"（ὥσπερ δαίμονές τινες）打断他们。这似乎暗示着"什么是 φιλία"的问题在知识论领域最终无解，无法获得关于 φιλία 的理论定义，但在现实生活中，"他们是彼此的朋友"（*Lysis* 223b）。贺方婴在注释中说："精灵的职责是阻止他们做某些事，苏格拉底已经说了该说的，剩下的得靠青年用余下的生命时间去探索，我认为可以理解为理论探索到此为止，进入生活世界。"[3]可以说，柏拉图预留的他异性最终超出了理论领域，跨入伦理领域。而且，伦理领域的他异性不是工具性的。库泽·霍华德·J.（Curzer Howard J.）指出，如果 φιλία 具有工具性，就会得出与常识不相符的结论，例如父母会因为孩子无用而

---

[1] φιλία 的被动不定式。

[2] τὰ νεωστὶ γεγονότα παιδία（新生幼儿），此处是复数。

[3] 柏拉图：《吕西斯》，贺方婴译，华夏出版社 2020 年版，第 173 页。

不爱孩子（210c-d），好者会因为不缺乏而不会去爱（214b-215b），这些都与事实不符。[1]所以他主张通过放弃 φιλία 的工具性来消解这些矛盾。布莱恩·穆尼认为柏拉图所说的爱是去爱一个个人（individuals）[2]身上的美好品质，而不是去爱一个可替代的复合体的品质特征。两位学者都看到了 φιλία 的对象不能被工具化的伦理现实性，只是没有进一步阐明伦理个人的他异性，以及这种他异性正是现实伦理世界中的他者不能被工具化的原因。

第三，φιλία 的"第一对象"（πρῶτον φίλον）[3]具有终极意义上的他异性。什么是 φιλία 的第一对象？苏格拉底举了两个例子阐释第一对象。第一个例子：父亲爱儿子，儿子中了毒芹汁的毒，酒杯内的酒能解毒。父亲看重酒和酒杯，因为酒杯里的酒能救自己的儿子。在这个例子中，酒和酒杯只是被称作"所爱对象"（φίλον），但不是父亲爱的真正对象，儿子才是第一对象（Lysis 219d-220b）。第二个例子，身体渴望医术，原因是健康，健康被渴望，原因却是疾病。这个例子显得有点重复，因为我们可以直接意识到身体渴望医术的最终原因是疾病，疾病是第一对象，而不用一环推一环。两个例子都说明第一对象才是爱的终极原因。如果 b 是 a 的所爱对象，原因是 c，因此 c 也会成为 a 的所爱对象。c 成了 a 的所爱对象，原因是 d，因此 d 也会是 a 的所爱对象。d 是 a 的所爱对

---

[1] H. J. Curzer, "Plato's Rejection of the Instrumental Account of Friendship in the *Lysis*", *Polis: The Journal for Ancient Greek and Roman Political Thought*, 2014, 31（2），pp. 352-368.

[2] T. B. Mooney, "Plato and the Love of Individuals", *The Heythrop Journal*, 2002, 43（3），pp. 311-327.

[3] 该词出现于《吕西斯》219d，通常被译为"第一朋友""First Friend"，但文章所指并非中文语境下的"友谊"和"朋友"，为避免误会，本文将之译为"第一对象"。

象，原因是 e……以此类推，直至一个终极原因，而这个终极原因则是 a 的第一对象（*Lysis* 218d-219c）。这与"爱屋及乌"[1]相似但不同，"爱屋及乌"涉及的对象只是具有笼统的相关性，是爱者爱意的扩散，这是一个以被爱者为圆心的辐射圈。柏拉图所说的不是爱者爱意的蔓延，而是爱的因果关系，这是一个因果关系的链条。因果链条的终端才是真正的被爱对象，中间的所爱对象 b、c、d、e……只是"最终原因的影子"（*Lysis* 219d）。第一对象是"爱的终极目标，赋予每个愿望特定的意义和连贯性"[2]。因第一对象的缘故，其他对象才被赋予价值，而其他的对象只是这个终极对象的影子、手段、工具。至此可以说明，除了第一对象以外的其他所爱对象具有工具性，具有工具性的所爱对象即便具有他异性，也只是作为工具服务于同一性目的。而 φιλία 的第一对象的他异性却不是工具性的。在儿子与父亲这个例子中，苏格拉底没有说父亲爱儿子是因为爱自己，没有将自己作为 φιλία 的最终对象，而是认为父亲对儿子的爱不再有其他原因，儿子是第一对象而且不可替代。尽管苏格拉底未将自爱作为爱儿子的原因，但儿子毕竟是儿子，与父亲有不可忽视的血缘关系。一方面，儿子是一个异于自己的他人，在这个意义上，第一对象具有他异性；另一方面，儿子又是自己的儿子，所以这个第一对象只具有有限的他异性。这里同样展示了苏格拉底论证 φιλία 的矛盾之处，第一对象被爱不能再有其他原因，但

---

〔1〕 参看香港中文大学中国文化研究所先秦两汉古籍逐字索引丛刊《尚书大传逐字索引》第 15 页，《尚书大传》正文卷五周传七，5.2《武成》5-10，《武成》又被吴曾亦引作《大战篇》。

〔2〕 Platon, *Charmide/Lysis*, *traduction inédite*, *introduction et notes par Louis-André Dorion*, Paris: Flammarion, 2004, p. 205.

所举例子中的儿子被爱却天然地暗藏着一个原因：儿子是父亲的延续，似乎仍然笼罩在父亲的同一性之下。在疾病与身体的例子中，疾病与身体敌对，疾病与医药和健康的目的相反，即第一对象与主体相异，同时与另一些被渴望的对象也相异。在这个例子中，第一对象具有完全的他异性。在这两个例子中，儿子是同质的他者，疾病是异质的他者，但都作为最终原因和第一推动者。最终原因不在主体之内，这一不在自身之内的终极原因揭示了另一个源头，它意味着一种终极的他异性，且不能被工具化。

综上，《吕西斯》中的 φιλία 在工具意义、伦理意义、终极意义上具有他异性，工具意义的他异性作为实现某种目的的工具，仍然在同一性的逻辑内。伦理意义的他异性作为另一个伦理主体，终极意义的他异性作为另一个终极源头，都超越了同一性逻辑。

四、超越同一性的他者

依据以上论述，《吕西斯》中的 φιλία 处在同一性与他异性的矛盾拉锯中，同一性试图同化他异性，他异性总在挣脱同一性。当 φιλία 的他异性超越同一性时，φιλία 不具有工具性。但 φιλία 的他异性是否能超越同一性？为什么黑格尔认为"柏拉图所阐述的，只不过是叫作异中之无异"[1]，列维纳斯也认为柏拉图的"表象中的他者会消解在同一中"[2]？似乎柏拉图哲学中不存在真正的"他者"[3]，

---

〔1〕 黑格尔：《哲学史讲录》第二卷，贺麟、王太庆译，商务印书馆1983年版，第210页。
〔2〕 列维纳斯：《总体与无限》，朱刚译，北京大学出版社2016年版，第9页。
〔3〕 "他者"是20世纪的哲学概念，本文用以表示超越同一性与他异性的矛盾关系的"异"，意味着"走出、突破"，在《吕西斯》的 φιλία 中，意味着超越同一逻辑的象征性载体。

如上文所述超越同一性的他者或许只是讨论的矛盾中一闪而过的幻影。

伦理他者——从知识的同一性走向伦理的他异性。哪怕伦理意义上的他者只是一闪而过，也足以打开超越同一性的可能路径。在《吕西斯》中，φιλία 作为知识领域的问题被提出来，正如许多柏拉图的早期作品那样，苏格拉底热衷于讨论"φιλία 是什么？"，甚至故意忽略其现实含义。《明哲言行录》将《吕西斯》列为心灵助产类对话，目的在于训练心智，而不是伦理对话。[1] 苏格拉底告诉希波泰勒（'Ιπποθάλης）："如果你没有获得智慧，那么你不会有朋友，甚至连你的父母，你的家庭成员都不会与你交朋友。"（Lysis 210d）只有具备某种知识、技能，足以胜任某个任务或有助于实现某个目标，才能赢得他人的喜爱（φιλία）。现实中，父母不会因为孩子没用、没有智慧而不爱孩子，我们也不是只爱最有智慧、最有用的人。也就是说，以上柏拉图只是在理论意义上讨论 φιλία。列维纳斯认为："理论也意味着理解——存在的逻各斯——就是说，一种如此通达被认识的存在者的方式，以至于这种存在者之相对于进行认识的存在者的他异性消失了。"[2] 他认为在理论的认识活动中，存在者的他异性会消失。依据列维纳斯的观点，当我们将柏拉图的 φιλία 看作理论问题时，φιλία 中不可能具有他异性。但《吕西斯》矛盾的论述同样呈现了伦理意义的他异性，同样依据列维纳斯的观点："对同一的质疑——它不可能在同一的自我主义的自发性

---

〔1〕 第欧根尼·拉尔修：《明哲言行录》，马永翔等译，吉林人民出版社 2010 年版，第 165、168 页。

〔2〕 列维纳斯：《总体与无限》，朱刚译，北京大学出版社 2016 年版，第 14 页。

中发生——由他者造成。我们把这种由他人的出场所造成的对我的自发性的质疑，称为伦理。"[1]柏拉图具有回爱权利的被爱者正是这样一个对同一发出质疑的伦理他者，只是这样的被爱者仅仅具有选择回爱与否的权利，面向现实生活的不确定性，而不是列维纳斯的他者所意味的"无限的无限化"[2]或上帝。虽然《吕西斯》中的 φιλία 多数时候不具有伦理意义，但不可否认，在苏格拉底的探讨中闪现过伦理意义上的他者。柏拉图的他者如幻影一样闪现，开始走出同一性的旅程，虽然没有列维纳斯的他者走得远，但与 20 世纪哲学遥遥相契。

终极他者——从以自我完善为目的的一元性走向同时以对象为目的二元性。Φιλία 以自我完善为目的，同时又以第一对象为另一个终极对象。终极对象作为另一个源头，不能被同一性囊括，是一个终极他者。但在现实生活中，我们甚至不知道第一对象是什么。苏格拉底也说："我们赋予最高价值的东西也许我们无法发现。"（Lysis 220a）一些学者认为第一对象是"理想国中的善"，另一些学者认为第一对象是作为个人的他者，而亚伦·希金斯-布瑞克（Aaron Higgins-Brake）认为，如果将第一对象视为"理想国中的善"，则与"父亲与儿子"的例子相冲突，因为父亲对儿子的爱别无目的，但以至善为目的的爱是工具性的；如果将第一对象视为作为个人的他者，那么每个人的第一对象都不一样，由此会毁了公

---

〔1〕 列维纳斯：《总体与无限》，朱刚译，北京大学出版社 2016 年版，第 14 页。

〔2〕 参见列维纳斯《总体与无限》序言，无限溢出思想，是一种有别于传统认知的看法。列维纳斯的他异性背后是无限、上帝，来自一个纵向的维度，并非只是与主体平等的另一个他异者。

共的善的根基。[1]本文认同他对以上两种观点的反驳，并且进一步认为第一对象是伦理意义上的他者。这里说的伦理意义并不是个人意义上的伦理，而是一种具有终极意义的伦理，即永不可能被同化的另一个终极原因。这样，伦理意义上的他者仍然指代所爱对象，但不囿于具体的所爱对象。尽管我们只能借助理论逻辑推论出终极原因，但它仍然永远处于理论的另一头。如果说理论上 φιλία 的最终目的是自我完善，那么无法被同化的 φιλία 的对象，就总是会将 φιλία 引向另一个终极目的——第一对象。"自我完善"与"第一对象"都是终极目的，两个根本性的源头不可通约。这也许正是列维纳斯说的："爱欲关系的动人之处就在于'是二而不为一'这一事实，就在于：在其中，他者是绝对地他异的。"[2]

综上，虽然《吕西斯》的 φιλία 中，伦理他者和终极他者的他异性都与现代哲学中的他异性有区别，但作为走出同一性的幻影或苗头，也值得一番浓墨重彩。列维纳斯的"他异性和二元性在爱情关系中不会消失"[3]的观点，在柏拉图的 φιλία 中已见端倪。

五、结论

诸多学者认为柏拉图哲学中不存在真正的"异"，但《吕西斯》

---

[1] 如 Charles Kahn, Gadamer 等认为第一对象是"理想国中的善"，而 Gregory Vlastos, Nichols 等认为第一对象是作为个人的他者。参见 A. H. Brake, "The 'First Friend' in Plato's *Lysis*", *Pseudo-Dionysius*, 2014（16），pp. 1-7.

[2] 列维纳斯：《伦理与无限：与菲利普·尼莫的对话》，王士盛译，王恒校译，南京大学出版社 2020 年版，第 36 页。

[3] 同上。

中的 φιλία 具有深邃的矛盾内涵，其中，超越同一性的他者同样不容忽视。伦理他者和终极他者超越了同一性，并向同一性发出诘难：伦理他者的他异性将 φιλία 从知识领域带到伦理领域，同时也为柏拉图打开了一个丰富多变的伦理世界；终极他者的他异性打破 φιλία 自我完善的自我中心主义，从而走向更全面的善。而理论上的 φιλία 以及自我中心的 φιλία 都可以被解读出工具性的意味，那么走出知识领域、走出自我中心即摆脱工具性。也就是说，《吕西斯》中的 φιλία 在具有工具性的同时蕴含着摆脱工具性的可能。虽然柏拉图的《吕西斯》中确实具有突破同一性的他异性，但这样的他异性无法摆脱同一性的吞噬，也无法摆脱古希腊哲学的目的论背景。古希腊哲学从未给不确定的他异性任何重要地位，但他异性最终必走向无限，开启一个广袤无垠的不确定领域。

参考文献

包利民、张波波：《柏拉图的"第一朋友"——试析古典目的论的自我质疑》，《哲学研究》2013 年第 10 期，第 64—72 页。

柏拉图：《柏拉图全集：第一卷 吕西斯篇》，王晓朝译，人民出版社 2002 年版。

柏拉图：《吕西斯》，贺方婴译，华夏出版社 2020 年版。

陈郑双：《〈吕西斯〉译疏》，华夏出版社 2014 年版。

第欧根尼·拉尔修：《明哲言行录》，马永翔等译，吉林人民出版社 2010 年版。

黑格尔：《哲学史讲演录》第一卷，贺麟、王太庆译，商务印书馆 1997 年版。

黑格尔：《哲学史讲演录》第二卷，贺麟、王太庆译，商务印书馆 1983 年版。

黑格尔：《小逻辑》，贺麟译，商务印书馆 1980 年版。

列维纳斯：《总体与无限》，朱刚译，北京大学出版社 2016 年版。

列维纳斯：《伦理与无限：与菲利普·尼莫的对话》，王士盛译，王恒校译，南京大学出版社 2020 年版。

《尚书大传补注》，中华书局 1991 年版。

特伦斯·埃尔文：《柏拉图的伦理学》，陈玮、刘玮译，译林出版社 2021年版。

瓦西里·珀力提：《柏拉图早期对话中的探究结构》，苏峻、葛天勤译，北京大学出版社 2020 年版。

亚里士多德：《尼各马可伦理学》，廖申白译，商务印书馆 2003 年版。

D. Adams, "The *Lysis* Puzzles", *HistPhilQuart*, 1992（9）, pp. 3-17.

J. Annas, "Self-love in Aristotle", *The Southern Journal of Philosophy* 27（Supplement）.

J. Burnet, *Platonis Opera*, vol. 5, Oxford：Clarendon Press.

H. J. Curzer, "Plato's Rejection of the Instrumental Account of Friendship in the *Lysis*", *Polis：The Journal for Ancient Greek and Roman Political Thought*, 2014, 31（2）.

J. M. Cooper & D. S. Hutchinson（eds.）, *Plato：Complete Works*, Hackett Publishing, 1997.

G. David, *Parmenides of Elea：Fragments*, Toronto Buffalo London：University of Toronto Press, 1984.

H. G. Gadamer, "Logosand Ergonin Plato's *Lysis*", in *Dialogueand Dialectict*, P. C. Smith（trans.）, New Haven, pp. 1-20.

W. K. C. Guthrie, *A History of Greek Philosophy*, 5 vols, Cambridge, 1975.

A. Higgins-Brake, "The 'first friend' in Plato's *Lysis*", in *Pseudo-Dionysius*, 2014, 16（1）.

T. Irwin, *Plato's Moral Theory*, Oxford, 1977.

H. G. Liddell, H. S. Jones & R. McKenzie, *A Greek-English Lexicon* 2, Clarendon Press, 1925.

T. F. Morris, "Plato's *Lysis*", *PhilresArch*, 1986（11）, pp. 269-279.

T. B. Mooney, "Plato and the Love of Individuals", in *The Heythrop Journal*, 43（3）.

M. P. Nichols, *Socrates on Friendship and Community*: *Reflections on Plato's* Symposium, Phaedrus, *and* Lysis, Cambridge University Press, 2009.

Perseus Digital Library: http://www.perseus.tufts.edu/hopper/.

C. Pickstock, "The Role of Affinity and Asymmetry in Plato's *Lysis*", in *International Journal of Philosophy and Theology*, 2020, 81（1）.

C. Platon, Lysis, *traduction inédite, introduction et notes par Louis-André Dorion*, Paris: Flammarion, 2004.

L. S. Pangle, "Friendship and Human Neediness in Plato's *Lysis*", in *AncPhil* 21, pp. 305-323.

M. D. Roth, "Did Plato Nod? Some Conjectures on Egoism and Friendship in the *Lysis*", *AGPh* 77, pp. 1-20.

Robin Waterfield（ed.）, *Symposium*, Oxford University Press, 1997.

G. Vlastos, *Platonic Studies*, Princeton, NJ, 1981.

CAUSA SUI: 普罗提诺论作为自因思想起源的"一"之概念*

Werner Beierwaltes　徐逸飞[1] 译

那有创造力的东西必须创造自身。

——约翰·济慈[2]

一

[123]"自因"（causa sui）——以自身为原因、本原或根据——是哲学理论上的一个核心概念，从柏拉图和亚里士多德的传统开始，这种哲学理论就将自身理解为第一哲学或形而上学。自因以不同的基础性形式和不同的意图描述了一种思维最初者和最终者的特征：它的绝对性、自足性和自由以及它绝对的自身规定或奠基自

---

*　本文选自 W. Beierwaltes, *Das wahre Selbst：Studien zu Plotins Begriff des Geistes und des Einen*, Frankfurt am Main：Vittorio Klostermann, 2001。关于 Beierwaltes，参见本辑第 520—527 页《追思维尔纳·拜尔瓦特斯》一文。

[1]　徐逸飞，图宾根大学哲学系博士生。

[2]　约翰·济慈在 1818 年 10 月 8 号给 J.A. 赫塞的一封信（*The Letters of John Keats 1814-1821*, H. E. Rollins [ed.], Cambridge, 1958, p. 374）。

身的力量；从这种力量那里衍生出了自因的作用，自因作为其他东西、有限东西在奠基者意义上的无限的根据，本身反而只能在一种有限的范围内作为［自身的］根据。

因此，作为"自身的根据或原因"的绝对者概念也会对评价人之"起原因作用的、创造性的活动"产生影响，尤其是对人之自由的领域产生影响。正如，在近代问题处境的背景下，在**斯宾诺莎的**形而上学式的伦理学中持续出现了对于绝对"自因"与人类自由关系的追问——"自因"指一种本质／存在的规定性，这种存在是必然地存在于此的（da ist），也就是说，它从自身那里而来的定在或实存被包含在它自身之中，因此它是自由的，**因为**它只出于本己的必然性而实存，并且只通过自身来决定它的行为［1］。

［124］"自因"与其说是（术语意义上的）概念，倒不如说是思想的基本形式，在德国唯心论的不同体系中，它已经成为决定性的东西——比如，在黑格尔的绝对者概念那里，绝对者从它抽象的开端——"以使自身具体化的方式"（sich konkretisierend）——来到自身，在其自身完成中将自己建立并把握为绝对人格。［2］

普罗提诺在对自己思想的第一原则——"一／善"——强有力

---

〔1〕斯宾诺莎《伦理学》第一部分，界说一：Per causam sui intelligo id, cuius essentia involvit existentiam, sive id, cuius natura non potest concipi, nisi existens（自因我理解为这样的东西，它的本质即包含存在，或者它的本性只能设想为存在着）；界说七：Ea res libera dicitur, quae ex sola suae naturae necessitate existit, et a se sola ad agendum determinatur（凡是仅仅由自身本性的必然性而存在，其行为仅仅由它自身决定的东西叫做自由）。【中译按】中译引自斯宾诺莎：《伦理学》，贺麟译，商务印书馆1997年版，第3—4页。

〔2〕"创造自身"和"以自身为原因"的概念在谢林哲学的各个核心领域中都起着至关重要的作用，关于这一点，请参见 S. Peetz, *Die Freiheit im Wissen*, Frankfurt, 1995, 特别是 S. 99-104。关于谢林，见 Beierwaltes 2001: 223 以下。

的、多视角的反思中，为一种 αἴτιον ἑαυτοῦ（自因）的概念和思想奠定了基础。毋庸置疑，这也有着一种基本的时代背景；在对这个概念矛盾的意义进行反思时，我将追寻一个尚未被解决（也许并不存在）的挑战，这个挑战来自普罗提诺对"一"的沉思。

在**尚未**对绝对自身奠基的思想进行分析的时代背景下，普罗提诺那里有说服力的［自因概念的］开端在**基督教对三位一体的反思中被接受下来**。这一点，我也想在下文中通过至少三位研究者——马里乌斯·维克多瑞努斯、约翰·司各脱·爱留根纳和埃克哈特大师——的文本来予以说明。

二

在对柏拉图的《理想国》和他的《巴门尼德》的一种革新式的、自觉性的继承中，新柏拉图式的，因而也是普罗提诺式的思想把最初的"一"和与之相等同的[1] 不受限的"善"设想为所有存在和思维的根据或本原（ἀρχή）[2]，也作为两种现实的普遍原因（αἴτιον, αἰτία）[3]，这两种现实指的是非时间性的、纯粹智性的现实**以及**具有时间性运动的、［125］与质料相结合的和在质料之中形

---

〔1〕 II 9, 1, 1ff.; V 5, 9, 35f.; V 8, 7, 44ff.; VI 8（作为整个思路的基础）。

〔2〕《理想国》510b7, 511b7。普罗提诺 III 8, 9, 38ff.10, 27f; V 2, 1, 1f.（关于这一点参见 W. Beierwaltes, *Denken des Einen* 39ff.）; V 3, 15, 23f.（关于这一点参见 W. Beierwaltes, *Selbsterkenntnis* 238ff.）. V 5, 9, 7.11, 10; V 8, 7, 44ff.; VI 2, 10, 20; VI 8, 9, 20f. 14, 38; VI 9, 5, 24.

〔3〕 V 5, 13, 35; VI 7, 19, 19; VI 8, 18, 36, 59; 38f.: αἴτιον αἰτίου … οἷον αἰτιώτατον καὶ ἀληθέστερον αἰτία. 关于 VI 9, 3, 49ff., 参见 Beierwaltes 2001, 注 69。关于普罗提诺的"原因性"概念，见 Beierwaltes 2001: 94 及以下。

成自身的现实。"一"之活动在每一种情况下都赋予了现实以存在和形式，也包括通过一种保证两种现实各自统一性的力量来保持被原因作用者的存在。

"一"并不是在它的自在之中，就如同它在它自身之中存在或**得要**在它自身之中被思维那样，而是首先通过**否定**，才是可思维的、可理解的、在语言上可把握的并且可表达的，也就是在一种接近"一"式的，围绕着"一"排除式的、**否定的辩证法**中，"一"才是可思维的。［如果我们］从一种确定无疑的、保持着不可言说的"知识"出发，而这种知识指的就是对"一"**真正**之所是的知识，这种做法否定了所有那些属于"一"的存在方式或范畴规定，而这些方式或规定本身在严格或本真的意义上，对于那些出自"一"的存在和在"一"之外的存在而言才是有效的，并且能够在一定程度上揭示那些东西的结构。[1]

如果把普罗提诺思想的基本意图视作一个整体，很明显，在他试图尽可能充分地思考和言说"一/善"的过程中，**否定**占决定性的**主宰**地位。这种否定达到了极致，即普罗提诺坚信——更准确地来说——甚至善本身也不可能或不应当被命名为善，因为它不是为了**自身**是善的，而是为了**他物**是善的，作为其维持性的根据和实现着的目的是善的[2]，并且因此——就像作为绝对谓语的"存在"或

---

〔1〕 关于确定新柏拉图思想中"否定"的方法论，参见 W. Beierwaltes, *Proklos*, 339ff., 348-366; *Denken des Einen*, 104f., 277f., 286ff., 342ff.; „Geist-Ideen-Freiheit", XXVII f. Hen 455f.; R. Mortley, *From Word to Silence*, Bonn, 1986, I 125f., II 85ff.; D. Carabine, *The Unknown God. Negative Theology in the Platonic Tradition: Plato to Eriugena*, Louvain, 1995, 特别是 p. 103。

〔2〕 VI 9, 6, 39ff., 55ff.; V 3, 11, 23 ff.; V 8, 7, 46f. (本原［ἀρχή］与目的［τέλος］相等同）。

"美"一样——必须被认为是"**他异的**"或与所有其他事物彻底相区别的东西（ἄλλως, ἕτερον）[1]，"超越的"（ἐπέκεινα）[2]或"先于"和"高于"（ὑπέρ）本己的东西，即这里这些术语的正常意义：作为"超—存在者"，ὑπεράγαθον、ὑπέρκαλον（超善者、超美者）[3]。类似的东西也适用于"一"本身的谓语。[4]

三

[126] 从这种否定辩证法的严格展开来看，否定可以被认为是一种刺激，**或者**说是使另一种视角最终得以摆脱沉默的根据，普罗提诺在他的编年第39篇，关于人类自由和作为绝对自由的"一"之意志的作品中，引入了一系列与"一/善"有关的事实上一致的**肯定**或**肯定性的谓词**，但没有从原则上取消否定的优先地位，也没有将肯定和否定（肯定和否定性的思想和言论）纳入一种稳定的平衡。VI 8 中肯定性的思维后果允许对"一"进行言说，所有这些言说都可以而且应该使得"一"在一种自身差异之中自我关涉，从而使其"复多"（复杂）的内在功用得到理解，因此，VI 8 中的那些思维后果似乎取消了在否定辩证法的语境中曾有力地论述过的"一"在它自身中的"无关系性"。为了使这两个做法（否定和肯定）不能被理

---

〔1〕 III 8, 9, 48f.；V 3, 11, 18f.；VI 7, 42, 12f.；VI 9, 6, 55.

〔2〕 V 1, 6, 13；V 3, 13, 2（关于这一点参见 W. Beierwaltes, *Selbsterkenntnis* 129ff., 218f.）；V 4, 2, 39f.：ἐπέκεινα τῶν πάντων。

〔3〕 VI 7, 32, 28ff.；VI 9, 6, 40；V 8, 8, 21（关于这一点参见 W. Beierwaltes, *Marsilio Ficinos Theorie des Schönen* 23f.）。

〔4〕 例如，参见 V 5, 6, 23ff.；J. Halfwassen, *Der Aufstieg zum Einen. Untersuchungen zu Platon und Plotin*, Stuttgart, 1992, S. 170。它也不是单纯的 θεός——"神"，而是"超出"这个概念或名称能够充分说明"它"本身（VI 9, 6, 12）。

解为相互排斥的矛盾，普罗提诺把他引入或提出的肯定性谓词置于一个基本的保留条件之下，在每一种情况下（或在大多数情况下）给它们加上一个 οἷον——"似乎"[1]。借此，在每一种情况下，肯定性话语的意义都在一定程度上被修订了。因此，一切的关键在于我们能够去衡量，理解如何在 οἷον 这一保留条件中进行想要的修订，以及在其内在后果中去评价它。首先，这基于我们如何能够恰当地评价 VI 8 这部作品对于普罗提诺整体哲学而言的意义。即使是那些对 VI 8 进行了缜密阐明的解释者们，如 W. Theiler、H.J.Krämer、Thomas A. Szlezák 和 Dominic O'Meara[2]，[127] 也对普罗提诺尝试以肯定性的方式接近最初者在事实上的启发作用表示**怀疑**，因为"一 / 善"与"从它那里而来构成自身的精神"之间存在着绝对差异：VI 8——可以以这种方式去解读——是一个"大胆"甚至"过分大胆"的"例外"（这"例外"始终是一个插曲，还是应当严肃地将它与另一种［新的］关于"一"的言说关联起来？），VI 8 既是普罗提诺对他思想的常规形式的一种"偏离"（这种偏离通过 οἷον［似乎］的作用被回撤成一种常见的和"和谐的"思想，或者被将平为一种被认为是适宜的[3]，［其实恰恰并非如此的］"否定神学"），也是一个"大胆的思想实验"[4]（它并不符合一种

---

〔1〕 尤其参见 7，40. 47ff. 13，4ff. 47-51. 16，12ff. 18，49。——在 VI 8 中的 οἷον 大多是作为属性处在冠词和名词之间，在每种情况下都是作为"一 / 善"的肯定性的谓语，例如：ἡ οἷον ὑπόστασις，ἡ οἷον ἐνέργεια，ἡ οἷον ζωή（7.47ff.）。——马西利奥·费奇诺（Marsilio Ficino）对 VI 8 中的 οἷον 进行了不同的翻译，例如在 7.46 中翻译为"velut"，或在 13.6 中翻译为"tanquam"。在普罗提诺特别指出使用 οἷον 的意义之处（13.50），费奇诺将这个词分成了三个词："quasi et velut et tanquam"（Plotini ... libri LIV in Enneades sex distributi，Basel 1512，352，354）。——普罗提诺也在比较句中使用 οἷον，例如 III 8，8，36ff.。

〔2〕 "The Freedom of the One," in *Phronesis* 37，1990，pp. 145-156.

〔3〕 Th. A. Szlezak，*Platon und Aristoteles in der Nuslehre Plotins*，Schwabe，1979，S. 153.

〔4〕 W. Theiler，IV b372. H.J. Krämer，*Der Ursprung der Geistmetaphysik*：*Untersuchungen zur Geschichte des Platonismus zwischen Plato und Plotin*，Amsterdam：Verlag P. Schippers，1964，S. 398.

［始终在他体系中］延续着的、标准的结果，因此是一个失败的思想实验?），也是一种隐喻性的"虚构"[1]（这种虚构，从"一"的角度而言，为**必然**非本真的东西——为非本真的言说——赋予了很少的阐释性的力量），也是一种对［"一"之］领域的"增倍"[2]，因此，那个"肯定的一"并且（在 VI 8 中）首先也被设想为思维着的"一"在努斯之中重复了自己，或者这种"肯定的一"（只是在提升"等级"的意义上）是在"一"之中反映了自身——因此，相对于存在和思维向自身之中"运动"的（in sich „bewegte"）维度而言，"一"本应得到强调的差异或超越性被抚平了。因此——根据这种怀疑论——在普罗提诺有意识的"思想实验"中，不可能有"关于［对于'一'而言］真正的洞察的论述……"[3]，"但在这里，一种在其他的方式中与自身相关涉的内在'力量'和强度，在其特定的张力中被带到了间接的直观之中，同时也与自身保持一致"[4]这种观点无疑开辟了一种解释 VI 8 的方式，即事实上遗忘了"似乎"一词的修饰或限制作用，或者至少有意识地悬置它，以便能够在某种程度上不受限地描述"一"的"内在生命"[5]［128］无论如何，这样的做法更适合普罗

---

〔1〕 G. Leroux, *Plotin. Traité sur la liberté et la volonté de l'Un*, Paris, 1990, p. 77, 358. Krämer, aaO 400. 309.

〔2〕 A. H. Armstrong, *The Architecture of the Intelligible Universe* 12f., 115f.

〔3〕 Krämer 398.

〔4〕 *Ibid.*, S. 401. 同样，Krämer 关于普罗提诺有新意的评论，参见 S. 403，普罗提诺在 VI 8 中的哲思"在事实上走得最远"；这里"可能是最近在咫尺地把握普罗提诺原创性的地方之一"。

〔5〕 例如，J. Bussanich 在他《普罗提诺论"一"的内在生命》("Plotinus on the Inner Life of the One", *Ancient Philosophy* 7, 1987, pp. 163-189）和《普罗提诺论"一"的形而上学》("Plotinus's metaphysics of the One", *The Cambridge Companion to Plotinus* 45, 53, 61, 63）中所提及的那样。G. Reale 也认为普罗提诺对"一"的肯定性处理，从其"自由"的方面来看，在思想上是有成效的："I due assi-portanti del pensiero di Plotino", in *Archivio di Filosofia* 63, 1995, p. 175-187, 特别是 178f.。

提诺的意图，也比通过夸大评估 οἶον 的功能来**压制**或淡化**肯定述谓**更有说服力，因为 οἶον 是一种被误解的"仿佛"哲学的标志，其对"一"的言说作为纯粹的幻相，使在肯定之中所意谓的东西的现实含义比否定的辩证法更远。普罗提诺式的尝试中经常被阐发的困难也许最终是无法解决的；然而，如果人们始终追求这样一个问题，即关于"一"的陈述，即使是有保留条件的言说，如何以及在何种程度上能够有助于至少初步澄清那些仅靠彻底否定式的接近无法解决的问题，那么被认为是两难的情况就会获得合理性。在这种情况下，作为绝对自由根据的**自因性**（*Selbstursächlichkeit*）概念是尤其重要的。

四

普罗提诺在保留条件——οἶον 之下所归于"一 / 善"的几乎所有肯定，都指明了这种实现在**自身关涉**（*Selbst-Bezug*）中的存在方式，这种存在方式允许最初者和"一"被确定为一种内在的关系性，这种关系性中的诸种相关项（如思维和存在，意愿和所意愿的东西）构成了一种**在**差异之中的动态的同一[1]。但即使是那些没有直接命名自身关涉的表达，[129] 也至少指明了［非过程性东西本身的］一种内在过程——比如谓词"生命"。

---

［1］ 在 Theiler-Beutler 的 VI 8 的希腊文文本中（*Plotins Schriften* IV a 2ff. 和我撰写导论的那个特殊版本），他们强调了代词人称 αὐτός、αὐτὸ 形式上的反身性，而 Henry-Schwyzer 将 12, 24 作为例外（与 9, 44 相同的表述相对立），加上了送气符（spiritus lenis）。然而，在两种文本形态中，解释的可能性是相同的，即"反身的"。这一点从 αἴτιον ἑαυτοῦ（14，41）或 ἀρέσκειν ἑαυτῷ（7，40）之间的联系可以清楚地看出。

（1）孤立地来看，在不解释保留条件 οἷον 的情况下，这种对"一"之自身关涉的假设事实上可以被理解为对**亚里士多德式的**关于神是"思维自身"，或"思想之思想"（νοήσεως νόησις）之概念进一步的接受。然而，普罗提诺在对于亚里士多德对第一者理解的决定性批判中，提出了在真正意义上"一"的思维或思维自身在论证上是无根据的[1]。Νόησις（思）作为一种纯粹的［不思维**自身**的］思维实现[2]，必然需要一个思维者和一个被思维的东西或思想来实现（Realisierung）或完成。假设"一"思维了"某个东西"，或它"只"思维自己，它就会因此取消其纯粹的单纯性，取消其无差异的，因而也是无内在关涉的统一性，将自己与自身区分开来，以便在返回自己的行为中"发现"自身，从而"反身地"让自己作为一个差异化了的统一体显现于自身之中。思维将是对纯粹统一性的一种附加（πρόσθεσις），因此这会让它偏离到多（复多性）。[3]然而，在普罗提诺的意义上，纯粹的统一性不需要一个思维着的自身在场来实现其"尊严"（σεμνόν）、完善（τελειότης）和自足（αὔταρκες）[4]。这种"需要"——在对"思维"一词真正的理解

---

[1] 关于普罗提诺对亚里士多德的第一［神圣］原理概念的批评，特别是在 V 1, 9, 7ff. 和 VI 7, 36-41 中：第一原理作为"思维"或"思维自身"是不可思维和不可言说的。此处 P. Hadot 在 p. 346 以下的评注对这个问题很有参考价值。——普罗提诺在 VI 8 中把所谓的（οἷον!）"亚里士多德式的"神的谓词（即存在、现实性、精神、思维、生命）赋予了第一者，如果**不是**以他所期望的修饰方式和提升统一性可能的方式来理解，这只会与他对亚里士多德神圣第一原理概念的批评相矛盾。参见 Beierwaltes 2001：131 以下关于这一点的内容。

[2] VI 9, 6, 53; V 6, 6, 9.

[3] V 5, 13, 9-13.

[4] VI 7, 39, 34; III 9, 9.10.

中——对于第二性的东西而言，即对于非时间性的努斯而言是唯一决定性的东西；**努斯**也能够通过回到它的本原"一"**之中**来获得力量以实现它本身，这力量使得在努斯之中真正有差异的东西统一起来。借此，**努斯就把自身建构成**一个本己的实体（Wesenheit），但这个实体是由"一"而成为可能，并保持在其自身之中的，[130]"然后"这个实体将自己思考成"差异**中**的统一"。普罗提诺试图通过进一步的论证来固定化这一种非思维之"一"的基本思想，使之与一种思维自身式的、"相对的""一"对立起来，并将前一种"一"作为后者的本原，而这种相对的"一"又返回（Rückbezug）绝对的"一"本身之中建立自己的存在。[1]

当普罗提诺在 VI 8 中允许"一"——至少是在"似乎"的意义上——是自身关系：即它是"趋向自身，朝向自身，进入自身"或"**完全**朝向自身"的"存在"或"运动"之时，这似乎更令人吃惊[2]。普罗提诺在这里所设想的自身关系的诸种形式中，首要的是指**努斯**。在一部更早的著作——第七篇论文——中，普罗提诺已经走了一条类似的道路，考虑是否不应该把自身觉察（Selbstgewahren, κατανόησις αὑτοῦ）或自身意识（Selbstbewußtsein, συναίσθησις）归于"一"。"一"，作为尚未从根本上被思及的无差别性，"似乎并不是无意识的，而是所有属于它的东西都在它之中，并且与它本身相关，它能够彻底地［在任意方面］将自己与自身区分开来，生命在它里面，一切都在它里面，它本身就是一种觉察自身者。从某种意

---

〔1〕 III 8, 11, 9ff.；V 6；VI 7, 37f.；W. Beierwaltes, *Selbsterkenntnis* 147ff.；*Denken des Einen* 43ff., 198f., 220；III 6, 6, 22（HBT）.

〔2〕 17, 25ff.

义上说，通过自身意识，它处于一种内驻的［静止］状态之中，并且处于一种［诚然］与**精神**的思维所不同的（νοήσει ἑτέρως）思维中"。[1]普罗提诺无疑在这一权衡之后（在 VI 9 中）立即提出了早期也包括后期继续发展的有关**非思维之'一'**的论题。在我看来，他在 VI 8 中再次将思维归于"一"的这个说法，并不是"倒退回"他自己早已过时的思维立场上，并且他已经多次"纠正"了该立场。这反而表明，他并没有简单地排斥这种思想的可能性，这种可能性必须借由必要的区分来思考，而且他并不认为这种可能性对于概念的严格性和纯粹的统一性来说是如此荒谬和不一致，以至于他不能再次表达它——［131］而且这个说法首先是在类比性谓词的自身关涉性的语境之中得到强调的。在 V 4 以及 VI 8 中所使用的 οἷον 包含了在概念运用（也包括"思维"运用）时进行区分的重要说明，因为它并不想要强调不同层级之上的个别活动之间的相似性，而是想要强调它们的差异性——在这里，"一"的非本真的绝对"思维"（νοήσει ἑτέρως）相对于本真的、在内在自身反思之中与自身相关的思维而言，是**他异性**的，对后者来说，"一"作为起点和相关点是它自己建构自身的根据。因此，相对于努斯而言**非本真的、不同种类的绝对**"思维"，将不得不被认为是一种在自己之中无差别的、无对象的和无距离的、自我聚集的、直觉式的、直接"静止"在自身之中的思维，这种绝对思维对于努斯之思维而言

––––––––––

［1］ V 4, 2, 15-19. 参见 Beierwaltes 2001, 注 26 中的参考文献和 F.M. Schroeder, "Conversion and Consciousness in Plotinus", *Enneads* 5.1［10］. 7, in *Hermes* 14, 1986, 195f. "Synousia, Synaisthesis and Synesis: Presence and Dependence in the Plotinian Philosophy of Consciousness", in *Aufstieg und Niedergang der Römischen Welt*, 2.36.1, W. Haase（hg.）, Berlin, 1987, S. 677-699, 此处参见 S. 692. *Form and Transformation* 52, 110 中, J. Halfwassen 同样考察了 VI 8, in *Der Aufstieg zum Einen*（如注释 11）135f.

是一种提升和强化，后者是在差异东西**中的**统一性运动，前者作为思维和被思维东西的同一化行为先于并外在于后者。因此，在 οἷον（似乎）和 ἑτέρως（相异）的意义上，绝对思维也更适合被理解为一种"**超—思维**"（*Über*-Denken，ὑπερνόησις）[1]，它是一种"超越于努斯的［差异性思维］、超越于理性和生命的活动和现实性"[2]，以至于"一"是如此这般的**不可量度**，是**绝对的**"精神"，同时，在实在的、由他异性所规定的意义上，并且因此在"本真的"自身关涉的意义上，它是"**非精神**"[3]。这种将亚里士多德式的神之 νοήσεως νόησις（思想自身的思想）修正为纯粹的"一"的超越思维性和先于思维性，被普罗提诺明确描述为——这也是一种对亚里士多德的纪念——一种"持久的觉醒"（ἐγρήγορσις καὶ ὑπερνόησις ἀεὶ οὖσα）[4]；它想隐喻地强调对本真的**绝对**"思维"的持续觉知，以及**超越**于精神的生命之上起作用的觉知。

（2）［132］在"一"之中所有自身关涉的可能性条件是"一"的**自因性**或**自身奠基性**。"它创造（ποιεῖν）自身"或它的"**存在**"[5]，

---

［1］16，32.

［2］16，35.

［3］18，21f.

［4］16，31ff.；V 8，4，27f. 关于努斯说过：... οὔτε κάματός ἐστιν. 31：ἄτρυτά τε τὰ ἐκεῖ. 34f：ἡ ζωὴ μὲν οὐδενὶ κάματον ἔχει，ὅταν ᾖ καθαρά. 与亚里士多德的《形而上学》1072b14 以下关于神的 διαγωγή 相关。1074b18（κάθεύδων）.《尼各马可伦理学》1178b19：诸神如恩底弥翁那样不眠。25 以下：诸神永远清醒与幸福满足的状态区别于人类。

［5］7，53. 13，55. 15，8. 16，25. 20，2.6. 这个思想在 VI 8 中有很多变化，但与 VI 8，7，25 以下的句子并不矛盾：**概念**（ἐπίνοια）本身并没有在实存的意义上设立**存在**，因为概念"不可能是创造自身并导致自身独立（εἰς ὑπόστασιν，导致实存）的东西"。这个说法恰恰排除了"一"，"一"——与任何一个东西都是不可同等量度的——是其自己存在的根据，是从自身中创造着自身的东西。

"它创生它自身"（παράγειν），"产生作为自足者的自身"（ὑφιστάναι），它"来自自身并通过自身"[1]而存在，因此它是**自身的原因或根据**（αἴτιον ἑαυτοῦ[2]），它作为"永恒的生成"（ἀΐδιος γέννησις）是存在和创造无差别的统一[3]。如果**没有**这种"一"的自身奠基作为基础，一种自身关涉的活动或现实性在其中是不可思维的。由于这种自身奠基是绝对的，与它之外的他异者都没有关系，因此，从努斯之自身关涉的角度来看，"一"的自身关涉也是一种绝对的东西和绝对最初者。要注意到那种对"一"的肯定性谓述中的"他异者"，也就是在 οἷον 中每次都提及的"他异者"，它"以自身为原因"，不是一个实在的过程，即由实实在在的差异所决定的过程，该过程被设想为从一种［可能的］尚未存在（Noch-nicht-Sein）进入它自己的现实，该种"他异者"也不是一种与起原因作用的本原相区别的结果，因此也不是在时间上[4]在后的结果；实现（ἐνέργεια）与被实现的东西（ἐνέργημα）[133]或被产生的东西，这两者在

---

[1] 10，24：ὑποστήσας ἑαυτόν. 11.32f.：ἐφ᾽ αὑτοῦ γὰρ καὶ ὑφέστηκε，πρὶν ἄλλο. 13，57f.：... αὐτὸς ἂν οὕτως ὑποστήσας ἂν εἴη αὑτόν. 14，41f，20，18f.：καὶ οὕτως αὐτὸς παρ᾽ αὑτοῦ αὐτός. 16，28ff.；38ff.

[2] 14，41，被费奇诺翻译为 "sui ipsius causa"（在 Beierwaltes 2001，注 13 提到的那个版本中的 p. 355）。——我认为普罗提诺是第一个创造这个术语的人（他可能熟悉亚里士多德关于"第一性"［πρῶτον］存在者的现实性［ἐνέργεια］的表述：αὐτῷ τε αἴτιον κἀκείνῳ［对于自身和他物而言的原因，《形而上学》XII 7，1072a15）。虽然 αἴτιον ἑαυτοῦ 在此处（14.41）**没有** οἷον 修饰（可是，13，49f.：λαμβανέτω δὲ καὶ τὸ "οἷον" ἐφ᾽ ἑκάστῳ，此处也应当被共同思考），"自因"在包含差异性的语言中的**本真**意义上是**努斯**（参见例如 V 9，5，5ff.，在术语中也很清楚；努斯正是通过回到其起源而构成自身：V 5，5，18）。ἕν（"一"）则是**非本真**意义上的"自因"；然而，在我对 οἷον 的理解中，这意味着："一"是以一种提升了的统一性强度和功用为方式的，即这些被 οἷον 所修饰的谓词，因为它是一切事物之根据的**最初者**："一"必须是自身的根据，以便能够成为最初者。

[3] 20，27. 21，18.

[4] 20，17；23. 21，19：τοῦτο γὰρ ἤδη ἦν.

"一"之中反而要被思考成一种最内在的共同作用（共同实现）的东西（Zusammenwirken）。对这个事态的称谓展现出了一种差异性——正如根据和被奠基的东西、原因和被原因所作用的东西、思维和所思、意愿和所意愿的东西之间的差异那样——这种差异性意味着通过"在它之中"和"通过它"本身的最紧密的功用，有一种**自在的**、无差别的联系。普罗提诺想要通过"一"的自因性概念表明，"一"作为**绝对的**原因，是真正的最初者，或者说，"一"作为不凭借外在于自己的他异者的自身创造，作为在"一"本身之前已是条件的、"绝对的［非时间性的］自身创造"（ἀπόλυτος ποίησις）[1] 以及作为**在**时间**之中**对他异者的创造，是真正的**最初者**，没有任何东西，也就是没有他异性的存在**能够**作为"一"的原因而被预设[2]，但同时［从它所产生的东西来看］，"一"被认为是**最终者**，在它之外也没有他异性的东西存在和能够存在；"一"本身——作为每次返回它的目的和息止点[3]——就是"超越一切"的（jenseits von Allem，ἐπέκεινα πάντων）："一"是不受限的超越性，以及相对于被产生的东西而言彻底的他异性。因此，"一"的自身奠基赋予了"一"绝对的自发性和自足性；因此，它也是其**绝对自由**的"根据"，这种自由作为一个不可阻碍的意志，除了它自身之外，不能被其他东西所"决定"。[4] 自发和自足的自因——作为自身"存在"的创造者[5]——也是自身存在的**主宰**（τῆς αὐτοῦ οὐσίας

---

[1] 20, 6.

[2] V 5, 4.10ff. 对于超越、逾越性、彻底他异性的称谓也指向同一思想。

[3] I 8, 2, 3: οὗ πάντα τὰ ὄντα ἐφίεται. I 7, 1, 20ff.; V 8, 7, 44ff.; VI 8, 15, 34: εἰς τοῦτο λήγει τὰ πάντα; VI 9, 8, 43f.: τέλος καὶ ἀνάπαυλα.

[4] 在陈述这一"绝对自由"的思想时，我遵循了我在《精神—理念—自由》一书中的导言第 32 页以下的说法。

[5] 16, 25f.: τὸ εἶναι ὃ ἐστι ποιεῖ.

κύριος)[1]；作为它本己的、出自它本身的以及**它**自己存在着的存在的主宰，只有它自己才能支配或"统治"自身。在统治和被统治的方式中，统治者具有与从属它的"客体"相互关涉的关系，这种关系将使得从属的或下属的东西成为统治者本身的一部分，如同之前所谓的自身关涉的诸种绝对形式，这种关系在它之中是不可设想的。因此，它既不在自身内部，也不外在于自身，而处在一种依赖性的关系之中；因此，它是"唯一、纯粹、[134]完全的"和"真正自由的东西"：绝对自由[2]。然而，以这种方式设想的"一"的绝对自由并不意味着它有一种**选择的可能性**（*Wahlmöglichkeit*），即它能够是其他东西；倒不如说"一"**必然**是如此这般的和是其所是的[3]。这种必然性恰恰不等同于来自外部的强迫，也不等同于一种最终他律性的自身强迫（Selbstzwang），而是——以自由为中介——表达了他**如其所是**的这般存在，并且是最善的东西这一事实[4]。绝对自由是对于一切事物而言大全式的权能，因此能够从自身之中排除与最善、最完满的存在和功用所不同的对立面；它恰恰**"没有能力"**（Mach*tlosig*keit，ἀδυναμία）**同样**［任意地］去做与它的存在相对立的事情，从而放弃它"存在和统一性本身"的最高形式。[5]这样一种变弱的可能性，即能够"自由地"偏离必然"最善

---

〔1〕 10，22f.

〔2〕 20，18f.；34.21，31.同样参见 V 5，9，14f.；17.10，3.

〔3〕 18，41ff.

〔4〕 10.26.

〔5〕 21，6.关于与"一"有关的"必然性"和"强迫"的概念，参见 L. P. Gerson, *God and Greek Philosophy*, London/New York, 1990, 218f.。在奥古斯丁那里（*De Civitate Dei* V 10）也对同一个的思想，一种假设意义上的 ἀδυναμία（无能性）的思想，做出过悖论性的表达：（Deus）quaedam non potest, quia omnipotens（［上帝］不能做某些事情，因为他是无所不能的）。

的东西"，唯独存在于人之自由的"力量"之中。

自因就一般意义而言的事实和概念上的范围是普罗提诺在"非本真意义上"（οἷον）所修饰的ἐνέργεια（现实性或活动）的意义，我已在前文指出了这一点。对于普罗提诺所设想的最初者[1]——"一／善"而言，**现实性**（*Wirksamkeit*）不处于一种与尚未实现的**可能性**的关系之中，这种可能性将对应于那种亚里士多德式的解释模型，该模型是针对那些被"可动变性"规定的现实东西而言的；"现实性"作为"一"的谓词也不仅仅意味着从"一"中排除可能性，正如在本真的意义上普罗提诺式的 [135] 努斯和亚里士多德式的神对应于作为精神的纯粹现实性[2]。倒不如说，修饰"一"的谓词"现实性"与主动"能力"意义上的δύναμις（潜能）相同一："一"恰恰是因为它的自身奠基或自身实现（它的ἐνέργημα［被实现的东西］，与它的ἐνέργεια［实现］没有区别），

---

[1] 普罗提诺犹豫着是否要将现实性概念运用于"一"本身，否则的话他就否定了"一"本身：V 3, 10, 16f.; III 8, 11, 9ff.; VI 7, 17, 10: ἐπέκεινα ἐνεργείας（超越现实性）。W. Beierwaltes, *Selbsterkenntnis* 144f. ἐνέργεια（现实性）也无法超越"一"的δύναμις（潜能）。普罗提诺对"现实性"概念的悬置（Epoché）的理由（不过该悬置在 VI 8 中始终被放弃或中止）相对于最初者的谓词ἐνέργεια而言，以及亚里士多德关于δύναμις与ἐνέργεια关系的颠倒而言，其中一个理由可能还在于对 Numenios 那里"第一神"的决定性的回忆：这就是 ἀ（ε）ργός（Fr. 12, 13）。

[2] 16, 16. 28ff.: 为了反对一种想法，也就是"一／善"从一个尚未存在的东西"变成"它（随后）现实的存在的想法，普罗提诺强调了"一／善"的自身同一性："它（'一'）之所是的存在是它对自己的效力；它是一和它本身（与它自身合一）。因此，它自己奠基了它自身（使它自己产生），因为它自己同时带来了它的效力"，即建立它自己、产生它自己或创造它自己的行为**就是**它非时间的、"始终已经"在实现意义上的存在着的功用或效用（参见第 31 行）。因此，所提到的行为都是一在它自身（πάντα εἴσω）中的普遍效力的总体形式或具体化。关于在同一性命题中的思想形式，参见注 54。关于在努斯中把可能性扬弃为［思维的］纯粹效力的主题，例如参见 II 5, 3.-VI 8, 6, 34: "它的功用就**是**它本身。"（τὸ ἔργον αὐτοῦ αὐτός.）

是最强的"对一切的权能"（δύναμις πάντων）[1]，一个"向外"起着作用的本原，也是一个因为它内在**无**差别的充盈而建立异己事物的本原。

"一"之内在现实性"在意图上的"基本特征出自它的**自因化**，这种基本特征表明了"一"之**意愿**或**意志**。在此，我无法更详细地探讨这一概念对普罗提诺以及对后世思想发展的哲学意义[2]，但我还是想强调这一点：普罗提诺第一次，也只有在 VI 8 之中，将存在和思维的第一原则与意志相等同，而迄今为止，在对他而言具有权威性的传统中——柏拉图和亚里士多德——这种第一原则被认为是善的理念或思维着的自身关涉，并且——从目的论上来说——是不被动的致动者。普罗提诺的概念不赞成"意志之任意性"，但是，这并不意味着对理性的压制，而是意味着对理性的加强。对于善的本质［136］和体现在理性中的"意图性"的表达，他坚决地排除了偶然和命运，但也排除了盲目的、无选择地不可抵抗的必然性，将其作为理解世界的起源和存在的非理性的形式。拒绝 τύχη、τò συνέβη、αὐτόματον（"命运""偶然""自发"）作为［假定的］原则之本质或结构，从而也就是拒绝它们作为世界的本质或结构，像一

---

〔1〕 III 8, 10, 1ff., 25f.: τò δυνατώτατον. V 3, 15, 33（W. Beierwaltes, *Selbsterkenntnis*, 160f.）. VI 8, 20, 37. 10, 33: ὑπερβολὴ τῆς δυνάμεως. 这种潜能向外实现（产生效用）: VI 8, 18, 31f.: δύναμις ... ὄντως ποιητική。20, 6: ἀπόλυτος ποίησις.

〔2〕 从更广泛的意义上探讨这一问题域，参见 Dihle, *Die Vorstellung vom Willen in der Antike*, Göttingen, 1985; 同上，英文版附带更详细的注释: *The Theory of Will in Classical Antiquity*, Berkeley/Los Angeles/London: 1982. C. Horn, „Augustinus und die Entstehung des philosophischen Willensbegriffs", in: *Zeitschrift für philosophische Forschung* 50, 1996, S. 113-132.

个主导动机一样反复出现在 VI 8 的众多论证链之中，这相当于为一个本身清晰且"有理性"的本原辩护，这本原作为绝对自由意愿了它是什么——并且只"能"意愿这个，因为它就**是**它所**意愿**的东西（nur dies wollen „kann", weil er *ist*, was er *will*）。作为**绝对的**意志的"一"之意志，没有理由通过一种对自身的偏离而想要异己的东西。因此，绝对意志——不被"意图"所规划的思虑或一种企图的形成及其实现之间"常规的"差异所决定的意志——不可改变地只意愿**它始终已经是**的东西。唯有它能做到这一点，这是它的绝对性或原初的自身规定。在它本己的存在（οὐσία）中，这种存在由它自己作为原因所造成，因此它把自己表述为一种与它自己相同的东西，在这种自我关涉中，它想要是"它自己"（αὐτὸς εἶναι）[1]，在这种自身存在中，它意愿**它自身**（ἑαυτό τε θέλει）[2]。如果与它的存在相同的意志因此"有意地"引导它的自因化或自身奠基，那么，恰恰是**通过**这种自因化并在其**之中**，以无内在差异的方式，它总是已经（主要是唯一地）意愿自身。差异性的语言表述，在结构上是不可避免的，尽管没有达到这里所要意谓的东西——绝对者。被意谓的东西本身想要被理解，就不断要求解释上的修正，修正语词常规的或真正的意义。然而，鉴于彻底不可度量的"一/善"，**非本真的**和有意识不精确的言说最终是更有启发意义的，在哲学上

---

[1] 13, 37. 16, 22.39.

[2] 13, 21. 40: ἑαυτὸν ἑλομένου. 13, 27-33. 38: ἔστι γὰρ ὄντως ἡ ἀγαθοῦ φύσις θέλησις αὑτοῦ ... 谢林通过与 VI 8 中的一些核心说法彼此关联，从而与普罗提诺的这个思想联系起来（13, 55. 14, 41f. 16, 38f.）。此处参见 Beierwaltes 2001: 223 以下。

是更真的东西。

对于已经说过的关于绝对意志及其与自因的关系而言，这种关系意味着在绝对意志中，意愿和所意愿东西的优先性同样是不可设想的，[137]因为出于对绝对意志与它本己存在的同一性的思考，既不可能有意愿对于因造成果或建立活动的优先性，也不可能有因造成果或建立活动对于"意愿自身"的优先性，因为意志只能作为因造成果的结果而意愿自身。相反，在"一"的自因中，意志正是在这种"一"的自身因果关系中意愿它自身，这种"一"本身是作为它本己的存在的自我奠基，因而也是它活动的自我奠基；如果没有一种对自身的意志，这种自身奠基是不可设想的。普罗提诺的意图是使这种密切的**彼此交叉**或现实性之间的关系明显成为**无差别**的，因而成为绝对者的"要素"，这在语言上通过**同一性命题**的丰富使用展现在 VI 8 之中[1]。如前所述，它们是普罗提诺试图接近"一"的重要手段，而"一"不能［或至少并不适合］在它的自在之中被言说。除了现实性、意愿、因造成果与思维之外，同一性命题作为一种思维样式也同样适用于"一"之中其他诸种自我关涉：除了"它自己的主宰"或"自身存在的力量"作为自由的基本特征，从"一"对自身自由的认同中所产生的活动或与这

---

[1] 下文中我将指出 VI 8 中的这类"同一性命题"；它们在模式上并不具备同一形式，但它们共同的意图是表达主词与谓词的"统一性"。这些命题值得各自单独讨论（经常反复出现的句式也是需要注意到的：εἶναι [ἔστιν] ὅπερ ἔστιν）：6，34. 36. 9，33f. 9，44. 10，22. 12，25. 13，7.8f. 19. 30. 52f. 15，4. 7. 16，4. 7. 14. 16. 28. 17，13. 20，18f. 26f. 21，16ff.-12，14：αὐτοουσία（实体本身）作为"一／善"的谓词，这意味着**它本身**不是一种他异者，也就是说它的οὐσία（实体）不是与它相异，相反就是它自身（das Selbe）。

种认同相同一的活动，如"'一'的自爱"（αὐτοῦ ἔρως）[1]；此外："一/善"[138]"被带入自身"（渗透入自身），"似乎爱自身"（ἑαυτὸν ἀγαπήσας）[2]；它"喜爱自身"（ἀρέσκει ἑαυτῷ）[3]，"与自身同在"（τὸ συνεῖναι ἑαυτῷ）[4]。在自爱之中，"一"**在自身之中**拥有努斯作为自己本己的现实性，这努斯就是与它相等同的、以无差别的方式观看着的努斯，也是它"最爱的东西"（τὸ ἀγαπητότατον）[5][6]。它是一种"向自身的倾向"（νεῦσις πρὸς αὐτόν）[7]，作为一种有意

---

[1] 15，1，参见 J.M. Rist, *Eros and Psyche, Studies in Plato, Plotinus and Origen*, Toronto, 1964，76f.。这个发问恰恰是在普罗提诺的语境中产生的：是否"一"——类似于基督教的上帝——具有"人格"的特征，只有意识到这个发问具有基督教和近代的前提条件，这个问题才有希望得到澄清。在这种情况下，普罗提诺在人称代词和指示代词的中性和阳性之间（也在 VI 8 中：αὐτός-αὐτό. ἐκεῖνος-ἐκεῖνο）摇摆。在 VI 8，21，9，18 和 20 中将"一/善"与 θεός（神）**坚定地**等同起来：βασιλεύς。

施罗德（F.M. Schroeder）在 *Form and Transformation* 99 中正确地指出了普罗提诺式的 αὐτοῦ ἔρως（自爱）指向了亚里士多德《尼各马可伦理学》IX 4；1166a1-b29 那里的友爱模式。参见 C. J. de Vogel, „Selbstliebe bei Platon und Aristoteles und der Charakter der aristorelischen Ethik", in: *Aristoteles Werk und Wirkung*, J. Wiesner（hg.），Berlin，1985，S. 393-426，尤其是 403ff.。关于亚里士多德"自爱"概念在中世纪的接收，参见 J. McEvoy, „Zur Rezeption des Aristorelischen Freundschaftsbegriffs in der Scholastik", in: *Freiburger Zeitschrift für Philosophie und Theologie* 43，1996，S. 287-303。在基督教神学语境中，对于神圣的自爱而言，三位一体理论是首要的富有启发性的理论，例如在马里乌斯·维克多瑞努斯或奥古斯丁那里（圣灵作为爱的结合）。托马斯·阿奎那：《神学大全》1q. 37, a.2, corp. art.。邓·司各脱：《论第一原理》n. 60f.：Primam naturam（deum）amare se est idem naturae primae（爱第一本性［上帝］等同于第一本性）。

[2] VI 8.16.12f. 13.

[3] 7，40. 13，42. 46f.

[4] 15，3f. 表达了一种最内在的爱着自己的合一。

[5] 16，15.

[6] 这里的思想与亚里士多德的 ὡς ἐρώμενον（Met.1072b3）并不相似，正如 Theiler 在此处（IV b 378）所认为的那样；在我看来，普罗提诺的思想是对亚里士多德思想的重新解释："一"在其自身之中和与之等同的努斯有着爱欲上的联系。当然，对于普罗提诺来说，存在向最初者/一/善的目的论意义上的运动是不容置疑的。

[7] 16，24（HBT）.

识地指向"至善"之意志的表达；它"似乎以自身为依据"并且"似乎看向自身"（στηρίζει [1], οἷον πρὸς αὐτὸν βλέπει [2]）；在它是这种看之时，它"（**通过**它或在它**之中**）创造自身"（οἷον ποιοῖ ἂν αὑτόν）[3]。所有这些作为一种与自身统一或"共在"的活动，都描述了"一"的内在活动，这种活动就是以自身为绝对、自由根据的活动；通过这种活动或**作为**这种活动，"一"正是通过这种自由的、以自身为根据的方式而存在和活着。

五

[139] 在我再次讨论这个问题——特别是与"自因"有关的问题——普罗提诺对如此有力地展开的肯定谓述的链条可能有什么意图之前，我要回顾一下他对**语言**的限制性，有时是怀疑性的评价，这与对"肯定性谓述"的评价密切相关——也是在保留条件"οἷον"的语境之下密切相关。原则上，与"一"相关的言语，特别是命题之中的诸谓词是不精确的，[在结构上]必然也是**非本真**的言说，因为它本身是由一种非绝对的思维活动和思想形式所决定的。一个"某某谓述某某"的命题总是保持在一种差异性之中（即保持在它自身**与绝对者**之间的差异之中）。相对于绝对者而言，语言上的这种差异结构在原则上也是不能中止的；它最多只是可以被

---

〔1〕 16, 19f.

〔2〕 16, 20f（H-S²）."见"或者"看"也可以理解为 νεύειν（倾向）一词的隐喻。

〔3〕 16, 21（HBT）. 20, 2ff. 7, 53. 对于思或者看意义上的**创造**，参见 W. Beierwaltes, *Identität und Differenz* 146, *Eriugena* 275ff.。

修订为：**同一性命题**。例如，**在**形式上去使用命题中主词和谓词的区别时，通过允许命题的主词在逻辑和事实上与谓词相等价，反之亦然，[1]同一性命题至少有意取消了这种区别。无论如何，在这样的表述中，我们的语言意识以一种"非系词式"的**统一性**方式来思维差异之物的，这种语言意识超越了同一性命题的具体形式——进入了一种它所渴望的绝对者之语言。然而，如果"一"**不是**一种在自身中受限的东西，某种存在着的东西，而"是"一种**先于**存在者的"超越存在者"（或"无"），尽管它是根据式的存在，它"不"是一切范畴式的可规定者和可言说者中的任意一个，与此相反，思维和语言却总是思维和言说一种被限定为存在者的东西，即形式、形状、"某物"，那么"一"之为"一"，在这种在其自身之中的"是其所是"那里，在差异性语言的媒介中，"一"是不能合适地被思维和言说的。它充其量只能在与"一"的统一中以非语言的方式（因为是非思维着的）被经验到。从这种对唯一的、最强化的、活生生的"一"之**现实性**的经验出发，"一"的可被言说性是完全合法的，甚至是必要的——然而，这是在意识到这种言说对"一"不可通达的背景之下的，这种言说只可能是对所经验的东西的一种"指示"或"符号"[2]，在其中，那不可被言说的东西以[140]一种图像性的破碎方式被描述为久远的记忆。这种经验性的言说，也就是每一种否定以及肯定的形式，都与普罗提诺的如下原则相符合："我们无疑言说了一些关于（περὶ αὐτοῦ）它（'一'）的东西，

---

[1] 参见 Beierwaltes 2001：28，30 以下。关于与黑格尔"思辨命题"概念的事实上的类比，参见 W. Beierwaltes, *Platonismus und Idealismus* 45ff.。

[2] 赫拉克利特的残篇 B 93 可用于普罗提诺式的对"一"言说：参见 Beierwaltes 2001：111。

但是我们并没有言说它本身（αὐτò）。"[1] 在奠基于"一"之概念之上的说服性论述中，"一"作为一个非物（Nicht-Etwas），是一个不可被思维精确限定的东西（νοήτον），**想要把**"一"作为"某种性质"（οἷον，这里是关系代词）来把握的彻底热切的意图，变成了对这个 οἷον（似乎）的否定；它意识到——既然我们在谈论不可说的东西：λέγομεν περὶ οὐ ῥητοῦ——这些和其他范畴在这里不能把握任何东西，因此是悖论性的：τὸ δὲ οἷον σημαίνοι ἂν τὸ οὐκ οἷον. οὐ γὰρ ἔνι οὐδὲ τὸ οἷον, ὅτῳ μηδὲ τὸ τι——"'这种性质'可能意味着'没有这种性质'；因为'具有某种性质的东西'并不适用于'一'，因为'东西'一词也不适用于它。"……"是我们，在我们与生俱来的匮乏（渴望）中，不知道该如何命名它，……我们为它命名，是想要在我们的能力范围内标明（指示）对我们而言的它，力所能及地去指示它。"[2]——普罗提诺对于那种把"起原因作用的功用"归于"一/善"的说法的反思，也展现出了类似的情况，这种说法是："一/善"是原因，从"一"自在存在的角度而言，这种说法必须被否定。因为它是从"被原因作用者"的视角出发给出的，因此说的是"我们"，而不是本原本身的情况。"当我们把'一'命名为**原因**时，这并不意味着我们在言说一些属于它的东西，而是在言说一些属于我们的东西，即我们从它那里得到一些东西，而它却在自身之中存在。是的，甚至'那个［一］'我们也不

---

〔1〕V 3，14，2ff.；VI 8，8，4f.：τὰ ἐλάττω ἀπὸ ἐλαττόνων μεταφέροντες ἀδυναμίᾳ τοῦ τυχεῖν τῶν ἃ προσήκει λέγειν περὶ αὐτοῦ. 对于言语上的难题参见 D. O' Meara，«Le problème du discours sur l'indicible chez Plotin», Ders., Plotinus，54ff.。上文关于"真实之自身"的段落，p. 109 以下。

〔2〕V 5，6，21-25.

应该在真正的意义上称呼它，如果我们想说得准确的话（因为这可能会产生误导，即我们把它命名为与其他东西并列的单一东西），但这只是想解释我们自己，是在'一'外面嬉戏的人对它的体验，有时我们接近它，［但］有时也由于在它周遭无路可走而完全迷失。"[1] 然而，[141] 在一种对于我们的思维和言说的不适合性和原则上的不精确性清晰的意识之中，在［与"一"］相似性不同的方式和程度上，"我们言说和书写"［"一"］——ἀλλὰ λέγομεν καὶ γράφομεν[2]。

在这种对语言相对于绝对者的缺陷的意识之中，同时在意志之中，所有概念性思维和表达分析性言说的努力都间接和直接地围绕着它，它在一种相同的力量和相同的要求中规定了整体人类的生命形式。在 VI 8 中，普罗提诺有力地**突破了**否定辩证法之中系统性的无知（Nicht-Wissen），而没有破坏它或持续地放弃它[3]。普罗提

---

〔1〕 VI 9, 3, 49-54. 尼萨的格雷戈里（Gregor von Nyssa）在 *Contra Eunomium* I 148-166 中描述了一种类似于普罗提诺思想的现象。关于这点，参见 Th. Böhm, *Theoria*, *Unendlichkeit*, *Aufstieg. Philosophische Implikationen zu De Vita Moysis von Gregor von Nyssa*, Leiden, 1996, S. 195。

〔2〕 VI 9, 4, 12——**"一"对"一"的否定**是对"一"本身在事实上的称谓方式之怀疑的升级：就"一"本身而言，一（ἕν）意味着"多"（Ἀ-πόλλων）的取消（ἄρσις）。然而，在［同一性］命题："如果'一'是一，或者说是'一'"之中，人们实行的是一种设定（θέσις），那么，通过区分"一"的名称（ὄνομα）和意义（δηλούμενον），以及通过这样一种命题结构，在这种命题结构中，主词和谓词是同一个东西，并且意味着一种在同一者之中的多、关系与差异，严格地说，这将取消"一"的纯粹单纯性：οὐκ ἄξιον μὴν οὐδὲ τοῦτο［τὸ ἕν］εἰς δήλωσιν τῆς φύσεως ἐκείνης（V 5, 6, 26ff.; 34）。"一"根本不能被表谓——毕竟，我们谈论的是无法言说的东西，λέγομεν περὶ οὗ ῥητοῦ（*Ibid.*, 24）——将是适当的结果，诚然，只要我们想向自己和他人传达我们与"一"合一的体验，这种结果在我们的有差异性的语言领域是无法持续的。

〔3〕 VI 8, 21, 26. 11, 34f. 中的诸种否定——对所有谓词的彻底否定（ἀποτιθεμένοις δὴ πάντα）也必定会否定"一"，而这对"一"而言恰恰是要在 VI 8 中证明的东西，即它的绝对自由（αὐτεξούσιον），只要我们不认为这——就像其他肯定的陈述一样——是从对绝对者的差异的语言中夸张地修改出来的。参见第 423 页注 4。

诺的文本中展现出了一种对于否定**以及**肯定两者的（**也是暂时的**）选项：人们必须在沉默中离开，以便把问题留在毫无出路之中，不再探寻和发问[1]。然而，普罗提诺却坚决地继续探讨无开端性的、无条件的本原问题，与此同时，他意识到了限定性的，却揭示了与语言需要相关的条件。[142]"我们必须如此这般地（在被'似乎'修饰了的并提升到非本真东西之中的、思维着的肯定中）谈论它，因为我们没有能力以我们想要的方式去言说它。但是，如果一个人被所言说的东西（因此被言说'一'的东西）推动或激发而向它运动，就应该把握它（'一'）本身，他将看到它，而他自己将没有能力如自己**所愿地**言说它。"[2]在原则上我们所不想说的东西是，它"存在"，尽管如此，由于"语词［或表述］的必然性或强制性"（ὑπ' ἀνάγκης τῶν λόγων）[3]，我们还是不精确地言说了它（存在），这些所说的东西展现出了误解。但我们想说的是，从一种对统一性强化的经验出发，**并且/或者**从否定之路出发，以概念上不精确的方式去知它，我们**想要**去言说我们所没有**能力**去言说的那个它。在这种思想和语言的二难之中，οἷον——正如之前零星和临时所论说过的那样——具有一种突出的哲学意义。一方面，它使人们对纯粹的、不受保护的关于"一/善"的肯定性言说的不合适性有了更敏锐的感觉，从而使更准确地理解自在的不可被言说者的肯定性言说成为可能。另一方面，它并不简单地让否定显现为与肯定相矛盾的对立面，这种肯定清楚地被 οἷον 一词所修订；它在每种情况下都

---

［1］ 11, 1f.

［2］ 18, 5f. 19, 1-3.

［3］ 11, 26.

挑战我们根据**绝对者**的领域——根据其关涉点——至少试探性地理解的关于"一"的肯定的言说。换句话说,要不断意识到这种肯定的谓词或命题相对于其真正有效范围的**他异性**（ἑτέρως），因此也要证明**非本真言说**（包括隐喻和图像的言说）具有启发性的价值。因此，πῶς φθεγξόμεθα τοῦτο^[1]——"某人迫不得已地谈论（诉说、言说）'那个东西'，是为了**暗示**它（ἐνδείξεως ἕκεκα），在使用这种我们不允许在精确的谈论中使用的言说时，人们可以［因此］接受在每个个别东西上［共同使用］'似乎'这个词。"^[2] 为了让出于语言需要而实现的**暗示**、指示性的提及或指引，成为一种在事实上有说服力的、令人信服的**洞见**，人们［143］甚至可以偏离严格的逻辑、精确的语言。Παρανοητέον ἐν τοῖς λόγοις^[3]：出于"教学"（pädagogische）原因的语言特许，也就是说，为了更深刻的洞见，如果不将这一做法晋升为首要的可通达［"一"］的方式，那就无法在同等的强度上实现这种洞见。意识到言说"一"在原则上是非本真的并且意识到这种言说飘忽不定的矛盾性，成了思维"一"的动力，这种思维以默想的方式（meditativ）**不断地重新**环绕在以概念性方式努力想要把握的目的周围。

六

现在，在 VI 8 的上下文中，那种对于本质性的谓词"似乎"意

---

〔1〕 11，34.

〔2〕 13，47-50. 特别的例子是 c.7 s.f.。

〔3〕 13，4f. W. Beierwaltes, *Selbsterkenntnis* 202ff.

义上的言说想要"指出"什么？它想把对"一"的思引向什么信念或洞见（πειθοῦς χάριν）[1]？

　　普罗提诺如此有说服力的同时又谨慎地展开的对**在"一"之中**的现实性和自身关系的肯定，尽管有语言结构所造成的根本限制，但还是能够对那些必然被否定所掩盖和隐藏的东西进行一些说明。

　　（1）通过一种对"一"富有暗示性的肯定性的接近，否定的**绝对优先性**至少被搁置起来了[2]。按照"似乎"一词富有助益的、启发式的指示，[144]审慎的做法不会认为肯定谓述是完全无关紧要的，甚至是体系性的误导。显然，总体而言，普罗提诺所想要思和说的，主要是对于最初者和"一"之作用而言，首要的、肯定性的谓语在原则上不能被取消：例如，"一"被命名为 ἀγαθόν、ἀρχή、δύναμις、πηγή、πατήρ（善、本原、潜能、根、父）……"肯定"作为对其"常规意义"的强化（Intensivierungen），作为"肯定"修订为一种可以被思维的差异性的存在而言，也可以被理解为一种被彻底化了的**否定**：作为对否定的否定，这种"肯定"有助于肯定，这种肯定至少暂时"猜测"或衡量了**那些**否定性在"事

―――――――――

〔1〕　我们仍然"言说和书写"关于既不可能说也不可能写的"某物"（"一"）（Plat. Ep. 341c5），但"言说和书写"也有一个理由，那就是亲近的意图（δίδαξις）："引导"他，给想"看"的人"指路"，"把他从概念（从纯粹的概念性思维）中唤醒，走向一个［不理解的、超越思维的］视野，然后他必须自己"功用"（ἔργον）（VI 9, 4, 12ff.）。D. O'Meara 对 VI 8 中是否要发展一种"新的肯定神学"表示怀疑，他认为肯定的谓词应被理解为刚才提到的 πειθώ（"有说服力的论证"）尝试中的元素，它应该把陷入困难或无望的思考带到对"一"的绝对自由的洞察中（*The Freedom of the One*, p. 348 以下［如注 13〕）。

〔2〕　否定也出现在一系列的肯定之中（VI 8, 8, 14. 11, 34f.）；该思路在其结束之处也回到了否定作为肯定的"基础"（21, 26ff.）。

态"中所系统性地**排除**的东西。即使在普罗提诺沉思"一"的尝试中，否定以否定性的辩证法的形式占据了统治地位，［即使］深知这一事实，一系列的 οἶον 仍然主张对"一"采取两种不同的，但相互关联着的、彼此相互启发的**视角**，这些视角的差异性而非矛盾**可以被保留下来**。这与普罗提诺的思想形象相对应，它从自身中无差别的"一"的角度出发，将彼此**相对立的**东西理解为**同时有效的**："一"作为万物起源性的根据，不是一切事物之中的任何一物，它无处不在同时又无处存在（überall und zugleich-entzogennirgends sei）[1]，在一切**之中**存在同时又**高于**或超越一切，与一切**相差异**，在当下奠基着一切，同时又与一切相分离。"绝对存在"：ἔστι γὰρ ... παρεῖναι χωρὶς ὄν [2]，它展开了自身，但仍然［**通过它**］保持在自身之中（"似乎它并不通过展开自身而展开自身"——οἶον ἐξελιχθὲν οὐκ ἐξεληλιγέμον [3]），在"一"之中的努斯**不是**努斯，[4] 或者"不在观看着的观看者"没有能够说清楚，在统一之中，突然像光一样显现在它面前的"一"，是从外部还是从内部显现在它面前的。（ἐφάνη）ἔνδον ἄρα ἦν καὶ οὐκ ἔνδον αὖ ... φαίνεταί τε καὶ οὐ φαίνεται. [5]［145］只有把这**两个视角**（否定和肯定）放在**一起**思

---

〔1〕 *Denken des Einen* 39ff., 50ff.

〔2〕 VI 4, 11, 20f. 关于我对 VI 8, 9, 10 中的 κεχωρισμένον 做修订的理由参见《精神—理念—自由》第 99 页。除了其中的文本段落，亚里士多德的《形而上学》1075 a21（κεχωρισμένον τι καὶ αὐτὸ καθ' αὐτό ...）和 1041a8 也值得注意（作为普罗提诺"超越者"概念的可能参照点）。

〔3〕 VI 8, 18, 18. 对该句整体的解释参见 W. Beierwaltes, *Selbsterkenntnis* 161f.

〔4〕 18.21. *Denken des Einen* 44f.

〔5〕 V 5, 7, 34f. 8, 2f. 也包括 8, 14f.: ἦλθεν ὡς οὐκ ἐλθών; 23f.: θαῦμα δὴ ... πῶς οὐκ ὢν οὐδαμοῦ οὐδαμοῦ οὐκ ἔστιν ὅπου μὴ ἔστιν; 9, 13: ἔστι καὶ οὐκ ἔστι（关于"一"作为 ἀρχή［本原］）；另参见 V 2, 2, 24: πάντα δὲ ταῦτα ἐκεῖνος καὶ οὐκ ἐκεῖνος。

考，才能在其悖论性中理解**作为整全**的思想——也是对那个显现着自身的[1]**同时**又保持着隐藏自身的本原的最有可能的接近。这种悖论式的"同时"在于——对立于在绝对者之中被悬置起来的矛盾律的有效性——我们肯定地言说了一些关于"一"的东西，又直接否定了这些〔涉及东西的〕言说，而不会因此破坏这些言说，或在某种意义上使得它不可言说。在这方面，"同时"解释了"似乎"，它要求理解**不同**意义层面上的"关涉"，以反对这里不可被思的"一"之单义性（Ein-Eindeutigkeit）。一种**马丁·海德格尔**"语义上的"处理方法也可以说是如此这般类似于上述方法的：为了使人们清楚地意识到，使用"**存在**"一词是为了表达海德格尔自己的基本意图，即他对于"存在"（SEYN）的思考区别于"形而上学"的"存在"概念，他用"叉号"将其划掉："存在"[2]。借此，SEYN（该词是说明他意图的另一种用词形式）与一种"存在"（Sein）之间的区别就被充分地标记出来了，而"存在"在海德格尔的想法中始终只被认为是"存在者的存在"（Sein des Seienden）或"存在者意义上的存在"（Sein von Seiendem），同时，在海德格尔式的SEYN 和"域"（Geviert）的同一设定之上划下叉号被指出是矛盾的，"域"作为真理（ἀλήθεια）的澄明之地，"在四种域的给予者中与叉号位置下对它们的召集之中显现出来"[3]。

---

〔1〕 VI 8, 18, 17; 52（ἐμφαίνεται. ἐκφαίνειν）. 19, 10（προφαίνεσθαι）.

〔2〕 参见 *Zur Seinsfrage*, Frankfurt, 1959, S. 2, 31（这是海德格尔在1955年为 Ernst Jünger 纪念文集所撰写的文章，扩展了几行），现在也载于《路标》（*Wegmarken*），Frankfurt, 1967, 引文出自 S. 239："新的"或"其他的"存在不是形而上学的存在（存在），这种存在就海德格尔的视角而言也不需要作为〔"存在"这个〕名称。

〔3〕 *Ibid*. 海德格尔关于"形而上学"的概念参见 W. Beierwaltes, „Heideggers Rückgang zu den Griechen", *Sitzungsberichte der Bayerischen Akademie der Wissenschaften*, phil.-hist. Kl., Jg. 1995, Heft. 1.

（2）在意识到首要的决定性作用的否定之语境**后**，普罗提诺允许对"一"进行**肯定**的一个基本动力可能是他不想让"一／善"作为展开着的本原本身以一种绝对**空洞**和**抽象的东西**的方式出现——用黑格尔的话来说，"一／善"不是那种"être suprême（至高存在）的混沌之气"。倒不如说，与努斯相比，那本原**之中**的自身关涉，[146]上升到了［言说中的］相关项之间相互**不可区分**的地步，而这种自身关涉恰恰能够证明它的全能性以及它主动的 δύναμις πάντων（全能）式的"存在"，它的"充盈"在自身之中并且不从个别东西那里显现自己，也不把自己当作差异者与其他个别的东西彼此结合在一起，而是通过"充盈"本原中的"自身关涉"才允许一切"他异者"作为自己从自身中显现出来——借此，"他异者"只作为个别的，作为彼此相差异的东西，作为构成它自己［于是］伫立在自身之中的现实性才存在：［τὸ ἕν］οἷον ὑπερερρύη καὶ τὸ ὑπερπλῆρες αὐτοῦ πεποίηκεν ἄλλο [1]。如果人们意识到"一"之肯定性谓词在**不同类型**上的有效性，那么普罗提诺基本发问中的两难性（das Aporetische）就会失去其尖锐性：那么"一"怎么可能"给予"它自己并不"拥有"的东西[2]？"一"以这样的方式在自身之中"拥有"差异之物，即把在"一"之后（作为展开了的）差异化了的东西当作**无差异**的东西（不可区分性：ἀδιάστατον [3]），**它本身**（ES SELBST）完全就是那些"在"它之中的一切东西。那属于"一"的自身关涉并不实在地（realiter）

---

〔1〕 V 2，1，8f.；III 8，10，1：δύναμις τῶν πάντων；V 4，1，36.

〔2〕 对于这个发问，参见 Beierwaltes 2001：108 以下。

〔3〕 VI 8，17，21：作为逻各斯的"一"是 ἀδιάστατος（不可区分的）。

存在于它之中，也就是说，并不存在于作为在他者现实性的差异之中相互关联的本己而特殊的现实性之中，正如它们对于作为每个存在本身的努斯的自身反思性是起决定性作用的；倒不如说，它们通过统一的强度或等同性的统一，在差异（差异**之中**的统一）的层面上与自身关涉有着本质的区别。然而，它们的**无差异性**却是差异性得以展开的可能性**根据**，是差异性**真正的**开端。因此，"一／善"中自身关涉的［绝对］统一性或单纯性也不能与中期柏拉图主义或基督教式的概念相提并论，后者认为神圣的最初者就是那些彼此相区别的诸理念以反身性的方式统一起来的地方。[1]——如果"一"通过否定（per negationes）最终被强调为非缺失性的"万物中的无"（Nichts von Allem），那么肯定性的谓词 oĩov 则强化了这样一种悖论式的思想：［147］"一"是"［**作为**］充盈的无"（Nichts der Fülle）："万物与无"不仅是他异者**奠基性的**根据，而且通过无差异性的**力量**，它**在它自身中**首要地同时是"万物与无（个别的东西、差异的东西）"。然而，这种在"一"之中的自身关涉"尚不"需要一种内在中介性，它作为创造自身或作为自身原因的形式"建立"了它的自足性、它对他异者的独立性

---

[1] 阿尔基努斯（Alkinoos），*Didaskalikos* IX（163，11ff.；20 Whittaker）。关于这个问题，参见 R. Miller Jones 与 N. M. Rich 的两篇论文《作为神之思想的理念》("Ideen als die Gedanken Gottes") in: C. Zitzen（hg.），《中期柏拉图主义》（*Der Mittelplatonismus*, *Wege der Forschung LXX*），Darmstadt，1981，187ff.，200ff.。J. Dillon，*The Middle Platonists*，London，1977，pp. 282，254-256. K. Alt，*Gott, Götter und Seele bei Alkinoos*，Abh. der Akademie der Wissenschaften und der Literatur Mainz，geistes- und sozialwiss. Kl.，Jg. 1996，3，Stuttgart 1996，bes. 14ff.，im Gesamtkontext mittelplatonischer „Theologie". 对这个概念在普罗提诺"努斯"概念中的特殊展开，参见 V 5（ὅτι οὐκ ἔξω τοῦ νοῦ τὰ νοητά），Beierwaltes 2001：32。—Augustinus，qu. 46（de ideis）in dem „De div. quaest. LXXXIII liber unus".

或它对自身的规定性以及它"对自身的主宰",从而也建立了它的绝对自由。

（3）正是为了证明"一/善"是**"绝对自由"**，普罗提诺认为，只有当它是不受限制的、卓越的最初者之时，它才能被思考成"真正意义上唯一自由的东西"（μόνον τοῦτο ἀληθείᾳ ἐλεύθερον ）[1]，不可被推导的——绝对的、在万物之先的[2]本原，与那些在它之后和来自它的东西没有相似性关系[3]，但它作为所有复多性的存在者的原型在自身中实在化自己的形象，只有通过这种转向才能是它自身。因此，如果"一"不应该被想象成一个静止的、抽象的虚空，而是（根据所讨论的条件下的 VI 8）主要作为**内在的**、自我关涉性的现实性，但因到果的作用和根据必须被看作一种 ἐνέργεια（现实性）或主动的 δύναμις（潜能）的形式，那么最初者作为原因、根据和本原又只能被认为是绝对的。这意味着：绝对原因就其本身而言是最初者，或者说：最初者就其本身而言就是绝对原因，因为它的存在（实存、现实）不需要在它之前的任何原因，而只**能**在它起因的作用和奠基性的（"首要的"）活动中与它本身相关。作为一种绝对的自身关涉的行为——在这种现实性之中并通过这种现实性——它无差别地从被奠基者那里，即**它自己那里**，**起因之作用**或**行奠基**。因此，"一"的绝对自身奠基是核心，相对立的是一种在

---

〔1〕 VI 8, 21, 31. 也包括 V 5, 9, 14f. 17. 10, 3。

〔2〕 ὑπεράνω: VI 8, 21, 30. ἐπέκεινα πάντων, 例如 V 3, 13, 2。

〔3〕 VI 8, 8, 12f.: δεῖ δὲ ὅλως πρὸς οὐδὲν αὐτὸν λέγειν. 15. 22: οὔτε γὰρ αὐτῷ οὔτε πρὸς ἄλλο. 9.10: κεχωρισμένον（参见第 446 页注 2）。事实上，可与之相比较的是库萨的尼古拉关于上帝之无限性不可量度的思想——尽管他的功用是作为"创造者"：infiniti ad finitum proportionem non esse（无限与有限之间不存在比例，De docta ignorantia I 3）。

努斯的相对意义上［148］于它之中指向"一"的自身建构，在这种指向中，它将自己"限定"为自身，包含着所有其他的"自身关涉"并使其得以可能的思想，这思想就是这篇关于人类自由的可能性和界限以及"一的意志"之不可预思性的非凡作品中的思想。[1]

七

我对"绝对者之自因"思想后续发展的看法，应当会局限于三条对于古代晚期和中世纪的三位神学家不足的引用。[2]［149］他

---

[1] 以下的提示可能会扰乱本文的思路，但我还是想简要地提示一下：对于一种属人的自觉生活目的而言，在一种保留条件之下肯定地看到"一/善"的进一步后果是：与"一"的合一并不等同于一种对于超越概念性思维和统一自身的灵魂的"取消"（annihilatio mystica）——一种自身解构，而是一种对于本己的自身意识的提升和转变，将自身意识提升和转变为超存在和超思维的"一"。如果人们不想把普罗诺在 VI 8 中所理解的"一"与对"一"的其他分析严格区分开来（通过系统地高估某些意义上的 οἶον［似乎］从而淡化这个词在体系中的哲学意义），那么，作为等同行为的合一化恰恰导致了本原的"充盈"，而不是抽象的、空虚的无。参阅我的《对"一"的沉思》的"合一"（Henosis）一章，S. 123-154，特别是 S. 142 以下和 F. M. Schroeder, *Form and Transformation* 44. 64；J. Bussanich, *Plotinus on the Inner Life of the One*（如同第 426 页注 1）183。

[2] 在下文中，我总结了我在早期出版作品中更详细地介绍的一些想法，以便至少为目前的目的勾勒出普罗提诺概念的可能视角；在这样做的时候，我也表明了我的意图，即我想在我迄今所讨论的内容之外继续研究"自因"的概念史。这也包括对诺斯替《秘文集》（Corpus Hermeticum）以及晚期新柏拉图主义中的"αὐθυπόστατον"概念的考察（参见 J. Whittaker, Abhandlung XVI und XVI in seinen „Studies in Platonism and Patristic Though", Variorum Reprints, London, 1984），首先是关于普罗克洛（参见 Beierwaltes 2001: 160 以下）与 Damaskios，进一步关于 Synesios 的 *Hymnus* I 145 以下（另参见 S. Vollenweider, *Neoplatonische und christliche Theologie bei Synesios von Kyrene*, Göttingen, 1985, S. 219。*Synesios von Kyrene, Hymnen, eingeleitet, übersetzt und kommentiert von J. Gruber und H. Strohm*, Heidelberg, 1991, S. 48, 150）。一些关于"自因"概念史上的提示可以在 P. Hadot 的 „Causa sui"一文中找到，此文见于 *Historisches Wörterbuch der Philosophie*, J. Ritter（hg.）, Bd.I, Sp. 976f., Basel-Stuttgart, 1971。（转下页）

们的共同点是都试图发展出一套有论据的、系统性的**基督教三位一体**概念。它们令人印象深刻地证明了哲学，特别是新柏拉图主义，可以成为神学思想真实的构成要素，成为反思形式和一种术语上的构成要素，这种术语并非只是外在地被采用或是一种"强加"于事实上的完全不同种类或内容上的术语，而不从根本上使"圣经"（Sacra Scriptura）的话语，脱离其原始的和"本真的"含义。

（1）**马里乌斯·维克多瑞努斯**（Marius Victorinus）是奥古斯丁的早期同代人。在后者的《忏悔录》中[1]，他描述了马里乌斯·维克多瑞努斯皈依基督教的过程是引起轰动的，按照奥古斯丁的话来说，"罗马惊叹，教会欢欣鼓舞"——从罗马修辞学家和对"柏拉图主义作品"（Libri Platonicorum，可能是指普罗提诺和波菲利的作品）的翻译家到基督教神学家，他有胆识且敏锐地介入了反尼西亚三位一体论对"同体"（homousia）概念的争论。他的三位一体神学基于新

（接上页）W. Theiler, *Plotins Schriften* IV b 384, 394. J.-M. Narbonne, «Plotin, Descartes et la notion de causa sui», in: *Archives de Philosophie* 56, 1993, p. 177-195. Ders., «La Notion de puissance dans son rapport à la causa sui chez les stoiciens et dans la philosophie de Spinoza», in: *Archives de Philosophie* 60, 1997, p. 5-24. 基于 Wolfhart Pannenberg 的思考，Joachim Ringleben 试图从"重构关于自因的思想"中得出结论（通过对一些文本的提示，其中一些已在此讨论了）将神学从对自因概念的批判中有理由地解放出来："自因概念在上帝成为他自己，即上帝从自身产生的意义上，想把神圣的生命理解为绝对的自身实现。"在时间（"活生生地成为自身"）和永恒的交织中，"上帝的每一个［时间上的］开端都会将自己提升到其'开端之前的'永恒中：他［在某物那里］通过开端于自身，他始终已经是（曾是）自己了"。借此，一个属于"生成／变化着的上帝"的纯粹的、决定世界的时间性或历史性就从视野中消失了，他作为自因或"自身生成"与感性世界等同，或他自己成为这个感性世界。引文转引自 „Gottes Sein, Handeln und Werden", in: *Vernunft des Glaubens*, *Festschrift zum 60. Geburtstag von Wolfhart Pannenberg*, J. Rohls und G. Wenz（hgs.），Göttingen, 1988, S. 457-487; 482f.。

[1] VIII 2.

柏拉图式的"一"和"精神"概念；正如皮埃尔·阿多十分合理地指出，这些概念首先是借由普罗提诺最杰出的学生波菲利对巴门尼德的注释传达给马里乌斯·维克多瑞努斯的。[1]

[150] 在其中，一种绝对者的视角展开，它可以被确定为纯粹的、超存在的一**与绝对存在和认识的统一**，也可以被设想为否定（非存在或超存在的一）和肯定（存在和思维的一）的**统一**。[2] 这种思想构成了对三位一体的概念性把握的基本前提，没有内在的关系性和反身性，三位一体是不可设想的。首要的是"自因"之定理将三位一体与普罗提诺联系在一起，但这时没有一种作为保留条件的 οἶον-quasi（似乎）存在。

三位一体的存在，在马里乌斯·维克多瑞努斯[3]那里，是一

---

[1] 参见 P. Hadot, *Porphyre et Victorinus*, Paris, 1968, 2 Volumes；从都灵古籍中流传下来的这篇评注的残篇文本，见 vol. 2, p. 64-113。A. Smith 没有把它列入他所编辑的 „Porphyrii Philosophi Fragmenta"（Stutgart-Leipzig, 1993），„quia adhuc pro certo haberi non potest Porphyrium eos（scil. Commentarios in Parmenidem）conscripsisse"（因为波菲利还不能将它们视为确定的作品，即他撰写了巴门尼德篇的评注，XIII）。关于波菲利对巴门尼德评注残篇的一种"恢复"，参见 G. Girgenti, *Il pensiero forte di Porfirio. Mediazione fra henologia platonica e ontologia aristotelica*, Milano, 1996, 特别是 p. 167 以下。（G. Bechtle 出版的新作一种新的语文学和哲学上的理解的尝试：*The Anonymous Commentary on Plato's* Parmenides, Bern, 1999。）

[2] 在我看来，也可以设想 VI 8 影响了这个文本。另参见 W. Beierwaltes, *Denken des Einen* 198f., *Eriugena* 235f.。

[3] 关于这一点，请参考以下内容：W. Beierwaltes, *Identität und Differenz*, 三位一体——„Trinität. Christliche Transformation des Bezuges von Identität und Differenz durch Marius Victorinus" 一章, S. 57-74。关于"自因"（causa sui）, 71f.（在奥古斯丁那里，同上文 S. 94 以下，上帝的"自因"是一种从无中创造着的"自因"，尽管后者拒绝了"生产自身的上帝"的概念，de trin. I 1）。Ders, „Trinitarisches Denken. Substantia und Subsistentia bei Marius Victorinus", in: *Platonismus im Christentum* 25. f.——有关维克多瑞努斯文本的校勘本：*Traités théologiques sur al Trinité*, *Sources Chrétiennes* 68/9, Paris, 1960（该书的拉丁语文本是由 Paul Henry 所编订的，两卷本的法语翻译与注释是由 Pierre Hadot 所做的）。

种三重实存着的实体，作为一种在自身中出现并在自身中持立的运动或被运动性：一种动态的自身关涉，在这种自身关涉中，三元性从统一性中揭示自己——建立自身——**同时**将自身结合成为一个三一体。这种自身揭示和以自身为中介的动态性首先通过绝对的、首先内在地保持在自身之中的原因性的概念被进一步强调："原因性"使得从父的见证到子的诞生的关系有了逻辑的、哲学的基础。因此，三位一体是绝对的**自身建构**。这种自身建构的内在运动，以及这种运动之存在的不同（"神格的"）具体化，都来自第一本原（"父"），是一种"起源般的力量"（potentia fontana）[1]的第一本原，它本身作为一种整全或者作为[151]三位一体就包含了一切存在者、活着的东西、思维者、被生成的东西、被赋形的东西和被言说的东西（Verbum divinum），它们以预先存在（proon）的、隐藏的（occultum）方式，"还"以无差别的方式在自身之中包含。三一体的这种自身建构"起源于"（proexsiluit）一个不可把握的、绝对的第一原因，它可以成为**一切事物**的原因（causa omnium）——在三位一体本身**以及**在被创造的世界之中——正是因为它本身就"对于它本身而言，是其所是的原因"："[...] sibi causa est ut hoc ipsum sit quod exsistit."[2] 最初者自因性的、作为一种整体的活动在它自身中展开，出自它最初的、预先存在着的，因此是无差别的、"还"隐藏着的"一"而成为异己者，这反过来直接和它的本原产生了联系："pater [...] suae ipsius substantiae generator et aliorum secundum verticem fontana

---

〔1〕 *Adversus Arium* I 52, 42.
〔2〕 *Adv. Arium* IV 6, 38f. 也可参见 *Candidi Epistula* I 3, 12f.: prima causa et *sibi* causa。

est existentia."（父……是他自己的实体的生成者，也是其他东西存在的源头。）[1] 三位一体式的建构自身的过程（constitutivus est ... ipsius τοῦ λόγου）[2] 是作为一种循环而实现的，由圣灵结束或返回其起源。这可以被设想成子与父的反思性重新连接（"conexio"或"complexio"），或者是父**通过**子与自己的重新连接，决定自己的存在。作为对第一起源的这种思维着的自身关涉——作为对自身和创立它的过程的"概念"（notio）——它是对于三位一体非时间性的建构自身的必然"完成"，在其本质上无疑就是最初者在子身上反映性的和具有语词的表现：与作为父的他在本质上是相同的。在圣灵中，每一个超越自身的"subsistentia"的连接性的关系在三位一体中被特别强调为**爱**：关联、连接（communicatio，conexio）。从圣父—圣子—圣灵各自独特的内在功用的视角来看，三位一体式的独一上帝的绝对性展现为**自因**。

马里乌斯·维克多瑞努斯的高度分化的三位一体理论被证明是普罗提诺的"绝对者之自因"思想的直接或［通过波菲利］以中介的方式产生的后果。因此，它是一个突出的佐证，可以表明一种［152］意识到自己并反思其概念之可能性的神学不能没有哲学，而且哲学可以继续在基督教神学中富有成效地发展，而这种基督教神学也没有一种被希腊化的忧虑。

（2）这种关于三位一体式的、奠基自身式的存在的理论是维克

---

〔1〕 *Adv. Arium* I 55.19-21. 53，43：potentia fontana. *Hymnus* I 7：Unum primum，unum *a se ortum*.

〔2〕 *Ad Candidum* I 18.

多瑞努斯的哲学—神学思想有决定意义的核心。对于中世纪早期最有力的哲学家和神学家约翰·司各脱·爱留根纳[1]而言，这学说首先有着有据可查的事实意义。在公元847年之前，他已经是秃头查理 Palatina 学校的校长和"自由技艺"的教师。特别是在回顾希腊教父（尼萨的格雷戈里、亚略巴古的狄奥尼索斯、忏悔者马克西姆斯）时，他对现实整体进行了尖锐的论证分析——其标题是《论自然》(*Periphyseon*) 或《对自然的划分》(*De Divisione Naturae*, 864-866)。在这些反思中，"自然"（Natura）指的是神圣的、宇宙的和人类的现实，作为自身和整体的一个动态过程，它根据新柏拉图式的基本法则得到实现：超越的上帝作为"非原则之原则"保持在自身之中，他创造性地设定和维持在世界中的产生，以及末世论设想的、普遍精神化的世界和人类朝向起源的"返回"(reditus) 或"过渡"(transitus)，作为"神之历史"(divina historia) 的完成。对他来说，哲学不是神学的婢女；相反，两者构成了一个事实上必要的、相互渗透的统一体。他在这个问题上将自己的理解阐述为这样的原则："Conficitur indeveram esse philosophiam veram religionem conversimque veram religionem esse veram philosophiam."（结论就是：真正的哲学就是真正的宗教，而真正的宗教就是真正的哲学。)[2]对他来说，"理性"（ratio），即对非矛盾性问题的科学性分析，是衡量每个"权威"的真理："Nil enim aliud videtur mihi esse

---

[1] W. Beierwaltes, *Eriugena* 204-261, 尤其是 218ff.。对于爱留根纳与马里乌斯·维克多瑞努斯之间关系，参见 G. A. Piemonte, «"Vita in omnia pervenit" El vitalismo eriugeniano y la influencia di Mario Victorino», in: *Patristica et Mediaevalia* 7, 1986, p. 3-48; 8, 1987, p. 3-38.

[2] *De praedestinatione* I 1; 5, 16-17 (Madec).

vera auctoritas, nisi rationis virtute reperta veritas."（因为在我看来，除了理性力量发现的真理之外，没有什么是真正的权威。）[1]

[153] 在爱留根纳的意义上，"自因"之思想不建立在从一个先前到一个随后的过渡之中，而是建立在非时间性的、"simul et semel"（同时且一次）的自身建构之中，而这种自身建构实现在它的三位一体式的自我展开之中[2]。在外在于他自己的他异者前，或者说，伴随着外在于自己的他异者，他"**创造他自身**"："Deus seipsum fecit（sive creat），a se ipso creatur."（神已制造了［或者说创造了］他自身，并且他被自身所创造。）[3] 作为非时间性的过程性，他就是他自身的绝对根据，通过思维、言说（**在原则本身之中**所言说出来的动词）、观看和意愿的中介，产生他自己的三位一体展开着的统一。这些行为的自身关涉，在它们的差异中交织在一起，即思考自身、观看自身是一种主动的对自身的察知（*Er*-sehen），言说自身和意愿自身，在起源上与他的"创造"（creare）是一致的。《创世纪》的句子"起初，神创造天地"（In principio Deus fecit caelum et terram）作为"无中生有"（creatio ex

---

〔1〕 *Periphyseon* I 69；198，7（Sheldon-Williams），新的校勘本 É.A. Jeauneau, 1996ff.：I 3056-58。

〔2〕 参见 *Denken des Einen* 351 以下；*Eriugena* 228 以下，237 以下。

〔3〕 *Periphyseon* III 17；150，31f. 156，6f. 20；172，3（III 2247. 2340. 2640f. Jeauneau）。也参见 Seneca 残篇 51（Haase），与人的多种多样的依赖性相比，他强调了上帝在原因角度上的自足性：Nos ... aliunde pendemus ... alius nos edidit, alius instruxit: deus ipse es fecit（我们……依赖着其他东西……某位他者已产生了我们，上帝本身已经制造了你）。关于这个残篇在历史上的归类，见 M. Lausberg, *Untersuchungen zu Senecas Fragmenten*，Berlin, 1970，S. 93-95；在 Lactanz 那里也提到了上下文，他转述了引用的文字：ipse［deus］ante omnia ex se ipso ... procreatus ... ex ipso est（他［上帝］首先是从他自身那里产生，……出于自身而存在）。

or de nihilo），首先应被理解为上帝规定自身或形成自身的绝对过程，**从**（即他自己的）"虚无"——与神圣的开端本身相等同的"卓越或无限的虚无"——变成"某物"：对于虚无的一种"生产性的"否定，从它［作为神性的"开端性"自身的虚无］那里"离开"或"下降"到**它自身**之中。这种非时间性的过程不仅被爱留根纳用辩证法（ars dialectica）的术语来描述，而且还被理解为一种保持在自身之中的辩证式的循环运动，即作为一种"上帝本身的**'存在论式的'**辩证法"，他的三位一体式的"超存在"（superesse, superessentialitas）和他在其中"来到自身那里"。因此，在《论自然》[1]中，关于这种神圣的"超存在"的辩证运动有一段极具启发性的段落："神圣的善"——与充溢的"虚无"相同——[154]"从对所有实体或所有存在的否定（＝作为超存在的虚无）下降到对所有存在整体的肯定，从虚无进入［某物］，从非存在性进入存在性，从未被赋形性（无规定性）进入无数的形式和形状。他第一次出现在他被［创造］的起源性的原因中，被《圣经》称为未被赋形的质料；被称为'质料'是因为它是事物存在的开端，被称为'未被赋形的'则是因为它最接近神圣智慧的不被赋形性。然而，神圣智慧被正确地称为未被赋形的，因为它不会为了自己的形成而回转去求助于任何高于自己的形式。"（Divina igitur bonitas, quae propterea nihilum dicitur quoniam ultra omnia quae sunt et quae non sunt in nulla essentia invenitur, ex negatione omnium essentiarum in affirmationem totius universitatis essentiae a se ipsa

---

〔1〕 III 19；168，10-20（III 2565-81）.关于这个文本的进一步解释，参见 W. Beierwaltes, *Denken des Einen* 359f.；*Eriugena* 69f.。也参考我在那里所给出的段落，S. 70。

in se ipsam descendit, veluti ex nihilo ni aliquid, ex inessentialitate in essentialitatem, ex informitate in formas innumerabiles et species. Prima siquidem ipsius progressio in primordiales causas〔Versio Ⅲ〕 in quibus fit, veluti informis quaedam materia a scriptura dicitur：Materia quidem quia initium est essentiae rerum, informis vero quia informitati divinae sapientiae proxima est. Divina autem sapientia informis recte dicitur, quia ad nullam formam superiorem es ad formationem suam convertitur.）

上帝的"三位一体"（triunitas）在其他文本中从绝对自因化过程的思想迫切地发展为"三个在因果上相关联的实体的"概念网络，这是爱留根纳对有哲学基础并受其指导的三位一体神学的原创贡献[1]。在亚略巴古的狄奥尼索斯和马里乌斯·维克多瑞努斯的三位一体概念的强大推动下，爱留根纳将三位一体设想为真实的"神谱"（Theogonia）[2]，尽管他坚信上帝在原则上的"不可把握性"（inffabilitas）。这种三位一体的自因化是"朝向外部的"神圣之作用的"存在论式"前提，在这种情况下，它被证明是世界存在大全式的原因——在他异者身上的"神显"（Theophanie）是内在"神谱"的图像式反映。

（3）〔155〕埃克哈特大师在亚里士多德原因性概念的背景下，认为"自因"概念在逻辑上是不可设想的，因此，以下说法适用于整个"被原因所作用的东西"的领域："不存在自身是自己的

---

〔1〕 此处详细的解释参见 W. Beierwaltes, *Eriugena* 218f.。
〔2〕 *Ibid.*, S. 233 以下。

原因。"（Nihil est causa sui ipsius.）[1] 在这一点上，他追随了托马斯·阿奎那："某物不可能成为自身的效果因，因为它在它作为效果因之前就已经如此存在了，这是不可能的。"（Nec est possibile，quod aliquid sit causa efficiens sui ipsius, quia sic esset prius seipso，quod est impossibile. ）[2] 起作用的原因对于被原因所作用的东西的优先性命题是针对所有受造物而言的，对它们来说，时间是决定性的；但它也包含着这样一种思想，即上帝作为"第一原因"，在逻辑上和存在论上都**优先于**所有被原因所作用的东西。因此，"自因"一词——正是亚里士多德式的——不能适用于它自己的存在与它通过自身而持存的存在（esse per se subsistens），这在早期和晚期都是不可设想的。然而，当他发展出一个自由概念和意志上的自发性概念，这个概念从人之自我的"绝对位置"中出发，埃克哈特脱离了亚里士多德式的原因理论的思维形式，甚至在表述上也摆脱了亚里士多德。因此，他在德语第52篇布道中说："Dô ich stuont in mîner êrsten sache［causa prima］, dô enhâte ich keinen got, und dô was ich *sache mîn selbes*［causa mei ipsius］; dô enwolte ich niht, noch enbegerte ich niht, wan ich was ein ledic sîn und ein bekenner mîn selbes nâch gebrüchlîcher wârheit. Dô wollte ich mich selben und enwolte kein ander dinc; daz ich wollte, daz was ich, und daz ich was, daz wollte ich, und hie stuont ich ledic gotes und aller dinge. Aber dô ich Üzgienc von mînem vrîen willen und ich enpfienc mîn geschaffen wesen, dô hâte ich einen got ..."（当我还居于我的第一原因之中时，在那里，我还没有上帝，我还是我自己的原因。我

---

〔1〕 *Expos. Libri Sap.* n. 133, Lateinische Werke（LW）II 470, 3.

〔2〕 *Summa Theologiae* I q.2, a.3, corp. art. Summa.c gent. I q. 22.

什么也不想要，我什么也不去追求，因为，我还是一个自由自在的存在，我通过享受真理而认识我自己。在那里，我想要的是我自己，而不是别的什么；我要什么，我就是什么，而我是什么，我就要什么，在这里，我不受上帝和一切事物的约束。可是，当我脱离了我的自由意志，接受我的被造的存在时，这时，我就有了上帝……）[1] 如果人类的我**在**上帝**之中**或**作为**上帝是"sache sîn selbes"（我自己的原因，causa sui），如果这个表述不完全指托马斯·阿奎那来自亚里士多德的自由定义："自由就是那个是自因的东西"（liber est, qui sui causa est），而"自因"被翻译成希腊语 αὐτοῦ ἕνεκα，因此意味着"为了它自己，自足"[2]，那么**上帝本身**［156］同样可以，或者最好首先和**本原性地**被认为是**他自身的原因**。因此，埃克哈特即使不使用"自因"这一术语，也将上帝的三位一体式的自身展开理解为一种他之存在的自身奠基。与爱留根纳类似，在逻辑上的"肯定"和"否定"之基本操作被认为是神圣**存在**的基本特征或活动（即不仅仅是谓述的方式）：上帝，作为纯粹的统一体，是排除一切他异者的，因此也是排除一切来自他自身的否定性事物的，"否定之否定"（negatio negationis），这被理解为

---

[1] Deutsche Werke（DW）II 492, 3ff.（【中译按】中译引自《埃克哈特大师文集》，荣震华译，商务印书馆 2010 年版，第 335—336 页。）另参见类似的表述：503, 1; 6，即所谓"关于贫乏的布道"（*Armutspredigt*，DW 52），参见 K. Ruh, *Geschichte der abendländischen Mystik*, Band III, München, 1996, 342 f.。

[2] Quaest. disp. de veritate q. 24a. 1 corp. art.：liberum ... est quod sui causa est, secundum Philosophum in princ. Metaphysicae.（根据《形而上学》哲学家的说法，自由就是那个是自因的东西，982 b 26：ἐλεύθερος ὁ αὐτοῦ ἕνεκα。）托马斯对这段话的注释载于 XII libr. Met. Arist. Expos., lectio I 1. III 58［Spiazzi］：Ille homo proprie dicitur liber, qui non est alterius causa, sed est causa suiipsius. Servi enim dominorum sunt, et propter dominos operantur ... Liberi autem homines sunt suiipsorum, utpote sibi acquirentes et operantes（那位被正确地称为自由者，他不是其他东西的原因，而是他自己的原因。因为他们是主人的仆人，为主人工作……但自由者是他们自己的人，因为他们为自己获取和工作）。当然，这**也**意味着人之独立行为的"自身本原性"（Selbstursprünglichkeit）是自由的基本特征。

从"一元性"进入"三元性"的内在运动，与**肯定自身**是一致的，在这种情况下，上帝——产生自己——将自身反映为三一体。埃克哈特试图使这一论点在他对《出埃及记》3：14 上帝的自身陈述的解释中得到体现："我是我所是"——"Ego sum qui sum"。我现在必须将自己局限在埃克哈特对这句三位一体式统一性命题见解的核心文本之上："第三点，要注意这个重复，因为他两次言及了'我是我所是'，这表明肯定的纯粹性，排除了对上帝本身的任何否定（否定之否定或对否定之物的否定）；进一步说，这是一种反思性的转向和在自身之中的保持（坚守）或固定不变；更进一步，这是自身的涌动或生育——在自身中发光，在自身中和在自身上流动，在光中和通过自身完全渗透自身的光，根据智者的话语，通过自身完全的转向并在自身上完全回涉自身：'统一产生了——或者说已经产生了——统一，并把它的爱和它的热情转回自己身上。'这就是为什么《约翰福音》在第一章中说'生命在他里头'。因为生命意味着一种溢出，即某物在自身中膨胀，首先完全涌入自身，其中的每一部分都涌入他之中的其他部分，然后才涌出和［朝向外部］溢出。"[1] **思维**将自己展现为［157］在三位一体式的自身揭示

---

〔1〕 LW II 21, 7ff.: Tertio notandum quod repetitio, quod bis ait: *sum qui sum*, puritatem affirmationis excluso omni negative ab ipso de indicat; rursus ipsius esse quandam in se ipsum et super se ipsum reflexivam conversionem et in se ipso mansionem sive fixionem; adhuc autem quandam bullitionem sive parturitionem sui-in es fervens et in es ipso et in se ipsum liquescens et bulliens, lux in luce et in lucem se toto es totum penetrans, et se toto super se totum conversum et reflexum undique, secundum illud sapientis: "monas monadem gignit-vel genuit-et in se ipsum reflexit amorem - sive ardorem". Propter hoc Ioh.1 dicitur: "in ipso vita erat". Vita enim quandam dicit exseritionem, qua res in se ipsa intumescens se profundit primo in se toto, quodlibet sui in quodlibet sui, antequam effundat et ebulliat extra. 对于这段文本和整体概念的解释参见 W. Beierwaltes, *Platonismus und Idealismus* 47ff. Ders., "Primum est dives per se. Meister Eckhart und der *Liber de Causis*", in: *On Proclus and his Influence in Medieval Philosophy*, E. P. Bos and P.A. Mejer (eds.), Leiden, 1992, pp. 141-169; 此处: 148f.。进一步参见我的 *Platonismus im Christentum* 一书中 „Meister Eckharts Begriff der Einheit und der Einung" 一章, S. 100 以下。

之中内在运动的奠基性的形式，它是神圣的**反思性的**实现，即绝对地以自身为中介，进入其与自身的统一和等同。"第一原因"（êrste sache，causa prima）正是通过纯粹理智（intellectus）在自身反思自己的存在时的建构性力量来证明自己，而这一行为正是"sache sîn selbes"（我自己的原因）——**作为纯粹思维的神圣（超）存在的自因化**。

附：非学术性的后续评注

在对副词（或比较性小品词）οἷον（似乎）的合适理解发挥了突出作用的思考结束之时，我似乎有理由回顾埃克哈特大师的一篇布道，他在其中为 οἷον 的拉丁语同义词 "quasi"（似乎／在某种程度上）赋予了一种基本意义，这种意义是就把握人与上帝的关系而言的，对理应如此的生活形式来说，它强调 quasi 这个词是指导性的。这第 9 篇布道[1] 是基于《便西拉智训》（*Ecclesiasticus*，Jesus Sirach，50，6/7）的一段文字："*Quasi* stella matutina in medio nebulae et *quasi* luna plena in diebus suis lucet et *quasi* sol refulgens, sic iste refulsit in templo dei."（他**如同**晨星闪烁着透过云层，**如同**圆满的月亮，**如同**照耀在至高者圣殿上的太阳。）在埃克哈特对这段文字[2] 的大胆解释中，他确实打算把晨星、月亮与太阳的关系转移到灵魂与上帝的关系上：后者应在"最本真的"意义上被认

---

[1] DW I 141-158.

[2] 关于他的解释，参见 S. Köbele, „Bîwort sîn. ‚Absolute' Grammatik bei Meister Eckhart", in: *Zeitschrift für Deutsche Philologie* I 13, 1994, S. 190-206。

为是"道"（Wort）和"真理"：作为从父那里所生的道，此道又**在**他**之中**保持着，因此，根据《约翰福音》的序言，道是"*apud deum*"，即"**与神**"同在[1]。

[158]埃克哈特通过提醒我们"quasi"是一个"副词"，一个"bîwort"[2]，表示一种"相似关系"（relatio similitudinis）[3]，加强了灵魂与上帝的紧密关系的想法。由"似乎"一词所引入的与晨星的比较，导致了语法上的范畴向人之存在或人之应当存在的转移：人应当成为"与［神圣］话语同在的一种修饰词"，即始终在场于他之中，最终与他合一。将"似乎"理解为"修饰词"的主旨仍然与这种"比较"紧密相连。并非**每个**副词都以这种方式支持所要表达的思想。"似乎"具体指的是人的图像性特征，指的是"存在的类比性"（analogia entis）原则。在关于上帝的言说中，这一原则导致人们精确地注意到，同样的语词根据言说的参照水准，如何实现不同的意义，也就是实现被出发点（即有限者）所修饰的意义，并且首先理解，无限者能够尽其所能地被揭示出来；这正是埃克哈特式的 quasi 与普罗提诺式的 οἷον 的共同之处。当埃克哈特说他"在他所有的布道中都是这个意思"时[4]，他认同布道者的任务（"refulsit in templo dei"，正如要从耶稣·西拉那里解释的文本结尾所说的那样）正是要传达这种思想：作为"道"的灵魂应该与三位一体式的所生之道进入最内在的结合，并应当保持在他之中，也就是说，一

---

[1] DW I 154.9ff.

[2] *Ibid.*, 154，8. 155，3. 157，2. 158，8.

[3] In Eccli. n.4; LW II 233，1.

[4] DW I 154.10f.

个修饰词要与**道**（WORT）同在，正如**前者**是共同或在它的起源之中存在：deus *apud* deum（神**与**神**同在**）。

从埃克哈特将本身并不显眼的"修饰词"似乎强化为他思考和言说的"核心词"那里，我想回顾一下普罗提诺在对 οἷον 的使用之中我所得到的一种理解的冲动——我知道这相当"不学术"，但对我来说在事实上是有启发意义的[1]：οἷον 的意义不能像一个不重要的［159］"仿佛"那样被排斥，οἷον 反而肯定了这样一种思想：在与否定的**共同作用**中，一种被修饰了的肯定之有效性，即被提升到"一"**之中**的有效性，是完全合理的，甚至可能是对"一"的原发性洞见所必需的，这种洞见既没有在绝对否定中完成，也没有在纯粹肯定中完成。它对思维和对它的自身超越有着一种劝导性的功用。从这个角度来看，οἷον 也是普罗提诺的一个"核心词"（Hauptwort）。

---

〔1〕 然而，VI 8 中的"οἷον"和第 9 篇布道中的"quasi"的句法在使用上是有区别的。在他将"似乎"（quasi）孤立地解释为"修饰词"之前，埃克哈特打算以"如同……这般"的形式对其进行比较。另一方面，普罗提诺在 VI 8 中所用的"似乎"（大部分）是与一个名词或动词直接相关的，他想说的是，各个名词或动词关于"一"本身的陈述，只有在与它的起源维度（在其实际使用中，例如在努斯的维度上）进行比较，从而在所描述的意义上对其进行修饰，即通过谓词的相似性看到他异性时，才是有效的。

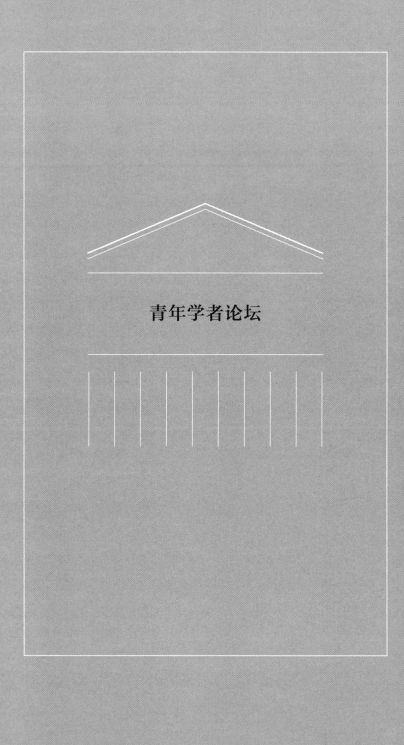

青年学者论坛

定命与自决：论苏格拉底之死的三重张力

——重思《斐多》自杀谜团和神话

陈俊强[1]

摘要：

作为《申辩》后再一次申辩的《斐多》，苏格拉底在其中阐扬了关于为哲学赴死和灵魂不朽的辩护，将死亡领会为赢获纯粹之途。然而，这一申辩似乎存在三重张力：一者在于苏格拉底之死的他决与自决，二者在于自杀与禁止自杀的神命，三者在于神意定命与苏格拉底的自决。这三重张力上实际上环环相扣，同时又引发了一个根本性的问题，即神在何种意义上联系着苏格拉底式的哲学生活方式。本文联系"苏格拉底之死"四联剧，旨在阐释城邦的他决与苏格拉底的自决之间并不抵牾，而苏格拉底的自决在神意的迂回之下与自杀禁令并不冲突，最后提供对神与哲学生活方式之间关系的一种阐发。

关键词：

苏格拉底之死；《斐多》；自杀；他杀；神命

苏格拉底在雅典法庭、监狱曾做出三次"申辩"（分别载于《苏格拉底的申辩》《克里同》《斐多》），而《斐多》正发生于苏格

---

[1] 陈俊强，四川大学哲学系本科生。

拉底在监狱中喝毒药去世那天，但苏格拉底对西米阿斯（Σιμμίας）和刻贝斯（Κέβης）临死前的"申辩"似乎表明，哲人是自己致力于"赴死和死亡"（ἀποθνήσκειν τε καὶ τεθνάναι）的。苏格拉底本人也在暗示和鼓励他的死是一种"自杀"[1]，这引起了西米阿斯和刻贝斯的质疑。雅典法庭的审判作为一种"他杀"，和苏格拉底的"自决"[2]之间似乎构成一种抵牾。无论是《斐多》还是《苏格拉底的申辩》，苏格拉底本人都并未直接表达自己的死是一种"自决"，故而苏格拉底或柏拉图对于自杀的态度引起了后世学者诸多不同看法[3]；不过，我们直接将苏格拉底之死定性为自杀本身是存在问题的[4]，或者说，这有待说明和论证。即便承认苏格拉底之死

---

[1] Warren 2001 也指出，我们需要清楚为何《斐多》的讨论可能始于允许自杀的讨论，苏格拉底不仅在对话结束后喝下毒芹汁，而且对话的一般性结论可能被认为是在鼓励自杀。

[2] 当我使用"自决"一词时，实际上意指的就是"自杀"；然而，鉴于"自决"不仅拥有"自杀"的含义，还同时蕴含"自我决断""自我选择"的意涵，突出了苏格拉底在面临不义或无法哲学地生活与死亡之间的矛盾时"自我决断"的意蕴，我更倾向于使用"自决"以刻画苏格拉底之死。不过，出于以往学界研究和文本讨论、理解方便之故，本文交替使用"自杀"与"自决"二词。

[3] 对话中苏格拉底对于自杀说法的模糊性导致后世学者对于苏格拉底是否自杀莫衷一是。Westrink 认为，柏拉图主义者对于自杀的态度，完全由《斐多》中的"它不合法"一锤定音；不过，这个问题在理论上并没有完全解决，部分来说是因为柏拉图自己的说法，部分则是因为受到廊下派的影响。反对自杀的学者有作为基督徒的奥林匹奥多罗斯派的爱里亚斯和戴维，以及伪爱里亚斯，而赞同自杀者的根据来自权威：（1）柏拉图本人在《斐多》中的表达；（2）柏拉图其他作品中的说法；（3）普罗提诺的观点；（4）廊下派的观点。参见奥林匹奥多罗：《苏格拉底的命相——〈斐多〉讲疏》，宋志润译，华东师范大学出版社 2010 年版，第 55 页。

[4] 张源《〈斐多〉里的笑与自杀》认为，在《斐多》中，苏格拉底是很自然地谈到自己的自杀的，在场者显然对于苏格拉底的自杀心照不宣，苏格拉底的自杀并不像尼采所言的那样"隐蔽"。我认为，苏格拉底本人和在场者都没有直接表达"苏格拉底之死是自杀"，张源在这里将这个问题处理为"很自然地谈到自己的自杀""心照不宣"，显然是省略了一些必要的说明。另外，张源在这里对本文的第二个问题做了回答，即苏格拉底之所以可以自杀，原因在于"人不可以自杀，直至神明送来必然"，不过遗憾的是，张源未能对此做出进一步的解释，亦即何以令苏格拉底自杀、苏格拉底何以自杀以及神意和苏格拉底本人选择的关系。参见张源：《〈斐多〉里的笑与自杀》，《读书》2018 年第 5 期，第 97—105 页。另可参见梁中和：《柏拉图对话二十讲》，商务印书馆 2022 年版，第 156 页。

是一种自杀，进一步的问题是，既然"杀死自己"（αὐτὸν ἑαυτὸν ἀποκτεινύναι）并不"合神法"（θεμιτός），那么苏格拉底凭何能够自决生命？不过需要注意的是，苏格拉底本人是否真的相信"不能自杀"的禁令实际上也需要说明。当苏格拉底将"神"（θεὸς）引入自杀谜团中，就会导致另外一个疑问：苏格拉底所谓的"自决"究竟是"自杀"，还是作为"他杀"的"神杀"？或者说，如果苏格拉底的"自决"本质上是神已然规定的，那么这究竟有没有为苏格拉底留下自由选择的空间？这一问题实质上是苏格拉底与雅典人、神这两重他者之间的关系问题，而这些问题最终导向一个根本性的问题，即神在何种意义上牵连着人的生活方式。

这些问题影响着我们该如何对待苏格拉底或柏拉图关乎生死和灵魂学说的态度——既然通过死亡，我们能够"摆脱整个身体"（66a），从而以灵魂纯粹自身"获得真和真正的知识"（66a），我们凭借什么说能自杀抑或不能自杀？西塞罗在《图斯库路姆论辩集》中曾论说到卡珥玛科斯（Callimachus）对阿姆卜刺奇阿（Ambracia）的克雷欧姆卜若托斯（Cleombrotus）事件说过的一个格言："尽管没有任何逆厄降临在后者身上，他还是在读完柏拉图的那卷书后把自己从城墙上扔进了大海。"[1] 显然，在这里，柏拉

---

〔1〕西塞罗：《图斯库路姆论辩集》，顾枝鹰译注，华东师范大学出版社2022年版，第55页。相关表述亦可参见柏拉图：《斐洞》，溥林译，商务印书馆2021年版，第196页，注释64。吴飞在《自杀与美好生活》中也谈及这个自杀事件，还提到罗马的加图恰恰是一边手捧《斐多》，一边壮烈地自尽。参见吴飞：《自杀与美好生活》，上海三联书店2007年版，第19—26页。另外，Warren 2001引述了西塞罗的观点，同时指出，奥古斯丁（Augustine）也在讲述这一故事，奥古斯丁认为，如果柏拉图没有意识到自杀是被禁止的，柏拉图本人在完成自己工作之时也会投身自尽。由此我认为，重新探讨柏拉图关于自杀谜团以及苏格拉底之死本身的态度，不仅在理论上至关重要，同时也在实践上指导着人们的生活方式和态度。

图的读者对于关于生死和灵魂学说的态度认为"自杀"是可行的，然而症结在于苏格拉底和柏拉图本人是否赞许"读完柏拉图的那卷书后把自己从城墙上扔进了大海"这样的行为，但显然，西塞罗对此抱有一种犹豫的态度（即便是当代人从直觉上也会对这种行为抱有怀疑态度）。目前，我们暂不必陷于分析西塞罗对于柏拉图的理解[1]，而直接从文本出发，诠释柏拉图笔下的苏格拉底[2]对其自身之死的态度，当然这很有可能仍然是一个谜。

一、苏格拉底之死：自杀与他杀之间的张力

苏格拉底之死的自杀与他杀的张力恰恰来自雅典判苏格拉底死刑与苏格拉底对于死的强烈"希望"，由此，"自杀"的谜团扑朔迷

---

[1] 可参见顾枝鹰：《德性、幸福生活与哲人自道》，载崔延强、梁中和主编：《努斯：希腊罗马哲学研究（第1辑）》，上海人民出版社 2020 年版，第 109—133 页。顾枝鹰在其中讨论了哲学或爱智等关键概念与毕达哥拉斯的关系，后续我们将再次提到，见第 476 页注释 3。

[2] 所谓从文本出发诠释苏格拉底，意在将本文所讨论的苏格拉底暂时限定于柏拉图笔下的苏格拉底，这是相对保守稳妥的做法，因为苏格拉底本人毕竟没有留存自己的著作，我们对于苏格拉底的了解也只能诉诸柏拉图等他者。什么是苏格拉底本人的真实态度，会引发柏拉图笔下的苏格拉底和现实中的苏格拉底的关系问题。这个问题在学界一直争论不休，主要有两种观点：（1）柏拉图笔下的苏格拉底所说的一切，就是现实的苏格拉底的态度；（2）不能将柏拉图笔下的苏格拉底与现实苏格拉底对应。我认为两种观点可能都过于极端，因为我们不能抹杀苏格拉底对柏拉图哲学的影响，同时也不能忽略柏拉图对苏格拉底的超越。Bostock 1986 观察到柏拉图对话的观点不同历史分期的分异，尤其是对于灵魂的认识。相对于更早的《斐多》中灵魂是单一而不可分割的实体，《理想国》（以及《斐德若》《蒂迈欧》）中的灵魂则被分成更为复杂的三部分，于是研究者认为，柏拉图在写作《斐多》时尚未达到更加复杂缜密的观点，《斐多》对于灵魂的认识相对更为天真，因而我们有理由将《斐多》中更为天真的观点主要归于苏格拉底本人。当然，在 Bostock 看来，那些更为建设性的观点没有一个是属于现实的苏格拉底的，特别是理念论和灵魂不朽性（关于灵魂不朽性，实际上存在巨大争议）。Bostock 的观点存在巨大的商榷空间，但可以承认的是，柏拉图显然受到了毕达哥拉斯哲学的影响。

离地进入讨论。这一谜团缘起于欧埃诺斯（Εὔηνος）是否会"追随"（διώκειν）苏格拉底：

> 因此，刻贝斯啊，请你把这些解释给欧埃诺斯吧，并［代我向他］告别；如果他清醒过来了的话，就尽快追随我。但我就要离开了，似乎就在今天；因为雅典人在催促。（61b-c）

Warren 2001 对于这一段的分析指出，苏格拉底明显在要求鼓励欧埃诺斯加速自己的死亡，于是西米阿斯希望苏格拉底做出解释，而苏格拉底的答案则是如果欧埃诺斯是一位哲学家，那么他会愿意这样做（尽管他可能不会自杀）[1]。Warren 的问题在于，"离开"苏格拉底确实指的是"赴死和死亡"，但这里的"追随"并不直接指涉"加速自己的死亡"，而似乎有两种理解方式[2]：（1）苏

---

[1] 类似地，White 2006 亦直接将"追随"理解为"要求欧埃诺斯赴死"。White 对于 61b7-64c2 这一段的分析指出，在断言完欧埃诺斯将与其他致力于哲学的人一样追随他赴死之后（61b7-c9），苏格拉底补充说欧埃诺斯毫无疑问并不会自杀，因为据说这是错误的（61c9-10）。显然，White 的问题在于过早地将"追随"与"自杀"相挂钩。Gallop 1975 对于这一段的分析也遗漏了这个关键之处。

[2] 盛传捷也指出了苏格拉底对欧埃诺斯"追随"这个要求的模糊性，我也赞同这一看法，不过他并没有进一步厘清这一模糊性，而认为"现在柏拉图给出了答案，柏拉图很巧妙地利用了苏格拉底模糊的建议，把作诗的讨论过渡到了关于自杀的讨论"。继而他指出："①苏格拉底显然认为对某些人（哲学家）来说在某些时候死比活更好，②但同时又不认为哲学家自杀是正确的方式。"我认为，盛传捷对于"为什么自杀是不被允许的？"的论证是有力的（尽管有些论证存在部分问题），对于①也赞同，但是盛传捷一边认为苏格拉底是自杀，同时又坚持②，这在我看来是相互抵触的——既然"过着善良的虔敬的哲学家式生活的人也不需要自杀"，那么神为何要令苏格拉底自杀，以及作为哲学家本人的苏格拉底为何也选择自杀？一言以蔽之，我在"哲学家为什么不被允许自杀"这一问题上与盛传捷意见相反。参见盛传捷：《"为什么自杀是不被允许的？"：〈斐多〉自杀疑难与神话》，载中国古希腊罗马哲学学会：《古希腊罗马哲学研究（第一辑）》，华东师范大学出版社 2016 年版，第 27—54 页。

格拉底要求欧埃诺斯和他一样创作"文艺"（μουσικῆς），（2）苏格拉底要求欧埃诺斯和他一样"离开"。西米阿斯并没有直接回答苏格拉底，而是说欧埃诺斯并不会"心甘情愿地听从"苏格拉底。尽管我们并不知道西米阿斯所理解的是（1）抑或是（2），可以肯定的是，他的回答同时将（1）和（2）两种可能性都予以否定。苏格拉底显然对于西米阿斯的回答并不同意，故而反问他"欧埃诺斯不是个热爱智慧的人吗？"，而西米阿斯与苏格拉底达成初步共识，即欧埃诺斯是一个热爱智慧的人。既然欧埃诺斯是"热爱智慧的人"，那么苏格拉底认为欧埃诺斯会"愿意"追随他[1]。需要注意的是，苏格拉底同样没有直接回答欧埃诺斯这个"愿意"是愿意创作还是愿意赴死。接下来，苏格拉底语势回转："但是，或许他不会对他自己使用暴力，因为他们说这是不合神法的。"从这里我们分析两种苏格拉底语意的可能情况（与前面两种理解存在对应关系）：

（A）欧埃诺斯愿意同他创作"文艺"，但是不会自杀；

（B）欧埃诺斯愿意同他"离开"，但是不会自杀。

由于苏格拉底揭示的"文艺"的二重性，而（A）实际上又可以细分为：

（a）欧埃诺斯需要同他创作"普通的文艺"，即颂诗；

（b）欧埃诺斯需要同他创作"最高的文艺"，即哲学。

我将说明（a）是不合理的，而（b）在某种意义上并不排斥

---

[1] 这一观点的一个隐含命题（ξ），即只要是热爱智慧的人，他就愿意赴死。我们暂不必陷于决定这一命题正确与否，这一观点在苏格拉底看来是自然而然的。《斐多》的一大主题就在于澄清这一命题，但他需要对西米阿斯和刻贝斯进行说明。关于这一命题，对话中对此有很多表述，比如"那些热爱智慧的人会处之泰然地愿意去死"（62d），以及"所有那些恰好正确地致力于热爱智慧的人，他们自己无非在一心从事赴死和死亡"（64a）。

（B）（甚至两者可能是兼容的），且（B）是符合语境的。如果我们承认（B），就有可能分析出苏格拉底将自己的死接受为"自杀"。因为（B）揭示出欧埃诺斯（假设他确实是热爱智慧的人）由于拘束于自杀禁令而出现了愿意赴死而不愿意自杀的两难境地，而热爱智慧的人恰恰愿意赴死。如果在苏格拉底看来，自己的死并不是一种自杀，那么苏格拉底没有必要"语势回转"——"但是，或许他不会对自己使用暴力"（61c）；相反，只有苏格拉底自己是自杀的，才有必要"语势回转"，说欧埃诺斯并不愿意自杀。换一种理解：在"但是"之前，整个文本都未曾出现任何与"自杀"的表述，那么苏格拉底在说"但是"之前一定隐藏地说出了某些关于"自杀"的意蕴，而这个意蕴也只能隐藏于苏格拉底之死中。

尽管（A）（B）在语句上都不存在明显矛盾（因为不能排除苏格拉底想利用语词的模糊性带来一种双关意蕴的效果），故而仅靠语句本身进行判断并不可靠，我们需要寻求前后语境的帮助。西米阿斯第一次认为欧埃诺斯并不会"追随"苏格拉底，他的理由是"从我所感觉到的东西来看"（61c），由此我们需要分析西米阿斯所感觉的东西为何。

西米阿斯说到他"多次碰到过这个人"（61c），而在60d-e，刻贝斯恰好在这一日的前天还和欧埃诺斯就苏格拉底创作颂诗而交谈。此外，欧埃诺斯并不仅仅出现在《斐多》。在《苏格拉底的申辩》中，苏格拉底将其称作"智慧的人"或"智者"（20a），在苏格拉底申辩之时"他正定居在这里"（20a），按照苏格拉底的描述，欧埃诺斯是"精通这种既属于人也属于公民的德性的人"（20b），并以教授德性的技能赚取学费。在《斐德若》中，欧埃诺斯以修辞学家的身份（267a）出现，以修辞手法进行诗文创作。由此至少可以确定的是，欧埃诺斯善于修辞和教授民众德性是为大家所公认的[1]，那么西米阿斯所感觉的东西也类似于此。从这一点来看，西米阿斯不应该一开始就否认欧埃诺斯不愿意追随苏格拉底创作诗歌，因为创作诗歌本身就是欧埃诺斯所擅长的，故而苏格拉底要求欧埃诺斯创作颂诗是不可能的，而（a）在这个意义上的可能性就大大削弱。

那么对于西米阿斯而言，欧埃诺斯并不会追随苏格拉底赴死。Ebert 对这一段的分析认为："西米阿斯的困惑可以部分解释为他错误地假设苏格拉底要求欧埃诺斯自杀，苏格拉底很快纠正了这一假设。"由前述可见，Ebert 对西米阿斯心理的判断是正确的。尽管 Ebert 对苏格拉底的判断或有偏差[2]，但他指出了西米阿斯"所感觉的东西为何"——欧埃诺斯显然更接近于热爱金钱的人（φιλοχρήματος）、热爱身体的人（φιλοσώματος）和热爱荣誉的人（φιλότιμος）[3]。

---

〔1〕 苏格拉底和西米阿斯都认为欧埃诺斯是热爱智慧的人，但两者对于"热爱智慧的人"本身的理解是否同一还有待考证，不过我们目前不必不陷入争论，Ebert 实际上在处理这一问题，并提供了一些有益的意见。

〔2〕 我认为 Ebert 的问题在于，当他使用"错误地假设"这样的表述，就说明他认为苏格拉底自己所谓的"追随"实际上是让欧埃诺斯追随他作诗，而非追随他离开这个世界。尽管可能存在苏格拉底确实"一语双关"使用"追随"这个词，但显然其主要意思并不是要让欧埃诺斯追随他作诗。

〔3〕 或许有人会质疑这个论点，理由是苏格拉底和西米阿斯明显都认为欧埃诺斯是一个热爱智慧的人。这个质疑并不会影响我们进一步的分析。我提供两点回应：（1）尽管苏格拉底和欧埃诺斯都认为欧埃诺斯是"热爱智慧的人"，但可能他们对于"热爱智慧的人"的含义（定义）是相异的；（2）有可能苏格拉底说欧埃诺斯是"热爱智慧的人"具有一贯的"反讽"意味，比如他在《苏格拉底的申辩》中提到欧埃诺斯的那种"反讽"。关于这两点，进一步可以参见 Ebert 的精细分析，他认为苏格拉底使用"热爱智慧的人"是在字面意义上使用的，所谓"热爱智慧的人"实际上是毕达哥拉斯主义者的称谓和用语，因而 Ebert 展开了历史、地理和文献的考证，考究了欧埃诺斯和毕达哥拉斯主义的关系问题。同时，顾枝鹰也分析了"哲人"与毕达哥拉斯的关系，"智慧者"事实上就是"哲人"，"哲人"是毕达哥拉斯及其后学的"自道"。参见顾枝鹰：《德性、幸福生活与哲人自道》，前揭，第 120—124 页。

正因如此，在西米阿斯看来，欧埃诺斯会留恋于金钱和荣誉而不愿同苏格拉底一起赴死，这就加强了（2）的可能性。同时，按照苏格拉底所言，"一个人，如果看到他要死的时候却感到气恼"，就说明"他根本不曾是一个热爱智慧的人，而是一个热爱身体的人"（68c）。

从对西米阿斯的回答分析出发，我们也就有理由相信苏格拉底谈论的主要是（B），因为西米阿斯所感觉的东西很可能是公认的东西，苏格拉底的申辩也是如此反映的。我们也可以考虑其他论点：苏格拉底并非要让欧埃诺斯随他创作颂诗，因为正如苏格拉底本人所言，"创作这些不是想同他或他的那些诗作比技艺"（60e），因而苏格拉底更可能是希望欧埃诺斯追随他"离开"赴死。

当然我们并不能排除苏格拉底想利用语词的模糊性带来一种双关意蕴，因为"文艺"同时也指代所谓的"哲学"，这是苏格拉底一直从事的"最高的文艺"，苏格拉底很有可能想说的是——"欧埃诺斯，你要追随我从事最高的文艺，而不是那些普通的文艺。"如果如此理解，那么就意味着在苏格拉底看来，欧埃诺斯一直从事的诗文创作并不足以保证欧埃诺斯过良善的生活，因此欧埃诺斯应该转向哲学这个更高的文艺。这种解释在"最高的文艺"和"普通的文艺"之间做了一种分野和比较，我们先不必陷于对二者的区别，但可以肯定的是，在苏格拉底看来，纯粹从事普通的文艺（以欧埃诺斯为代表）和纯粹从事最高的文艺（苏格拉底本人）似乎都是不对的。Burger 1984 对此分析说："只有以这种方式，欧埃诺斯才能纠正他对属民的文艺（demotic music）的执着，正如苏格拉底必须纠正他对哲学的执着。"[1] 然而，一旦我们如此思考，原先我们处理的问题（b）就变成哲学家们是否应该为真正的智慧而赴死，从而我们可以说，一旦苏格拉底要求欧埃诺斯从事自己一直执着的哲学，那么就会导致（B），由此我们在这个意义上说，（b）在某种意义上并不排斥（B）（甚至两者可能是兼容的）。

基于上述分析，我们有理由相信苏格拉底将自己的死视为一种自杀，但需要承认的是，这种论证确实在尝试捕捉一些缥缈的弦外之音。我们可以考虑 Frey 1978 的建设性理据，他试图诉诸对于自杀概念本身的澄清来说明苏格拉底确实在实施自杀，并对反对意见进行反驳[2]。在他看来，自我杀害（self-killing）可能并不会导致自杀（suicide），除非这种杀害带有**主观上的意识**，也就是**有意图**地杀死自己（killing oneself intentionally）。当我们说一个人失手杀死自己，并不会说这个人主动赴死（即自杀），而仅仅是偶然地死去。Duff 1982 同样认为**意图**（intention）对于自杀概念而言是必要的，并进一步提出这种意图绝非仅仅是决定自己会死，而取决于我们对自杀性质的**道德解释**（moral account）以及对他**行为价值**（the worth of his action）和他对**死亡责任**（his responsibility for his death）的判断[3]。

----

[1] Burger 尝试在人之渴望和神之意志的语境下讨论苏格拉底为什么要在临死前作诗，分析了最高的文艺和普通的文艺的分别。参见 Burger 1984: 24-36。中译本参见伯格：《柏拉图式的迷宫——〈斐多〉义疏》，戴晓光译株，华夏出版社 2015 年版，第 31—45 页。

[2] Frey 对以下反对意见进行驳斥，且我认为 Frey 对于诸反对意见的驳斥是相对有力的："苏格拉底并不想死""苏格拉底被迫喝下毒芹汁""苏格拉底受到胁迫""苏格拉底没有自杀，因为他在雅典审判的背景下服用了毒芹汁""苏格拉底的死期是由他的审判决定的，他没有自杀，因为苏格拉底不能选择何时死去""苏格拉底的死是高尚而有尊严的，而自杀是卑鄙和不尊严的"。

[3] 尽管 Duff 认为他并没有给出苏格拉底是否自杀的确切答案，但他已经表明，苏格拉底确实意图赴死。我认为，Duff 的论证实际上已然有力证明苏格拉底之死是一种自杀。

从这些观点出发，我认为这实际上正证明了苏格拉底将其死视为自决，因为三次"申辩"已经表达了 Frey 和 Duff 认为的构成自杀概念的要素，即从三次"申辩"本身中可以分析出苏格拉底**主动意向于赴死**，而且**赋予死亡以哲学价值**。如果要观察苏格拉底是否真的有死的意愿，或许从他面对雅典陪审团发表的挑衅般的申辩亦可一窥[1]。雅典审判的票数差距如此之小[2]，以至于我们可以推断——只要苏格拉底的讲辞稍微隐藏锋芒，苏格拉底本可以不被判处死刑；另外，克里同也曾对苏格拉底说"能够被救却自暴自弃，并且你急于要对你自己发生的这些事情，它们也正是你的敌人会急于做的事情，并且他们一直都在想［办法］毁灭你"（45c），而苏格拉底拒绝了克里同的救援。不过真正让我们相信苏格拉底意愿于死亡的，是他说自己"一心从事赴死和死亡"（64a），并且死后"灵魂才将是独自在其身的，同身体相分离"（67a），从而获得"真和真正的知识"（66a）[3]。苏格拉底甚至通过类比爱欲——人们为了"属人的心上人、妻子和儿子"而"心甘情愿地乐于前往哈德斯那儿"（68c）——描述这样一种希望，而爱恋真正的知识的人也应该怀有这种希望而愿意赴死，在这里，赴死被赋予强烈的主动自愿[4]。

---

〔1〕 Wians 2004 指出苏格拉底为对他的指控做辩护，但完全没有歉意。事实上，许多读者发现他的讲辞完全是挑衅的。他挑战陪审团，侮辱它和对抗它。考虑到他的生命危在旦夕，他的行为是如此令人惊讶，以至于一些读者怀疑苏格拉底是否真的想死。

〔2〕 根据《苏格拉底的申辩》35e-36b，苏格拉底对于雅典人判自己有罪的结果并不意外。

〔3〕 一种质疑可能是，既然苏格拉底将灵魂和身体的分离状态描绘为能够获得真和真正的知识的唯一途径，那么苏格拉底为什么不立即自杀，反而等到雅典审判之后才自杀呢？这可能是柏拉图确实认为不可自杀，但需要神给出必然。然而，这种解释并没有解决问题，而只是将问题转移到神身上。

〔4〕 Westrink 比较了 66a4-66a10 和 65c5-68b7，认为后者并不是重复前者，因为后者将死亡的定义限制于自愿死亡的范围，而且将对于智慧的爱恋与身体的分离相联系。

不过我还希望指出另外一些语文学证据表明苏格拉底之死是一种自决，这些证据来源于神话隐喻，正如 Barrett 2001 提出依据神话理解和思考苏格拉底及其命运。Barrett 认为，在《申辩》中，苏格拉底已经想要建立与神话人物相比拟的自己[1]，无论是帕拉梅德斯（Παλαμήδει）还是埃阿斯（Αἴαντι）都遭受了不公正审判并自尽。事实上，在《斐多》89b-89c 中，苏格拉底被比作赫拉克勒斯（Ἡρακλῆς），而斐多则自比伊俄拉俄斯（Ἰόλεων）。伊俄拉俄斯和赫拉克勒斯的关系是随从和战友的关系，和斐多同苏格拉底的关系一样。更为重要的是，赫拉克勒斯与帕拉梅德斯、埃阿斯一样都是自尽而亡[2]（当然还有后续提及的苏格拉底自比的阿喀琉斯）。诸隐喻同苏格拉底自身命运形成惊人巧合，其中深义引人深思。

如果苏格拉底（也包括我们）确实将他的死当作自决，我们就不得不面临自杀与自杀禁令之间的关系：如果自杀是不被允许的，那么苏格拉底自杀显然违背了禁令，由此，我们必须处理这一棘手的疑难。

---

〔1〕 无论是柏拉图的《申辩》还是色诺芬的《申辩》。柏拉图的《申辩》参见 41b1-4，色诺芬的《申辩》参见 26。

〔2〕 赫拉克勒斯因为神谕说他将在俄特山上完结他的生命，所以即使在剧痛中，他仍然让人把他背到山之绝顶。在他的命令下，人们将他安置在火葬堆上，他叫大家从下面燃起火柴，当火焰燃烧，天上发出闪电，加速火焰的飞腾，然后赫拉克勒斯的遗骨便消失不见。神祇的命令应验，而赫拉克勒斯从人间解脱，成为天神。参见斯威布：《希腊神话和传说》，楚图南译，人民文学出版社 2004 年版，第 148 页。张源对斐多身世的分析也引出这一点，伊俄拉俄斯是赫拉克勒斯的子侄和战友，赫拉克勒斯身中剧毒，不堪忍受屈辱而自杀，成为神话传说中第一个高贵的自杀者，也是第一个主动结束生命后获得不朽的人。参见梁中和：《柏拉图对话二十讲》，商务印书馆 2022 年版，第 149 页。

二、自杀与自杀禁令之间的张力

上述疑难其实已经被刻贝斯提出："你为什么这样说呢，苏格拉底啊，对自己使用暴力是不合神法的事情，而热爱智慧的人却愿意追随那正要死去的人。"（61d）这个疑难其实必然需要两个前提条件，否则疑难不成其为疑难：苏格拉底相信自杀禁令；自杀禁令是绝对的。如若苏格拉底并不相信自杀禁令，那么即便自杀也没有禁令的限制；如若自杀不是绝对的，那么存在例外状态允许自杀，苏格拉底的自杀也有机会被豁免。

事实上，如果要解决这一疑难，只要否定二者之一即可。要否定苏格拉底是相信自杀禁令的，其实只要考虑这一禁令并不是苏格拉底所明确支持的，理由在于，当苏格拉底引出自杀禁令时，他说的是"**他们说**这是不合神法的"（60c-d）。既然是"他们说"，那么自杀禁令一开始就不必然是苏格拉底所明确支持的[1]。然而这种做法仅仅提供了微不足道的可能性，因为苏格拉底在此后明确说：

那么，这样的话或许下面这点就不是不合道理的，那就

---

[1] 吴飞支持这一观点，他认为尽管苏格拉底讲出了这条自杀禁令的道理，但苏格拉底自始至终一直都在撇清，这个并不是苏格拉底自己的观点。吴飞认为，苏格拉底一再强调这个只是自己道听途说的，而即使在为这个观点辩护时，也是用的模棱两可的语气，因而苏格拉底真正的用意显然不仅仅是告诉我们自杀是不被允许的，而是为了引出关于灵魂不朽的更重要的讨论。我认为，吴飞的观点有可取之处，灵魂不朽是《斐多》的重点，然而即便苏格拉底没有明确说这个观点是自己的，并不意味着苏格拉底不支持这一观点；相反，我们可以看到，苏格拉底确实在为这一观点做辩护。参见吴飞：《自杀与美好生活》，前揭，第18—19页。

是，一个人不应提前杀死自己，在神给出某种必然（ἀνάγκην）之前，就像我们现在正在面临的这种必然那样。（62c）

关键点在于"我们现在正在面临"，这意味着苏格拉底将自身现状归于这种情况。我们可以将苏格拉底的表述改述为：就正常情况而言，自杀是不被允许的，但在神给出必然这种特殊情况下，自杀是被允许的。Gallop 1975 对此评述说，苏格拉底并非绝对否定自杀，相反，这种特殊情况表明他的死是自我造成的（self-inflicted），并且这种自杀（self-destruction）不仅是被允许的，而且是一个虔敬的责任（religious duty）。由此推知，苏格拉底应该是相信自杀禁令的，尽管这个禁令不是绝对的。

目前我们只是说苏格拉底相信自杀禁令，但我们还没有解释为什么苏格拉底会相信自杀禁令，因为确实如吴飞所言，苏格拉底使用的是"他们说"。这里的"他们说"显然指的是欧埃诺斯[1]和斐罗拉俄斯[2]等人，他们多少受到毕达哥拉斯哲学的影响。关于苏格拉底确实相信自杀禁令，盛传捷提出两方面的理由：其一是苏格拉底多次假托他人说出自己的观点，自杀禁令也类似于此，其二是苏格拉底在后续对话中对自杀禁令予以明确支持[3]。除此之外，我认

─────────

〔1〕 Ebert 细致考证了欧埃诺斯是受到毕达哥拉斯主义的影响，显然，在这里，苏格拉底也默认欧埃诺斯相信毕达哥拉斯主义者斐罗拉俄斯关于禁止自杀的学说。

〔2〕 斐罗拉俄斯作为毕达哥拉斯学派的成员是基本不存在争议的，参见柏拉图：《斐洞》，前揭，第 201 页，注释 115。薄林指出，斐罗拉俄斯购买毕达哥拉斯的著作，并曾在忒拜避难，从而成为刻贝斯和西米阿斯的老师。参见第欧根尼·拉尔修：《名哲言行录》，徐开来、薄林译，广西师范大学出版社 2010 年版，第 428—429 页。

〔3〕 关于第一点，盛传捷的举例是《会饮》中苏格拉底假借狄奥提玛提出自己关于爱欲的理论。第二点，盛传捷并没有给出直接的证据。但我认为，我们在讨论疑难的两个前提条件时已经引出了这一点，因而对于第二点，我持绝对赞成态度，而对于第一点尚有商榷空间。

为还需要考虑到毕达哥拉斯哲学对于苏格拉底的影响[1]。如果说苏格拉底所言的灵魂不朽、转世学说或净化来自毕达哥拉斯学派的影响[2]，并且他**接受了它们**，那么我们就没有理由不推论苏格拉底接受了毕达哥拉斯哲学在自杀禁令上的观点。由此，我们可以说，苏格拉底相信自杀禁令很有可能是受到毕达哥拉斯哲学的影响。

即便如此，苏格拉底实际上仍然面临关于自杀禁令具有特殊情况的矛盾，这个矛盾来源于苏格拉底对刻贝斯的解释：

> 然而，也许对你会显得奇怪，（M）如果同其他所有事情相比唯有这（τοῦτο）是简单的（ἁπλοῦν）[3]，并且它从不会像其他（τἆλλα）事情那样对人发生，即在有的时候和对有些人来说，死亡才比活着是更好的；但是对于那些死亡［对之］是更好的人来说，或许对你也会显得奇怪，（N）如果这些人对自己做好事是不虔敬的，而应当等待其他某位做好事者。（62a）

由此观之，这一段希腊原文在理解和阐释上存在巨大张力[4]。

---

〔1〕 当然，这里不得不要求我们考虑柏拉图笔下的苏格拉底和现实的苏格拉底之间的关系。

〔2〕 Bostock 论述道，《斐多》关于哲学生活方式的论述深深渗透着俄耳甫斯主义者（Orphics）或毕达哥拉斯主义者的宗教教义，并且改造了这些宗教教义，达成哲学上的调和。举证一例，根据苏格拉底（81d5-82d1），对于贪吃、侮慢之类的人转生到狼的族类，而选择行不义、实施僭主统治和抢劫的人，将可能进入狼的族类、鹰的族类、鹞的族类中；相反，热爱学问的人可以到达神的族类。

〔3〕 根据溥林的注释，ἁπλοῦν 也可以直接翻译为"绝对的"。根据希腊化时期人们对于ἁπλοῦν 的理解，它在希腊文中有三重含义，即"严格地""唯一地""普遍地"。在 Grube译本中，ἁπλοῦν 被翻译为 simple，在 Gallop 译本中，ἁπλοῦν 被翻译为 unqualified。基本可以确定的是，ἁπλοῦν 指的是，其他事情是相对的，而 τοῦτο 是不相对的。

〔4〕 可以看到诸译本之间对于这一段的理解可能截然不同。Grube 和 Gallop 英译本和溥林译本较好保留着古希腊原文的结构和意思。

句子主要由（M）和（N）两个句子组成，因而句子的含义也由（M）和（N）决定[1]。溥林指出，争议焦点主要在于对 τοῦτο 的理解上[2]，对于 τοῦτο 的指代主要有三种看法：（1）死亡比活着更好[3]；（2）不可以自杀[4]；（3）活着比死亡更好[5]。我认为（3）的解释力最弱，因为它与后面"对于那些死亡［对之］是更好的人来说"（62a5）相抵触，同时又因为在苏格拉底看来，死亡显然能够"赢得各种更大的好东西"（64a）。至于（1），也就是说"死亡比活着更好"是无条件的、绝对的，而其他事情则是有条件的、相对的；不过这种理解并不妨碍对于自杀的看法。真正对自杀有影响

---

[1] Gallop 对这两个分句以及"也许对你会显得奇怪"一句进行了复杂的分析，并提供了自己的解释方案，同时对诸分句进行符号化处理，然而症结在于符号简化了句意的复杂性。

[2] 溥林的结论是无论基于何种理解，这一段的基本意思是清楚的，即在任何情况下，那些对其而言死亡比活着更好的人，都不可以自杀。当然这一结论似乎存在商榷空间，也可以看出这一段的巨大解释张力。

[3] 王太庆译本直接翻译为"有那么一件独一无二的怪事，出乎人们的意表，就是有时候有些人认为死优于生"，王太庆的译本省略了一些东西。如果按照王太庆的译本理解，就无所谓 τοῦτο 和 ἁπλοῦν 的理解问题。Grube 和 Gallop 英译本倾向于支持（1），Grube 译为"And it may well astonish you if this subject, alone of all things, is simple, and it is never, as with everything else, better at certain times and for certain people to die than to live"，而 Gallop 译为"Perhaps, though, it will seem a matter for wonder to you if this alone of all things is unqualified, and it never happens as other things do sometimes and for some people, that it is better for a man to be dead than alive"。Gallop 甚至直接指明"this"就是"death is preferable to life"。

[4] 杨绛译本直接翻译为"惟独这条法规绝对严格，不像人类类别的事可以有例外，尽管有时候有人宁愿死也不要活着"。杨绛采用的英译本是 Fowler 译本。Bostock 的理解倾向于支持（2），他的理解是"You will perhaps be surprised if this rule alone is unqualified, namely that it never turns out that there are some people, on some occasions, for whom it is better to be dead than alive（though there are such qualifications to other general rules）"。

[5] 参见柏拉图：《斐洞》，前揭，第 202 页。

的是（2），因为它直接认定了不可自杀这一禁令是绝对的。而由前述，自杀禁令是绝对的被予以否定，这里又予以肯定，抵牾便显现出来。

如果要解决这一抵牾，一种方式就是排除（2）这种可能性，但显然无法如此；另外一种方式就是继续考虑（N）。（N）就是说，对有些人来说死亡比活着更好，但还是不能自杀（做好事），除非其他人来做这个好事。至于这个"其他某位做好事者"，我认为只能是神，而不能是任何雅典人。理由同反对自杀的理由类似：如果人是诸神的所有物之一（62b），因而在神"并未表明想它死的情况下"，人不可以杀死自己（62c）；同样可以推论，既然一个人是属于诸神的，那么在神没有表明他这个人死的情况下，其他人也无权去杀死这个人，否则就应该面临惩罚。由此观之，"其他某位做好事者"是神，并且唯有神在表示想某人死的情况下人才能死。

现在呈现于我们面前的抵牾就在于（2）与（N）之间，而（1）或（3）并没有与（N）构成直接的矛盾。为解决这一抵牾，我提供三种可能的解释[1]：（Ⅰ）自杀禁令实际上是对于人而言的，而对于诸神而言，并无所谓绝对性，因而对于人而言绝对的自杀禁令，在神涉入时，这种绝对性就消弭了（但这仍留有解释空隙）；（Ⅱ）如果并不把（M）（N）作为"（M）和（N）"的复合命题，而将其作为"（M），（N）"两个独立命题，或者是"尽管（M），但（N）"这样的复合命题[2]，实际上在一定程度上可以化解（2）

---

[1] 当然，一种做法就是彻底否认苏格拉底是自杀的，由此作为绝对命令的自杀禁令就不会与苏格拉底之死发生冲突。

[2] （Ⅱ）的思路受启发于Gallop。

与（N）之间的尖锐对立，（II）的策略在于它并没有将（M）（N）当作苏格拉底确凿肯认的命题，因为实际上（M）被"如果"引导；（III）将 ἁπλοῦν 仅仅理解为"简单的"，而不采取或弱化"绝对的"的意思，从而自杀禁令便不再是一条绝对命令。

当然这三种解释或许并不能真正解决问题——呈现在我们面前的就是一个谜，这个谜或许正如刻贝斯回应的那样"那就让宙斯去知道［究竟是怎么回事］吧"（62a），而苏格拉底则是说："如果是这样的话，那么它看起来的确是不合道理的；但或许它又有某种道理。"（62b）不过如果暂且不考虑（M）（N）之间的麻烦，我们就可以先接受在正常情况下自杀是不被允许的，但在神给出必然这种特殊情况下，自杀是被允许的；但随之而来的一个问题便是神给出的"必然"和苏格拉底的"自决"之间的冲突。

三、神意定命与哲人自决之间的张力

神意定命和苏格拉底的"自决"的选择之间已然构成了张力，其实不论苏格拉底是否是自杀，这个问题也同样存在，当然，一旦苏格拉底是自杀，这个冲突将凸显得更为激烈。如果《斐多》《申辩》面临的情形是神给出的"某种必然"，那么这一"某种必然"有可能意指苏格拉底面临的审判或者是服毒自尽。前者意味着神借由雅典人对苏格拉底施以审判，而后者则是在审判的背景下苏格拉底主动赴死。无论前者还是后者，事实上都是苏格拉底面临的某种**既成事实的偶然处境**，在希腊人那里，"必然"远非现代意义上的"确定性""必定性"。真正的症结在于，如果苏格拉底之死是神意使然，那么将苏格拉底之死看作自杀可能就会立不住脚，因为这可能仅仅算作一场神和雅典人的"共同他杀"。要解决这一问题，事实上有两种进路。第一种进路是将苏格拉底反复提到的神兆或是"习惯的预示性的［声音］"（40a）还原成苏格拉底自我内心的声音（即良心或良知），而非什么"精灵的［声音］"或"神的信号"（40a-b），从而苏格拉底所谓的"必然"仅仅是苏格拉底自己给出的"必然"，故而那种神的定命本身也就不再成立。第二种进路是在神与苏格拉底之间找到某种平衡[1]。

对于第一种进路，将苏格拉底当成纯粹世俗（purely secular）的赤裸道德自我（the naked moral self）[2]，这种做法将苏格拉底从神的语境中抽离出来，但这显然是极其棘手的，因为这使得控诉苏格拉底"不信神"的罪名成立。与之同时，这种解决进路不得不面对一个事实，即在苏格拉底的对话中，尤其是《欧悌弗戎》，神几乎没有缺席。因此，要将苏格拉底置于无宗教背景之下显然是几乎不可能的，文本几乎也无法支持这种策略，这种抽离难免舍近求远。

既然如此，我们不得不转向第二种进路。事实上，我认为神意

---

〔1〕 Brisson 2005 对这一问题进行了尝试性的解决，在他看来，神兆向苏格拉底的显现可以同道德问题中的理性运用相兼容。事实上，正如我们看到的那样，苏格拉底在对话中一直运用自己的理性来思考德性问题，在《斐多》中，苏格拉底一直都在强调"计算""思想"（65c）。

〔2〕 Corey 2005 指出，当代的政治理论家，比如阿伦特认为，苏格拉底的道德正直和他对雅典政治的异议和不服从的政治实践使他成为典型的公民，并且这种公民身份是纯粹世俗的赤裸道德自我，不依赖任何权威来源，但这种理解显然忽视了神与苏格拉底之间的关系，尤其是德尔斐神谕和神给苏格拉底的兆示对苏格拉底哲学实践的影响。

定命和苏格拉底的自我选择，以及雅典审判与苏格拉底的"自杀"并不构成实质性的冲突。因为苏格拉底的自杀完全可以在雅典法庭审判的背景下实施，甚至于苏格拉底的自我选择本身就构成了神给出的"必然"的前提，而所谓的"必然"可能恰恰是苏格拉底对于真和真正知识追求的命运，神给出的"必然"实际上是神对于苏格拉底的召唤。

苏格拉底在申辩中提到神兆反复出现于他身上，"被神通过一些神谕和通过一些托梦，以及用所有［其他的］方式——通过它们任何其他神圣定命曾命令一个人做某种事情——所命令而做的这件事"（33c-d）。Brisson 认为，苏格拉底接收到的神兆可能涉及五感，诸神并非直接或亲自向苏格拉底显现，而是借以某种声音信号间接表明禁止[1]。可以看到，这种"预示性的［声音］"（40a）反复出现在苏格拉底的身上，这种"神圣的东西"或"神迹"（31d）总是试图阻止苏格拉底从事政治事务。在《克里同》结尾，这种声音被描述为"像那些参加科儒巴斯祭仪的人似乎听到笛声一样，而这些话的声音就还在我［耳边］鸣响，并使得我不可能听到其他的"（54d）。

苏格拉底在《斐多》谈话的一开始就提到神给他的兆示，即"一些梦"（ἐνυπνίων τινῶν）。按照苏格拉底所言，这些梦似乎在昭示他需要如何行动，不过并没有直接显明行动本身，相反，仅仅是

---

[1] Brisson 认为苏格拉底的神兆并不是一种启示（revelation），因为启示包含着描述、论证及命令，启示的语言是清楚明白的。Brisson 还从语词的构词维度分析了神兆的发送者和接收者，认为阿波罗或是其他传统诸神都有可能将神兆兆示给苏格拉底，并且兆示的传达往往使用"临到我头上"这种无人称的表达强调某种介入的客观性，苏格拉底并未主动寻求兆示，相反是兆示径自显现于苏格拉底身上。

"在不同的时候以不同的形象出现"（60e），这些形象本身并不直白明了，或许赫拉克利特就已经揭示了德尔斐神谕"既不说也不藏而是象征"[1]的特征。在苏格拉底身上，神兆并未直接"规定"行动，而总是苏格拉底在以自己的理性理解这些神兆，并以理性展开行动。苏格拉底实际上恰恰是在"测试"（ἀποπειράομαι）这些梦，并提出自己的哲学解释，比如在死之前通过创作诗歌以洁净自身或是实行神的指示（61a）。

凯瑞丰（Χαιρεφῶν）向德尔斐的神求的神谕说"[比苏格拉底]无人是更为智慧的"（21a）。对于苏格拉底而言，这个神谕同样不直接明了，因而困惑的苏格拉底展开了一生的探求，以期能弄清楚神究竟在说什么。苏格拉底的探寻便是"按照神[的旨意]通过四处溜达来在市民和外邦人中间寻求和追查"（23b），同一个显得智慧的人进行交谈，比如政治家、诗人、手艺人，但结果常常是他们"自认为是智慧的，但其实不是"（21c）。苏格拉底反复以这种方式转向对神谕的探寻，却被"这人以及在场的许多人所仇恨"（21c）和"对神的侍奉处于极度的贫穷中"（23c）。苏格拉底激怒他们的原因实际上是苏格拉底对于他们生活方式的彻底否定，两种生活方式在根本上就是相互抵触的，正如苏格拉底所言："我一生不曾保持安静，而不关心众人[所关心]的，即赚钱、理家、领兵、在公民大会上发表演说和其他一些公职。"（36b）因此，苏格拉底被那些受诘问的人称为"最邪恶的人"并且"败坏年轻人"（23d），被梅勒托斯、阿尼托斯和吕孔攻击和指控，从而被送上了

---

[1] 基尔克等：《前苏格拉底哲学家——原文精选的批评史》，聂敏里译，华东师范大学出版社2014年版，第313页。

法庭。

　　苏格拉底自身也意识到神谕会带来的后果，但他选择像忒提斯的儿子亦即阿喀琉斯（Ἀχιλλεύς）那样承担死亡的风险，并且接受神的任务——"命令我应在热爱智慧以及盘问自己和他人中过活"（28e）。我们需要注意到阿喀琉斯在苏格拉底对话（比如《会饮》《希庇阿斯后篇》）中反复出现，苏格拉底自比为阿喀琉斯，甚至我们可以发现苏格拉底的运命与阿喀琉斯的运命具有相似性，尤其是阿喀琉斯的母亲警告他为战友报仇将会面临死亡。阿喀琉斯当然也预见到自己将会死亡的处境，但他依旧选择报仇，而实际上我们同样无法否认苏格拉底也许已然预见到他将面临输掉官司并被处以死刑的结果。与此同时，雅典审判是苏格拉底"反驳神谕"（21c）而导致的结果，苏格拉底愈是要反驳德尔斐神谕，就愈是陷入神谕之中：要么"根本就不应出庭"，要么"来了，那就不可能不处死"（29c）。必须注意到，原本频繁出现的神兆在苏格拉底的申辩中"在行动上还是在言词上都未曾在任何点上反对"（40b）。对于苏格拉底而言，没有任何预示本身已经构成了一个神兆，没有言说本身已经构成了最大的言说——"它就是一件好事，这是一个巨大的希望。"（40c）[1] 这个"好事"正是《斐多》所要说明的"将和诸神生活在一起"（69c）。《克里同》提到过这样的梦，苏格拉底梦到了白衣的美丽女子说："苏格拉底啊，第三天你就会到达非常肥沃

---

[1] Brisson 指出，对于这一点实际上存在着批评，即神兆没有出现可能并不必然意味着死亡是一件好事，同样也可以是一件中性的事情或是一件毫无关系的事情。当然，我认为这种批评确实有一定的意义，但显然，面临生死抉择这种大事，对于苏格拉底而言，诸神不会对人类命运坐视不管，就像在其他地方（如《克里同》），神兆也以积极的方式出现，因而在神兆不出现的情况下，苏格拉底自然而然将其视为神的赞同。

的佛提亚。"（44b）这个梦可以说是神在召唤苏格拉底前往那居住的地方。

Howland 2008 认为，苏格拉底一开始就已经从哲学活动出发理解和弥合了个体与命运的鸿沟，并且用神兆这种力量展开自我的哲学生活，苏格拉底对于命运的结果并不感到惊讶。我们当然可以看到，苏格拉底其实有诸多的选择，但他选择的恰恰是接受审判并喝下毒芹汁，因为一旦苏格拉底选择了过一种哲学的德性生活，那么选择赴死正是必然的，除此之外，苏格拉底别无选择。对于苏格拉底而言，无论是追随克里同离开雅典，还是在申辩之时以屈服的姿态进行言说，都是在行某种不义，都是不正当和对于神的不虔敬。对于前者，一旦苏格拉底在"没有说服城邦的情况下就离开"（49e），正是在城邦对苏格拉底行不义后苏格拉底反过来对城邦行不义，但这是不可以的，因为"对行不义者反行不义"是"绝对不正当"的（49b-c），这么做实际上是在"既毁灭法律，也毁灭整个城邦"（50b），他自己也成了"法律的败坏者"（53b）。对于后者，"通过恳求来逃脱"（35c）和"尽可能地博取同情"（34c）不仅是对于死亡的畏惧和对活命的贪婪，败坏了苏格拉底勇敢节制的德性，而同时又使得陪审团"习惯于发假誓"，如此"双方都没有敬神"（35c）。面对雅典审判这一既成事实的偶然处境，为正义而死而非邪恶地活着，对于苏格拉底而言，就是神所昭示给他的声音和指引。

所谓的雅典审判或许确实是以梅勒托斯和阿尼托斯为代表的雅典人对苏格拉底的攻击，但苏格拉底更愿意承认是他托付他们和神来审判他（35d）。与其说苏格拉底陷入神兆之中，不如说苏格拉底是在理解和诠释神兆，他并不是作为一个被动的个体在摆脱定命，恰恰相反，是作为主动的神之使者在人世各种偶然处境的集合下拥抱定命，而这实际上正是苏格拉底之死作为一场英勇赴死的意义所在。苏格拉底的行动确实是在神兆下展开的，但这从来没有妨碍苏格拉底动用自己的理性展开自己的哲学思考，甚至可以说，如果没有理性，那么神兆也无法指引苏格拉底。如此，我们就能合理地接受《理想国》中苏格拉底之于命运和逆境的理性教导，苏格拉底将其喻为投掷骰子：[1]

> 就是审时度势，去思量那既成的事实，并且就像是在掷骰子中一样，骰子既已翻出了它的点数，就相应于这个既成的情况，按照理性之所认为最好的步骤，来决定和安排我们的事务。（604c）

对于苏格拉底而言，赴死已然成为"既成的事实"，那么真正值得做的就是**凭借理性去决定和筹划**自己的生命，接受死亡对于苏格拉底而言并非如克珊提娅那样"边哭喊边捶胸"（60a），因为"最重要的事是**在意外和不幸中保持最可能的平静**"（604b），更何况苏格拉底从来没有"把眼前的命运视为一种厄运"（84e）。苏格拉底自认为"自己是天鹅们一样的仆从和献身给了同一位神的"（85b）。如果说真正应该从事的是"治疗和重新扶正那跌倒和受伤的地方"（604d），那么苏格拉底在辞世前对克里同的嘱托就可以在

---

〔1〕 对命运之骰的讨论受启发于梁中和老师。

这种意义上得到理解，即"我们欠阿斯克勒庇俄斯（Ἀσκληπιός）一只公鸡，那你们得还上，可别忘记了"（118a）。这句谜一样的话引起研究学者的关注，苏格拉底要献祭给医药之祖或医神阿斯克勒庇俄斯，似乎认为自己已然得到了某种疗愈，这种疗愈可以说是对于**灵魂的净化**[1]，而这种净化正是《斐多》试图说明的对灵魂的解放，即灵魂重新赢获那"神性的东西、纯粹的东西和单一形相的东西"（83e）。就此而论，**赴死或者是练习死亡成了哲人自我疗愈之药**。面对神给出的这一必然，哲人**主动迎接这一命运之骰翻出的点数，诉诸哲学实践行动**以践履自己的信念。

四、余论

苏格拉底之死是他杀还是自杀仅仅是**经验维度**上的讨论，两者并不构成直接冲突，而是同一死亡的两面，并且交织在一起，因为诚然我们可以看到苏格拉底之死确实发生在雅典法庭判处死刑的情境下，然而，吊诡之处正在于这一死刑掺杂着苏格拉底本人强烈的赴死愿望，甚至于我们仍然可以说，苏格拉底之死究竟是自杀还是他杀依旧是一个谜，而正如刻贝斯所言，或许谜底只有神知道（62a）。不过我们仍旧可以通过上述讨论对苏格拉底之死作为自杀

---

[1] 梁中和细致讨论了《斐多》中的"净化"和"德性"，认为在柏拉图那里，真正的德性需要净化，即通过理性的反省和智慧转化才能拥有真正的德性。所谓净化，也就是追求智慧或知识的过程，而一旦唯有死亡才能使得灵魂纯粹并接触到真和真正的知识，那么主动迎向死亡对于苏格拉底而言并不是无法接受的事情，甚至是哲学实践的过程，以行动来践行自己的信念。参见梁中和：《〈斐多〉中的"净化"与"德性"释义》，《西南民族大学学报》2016 年第 9 期。

做出三个层面的区分：在最低的层面上，苏格拉底面对雅典法庭的审判结果并不会做出反抗，苏格拉底不会反对身体与灵魂因此产生的分离，故而我们可以断言，苏格拉底愿意主动接受死亡的发生和灵魂与肉体的分离；而在最高的层面上，苏格拉底之死作为自杀乃是哲学的象征，苏格拉底渴望死亡并迫使雅典人判处他死刑，与阿喀琉斯一样身负神圣的使命，通过主动赴死的献身昭示热爱智慧者的英雄主义和献身主义；在居间的层面上，苏格拉底其实一生都在为身体与灵魂的分开做积极的**准备**，这就是所谓学习哲学乃是练习死亡的核心之义。既然苏格拉底一生都在通过哲学努力让灵魂脱离身体而纯化自身，那么在任何偶然处境下，哲人都能泰然地面对死亡，在意外和不幸中持守德性。

无论如何，去死或去生，**单独**对苏格拉底而言都不是一个问题，真正的问题乃是**如何过良善的生活与因为什么而死**。到目前为止，对于我们而言，真正重要的业已不是固执于一端为之论诤，而是我们如何能够运用己身之思，从苏格拉底那里找到典范并汲取他的智慧，疗愈自身而获得灵魂的净化。不过，我之所以突出苏格拉底自决的维度，实际上是想要在某种意义上揭示**哲学的使命**和热爱智慧者**在各种偶然处境的生活集合之间有自我决断的精神**以及**哲学实践的可能性**。按照苏格拉底所言，这场审判是他托付雅典人和神对他的审判，这场审判在世俗政治层面判处苏格拉底以死刑，但在更高的哲学层面，苏格拉底赢获了不朽。当然，我们也应该看到苏格拉底之死的三重张力背后实际上是哲学与政治之间以及城邦与个体之间的张力，而苏格拉底之死作为一场自杀，将意味着哲学—政治和城邦—个体之间更为深远的命相。

Barrett, "Plato's 'Apology': Philosophy, Rhetoric, and the World of Myth", *The Classical World*, 95（1）, 2001, pp. 3-30.

D. L. Berry, "Socrates and the gods", *Soundings: An Interdisciplinary Journal*, 81（1/2）, 1998, pp. 257-265.

Bostock, *Plato's* Phaedo, Clarendon Press; Oxford University Press, 1986.

Brisson, "Socrates and the Divine Signal according to Plato's Testimony: Philosophical Practice as Rooted in Religious Tradition", *Apeiron*, 38（2）, 2005, pp. 1-12.

Burger, *The* Phaedo: *a Platonic labyrinth*, Yale University Press, 1981.

Cooper & D. S. Hutchinson, *Complete Works*, Hackett Publishing Company, 1997.

Corey, "Socratic Citizenship: Delphic Oracle and Divine Sign", *The Review of Politics*, 67（2）, 2005, pp. 201-228.

Gallop, *Phaedo*, Oxford University Press, 1975.

R. Drew Griffith, "Socrates' Dying Words（Plato *Phaedo* 118a）as an Aesopic Fable", *Phoenix*, 71（1/2）, 2017, pp. 89-101.

Ebert, "Why is Evenus Called A Philosopher at *Phaedo* 61c?", *Classical Quarterly*, 51（2）, 2001, pp. 423-434.

Frey, "Did Socrates Commit Suicide?", *Philosophy*（*London*）, 53（203）, 1978, pp. 106-108.

Howland, "Plato's Apology as Tragedy", *The Review of Politics*, 70（4）, 2008, pp. 519-546.

R. A. Duff, "Socratic Suicide?", *Proceedings of the Aristotelian Society*, 83, 1982, pp. 35-47.

Warren, "Socratic Suicide", *The Journal of Hellenic Studies*, 121, 2001, pp. 91-106.

White, "Socrates, Philosophers and Death: Two Contrasting Arguments in Plato's *Phaedo*", *Classical Quarterly*, 56（2）, 2006, pp. 445-458.

Wians, "Socratic Suicide", *Journal of Education*（*Boston, Mass.*）, 184（3）, 2004, pp. 21-24.

奥林匹奥多罗：《苏格拉底的命相——〈斐多〉讲疏》，宋志润译，华东师范大学出版社 2010 年版。

柏拉图：《斐洞》，溥林译，商务印书馆 2021 年版。

柏拉图：《苏格拉底的申辩》，溥林译，商务印书馆 2021 年版。

柏拉图：《克里同》，溥林译，商务印书馆 2021 年版。

柏拉图：《欧悌弗戎》，溥林译，商务印书馆 2021 年版。

柏拉图：《理想国》，顾寿观译，岳麓书社 2010 年版。

柏拉图：《柏拉图对话集》，王太庆译，商务印书馆 2004 年版。

伯格：《柏拉图式的迷宫——〈斐多〉义疏》，戴晓光译，华夏出版社 2015
年版。

第欧根尼·拉尔修：《名哲言行录》，徐开来、溥林译，广西师范大学出版
社 2010 年版。

顾枝鹰：《德性、幸福生活与哲人自道》，崔延强、梁中和主编：《努斯：
希腊罗马哲学研究（第 1 辑）》，上海人民出版社 2020 年版。

基尔克等：《前苏格拉底哲学家——原文精选的批评史》，聂敏里译，华东
师范大学出版社 2014 年版。

梁中和：《柏拉图对话二十讲》，商务印书馆 2022 年版。

梁中和：《〈斐多〉中的"净化"与"德性"释义》，《西南民族大学学报》
2016 年第 9 期。

盛传捷：《"为什么自杀是不被允许的？"：〈斐多〉自杀疑难与神话》，中
国古希腊罗马哲学学会：《古希腊罗马哲学研究（第一辑）》，华东师
范大学出版社 2016 年版。

斯威布：《希腊神话和传说》，楚图南译，人民文学出版社 2004 年版。

吴飞：《自杀与美好生活》，上海三联书店 2007 年版。

西塞罗：《图斯库路姆论辩集》，顾枝鹰译注，华东师范大学出版社 2022
年版。

张源：《〈斐多〉里的笑与自杀》，《读书》2018 年第 5 期。

杰出学者纪念

德尔斐之思：卡恩学术自述[*]

Charles Kahn[1]　裴浩然　译

借此机会，我希望和你们分享一些想法，关于我是如何走向古希腊哲学的。不过首先请允许我说，能够与大家相聚德尔斐，我有多么开心。第一次来到这里是在 1951 年，正巧是 58 年前的这个月（6 月）。那时，这是一个更加纯粹的地方，处在一个更加纯粹的世界。但无论如何，场景依然如故，它是我所见过的最壮丽的场景，既自然又超自然。

我走向古希腊哲学要比这早得多。在高中时，我阅读了布雷斯特（Breasted）的《古代世界的历史》和威尔·杜兰特（Will Durant）的《哲学的故事》。所以，当我在 16 岁的年纪来到芝加哥大学时，我已经准备好修习古典学了。当然，我们当时只是阅读译本，译者正是我的老师大卫·格雷尼（David Grene）。但很快，我意识到自己需要学习古希腊语才能够和他讨论文本的解释。格雷尼天生热衷于戏剧，是都柏林老艾比剧院（Old Abbey Theater）的业

---

[*]　本文选自 *Presocratics and Plato：Festschrift at Delphi in Honor of Charles Kahn*，Richard Patterson，Vassilis Karasmanis and Arnold Hermann（eds.），Parmenides，2012，pp. xiii-xviii。
[1]　查尔斯·卡恩（Charles H. Kahn, 1928—2023），著名古代哲学研究学者。

余爱好者。是他让索福克勒斯和莎士比亚再次鲜活了起来。他还提醒过我，尽管柏拉图是一位优秀的作家，但他的晚期对话录却并不是那么有趣。

我毕业于社会思想委员会（the Committee on Social Thought），但那是在列奥·施特劳斯的时代来临之前。我的哲学导师是一位法国托马斯主义者，伊威·西蒙（Yves Simon）。我没能分享他对托马斯·阿奎那的热情，但从他那里学到了怎样严肃地对待哲学问题和论证。西蒙认为，我应该同时接受哲学和历史两方面的系统训练。就系统的哲学训练来说，我是从逻辑学开始的，也就是从亚里士多德的"工具论"（Organon）开始的。这稍稍有一点点奇怪：因为就在我阅读亚里士多德的《范畴篇》和《解释篇》时，鲁道夫·卡尔纳普（Rudolph Carnap）正在我们学校里教授逻辑学。（西蒙并没有让我去找卡尔纳普学习。）而至于哲学史方面，我则受到了伯奈特（Burnet）和策勒（Zeller）的影响，从前苏格拉底开始进入哲学。亚里士多德的逻辑学留给我许多寒冷，而前苏格拉底哲学家则点燃了火焰，并使我温暖至今。

我的硕士论文讨论的是巴门尼德，以及关于神话和理性转向的文章。亨利·法兰克福（Henri Frankfort）的作品将我引向了神话思想，他在芝加哥的这些讲座稿后来组成了《古希腊人的思想历程》一书，并以《哲学之先》的书名发表。这本书给了我另一个理解前苏格拉底哲学家的视角。伯奈特和策勒通过实证主义或者黑格尔主义的观点来肯定古代人。他们认为，作为现代科学和哲学方式的某种准备，古希腊人是何等的聪明呀！而法兰克福，就像卡尔·莱因哈特（Karl Reinhardt）、赫尔曼·弗兰克尔（Hermann Fränkel）以及同时代的其他欧陆学者，则更加关注古代思想模式自身。从这个视角，我注意到在巴门尼德及其同僚的时代，一些伟大的事情正在发生，而这是实证主义者和新黑格尔主义者们没有完全把握到的。

但是为了处理这些文本，我还需要语文学工具。所以我在巴黎的两年，以及接下来到哥伦比亚大学跟随冯·弗里茨（Kurt von Fritz）、卡普（Ernst Kapp）的两年，我进行了古典学训练，以便可以做严肃的研究。在巴黎，我跟随杜梅齐尔（Georges Dumézil）学到了更多关于古代思想的知识，并且从吉尔松（Etienne Gilson）那里学到了更多关于哲学史的知识。吉尔松对邓·司各脱的讲座于我来说太过晦涩，但他对于笛卡儿《谈谈方法》的注释则让我对哲学中的历史研究开阔了眼界，并为我树立了一个典范，告诉我衡量一种对于历史背景的思想变革意味着什么。但是，为了能够衡量公元前6世纪的思想变革，人们要怎样获得相应的思想背景呢？走向古代希腊思想的钥匙，似乎并不在于荷马和赫西俄德。这正是我博士论文的导引，它就是后来的《阿那克西曼德和希腊宇宙论的起源》。

关于语文学训练，首先我要感谢德国传统，在哥伦比亚大学，其代表是卡普和冯·弗里茨。然而在巴黎的时光的一大好处是，我发现了法国的语言学传统，尤其是本文尼斯特（Émile Benveniste）的作品。本文尼斯特的一些文章在印欧语动词"to be"的某些具体特征上提醒我。对历史比较语言学的了解，为我后来吸收费城泽利格·哈里斯学派（Zellig Harris）形式语言学的某些元素奠定了基础。

1965年，我从哥伦比亚搬到了宾夕法尼亚大学，从古典学转到了哲学领域。在纽约，我开始写一本关于前苏格拉底哲学家历史的教材，用来取代伯奈特那本。（这本书基本上和理查德·麦克拉汉最近出版的那本书是一类的。）但这本书很快遇到了一个问题：每一章都越写越接近一本单独的书。米利都学派的那一章比较容易，因为我已经写过**那本**书了。但是关于赫拉克利特的一章却很快超出了教材的计划，并且最终成为《赫拉克利特的艺术和思想》一书。（还有一本关于毕达哥拉斯的书在更晚的时候写成。）要写巴门尼德的一章则更困难。我最初希望将博士论文的主题确定为巴门尼德，因为我当时认为（现在仍然这样想）他是影响柏拉图最深的思想家，也给亚里士多德带来了重要的影响。事实上，关于阿那克西曼德的研究最初只是计划作为导论，来预备通向巴门尼德的道路，但最终成了我的博士论文和著作的主题。问题在于，现在终于到了可以直接处理巴门尼德的时候，但我不得不先澄清他对于动词"to be"的使用。1963—1964 年在希腊，我的第一个学术假，我完成了对"to be"的预备研究。这是在来到费城，并且通过哈里斯的语言学掌握对句法结构的现代分析之前。到了费城以后，我正式开始写作关于"to be"的书。在巴黎，我的第二个学术假，1968—1969年，我整编了关于荷马的数据，这本书最终在 1973 年完工。在今天，有了电脑的便捷，要统计动词的出现次数会更简单，然而对"einai"结构的判断还是必须根据每一例的情况来完成。我应该补充，我对这个动词的句法分析在 1973 年并没有做完。很明显，它的系词用法尽管不是更古老的，但在某些意义上是更为基本的。只有在第二版（2003 年 Hackett 再版）中重新回到这个问题时，我才能够从理论上明确区分动词的一阶系词用法和二阶实义动词用法（存在、实例和真实），所有这些用法都以系词结构为前提。当然，在实际使用中，"einai"的某一用法可能结合了几种结构；但理论上的描述以及系词的基本作用［我认为］现在终于清楚了。

因为被动词"to be"压垮，我放弃了写作前苏格拉底哲学家教材的计划。同时，我还放弃了对巴门尼德诗歌的评注，而是出版了我的文章选集《关于"being"的论文》(Oxford, 2009)。

因为1965年以来一直在哲学系教书，我每年都会开设亚里士多德的短期课程，并且经常发表关于亚里士多德作品的文章，从《论灵魂》关于感觉感知的内容开始，包括《范畴篇》(从语言学的视角)和一系列关于《形而上学》的文章。有一个问题尤其吸引我，即如果亚里士多德完成了他的第一哲学，那么第一推动者将会具有怎样的系统性地位？不同于近年来(20世纪70年代和80年代早期)在许多亚里士多德研究者中流行的反形而上学倾向，1985年，我勾勒出了亚里士多德的形而上学意图，这和几年后由弗雷德(Frede)和帕奇克(Patzig)所提出的解释颇为相似。然而，亚里士多德终究不是我最喜欢的领域，在过去20年里，我的所有学术努力都献给了对柏拉图文本的一种教徒式的阅读。

当1996年《柏拉图和苏格拉底式对话录》出版时，许多友好的同事问我为什么止步于《斐德若》，他们想知道我关于晚期对话录的观点。一开始我对此的反应是，已经没有更多的东西要说了。在柏拉图的作品中，我的目标首先是公正地呈现对话录的文学维度及其表面丰富的多样性，并同时保持统一的哲学意向。我认为自己的任务是把文学和哲学进路结合起来。而我的目的，则在于揭示对文学背景、对话角色的关注同样是哲学解释的一个核心要素。我写作的第二个理由，是为了对抗这样一种潮流，即将所谓的苏格拉底式对话解释为代表着本质上不同于成熟的柏拉图主义的哲学立场——将苏格拉底视为一个独立于对话录的哲学家的观点。这种观点正是在格里高利·弗拉斯托斯（Gregory Vlastos）的作品中获得了最强有力的表述。我的"预告"（prolepsis）概念可能并不是让人们注意柏拉图思想潜在统一性的最佳方式。今天，我会避免假定作者的意图，从发展的角度来论证同样的情形。我们可以将疑难式的对话录（例如《欧悌弗戎》和《美诺》）看作早期学说（一方面，《申辩》—《克里同》—《高尔吉亚》）和晚期学说（另一方面，《会饮》—《斐多》—《理想国》）的中间阶段。从晚期对话录《斐多》—《理想国》的视角回看，我们可以发现，柏拉图主义成熟的伦理基础是在《申辩》—《克里同》—《高尔吉亚》中确立起来的，而理念论的技术基础则是在关于定义的对话录中得到确立的，集中在以本质概念为目标的"X 是什么"这一问题上。

至于晚期对话录，我很幸运地活了足够长的时间来克服自己最初的犹豫，现在我已经向剑桥大学出版社提交了作品的第二卷——《柏拉图和后苏格拉底式对话录：回到自然哲学》。我之所以犹豫不决，原因部分在于晚期对话录截然不同的戏剧特征。这既包含了内容的高度技术化，以及角色之间相应减少的戏剧互动，但它们在早期对话录中都是明显的特征。我的第一位老师，大卫·格雷尼曾经说，柏拉图作为希腊最伟大的戏剧家，有着无与伦比的文学天赋，但在晚期作品中，这种天赋却被他自己所扼杀。在这些对话录中，交谈往往显得僵硬，而对话者则常常仅仅回答"是""没错""对的"。无论如何，柏拉图还是柏拉图，我仍然保持统一论的观点，但当然会有所不同。从《巴门尼德》开始，随着柏拉图开始和理念论保持距离，我将他在《泰阿泰德》和《智者》中对形而上学的重新表述视为最后阶段的一种准备，即将自然探究——希腊哲学的原初家园——整合到他自己的哲学体系中。纵观柏拉图的晚期作品，尤其是《斐勒布》和《蒂迈欧》的宇宙论，我看见柏拉图回到了先哲们的领地，并将他们的主题重新纳入自己的哲学。尽管我钦佩格威尔·欧文（Gwil Owen）的工作以及他对我们学科的助益，但我认为他的问题在于尝试激进地改变《蒂迈欧》的成书时间，否定它作为柏拉图生平末期作品的传统位置。也许真相在遭到质疑后能够更加明亮。无论如何，对我来说明显的是（关于立法的作品先按下不表），柏拉图所有晚期对话录都导向了《斐勒布》和《蒂迈欧》中的宇宙论计划，将数学结构应用于对自然的解释。《蒂迈欧》中更加全面的宇宙论不仅仅是柏拉图对于"自然探究"（peri phuseos historia）的贡献和对前苏格拉底传统的总结；它通过将数学包含在自然哲学中，同时扩展了理念论，是柏拉图体系自身的完成。这也是我即将出版的书的主题。

皮埃尔·阿多著作与研究自述[*]

Pierre Hadot　冯琬词[1] 译　兰志杰　校

让我为今晚在座的那些不熟悉我的作品的听众们[2]简单地回顾一下我的文字与研究活动的历程。

首先，我编辑与翻译了许多古代文本：出版于 1960 年的拉丁基督教新柏拉图主义者马里乌斯·维克多瑞努斯（Marius Victorinus）的神学作品；出版于 1977 年的安波罗修（Ambrose）的《大卫的申辩》（*Apology of David*）；出版于 1988 年和 1990 年的普罗提诺的两卷著述。此外，我还写了数量可观的书：先是在 1963 年，我写了一本小书《普罗提诺：或观之简单性》（*Plotin：ou la simplicité*

---

*　【中译按】本文原为阿多于 1993 年发表在哲学学院的演讲，后收录于 *Exercices spirituels et philosophie antique*，Paris：Editions Albin Michel，2002 一书中。本文由英译本翻译而来，见 "My Books and My Research"，in *The Selected Writings of Pierre Hadot：Philosophy as Practice*，Matthew Sharpe and Federico Testa（trans.），Bloomsbury Academic，2020。

〔1〕 冯琬词，四川大学哲学系硕士生。

〔2〕【英译按】如前注所示，本文原是 1993 年的一篇演讲，因此法语中用的是 auditeurs（听众）一词。关于阿多那里古代哲学中言语与口传维度的重要性，参见下文第三到四章。
　　【中译按】这里指的是 *The Selected Writings of Pierre Hadot：Philosophy as Practice* 一书中的章节，下同。

du regard）；之后，在 1968 年，我的博士论文发表了，这篇论文主要研究新柏拉图主义的一个侧面，即公元 4 世纪的基督教神学家维克多瑞努斯与其同时代的异教哲学家、普罗提诺的学生波菲利之间的关系。[1] 1981 年，我出版了一部作品，《精神修炼与古代哲学》（*Exercices spirituels et philosophie antique*）；而在去年（1992 年），我又出版了一本题为《内心的堡垒》（*La citadelle intérieure*）的书，旨在研究马可·奥勒留的《沉思录》。如果说哲学学院今晚邀请了我，那肯定是出于最后这两本书的缘故。在这些书中，人们可以找到对古代哲学这一特定概念的表述，还可以找到对一般意义上的哲学概念的概述。

人们可以在我的这些书中找到这样一种观念，一言以蔽之，哲学应当被定义为一种"精神修炼"。我何以认为这一概念如此重要呢？我想这要追溯到 1959—1960 年，我与路德维希·维特根斯坦的作品相遇的时刻。1960 年，我在《形而上学与道德杂志》（*Revue de métaphysique et de morale*）上发表了一篇题为《语言游戏与哲学》（*Jeux de langage et philosophie*）的论文，这篇论文中产生的一系列反思就缘起于这次相遇。在这篇论文中，我写道："我们在语言游戏之中做哲学，引用维特根斯坦的表述来说就是，我们是在赋予我们的语词以意义的那种生活态度与形式之中做哲学。"我接受了维特根斯坦的观点，而依据这种观点，我们必须打破固有的观念，不再认为语言永远只以单一的方式运作，永远只有相同的目

---

[1]【英译按】Pierre Hadot, *Marius Victorinus, Traités théologiques sur la trinité*, text established by P. Henry, introduction, translation and notes by P. Hadot, 2 vol., Paris: Éditions du Cerf, 1960.

的：对思想进行翻译。在此基础上，我的主张是，我们还必须从根本上打破哲学话语永远以一律相同的方式进行运作的观念。事实上，哲学家们总是处于某种语言游戏中：这就是说，他们永远置于一种生活形式或一种特定态度［的框架］中。如果不将哲学家们的论题置于他们所处的语言游戏中，那么我们就不可能理解这些论题的意义。此外，哲学语言的主要作用就是将这一话语所面对的听众置于某种生活形式中，［或］一种特定的生活方式中。这就是精神修炼概念的起源，这种精神修炼旨在改造并转变自我。〔1〕如果说我一直以来在关注语言的这一面向，如果说是我构想了这样一种精神修炼的概念，那是因为我和我的许多前辈以及同时代人一样，为一个众所周知的现象所困扰：我们在古代哲学家的作品那里遇到了不一致甚至矛盾的现象。我们知道，要弄清古代哲学著作中的观念脉络，往往是极其困难的。无论是对于奥古斯丁、普罗提诺、亚里士多德还是柏拉图，现代的历史学家们都未曾停止过指责他们的作品中存在着哲学阐述上的错误与结构上的缺陷。〔2〕为了

---

〔1〕【英译按】阿多还在 *The Present Alone is our Happiness：Conversations with Jeannie Carlier and Arnold I. Davidson* 一书中强调了维特根斯坦对他的哲学概念的重要影响，参见 *The Present Alone is our Happiness：Conversations with Jeannie Carlier and Arnold I. Davidson*，Marc Djebillah and Michael Chase（eds.），Stanford, CA: Stanford University Press, 2011, pp. 32-33，58-60，80-81。【中译按】该书的中译本参见皮埃尔·阿多：《作为生活方式的哲学：皮埃尔·阿多与雅妮·卡尔利埃、阿尔诺·戴维森对话录》，姜丹丹译，上海译文出版社 2014 年版。

〔2〕【英译按】阿多这里所用的短语原文为 maladresses d'exposé，我们将之翻译为"哲学阐述上的错误"（the blunders in philosophical exposition）。关于哲学史中阐释性的错误所扮演的角色，请比较 Pierre Hadot, "Forms of Life and Forms of Discourse in Ancient Philosophy", in *Philosophy as a Way of Life*, M. Chase（trans.），London: Wiley-Blackwell, 1995, pp. 49-70。

解释这种现象，我逐渐开始觉察到，在解释文本时，必须要将文本置于它所诞生的那个生活语境（living context）中：亦即哲学学园（philosophical school，就这个词表示机构的意义而言）中具体的生活情境。不同于今日之大学，古代学园的首要任务从来都不是传播理论知识与抽象知识。它的最高目标是，通过一种关于如何言说与如何论辩的方式与知识[1]塑造［弟子们的］心灵[2]。以这样或那样的方式，哲学书写总是与口头教学遥相呼应。对古代哲学家而言，一个词语、一个短语或一个论证的首要目的，并不是给读者或听众传达信息，而是要在教导性的意义上考虑到这些读者或听众的能力，从而对他们产生特定的心理影响。[3]在这种话语中，命题要素并不是最为重要的。根据维克托·戈尔德施密特（Victor Goldschmidt）就柏拉图的对话所做的卓越陈述，我们可以说，古代哲学话语旨在培育学生而非给他们传达信息。

若要总结我刚才所说的内容，一言以蔽之，古代哲学与其说是一种体系建构，毋宁说是一种教导与理智的修炼。而在后来，我将我的这一觉察与一项事实联系起来，那就是，至少从苏格拉底和柏拉图开始，哲学也作为一种治疗方法（therapeutics）出现。[4]所有的古代哲学学园，都以它们各自的方式，批判了人的习惯性境况，一种痛苦、无秩序与无意识[5]的状态，并提出了治愈人的这种状

---

〔1〕【英译按】这里的知识更接近于英语的"know-how"：一种关于如何在特定语境中进行言说和探讨的实践性知识。

〔2〕【英译按】这里是从法语 esprits 翻译过来的。

〔3〕【英译按】特别参见本书的第三章和第五章。

〔4〕【英译按】原文为 une thérapeutique。或许可以翻译为"疗法"（therapy），由于这里的描述适用于所有的古代哲学，所以选择了这个更加宽泛的术语。

〔5〕【英译按】法语为 unconscience。

态的方法。正如爱比克泰德所言："哲学学园是一座医疗诊所。"这种疗法（therapy）首先存在于老师的话语中，它就像柏拉图的《会饮》中对苏格拉底的话语的描述那样，是一种咒语、一种刺痛、一种使对话者心烦意乱的猛烈震撼。然而，要想治愈，仅仅靠触动是不够的。一个人还必须真正意愿改变自己的生活。因此，在所有的哲学学园中，老师都是意识的引导者。在这个议题上，我应该感谢我妻子伊尔赛特罗·阿多（Ilsetraut Hadot）的作品，尤其是她的那本论塞涅卡的精神引导（spiritual direction）的书，[1] 当然还有她的那篇在更普遍意义上论古代世界中的"精神指引"（spiritual guide）的作品。[2]

　　哲学学园赋予其成员以一种生活方式，一种需要全身心投入其中的生活方式。这样一种生活的模式由一些特定的程式（procedures）或事功（endeavours）构成，我们可以更准确地将这些程式或事功称为精神修炼，即那种旨在修正、完善和转变自我的实践。这些修炼始于一个选择行为，一个对某种特定生活方式的基础选择。然后，人们按照内在话语与精神活动的次序使这个选项得到实现：沉思、与自己对话、意识省察或者练习想象力，比如想象俯瞰宇宙或大地。人们也会在行动与日常行为的层面上践行这一选择：[3] 在自我主宰中、在对中立物的无动于衷（indifference

---

〔1〕【英译按】参见 Ilsetraut Hadot, *Seneca und die Griechisch-Römische Tradition der Seelenleitung*, Berlin: De Gruyter, 1969;［expanded］French translation, *Sénèque. Direction spirituelle et pratique de la philosophie*, Paris: Vrin, 2014。

〔2〕【英译按】参见 Ilsetraut Hadot, "The Spiritual Guide", in *Classical Mediterranean Spirituality*, Arthur H. Armstrong（ed.）, London: Routledge & Kegan Paul, 1986, pp. 436-459。

〔3〕【英译按】这里的法语是 comportement quotidien。虽然"conduct"一词在英语中相对少见，但它保留了法语中的含义，既暗示了行为的顺序或导向，也指涉行为本身。

to indifferent things）中、在斯多亚主义那里对社会责任的履行中，以及在伊壁鸠鲁主义那里对欲望的规训中。所有的这些精神修炼都应当根据各个学园的传统方法来开展。从这个角度来看，哲学话语只是哲学活动当中的一个要素，其目的在于证成或奠基一种与学园的基础存在选择相符合的存在态度。斯多亚主义者更是明确地区分了哲学话语与哲学本身。[1] 对他们而言，哲学是一种独特的行为，一种持久不变的日常生活态度。哲学之于他们与其说是一种完满的智慧，毋宁说是一种朝向这种智慧的修炼，在这种修炼中，人需要操练逻辑学，为了能如其所是地思考实在；需要操练伦理学，[2] 为了能服务他人；还需要操练物理学，为了能领悟到自己在宇宙之中的位置并带着这一领悟生活。相比之下，哲学话语只有在教学之中才是必要的，亦即只有在对以某种特定方式生活的理由进行论述性的、理论性的以及教导性的阐明时才是必要的。在其他的学园中，特别是在柏拉图和亚里士多德的学园——这里无法对它们进行详细讨论——则可以发现暗含着这样一种区分，这是因为在古代，大体而言，哲学家之所以为哲学家，并不是因为他发展了一套哲学话语，而是因为他在以哲学的方式生活。哲学首先是一种生活方式，它包含某种特定的话语模式作为其不可分割的一部分，但它不能被还原为这种话语模式本身。

从这个角度来看，我认为有必要指出，我们可以区分希腊语中哲学 "话语"（*logos*）这一短语的两层含义。一方面，它指的是面

---

〔1〕【英译按】见本书第三章。

〔2〕【英译按】阿多使用了 la morale（道德）一词，但我们在这里遵循对斯多亚主义者将哲学划分为伦理学（*ēthikē*）、逻辑学和物理学的那种标准英语翻译。

向弟子或自己时所说的话语，亦即一种与存在的语境、具体的实践紧密相关的话语。实际上，这种话语形式已经是一种精神修炼了。另一方面，它指的是在形式结构和理知内容上都以抽象的形式被思考的话语。斯多亚主义者认为第二种类型的 *logos* 并不是哲学，但这种 *logos* 却是当代许多哲学史研究的对象。然而，在古代哲学家看来，如果一个人认为这种话语本身就足够了，那么这个人并没有在做哲学。纵观整个古代哲学史，从开端到结束，都存在着对那些自认为是哲学家的人的批判与斗争，而这些人自认为是哲学家，不过是因为他们发展了一套辩证的、逻辑的、技艺性的且聪颖的哲学话语，他们并没有转变自己的生活方式。[1] 人们甚至可以说，这就是哲学家们的永恒危险所在：将自己局限于能带来慰藉的概念和话语的宇宙，而不是去超越话语，去面临彻底的自我转变所带来的风险。

我应该补充一点，超越哲学话语不仅仅是指决定改变自己的生活，[2] 它还包含某种完全非话语性的哲学体验，这种体验可能是柏拉图式的爱欲体验，可能是亚里士多德式的沉思体验，也可能是普罗提诺式的合一体验。尤其是普罗提诺，他明确反对这样一种神学话语，这种神学话语虽然谈论至善，却从不引导人抵达至善，也不引导人进行那种能使人体验到至善的净化与合一的精神修炼。

在《内心的堡垒》一书中，我试图将这种哲学概念应用于对马可·奥勒留的《沉思录》的诠释。事实上，人们应该将这本书理

---

〔1〕【英译按】这里的法语短语是 genre de vie。

〔2〕【英译按】这里的动词是 dépasser。阿多对这个重要术语的阐释，请参阅本书第十章和第十二章的注释。

解为是由一系列精神修炼、沉思、意识省察和想象练习构成的。马可·奥勒留遵照他的老师爱比克泰德的建议，试图通过书写来吸收斯多亚主义的学说和生活法则。[1] 在阅读《沉思录》时，我们可以看到，他坚持不懈地试图诉诸一种经过精心设计的文字练习，以一种全新且引人注目的方式，来构造相同的教条（dogmas）与生活法则。[2] 对马可·奥勒留来说，重要的不是阐释一个体系，也不是为了记忆而记录笔记。他的目的是，在他需要的时候，调整自己的内心话语以重新激活自己的某种秉性（disposition），从而可以践行爱比克泰德所阐释的斯多亚主义的三项基本法则：敢于如其所是地认识现实、敢于服务于他人、敢于始终领悟到自己是宇宙的一部分并平静地接受自己的命运。换句话说，奥勒留希望自己立足于真理、正义和平静。要实现这些，重新阅读早先已经写过的东西可能是不够的，因为那些东西可能不符合当下的需要。但有时，重新书写早先已经写过的东西可能就足矣。正是因为这点，《沉思录》中经常出现重复的内容。不过，书写与重新书写仍然是必要的，因为重要的是在任何特定时刻的写作练习本身。在这方面，马可·奥勒留的《沉思录》或许是文学史上独一无二的一部书。

然而，马可·奥勒留并不满足于简单阐述斯多亚主义的学说与生活法则。他经常采用想象练习来加强这些学说的说服力。例如，他不仅仅在说所有的事物都在不断地经历蜕变。他还将整个奥

---

[1]【英译按】参见本书中关于马可·奥勒留的第十一章。

[2]【英译按】阿多在这里使用的法语词是 dogmas，可以翻译为 "teachings"。但有时他会使用 enseignements，所以这里我们遵循他的用词。Dogmata 是希腊词汇 dogma 的主格复数形式，它没有现代英语中该术语的那种贬义意味，阿多在这里也没有这个意思。

古斯都王朝或者像维斯帕先（Vespasian）的世代那样的整个世代被时间吞噬的景象置于自己的眼前。因此，《沉思录》中充斥着关于赤裸现实的骇人图景和残酷描写。这些文字引起了历史学家们的注意，他们乐于指责这位哲学家帝王（philosopher-emperor）〔1〕的悲观主义、顺从无奈以及悲哀痛苦。而这些历史学家们的错误恰恰在于他们没有将这些规则置于精神修炼和真正的斯多亚主义学说的语境中。这些所谓的悲观主义的陈述并没有表达马可·奥勒留的经历或印象，它们应该被放到斯多亚主义的基础视角中去理解。根据斯多亚主义的观点，唯一真正的善便是道德上的善，而唯一真正的恶则是道德上的恶。唯一真正的价值便在于道德意图的纯粹性，它是一种与真理、与对人类之爱以及与对命运之接受须臾不可离的必然要求。〔2〕

哲学在古代的呈现方式与我们当代对哲学的理解看上去相去甚远。这样一种演变是如何展开的？这里涉及一个复杂的现象，它包括两个主要的方面。我已在上文中提到了第一个方面，它在某种程度上是哲学所固有的：哲学家总是有一种倾向，这种倾向即便在古代也已存在，那就是倾向满足于话语讨论、满足于他所构建的概念框架，而不去质疑他自己的生活。第二个方面则是偶然的，且与历史相关的，亦即基督教影响之下的哲学话语与精神实践的分离。

的确，正是随着基督教的出现，人们开始对哲学（*philosophia*）的古代概念提出质疑。在古代晚期，基督教将自己呈现为一种哲学、一种生活方式，并且，它仍然保留了许多来自古代哲学的精

---

〔1〕【英译按】参见本书的第十一章。
〔2〕【英译按】原文中的 Valeur 和 Destin 首字母均大写。

神修炼，特别是在修道院的生活中。[1] 而在中世纪，我们见证了精神修炼（在这之后，它构成了基督教灵修的一部分）和哲学的完全分离，哲学成为服务于神学（*ancilla theologiae*，神学的婢女）的纯粹理论工具。而在那些属于古代哲学的东西中，只有教学技艺（pedagogic techniques）[2] 和教学程式保留了下来。在古代，哲学包含神学，并且哲学可以毫不犹豫地提出有关宗教实践的建议。然而，在整个中世纪以及步入现代的进程中，出于对宗教裁判所的威胁的审慎考量，我们将哲学思辨与神学思想以及宗教实践严格分离。哲学思辨由此成为一种抽象的建构。直到苏亚雷斯（Suarez），体系化的哲学的思想才第一次出现。除此之外，还要考虑到大学的运作模式。［在大学那里，］它的任务不再是像［它］在古代所做的那样去塑造人，而是去塑造专家教授，而这些专家教授反过来再塑造其他的专家教授。这种情况只会助长那种业已遭到古人指责的趋势，即在能给自己带来慰藉的概念和话语的宇宙中避难，就像在技术专业领域那样，这是哲学精神的一种自然倾向。

　　然而，多亏了我的朋友，波兰哲学家尤利乌什·多曼斯基（Juliusz Domański）在中世纪和人文主义方面的工作，我才开始

---

〔1〕【英译按】参见 Hadot, "Ancient Spiritual Exercises and 'Christian philosophy'", in *Philosophy as a Way of Life*, pp. 126-144。

〔2〕【英译按】阿多在这里使用了 scolaires 作为形容词。在被用于描述中世纪时，与该词相对应的英语单词 "scholastic" 描述的是经院辩证法学家和神学家们的教学技艺，但在法语中，这个词可能没有那么具体的指向性，它可以被用以描述任何"学校"中的训练。例如，阿多在本书第六章中就使用该术语来描述哲学教学法。

杰出学者纪念

515

对这幅历史图景有细致入微的了解。[1]首先，我们可以看到，在12世纪已经有了某种古代哲学家的形象的回归，例如在阿伯拉尔（Abelard）那里。而且，特别是到了文艺复兴时期，人文主义者开始与经院哲学家拉开距离，并在一定程度上与正统基督教拉开距离；于是我们在彼特拉克（Petrarch）、伊拉斯谟（Erasmus）等人的作品中看到了古代哲学的概念的回归。从这个角度来看，我相信，除了理论的和抽象的趋势外，我们还可以发现古代哲学中那种或许可以被称为"实践式的"（pragmatist）概念的持久存在：[2]在16世纪的蒙田那里，他的著作《随笔集》（*Essays*）无非就是精神修炼；在17世纪的笛卡尔的《沉思录》（*Meditations*）那里，在18世纪法国的"哲人"（*philosophes*）那里，在英格兰诸如沙夫茨伯里（Shaftesbury，他的卓越作品《修炼》已由 Laurent Jaffro 翻译并在 Aubier 出版社出版）[3]这样的人［以及其他人］那里。这些都恰好是精神修炼，但启发这些精神修炼的不是基督徒，而是爱比克泰德和马可·奥勒留。我们也可以在德国的"大众"（popular）哲学运动中找到这一哲学概念。我们需要将康德最终视作真正哲学的"世界"（cosmic）哲学置于这个视角之下。[4]在这个议题上，我的

---

〔1〕【英译按】参见 Juliusz Domański, *La philosophie, théorie ou manière de vivre? Les controverses de l'Antiquité à la Renaissance, avec une préface de Pierre Hadot*, Paris, Fribourg（Suisse）：Editions Universitaires, 1996, 亦可参见阿多为该书所作的序言。

〔2〕【英译按】在英语中，"pragmatism"指的是19世纪后期出现的一种哲学倾向，它与查尔斯·桑德斯·皮尔士（Charles Sanders Pierce）等人有关。很明显，阿多不是在这个现代意义上思考该词的含义的，他是在希腊语 pragma 的意义上思考的，而在希腊语中，这个词有更加广泛的含义：普遍意义上的事物可以被说是 ta pragmata，这个词和通常被翻译为"行动"（action）的 *praxis* 发源于同一个词干。

〔3〕Anthony Ashley Cooper, "Third Earl of Shaftesbury", *Exercices*, Laurent Jaffro（ed.），Paris: Aubier, 1993.

〔4〕【中译按】关于康德对"世界"哲学概念的描述，参见《纯粹理性批判》A838-839/B866-867,《逻辑学讲义》（耶舍版）23-26。

同事和朋友，已故的洛桑大学（the University of Lausanne）的教授安德烈·沃克（André Voelke）在论及斯多亚主义者、伊壁鸠鲁主义者和怀疑论者那里的"作为治疗方法的哲学"（*Philosophy as Therapeutics*）[1]时，完全独立于我，发展出了一套卓越的反思。和我一样，沃克也是从维特根斯坦开始的。然而，为了定义他所谓的哲学话语的力量（force），那种激发行动的能力（power），或者说是关切理性[2]的能力，他正确地强调了康德"理性的关切"这一概念。就像埃里克·韦尔（Eric Weil）正确表明的那样[3]，在康德看来，理性归根结底关切的是最高之目的，即那些事关道德的目的[4]。这相当于承认在寻求智慧的过程中，实践理性是居于首位的。在这个"关切的"理性的悖论中，我们再度发现了那种对哲学的古代的定义，即将哲学定义为"爱智慧"：这是一种持之以恒、不断更新的努力，为了达到一种特定的状态、一种智慧的生活方式。在一篇以晓畅的语言写就的不断地从圣贤的形象过渡到哲学家的理念范式——用康德的话来说，就是哲学家的真正理念——的文本中，康德最终强调了柏拉图主义和斯多亚主义精神中的这种理念范式遥不可及的特征：

> 就像不存在真正的基督徒一样，符合这种范式的哲学家是

---

〔1〕【英译按】André-Jean Voelke, *La philosophie comme thérapeutique de l'âme*: *Études de philosophie Hellénistique*, Preface by Pierre Hadot, Paris: Vestigia, 1994, in the original.

〔2〕【英译按】原文为 intéresser la raison。

〔3〕【英译按】阿多在这里显然提到的是 Éric Weil, *Logique de a philosophie*, Paris: Vrin, 1985。

〔4〕【英译按】原文为 moralité。

不存在的。[上述]两者都是范式。范式应该被视为标准。"哲学家"只是一个理念。或许我们可以将目光投向这个理念，在某些方面模仿它，但我们永远无法完全实现它。

更进一步说：

> 智慧的理念应该是哲学的基础，就像圣洁的理念是基督教的基础一样……一些古人近似于真正的哲学家的理念范式……但即使是他们也从未实现过……如果我们思考诸如伊壁鸠鲁、芝诺、苏格拉底等古代的哲学家，我们就会意识到，他们的知识（savoir）的对象正是人类的目标以及达成此目标的手段。因此，这些古代的哲学家要比现代的思想家更忠于哲学的真正理念，后者认为哲学家是理性的技艺家（这就是说，对康德而言，他们是只考虑理论性和推断性话语的人，PH）。[1]

因此，在中世纪晚期，开始了一场回归古代的哲学概念的运动。但是，学术模式，大学生活中的种种约束和惯习，以及我之前所提到的对理论话语的自满，这些要素都有力地阻碍了这场复兴。

最后，从我刚才所说的来看，古代哲学的范式仍然存在。[2] 这意味着对智慧的追求始终是当下的（contemporary）和可能的。[3]

---

[1] Immanuel Kant, *Vorlesungen über die philosophische Encyclopädie*, in *Kant's gesammelter Schriften*, XXIV, Berlin: Akademie, 1980, S. 8-9.

[2]【英译按】这里阿多使用的是 actuel。

[3]【英译按】我们在这里将 actuelle 翻译为 "contemporary"，以避免重复刚刚在前面使用过的 "alive"，同时，我们这样做的另一个理由是，这个法语词还带有下述意味：当下的事务以及对当下事务的评论可以被称为 actuelles。

我恳请你们不要期望我今晚在这里展开这个困难而复杂的议题。我只想说，在我看来，人类在寻求智慧时有着普遍而根本的态度。从这个角度来看，存在一种普遍的斯多亚主义、伊壁鸠鲁主义、苏格拉底主义、皮浪主义和柏拉图主义，它们独立于那些声称能为其合理性提供确凿辩护的哲学话语或神话话语。

最后，我要再次借用康德的话：

> 一位老人告诉柏拉图，他参加了论德性的课程，柏拉图回答说："那你什么时候才能开始有德性地生活呢？"人不能总是从事理论。人最终必须力求从思想过渡到实践（exercise）。但在今天，我们把一个身体力行的人视作梦想家。[1]

---

〔1〕 Kant, *Vorlesungen über die philosophische Encyclopädie*, S. 12.

追思维尔纳·拜尔瓦特斯[*]

Jens Halfwassen[1]　徐逸飞　译

维尔纳·拜尔瓦特斯（Werner Beierwaltes）曾是国际新柏拉图主义研究的元老。1963年，他在维尔茨堡以一部关于普罗克洛，即那位"古代的黑格尔"的全面的研究专著拿到了教职资格。与拜尔瓦特斯同年入职的图宾根柏拉图研究者汉斯·克莱默（Hans Krämer）在 *Gnomon* 杂志对该书的评论中称，这本于1965年出版，题为《普罗克洛——其形而上学的基本特征》的书，是自黑格尔的《哲学史讲演录》以来对新柏拉图主义在哲学上最具说服力也是最好的解释。仅仅两年后，即1967年，一本类似的、奠基性的和深刻的关于普罗提诺的专著——《普罗提诺〈论永恒与时间〉》紧接着出版了。这是一本对普罗提诺重要的《九章集》III.7的详细评注性的翻译，其80页的导言对普罗提诺的形而上学进行了全面解释。拜尔瓦特斯恰恰选择了普罗提诺的这篇论文来评注，是经过巧妙考虑的。因为，对时间的追问在20世纪的哲学中起着主

---

*　译自 *Heidelberger Akademie der Wissenschaften Jahrbuch*, 2019, S. 207-211。

[1]　延斯·哈弗瓦森（Jens Halfwassen, 1958—2020），海德堡大学哲学教授，以柏拉图与新柏拉图主义研究闻名于世。

导作用，尤其是在 20 世纪那些最重要和最有影响力的思想家那里起到了主导作用：埃德蒙·胡塞尔、路德维希·维特根斯坦，特别是马丁·海德格尔，他们在 20 世纪 60 年代仍然基本上主导着德语哲学。可以说，时间是 20 世纪哲学的**主题**。因此，任何想证明普罗提诺的地位和现实意义的人，都应该从普罗提诺的时间理论出发来做这件事。这正是拜尔瓦特斯想要的，而且他也做到了：他关于普罗提诺和普罗克洛的书为这两位新柏拉图主义的经典作家在有教养之士的心目中捍卫了黑格尔已经赋予他们的地位：两人是继柏拉图和亚里士多德之后的形而上学思想不可逾越的高峰。许多年后，在 1991 年，维尔纳·拜尔瓦特斯以《自身认识与对统一性的体验》为题再次出版了对于普罗提诺的核心著作之一，即《九章集》V.3（"论能认知的实体和绝对超越者"）的有详细评注的翻译。自 20 世纪 70 年代以来，特别是通过迪特·亨利希（Dieter Henrich）和克劳斯·丢辛（Klaus Düsing）关于从康德到黑格尔的德国唯心论的工作，主体性和自我意识的结构问题已经成为哲学兴趣的焦点。亨利希是拜尔瓦特斯当时在慕尼黑的同事，他通过对一种前反思的"在意识之中的根据"的探索和他关于"大全一体"（All-Einheit）的哲学给这个主题带来了一种形而上学的转向，这使他系统地接近了新柏拉图主义。因此，拜尔瓦特斯的第二本有关普罗提诺的专著也把住了时代的脉搏。拜尔瓦特斯的工作与绝大多数关于新柏拉图主义的研究不同，那些研究大部分是由古典语文学家所撰写的，但他的工作是坚定的哲学研究，他总是以系统为旨趣去把握新柏拉图主义。拜尔瓦特斯对新柏拉图主义的毕生专注，显然不是以历史兴趣为主要动机，而是始终关注**形而上学**和其中所思想到的真理。这关涉到运用历史工具来证实形而上学思想的**完成形态**（Vollendungsgestalt）的问题，对形而上学的批判也必须以其为标准来衡量。维尔纳·拜尔瓦特斯认为古代晚期的新柏拉图主义就是这种完成形态，它作为古代思想在柏拉图哲学基础上的最终综合，已经具有了"一"之形而上学的系统形态，它将亚里士多德和伟大的前苏格拉底哲人（从色诺芬和赫拉克利特，借由巴门尼德和芝诺，到恩培多克勒和阿那克萨格拉）的形而上学相关见解融入了柏拉图主义。

新柏拉图主义的地位和罕见的综合能力也被其巨大的影响史所证明，拜尔瓦特斯在一系列重要的研究中对其进行了回顾。在《柏拉图主义和唯心论》（1972）中，他展示了黑格尔和谢林如何在 19 世纪初重新发现了新柏拉图主义，并使其恢复名誉，他们反对启蒙运动将其诋毁为非理性的"迷狂"（Schwärmerei）和密契主义。在此过程中，他研究了新柏拉图主义思想结构对思辨唯心论核心见解的影响。特别是"潜在的同一性"（dynamische Identität）概念被证明受到了新柏拉图主义的启发：一种大全一体的形式，在这种形式中，多和差异并没有在"黑夜，在其中牛都是一般黑的"（黑格尔）中消失，而是在一种有差异性的自身关系的统一性中被保存、去除界限和加强；此外，一种**具体的总体性和普遍性**思想，并不像一种推论性的"属"概念那样仅仅在它之下包含特殊物和个别物，而是作为其自身展开和自身中介化的内在联结环节而包含特殊物和个别物，因此，这种具体的总体性思想代表了实现了的思维着的自身关系的基本结构。拜尔瓦特斯还将这些唯心论思想作为解释新柏拉图主义核心定理的关键，特别是解释普罗克洛的三一论和普罗提诺的精神形而上学的关键。

新柏拉图主义和黑格尔之间核心的系统性差异尤其必须在**否定神学**中得到认识：因为"一"本身是"超越存在"和"超越精神"的，它摆脱了所有认知性的把握，这种把握始终停留在认识者和被认识者的二元性中。绝对者只能在无差别的"合一"之中，通过"出离"（Ekstasis）达到：也就是通过思维超越自身，进入绝对的超越者之中的方式达到。因此，密契主义和形而上学在新柏拉图主义中有了一种内在的结合。基督教新柏拉图主义，从亚略巴古的狄奥尼索斯（Dionysius Areopagita）到约翰·爱留根纳（Johannes Eriugena），从埃克哈特大师（Meister Eckhart）到库萨的尼古拉（Nikolaus von Kues），都接受了这一点，并进一步对其进行了富有成效的思考。从《同一与差异》（1980），经由《对一的沉思》（1985）、《爱留根纳》（1993）、《基督教与柏拉图主义》（1998）到他的最新著作《普罗克洛论文集》（2007）、《柏拉图的脚注》（2011）和《金色之链》（2017），柏拉图主义和基督教的综合越来越成为维尔纳·拜尔瓦特斯的兴趣焦点。新柏拉图式的形而上学和神秘主义的联系以及"一"的否定神学在爱留根纳和埃克哈特大师那里获得了新的转向，因为尽管他们和普罗提诺一样否认"一"，即纯粹的神性，拥有任何肯定的存在规定，但他们恰恰在其作为绝对自身关系的否定性中设想"一"，而普罗提诺曾避免了这一点。在这里，否定性不再仅仅是**我们的**思维通往超存在着的"一"的路径，而是它自己的内在活动，通过这种活动，它令所有的存在规定都远离它自身（von sich selbst abhält），并正是通过这种方式创造性地把它们设定为以它为原则的衍生物（Prinzipiate）。通过诸理念的这种永恒的"生成"和在其中自身反思的精神的"生成",〔这种精神是非对象性的,因此是不被创造的东西,〕那不可被规定的"一"接受了规定性和存在,从而"成为"三位一体的上帝——也就是在我们的理性中"成为"三位一体的上帝,对埃克哈特来说,我们的理性就是不可被创造的上帝之子:这就是埃克哈特对"上帝成人"(Menschwerdung Gottes)哲学性的、彻底去神话叙事的解释。库萨在他的"无知之知"(docta ignorantia)的哲学中汇集了所有这些主题。他意识到,我们只能以这样一种方式来发展绝对者的形而上学,即它同时也是一种关于精神及其与"一"的关系的理论。作为"不异者"(Nicht-Andere),"一"对自身的否定是三位一体最高和最简单的表达:"因为不异不异于不异"(non aliud est non aliud quam non aliud)。作为对自身的定义和对其他一切东西的定义,不异者是"绝对概念"(conceptus absolutus),但不是在黑格尔的意义上作为绝对理念的自身认识的、肯定的存在集合,而是作为一种纯粹否定的,因而保持着超越的自身关系,因此它不能在"绝对知识"中被认识,而只能在超越一切知识的无知之中被认识。对这种基督教新柏拉图主义的证明,并将它作为一种在普罗提诺和黑格尔之间的形而上学理论独立的完成形态,是拜尔瓦特斯最伟大和最原创的成就之一。

拜尔瓦特斯于 1931 年 5 月 8 日出生在美茵河畔克林根堡的一个公务员家庭。一种轻快的喜悦爽朗、天主教—巴洛克式的对生活的热爱和他家乡法兰克式的对世界的好奇在他身上留下了痕迹。它们还表现在他突出的音乐性上——他从青少年时期起就热衷于管风琴演奏——以及他对美和艺术的热爱,柏拉图主义者将其理解为"神迹"（Theophanie），即神性之物和绝对者在世界中的体现。从 1941 年到 1950 年，拜尔瓦特斯在米尔腾贝格的中学上学（该校自 1947 年起就是人文领域的高级文法学校）。他在那里的两位老师弗朗茨·瓦姆塞（Franz Wamser）和卡尔·普方德纳（Karl Pfändtner）唤醒了他对文学和古典语言的热爱。对柏拉图的《斐多》和罗曼诺·瓜尔迪尼的《苏格拉底之死》的阅读促使他在高中毕业后去了慕尼黑，学习哲学、古典语文学和日耳曼学。除了罗曼诺·瓜尔迪尼，他在哲学方面最重要的老师是亨利·德库，一个并不知名的圈外人士，他把他引向普罗提诺，后来拜尔瓦特斯编辑出版了他的论文集。在拉丁文研究方面，弗里德里希·克林纳给他留下了深刻印象。1957 年，拜尔瓦特斯从希腊学者鲁道夫·普费弗（Rudolf Pfeiffer）那里获得了博士学位，论文题目是希腊人关于光的形而上学。经过两年的培训，他于 1958 年在维尔茨堡大学成为受海德格尔和奥古斯丁影响的哲学家鲁道夫·贝林格（Rudolph Berlinger）的助手。

本文开头提到的那两本关于普罗克洛和普罗提诺的书使他迅速成名，并为他辉煌的学术生涯奠定了基础，这使拜尔瓦特斯在明斯特（1969）和弗赖堡（1974）担任教席教授，最终于 1982 年重返慕尼黑，与迪特·亨利希、罗伯特·斯帕曼和汉斯·迈尔成为同事，在那里一直任教到 1996 年退休；他与神学家汉斯·乌尔斯·冯·巴尔塔萨（Hans Urs von Balthasar）、约瑟夫·拉青格（Josef Ratzinger）和沃尔夫哈特·潘能伯格（Wolfhart Pannenberg），以及日耳曼学学者和神秘主义学者阿洛伊斯·哈斯（Alois M. Haas）有着学术和友谊上的联系。维尔纳·拜尔瓦特斯拥有众多的学生：

他培养了弗里德里希·韦林（Friedrich Uehlein）、米夏埃尔·埃尔萨瑟（Michael Elsässer）、阿方斯·雷克曼（Alfons Reckermann）、西格伯特·佩茨（Siegbert Peetz）和马库斯·恩德斯（Markus Enders），而他的博士生包括托马斯·林考夫（Thomas Leinkauf）、道格拉斯·赫德利（Douglas Hedley）、乔治娅·阿波斯托洛普罗（Georgia Apostolopoulou）、克里斯托夫·霍恩（Christoph Horn）、托马斯·博姆（Thomas Böhm）、尼古拉塔·斯科蒂（Nicoletta Scotti）和马克·阿依尔科·阿里斯（Mark-Aeilko Aris）。通过他，慕尼黑多年来都是新柏拉图主义研究的圣地。作为一名学术教师和备受追捧的演讲者，拜尔瓦特斯拥有"精神/圣灵"在场所赋予的魅力；作为一个人，他具有罕见的亲和力，这在他不仅与同事和学生，而且与画家和音乐家保持的众多友谊中得到了证明；他的许多客人对他在慕尼黑附近格林瓦尔德的美丽公寓有着美好的回忆。他在学术界得到的认可体现在众多的奖项（包括海德堡大学的库诺·费舍尔奖和普福尔茨海姆市的约翰·鲁赫林奖）和荣誉上，包括不少于七个德国和国外的学术团体的会员资格以及约阿尼纳大学（希腊）的荣誉博士学位；除了海德堡科学院之外，维尔纳·拜尔瓦特斯也是德国北莱茵—威斯特伐利亚科学院和巴伐利亚科学院的成员。他特别活跃于为哲学经典著作的完整版本提供学术支持的委员会。正是由于他担任委员会主席，海德堡科学与人文学院的库萨的尼古拉著作出版和巴伐利亚科学与人文学院的费希特著作出版才得以顺利完成；他于1977年从汉斯·格奥尔格·伽达默尔手中接过了海德堡学院库萨委员会的主席职位，他还为巴伐利亚学院的谢林委员会贡献了他的义务和经验。

维尔纳·拜尔瓦特斯的晚年由于他心爱的妻子艾娃在 2002 年不幸死于癌症而变得暗淡无光。他说，这是"我生命中最痛苦的断裂"，他在灵魂上从未恢复过来，尽管他的智性存在和创造能力在很长一段时间内仍然令人印象深刻。2019 年 2 月 22 日，维尔纳·拜尔瓦特斯在维尔茨堡逝世，享年 88 岁。他最后的健康状况是如此之差，以至于他可能是欢迎死亡的。但这死亡对于作为基督徒和柏拉图主义者的维尔纳·拜尔瓦特斯而言，并非一种终结。

征稿启事

　　《努斯：希腊罗马哲学研究》是西南大学希腊研究中心和四川大学西方古典哲学研究所合办的专业学术辑刊，每年出版两期，由上海人民出版社出版发行。本刊以"深研原典，返本开新"作为办刊主旨，鼓励希腊罗马哲学研究方面的原典译注、深化研究、学术争鸣和学术史积累。主要刊发关于希腊罗马哲学方面的学术论文，栏目设置有原典译注、专题研讨、书评、书目文献、学派研究等。热忱欢迎国内外同仁赐稿。

　　投稿要求：

　　一、来稿应具有学术性与理论性，并且在选题、文献、理论、方法或观点上有创新性。

　　二、来稿一般不少于1.2万字，有相应的学术史回顾，正文前应附上中英文题名、内容提要（300字以内）、关键词（3—5个）。作者姓名、职称、学历、工作单位、通讯地址、邮政编码、联系电话、电子邮件应附于文末，以便联系。

　　三、本刊注释采用脚注形式，引用文献需严格遵守学术规范，注明出处。

四、来稿文责自负，本刊对来稿有酌情删改权，如不同意，请在来稿中注明。

五、请勿一稿多投，稿件 30 天后未被采用，作者可自行处理。

六、来稿一经刊用即奉稿酬，并赠样刊两本。

投稿邮箱：nous-jgrp@foxmail.com

电话：028-87464967、18081158514

图书在版编目(CIP)数据

努斯:希腊罗马哲学研究.第6辑,逻辑、同异与辩
证法/崔延强,梁中和主编. —上海:上海人民出版
社,2023
ISBN 978-7-208-18683-5

Ⅰ.①努… Ⅱ.①崔… ②梁… Ⅲ.①古希腊罗马哲
学-文集 Ⅳ.①B502-53

中国国家版本馆 CIP 数据核字(2023)第 245815 号

责任编辑 赵 伟 陶听蝉
封面设计 胡斌工作室

努斯:希腊罗马哲学研究(第6辑)
——逻辑、同异与辩证法
崔延强 梁中和 主编

出 版 上海人民出版社
      (201101 上海市闵行区号景路 159 弄 C 座)
发 行 上海人民出版社发行中心
印 刷 上海商务联西印刷有限公司
开 本 890×1240 1/32
印 张 16.75
插 页 6
字 数 370,000
版 次 2023 年 12 月第 1 版
印 次 2023 年 12 月第 1 次印刷
ISBN 978-7-208-18683-5/B・1724
定 价 68.00 元